国家社科基金
GUOJIA SHEKE JIJIN HOUQI ZIZHU XIANGMU
后期资助项目

国家社科基金后期资助项目(21FZXB052)研究成果

深渊的哲学:海德格尔《哲学论稿(从本有而来)》研究

罗益民　著

山东大学出版社
SHANDONG UNIVERSITY PRESS
·济南·

图书在版编目(CIP)数据

深渊的哲学 ：海德格尔《哲学论稿(从本有而来)》研究 / 罗益民著. -- 济南 ：山东大学出版社，2024. 11. -- ISBN 978-7-5607-7993-5

Ⅰ. B516.54

中国国家版本馆 CIP 数据核字第 2024RE1975 号

责任编辑　霍馨莹

美术编辑　王秋忆

深渊的哲学:海德格尔《哲学论稿(从本有而来)》研究

SHENYUAN DE ZHEXUE: HAIDEGEER ZHEXUELUNGAO (CONG BENYOU ER LAI) YANJIU

出版发行　山东大学出版社

社　　址　山东省济南市山大南路 20 号

邮政编码　250100

发行热线　(0531)88363008

经　　销　新华书店

印　　刷　济南乾丰云印刷科技有限公司

规　　格　720 毫米×1000 毫米　1/16

20.75 印张　365 千字

版　　次　2024 年 11 月第 1 版

印　　次　2024 年 11 月第 1 次印刷

定　　价　83.00 元

国家社科基金后期资助项目
出版说明

后期资助项目是国家社科基金设立的一类重要项目，旨在鼓励广大社科研究者潜心治学，支持基础研究多出优秀成果。它是经过严格评审，从接近完成的科研成果中遴选立项的。为扩大后期资助项目的影响，更好地推动学术发展，促进成果转化，全国哲学社会科学工作办公室按照“统一设计、统一标识、统一版式、形成系列”的总体要求，组织出版国家社科基金后期资助项目成果。

全国哲学社会科学工作办公室

目　录

下编　《哲学论稿》之后：深渊哲学的拓展

绪 论

一、内容概述

本书以海德格尔的总结性自述“深渊的哲学”为视角，以《哲学论稿（从本有而来）》（以下简称《哲学论稿》）中深渊哲学的成熟形态为主体，梳理了深渊哲学在《哲学论稿》之前的形成过程，并揭示了深渊哲学在《哲学论稿》之后的拓展与深化。由此，深渊的哲学可以视为对海德格尔哲学或思想的一种整体表达，在此意义上，可以说只有一个海德格尔。

导言“通向深渊之路”。对海德格尔的 Abgrund（深渊）进行词源学考察及翻译探讨之后，进入海德格尔在《哲学论稿》之前的深渊哲学的形成阶段。海德格尔早期思想中蕴含了三条通向深渊哲学的路径：通向此在的深渊之路，通向存在的深渊之路，以及对哲学与深渊之内在关联的确立与自觉。第一条通向此在的深渊道路，从早期弗莱堡讲座中的实际生命经验与此在之实际性的深渊特征，直到《存在与时间》中此在之深渊状态的确立。第二条通向存在之深渊的道路，在《存在与时间》的存在意义之深渊中得以形成，并且贯通到海德格尔 20 世纪 30 年代的思想之转向以及存在历史之中。第三条路径揭示哲学与深渊之内在关联，随着前两条路径中深渊之经验的积累与深化，海德格尔在《存在与时间》之后愈发有着对哲学运行于深渊的自觉，这种自觉意味着深渊哲学的形成，并且在根据问题与基本情调上进一步明朗化。这个时期也显示了深渊哲学对海德格尔自述的思想第一个阶段“存在的意义”与第二个阶段“存在的真理”之贯通。

上编“《哲学论稿》：深渊的哲学”。这部分内容共六章，依次对应《哲学论稿》Fuge（赋格、裂隙）的六个 Fügung（接缝、接合），是本书内容的主体部分，围绕对赋格整体进行道说的一句话来展开：“所道说者，乃是在第一开端与另一开端的相互‘传送’中——出自存在离弃状态之急难中的存有之‘回响’为了‘跳跃’到存有之中以通向存有之真理的‘建基’而作为一种对‘最后之神’的‘将来者’的准备——被追问的与被思想的。”这句话始于无基与深渊共同被经验到，而最终抵达作为离—基深渊之最深呈现的原始—基础，显示出离—基深渊自身的整体轮廓。这六章的具体内容如下：

第一章“回响”。“回响”以畏的情调为切入点，揭示出存有的“在之中”结构以及作为《哲学论稿》内在结构的Fuge（赋格、裂隙），也使无基（Ungrund）与深渊（Abgrund）共同被经验到。无基显示为存在之被遗忘状态与无急难之急难状态等表征，而这些现象被知晓也意味着深渊被经验到，即存在之被遗忘状态来自存在之离弃状态，无急难之急难状态实为对急难的掩盖。甚至无基便是对深渊的遮掩与伪装，当这种伪装被揭示出来，我们便有可能聆听存有之回响。而无基与深渊共同被经验的这种双重性也构成一种特有的复调，“在存在之离弃状态的急难中的存有之回响”同时是一种响起—来（an-klingen），也是一种离弃或隐逸（Entzug）。这恰恰是被称为“遁走曲”的赋格的特征。存有的“曲调”之呈现也使其区分于形而上学中的存在之光。存有之回响通过惊恐的主导情调而在赋格中响起来，并调谐着思的回行之路。这也是踏上深渊之途的出发点。

第二章“传送”。“传送”让“回响”作为Widerspiel（相对物、对立面）被经验，将深渊被无基掩盖的历史过程经验为“被拒绝的”发生，以此解构在形而上学中根深蒂固的柏拉图主义。而同时，在拒绝中被保存的拒予者与自行遮蔽者伸展着向另一开端架桥。这种拒绝乃是离—基深渊之离开的发生。“第一开端与另一开端之间的交互传送”让深渊的内部运作从存有历史的第一开端向另一开端伸展，即从拒绝向以拒绝方式敞开的自行遮蔽者的伸展与架桥。传送便是在抑制情调中所展开的离—基深渊（Ab-grund）内部之过渡，即从其离开（Ab-）到其基础（-grund）的过渡。在传送中，离—基深渊之基础仍未完全呈现，而是以基础问题之追问的方式凸显。

第三章“跳跃”。“跳跃”跳到了传送之架桥试图抵达的另一开端，通过畏怯情调之调谐而跳跃到存有之完全本现中。跳跃作为思想的跳跃，显示出游戏意味，也让作为“遥远的切近”的游戏空间跳出来。跳跃也为自行遮蔽者能够重新成为基础提供了可能。由此，离—基深渊中的“离开”与“基础”之间的开裂得以经验，“跳跃使开裂之离基深渊跳动起来”。

第四章“建基”。“建基”是“存有之真理的建基”。思想之“跳跃”所开启的存有之完全本现形成了通向建基的通道，即存有之自行遮蔽在其中本现的“此”（Da），而此—在之内立状态建立了与自行遮蔽者的基本关联。此—在成为存有之探—基，在此—在中，真理本质现身为存有之真理，即为自行遮蔽的澄明。存有之真理建基为离—基深渊。由此，通向深渊的道路抵达了作为基础的离—基深渊。离—基深渊作为基础进一步展开，并为“最后之神的将来者”做准备。

第五章“将来者”。在初步澄清“建基”何以“作为准备”之后，进入对“将来者”的阐发。“将来者”是在抑制情调中的人，也是向着离—基深渊的没落者。将来者的自身—存在对离—基深渊中的移离与迷移双重维度上进行拓展，在“有所牺牲的抑制”中通过自身振幅而经受存有之回响的合奏，并立身于最后之神的暗示之前。

第六章“最后之神”。透过呼声现象可对最后之神的暗示进行揭示。最后之神在暗示中本现，在赋格的各个接缝之协奏齐鸣（Einklang）中“于自身中回荡进”（insicheinschwingen）时机之所中，这对应于赋格曲结尾的多声部合唱。最后之神作为最高的拒予，在其暗示领域，存有得以成熟，离—基深渊得到最深的呈现而发生为原始—基础，并通过存有之真理将最后之神“最后”庇护到存在者之中而建基。离—基深渊获得自身的边界。

上编小结。通过时间的分析阐明《哲学论稿》的赋格之接缝整体何以正好是六个。回响、传送与跳跃这前三个接缝体现了时间状态的三个维度（曾在、过渡、未来），而建基、将来者与最后之神则是建基为深—渊的时间—空间的三个维度（此在的时间性：曾在、将来与当前），并由跳跃与建基进行贯通。这种时间要素与深—渊关联的揭示，也有助于重审海德格尔思想的转向问题。正是通过深渊哲学，可以发现海德格尔的转向恰恰是深渊哲学自身的运作，能统摄对海德格尔转向的三种主要看法。海德格尔思想的转向是从事情本身而来的深渊哲学自身的运动。

下编“《哲学论稿》之后：深渊哲学之拓展”。这部分内容共两章。

第七章讨论《哲学论稿》之后的“秘密手稿”中的深渊问题，以深渊为论题对《哲学论稿》之后的、已出版的秘密手稿（《全集》第66、67、69、70、71卷）进行贯通性的阐释。一是揭示出后续各卷在深渊问题上的独特之处：《沉思》揭示了深渊的本有，《形而上学之克服》实行了深渊的跃过，《存有的历史》显明了历史的深渊，《论开端》阐释了深渊的开端，《本有》描述了深渊的烦忧。二是基本上贯通作为世界、大地、神、人四元之分解与深渊的关联，《本有》中对俄狄浦斯悲剧的分析所隐含的天、地、神、人四元，显示了新的动向。

第八章“二战后深渊哲学的拓展”，主要在两个方面展开。第一个方面是深渊与四重整体世界的形成，最先在《哲学论稿》中提出的世界、大地、神、人四元与深—渊的关联，经过后续秘密手稿，最终在二战后拓展到了天、地、神、人四重整体世界与深—渊的关联；这也是深渊哲学之拓展的主要方面。第二个方面是20世纪50年代中后期的《根据律》讲座与《思想的基本原则》演讲中的深渊问题，尤其是后者，揭示出作为语言本质的离基深渊，把深渊哲学拓展到了语言维度中。就《根据律》与深渊的关联而言，在海德格尔思想中，隐含了一条从过渡问题到根据律的道路；过渡问题与根据律在海德格尔的阐释中，两者无论在历史定位、基本结构还是阐释方式上都有一致性；在过渡问题通向根据律的途中，《哲学论稿》对过渡问题的简要分析构成了这条道路中的重要一环，《哲学论稿》中作为时间—游戏—空间的离—基深渊，成为《根据律》中的离—基深渊之经验的框架与隐蔽视野。就《思想的基本原则》与深渊的关联而言，思想的"基本原则"(Grund-satz）被海德格尔从根本上阐释为向深渊的跳跃（Ab-grund-satz)。《思想的基本原则》所包含的五个演讲，未明言地以离—基深渊为枢纽而建立起整体关联，这也是海德格尔深渊哲学首次系统地向公众公开。《思想的基本原则》揭示出了离基深渊的五个向度：离弃形而上学中存在者层次上的根据、向深渊的跳跃、作为本有的深渊、传统哲学的可论证性与逻辑学等方面的无基或深渊特征、作为语言之本质的离—基深渊。尤其是对语言本质与深渊之关联的阐发，既体现了海德格尔晚年语言思想的影响，也是《哲学论稿》中的深渊哲学在语言之维的拓展。

下编小结"海德格尔的深渊哲学与其思想的整体性"。深渊的哲学贯通于海德格尔自述的思想道路的三个阶段，是海德格尔思想或哲学的一种整体表达，在此意义上，只有一个海德格尔。为此，海德格尔晚年把哲学与思想区别开来的做法要得到回应。就广义上而言，哲学与思想大部分情况下是相通的，均可指向形而上学层次或存在维度，而海德格尔晚年在狭义上区分哲学与思想，前者指向形而上学及其极端状态，后者指向存在本身，两者也构成了《哲学论稿》中所揭示的离—基深渊的两个边界（无基与原始基础)。在此意义上，狭义上的哲学与思想恰恰构成了深渊哲学的边界，也是深渊哲学整体性的一种揭示。深渊哲学作为海德格尔思想整体的一种揭示，更具体地体现在三个方面：第一个方面，《哲学论稿》及其深渊哲学对海德格尔思想整体具有框架意义；第二个方面，海德格尔全集的五大板块（早期弗莱堡讲座、马堡讲座、后期弗莱堡讲座、秘密手稿、黑色笔记)，均是在不同程度上对深渊的展示，可以纳入深渊哲学的范围中；第三个方面，从深渊哲学的历史维度来说，海德格尔所释的理论家与艺术家等可在其中获得历史定位，从而也在深渊哲学的历史之维中，而海德格尔对广义上的德国观念论的批判，更能显明其深渊哲学与思想整体的内在关联。

结语“一种深渊哲学之可能”。要探讨一种一般意义上的深渊哲学之可能，既要在一定程度上超出海德格尔的深渊哲学，也要借助其他的在思想上具有深渊性的思想家来进行比较。为此，从海德格尔深渊哲学出发对老子的道的深渊性之考察与比较，在一定程度上也可以反观海德格尔的深渊哲学，从而使后者的基本元素得以更清晰地呈现。正是在海德格尔的深渊哲学与老子的深渊之思的共通性中，开启了一种具有家族相似性的深渊哲学之可能。

二、研究现状

（一）国内研究现状

就国内研究现状而言，2012 年出版了《哲学论稿》（孙周兴译，商务印书馆）的中文版，这对于该书的研究与推广都有重要意义。国内目前还没有专门的著作来研究这本书。国内学界对《哲学论稿》的研究主要体现在论文与某些著作的具体章节之中，在这里，只列出这些研究成果中重要的或者与本研究有关的部分。

国内学界最早探讨《哲学论稿》的大概是《说不可说之神秘》一书，该书在梳理 Ereignis（本有）一词时专门提到了《哲学论稿》，并在注释中点明了该书的地位，列出了该书的结构，也简要概括了该书的内容。①其后，《拯救地球与人类未来》用一节篇幅探讨了《哲学论稿》中 Ereignis 之翻译与时代问题，并将其主题归结为“拯救地球”。② 比较早探讨《哲学论稿》的还有《无之无化》，该书用了一节的篇幅从克服形而上学的角度阐述了《哲学论稿》。③

在这之后，对该书的研究一度沉寂，几年之中只有极少论文出现。《也谈海德格尔“Ereignis”的中文翻译与理解》在探讨 Ereignis 的翻译时以《哲学论稿》的一句话为第四个例子，提到了《哲学论稿》重要性。④《为什么我们需要一种低沉的情绪？——海德格尔对哲学基本情绪的存在

---

① 参见孙周兴：《说不可说之神秘》，上海，上海三联书店，1991，第 331—332 页。

② 参见宋祖良：《拯救地球与人类未来——海德格尔的后期思想》，北京，中国社会科学出版社，1993，第 188—211 页。该书中的《哲学论文集》即为《哲学论稿》。该书第 206 页指出，Ab-grund“具有使理由止步和保住根基这两重含义”。

③ 参见彭富春：《无之无化》，上海，上海三联书店，2000。

④ 参见王庆节：《也谈海德格尔“Ereignis”的中文翻译与理解》，《世界哲学》2003 年第 4 期。

历史分析》点出了 Verhaltenheit（压抑/抑制）的基本情绪与另一开端的关联。[①]《论〈哲学贡献〉[②] 在海德格尔哲学中的地位》将《哲学论稿》置于海德格尔整体思想中来把握，认为该书是海德格尔的主要著作，该文在一个注释中提到了深渊（Abgrund）的重要性。[③]

国内对《哲学论稿》这种早期研究是零星的，呈现出点状的样态，研究者从各自研究的兴趣点切入《哲学论稿》。但这些分散的点也显示出随后十几年的研究态势，大致可以分为四条路径：（1）《哲学论稿》的翻译及其理解问题；（2）正面论述《哲学论稿》中的某个具体问题（彭富春）；（3）就海德格尔思想整体来把握《哲学论稿》（张汝伦）；（4）就海德格尔的某个问题来论及《哲学论稿》（孙周兴）。

2008 年之后的研究状况大概在前述点状研究呈现的四条路径之中，研究论文有所增多，至今有 20 余篇相关论文，断断续续地在四条路径中形成带虚线的线条。这十余年的研究，可以描述为从以前的点状特征发展成为带虚线的线状形态。

第一条研究路径，就《哲学论稿》的翻译来说，到 2008 年，《世界哲学》发了一组关于 Ereignis 讨论的文章，如邓晓芒的《论作为“成己”的 Ereignis》、王均江的《论海德格尔思想主导词Ereigins》、张祥龙的《海德格尔后期著作中的“Ereignis”的含义》等。对 Ereignis 的翻译与探讨，推进了对《哲学论稿》的研究，尤其是后三篇文章直接涉及《哲学论稿》，这使得《哲学论稿》在国内学界受关注程度显著提高。《海德格尔〈哲学论稿〉的几组重要译名讨论》探讨了八组词的翻译问题，这几组词也相当于对《哲学论稿》的内在理路作出了一个简略展示，也探讨了 Abgrund 的翻译，揭示了该词的基本含义。[④] 甚至在《哲学论稿》中译本于 2012 年出版之后，对其译名讨论还未停止。《海德格尔中期哲学的本体论与方法论——关于〈哲学论稿〉核心概念的中译及其思考》虽然着眼于《海德格尔全集》关键词语的翻译，但也揭示了作为《全集》第 65 卷的《哲学论稿》与第 66 卷《沉思》的关系，并将两者描述为本体论与方法论的关系。值得一提的是，该文还论及了对《哲学论稿》的研究方式问题，认为

---

① 参见孙周兴：《为什么我们需要一种低沉的情绪？——海德格尔对哲学基本情绪的存在历史分析》，《江苏社会科学》2004 年第 6 期。

② Beiträge zur Philosophie 在该文中被译为《哲学贡献》，在文献综述中还出现《哲学文集》《哲学的贡献》等译法，为了行文统一，均改为《哲学论稿》，后文不再注明。

③ 参见张汝伦：《论〈哲学贡献〉在海德格尔哲学中的地位》，《复旦学报》（社会科学版）2006 年第 6 期。

④ 参见孙周兴：《海德格尔〈哲学论稿〉的几组重要译名讨论》，《世界哲学》2009 年第 4 期。

该书不适合通常的学术论文式的研究，这在一定程度上为本书谋篇布局上的特殊性提供了一个依据。①

第二条研究路径，就正面论述《哲学论稿》中的某个具体问题而言，出现的几篇专门研究的论文大多与最后之神有关。《后神学的神思——海德格尔〈哲学论稿〉中的上帝问题》阐述了该书最后也是最难的一个关节“最后之神”，将这种与本有有关的神性思想定位为后神学的神思。②《“最后之神”即海德格尔的基督?》将海德格尔的超越传统神学与形而上学的神思视为“现象学和语意学上的唯实论”，并将《哲学论稿》的话语视为“圣俗交织”的。③《最后的神的面目》基于存在历史来把握区别于上帝的最后之神，描述了最后之神的“面目”与出场方式以及神人关系，结合了海德格尔的巴门尼德与荷尔德林阐释来理解最后之神。④ 此外，《理性与沉思：海德格尔〈哲学论稿〉中关于科学的反思》专门分析了该书中的科学问题。⑤《“精神修炼”视角下的海德格尔后期哲学》以“精神修炼”为视角，通过对该书中的多种情调进行阐发，梳理出了一条别具一格的让人移置到此—在中的路径。⑥

第三条研究路径，就海德格尔思想整体来把握《哲学论稿》，有孙周兴、柯小刚与张一兵等学者的研究。《非推论的思想还能叫哲学吗？——海德格尔与后哲学的思想前景》指出了海德格尔 20 世纪 30 年代的诗意之思与存在之真理的关系，以及《哲学论稿》中的本有之思对海德格尔后来思想的影响，为开启一种后哲学的思想提供了可能。⑦《从〈存在与时间〉到〈哲学论稿〉：海德格尔前后期思想关系疏解》认为这部书的本质位置“只不过是一条‘从 Ereignis 而来’的道路”⑧。《回到海德格尔》⑨、《走向

① 参见倪梁康：《海德格尔中期哲学的本体论与方法论——关于〈哲学论稿〉核心概念的中译及其思考》，《南京大学学报》2014 年第 3 期。

② 参见孙周兴：《后神学的神思——海德格尔〈哲学论稿〉中的上帝问题》，《世界哲学》2010 年第 3 期。

③ 参见林子淳：《“最后之神”即海德格尔的基督?》，《世界哲学》2015 年第 1 期。

④ 参见朱清华：《最后的神的面目》，《现代哲学》2018 年第 1 期。

⑤ 参见柯小刚：《古典文教的现代新命》，上海，上海人民出版社，2012，第 305—321 页。

⑥ 参见张振华：《“精神修炼”视角下的海德格尔后期哲学》，《哲学研究》2017 年第 9 期。

⑦ 参见孙周兴：《非推论的思想还能叫哲学吗？——海德格尔与后哲学的思想前景》，《社会科学战线》2010 年第 9 期。

⑧ 柯小刚：《从〈存在与时间〉到〈哲学论稿〉：海德格尔前后期思想关系疏解》，《现代哲学》2011 年第 1 期。

⑨ 张一兵：《回到海德格尔》，《学术月刊》2012 年第 5 期。

本有之思的道路——海德格尔的秘密自我思想总结》[①] 与《海德格尔思想发展的总体线索》[②] 从构镜论的角度对海德格尔的秘密手稿尤其是对《哲学论稿》在其思想整体中的位置作出阐发，视之为隐匿性的神秘文本，强调《哲学论稿》的重要地位。

第四条研究路径，就海德格尔的某个问题来论《哲学论稿》，这方面的文章稍微多一点，代表性的有好几篇。《天与地，以及诗人的位置》对理解《哲学论稿》中海德格尔的思与荷尔德林的诗之对话有着借鉴与启发意义。[③]《Ereignis 在海德格尔之思想道路上的位置》试图通过 Ereignis 来描绘海德格尔思想道路的整体结构，也重点描述了 Ereignis 与存有历史的关联。[④]《从比较老庄思想的视角论四重整体与最后之神》在“四大”与四重整体的比较中，对《哲学论稿》中的世、地、神、人四重整体及其内在要素的相互关系做了揭示。[⑤]《时—空（Zeit-Raum）与本原（ἀρχη）——对海德格尔时—空问题的现象学研究》对《哲学论稿》中作为深渊的时间—空间的现象学研究，尤其是对时—空与深渊的相互关联的揭示对本书的写作具有借鉴意义。[⑥]《论海德格尔的转向问题》重点论及了《哲学论稿》中的转向问题。[⑦]《海德格尔时间思想中的时序性概念考察》论及了“时序性”（Temporalität）与《哲学论稿》中时间—空间的关联。[⑧]《一再被误解的海德格尔死亡概念》论述了《哲学论稿》中的死亡与深渊（该文译为“渊源”）的关系。[⑨]《形而上学之极限与另一开端之预示——论海德格尔对谢林〈自由论文〉的定位与根据》阐发了在《哲学论稿》中提到但未展开的谢林“自由论文”，并描述出其在存有历史中的位置。[⑩]

总体说来，国内学界对《哲学论稿》的研究虽然经历了从点到线的发展，但未就某个热点形成面的效应，研究局面整体上在平稳中推进，这在

① 张一兵：《走向本有之思的道路——海德格尔的秘密自我思想总结》，《学术月刊》2011 年第 10 期。

② 张一兵：《海德格尔思想发展的总体线索》，《南京社会科学》2011 年第 8 期。

③ 参见孙周兴：《天与地，以及诗人的位置》，《同济大学学报》（社会科学版）2012 年第 4 期。

④ 参见杨宝富：《Ereignis 在海德格尔之思想道路上的位置》，《云南大学学报》2012 年第 6 期。

⑤ 参见林子淳：《从比较老庄思想的视角论四重整体与最后之神》，《社会科学家》2016 年第 6 期。

⑥ 参见尹兆坤：《时—空（Zeit-Raum）与本原（ἀρχη）——对海德格尔时—空问题的现象学研究》，《自然辩证法研究》2016 年第 7 期。

⑦ 参见杨栋：《论海德格尔的转向问题》，《学术月刊》2017 年第 9 期。

⑧ 参见缪羽龙：《海德格尔时间思想中的时序性概念考察》，《同济大学学报》（社会科学版）2018 年第 3 期。

⑨ 参见李章印：《一再被误解的海德格尔死亡概念》，《南京社会科学》2018 年第 4 期。

⑩ 参见张柯：《形而上学之极限与另一开端之预示——论海德格尔对谢林〈自由论文〉的定位与根据》，《清华大学学报》2018 年第 5 期。

一定程度上也与该书的难度有关。上述著作与文章都不同程度地为理解该书中的深渊或离—基深渊[①]问题提供了帮助，但在对该书的探讨中深渊问题并未形成专题。而在汉语学界，仍未出现专门研究该书的著作，对之进行专门研究的论文还较少。相较于《存在与时间》，对《哲学论稿》的研究显得较为沉寂。

（二）国外研究现状

整体来说，《哲学论稿》在国际上越来越受到重视。2004 年，在瑞士以《哲学论稿》为专题召开了国际研讨会，以德语、法语为标题的会议论文集 *Heideggers Beiträge zur Philosophie/Les Apports à la Philosophie de Heidegger*[②] 于 2009 年出版，汇集了德、英、法等多种语言的论文，也广泛地涉及该书不同论题。2009 年到 2010 年，《海德格尔研究》也以《哲学论稿》为专题发表了一系列文章。这都是该书不断受到重视的明证。

作为 20 世纪最重要的哲学家之一，海德格尔是在全世界范围内被研究的。所以，写一个完整的国外研究现状是不可能的事情。由于语言与资料的限制，对国外研究现状的梳理主要立足于德、英、法语界的研究成果。而从 20 世纪 80 年代创刊的《海德格尔研究》（*Heidegger Studies/Heidegger Studien/Etudes Heideggeriennes*）来看，这份国际刊物的语言为德、英、法三种，这也算得上是海德格尔研究的国际官方语言了。从这个角度，德、英、法语界的研究现状基本上也能代表国外的研究现状。因此，对国外研究现状的描述可以从语种来划分，分成德语、法语与英语世界的研究现状三大块。国外相关的研究成果中有已译成中文而进入中文世界的作品，严格说来，这些作品仍然是国外学者的研究成果。所以，在前面对“国内研

---

① Abgrund 这个词的意思是深渊，其用连字符分开写的形式 Ab-grund 译为深—渊或离—基深渊。对该词的含义与翻译问题可参见本书“绪论”之“（一）Abgrund（深渊）的词源学考察及其翻译问题”。

② 由于该论文集涉及德、法、英等不同语言的论文，在下面分语种进行描述的国外研究现状中不再单独列出。这本以德—法双语为标题的论文集，法文标题译为《对哲学的贡献》，采用了弗朗索瓦·费迪耶（François Fédier）的翻译。

究现状”的描述中并没有将这些译著列出。[①]

1. 德语世界研究现状

在德语世界，该书的专门性研究著作在数量上最多也研究得最深入。而对研究海德格尔有直接推动作用的是《海德格尔全集》的出版，尽管严格说来，海德格尔自己的作品不算是研究，但却对海德格尔研究起着最重要的推动作用。而在事实上，部分近年出版的海德格尔作品中就包含着对其以前公开或未公开发表的作品的解释，也包括对《哲学论稿》的自我理解。从这个角度，也能将海德格尔的作品纳入研究现状之中，尤其是《海德格尔全集》中的秘密手稿与黑色笔记系列。六卷秘密手稿系列[②]中仅有第 72 卷未出版，而黑色笔记系列已经出齐（《全集》第 94—102 卷）。本书从“深渊的哲学”来理解《哲学论稿》便是以海德格尔在其全集第 97 卷《注释 I-V》中的自述[③]为依据的。《全集》第 98 卷《注释 VI-IX》（2018）与第 99 卷《四个笔记本Ⅰ与Ⅱ》（2019）为梳理海德格尔思想自身中从 Ereignis 到天、地、神、人四重整体所构成的世界之间的转变提供了一手资料。《全集》第 100—102 卷以及 2022 年新出版的《全集》第 91 卷《补充与断想》（*Ergänzungen und Denksplitter*）也延续了对深渊问题

---

① 就已译成中文的来说，主要有五本书。其中将《哲学论稿》置于海德格尔思想整体来把握的有如下三本：《海德格尔的思想之路》（奥托·珀格勒著，宋祖良译，新竹，仰哲出版社，1995）从克服形而上学与开启另一开端的角度来把握《哲学论稿》；《来自德国的大师——海德格尔和他的时代》（吕迪格尔·萨弗兰斯基著，靳希平译，北京，商务印书馆，2007）以略带讽刺的口吻描述了《哲学论稿》，虽然肯定了该书在形而上学解构方面的准确性，但对最后之神、存在历史、本有事件等方面的内容有点不以为然；《海德格尔导论》（彼特·特拉夫尼著，张振华、杨小刚译，上海，同济大学出版社，2012）从存在历史的角度描述了该书，简述了存有之真理与本有的关系。另外有两本专门研究《哲学论稿》著作——《存在的急迫——论海德格尔的〈对哲学的献文〉》（波尔特著，张志和译，上海，上海书店出版社，2009）与《海德格尔〈哲学献文〉导论》（瓦莱加·诺伊著，李强译，上海，华东师范大学出版社，2010），书名中的“哲学献文”和“对哲学的献文”即为“哲学论稿”。前一本著作的结构较为特殊，也打破了体系的框架，深入论述了《哲学论稿》的重点问题。后一本著作展示了《哲学论稿》的具体结构，并做了一种贯通。

② 秘密手稿的内容严格来说是六本半。弗朗索瓦·费迪耶（François Fédier）认为秘密手稿指的是被编为《海德格尔全集》第 65、66、69、70、71、72 卷的这六本，参见 Heidegger, *Apports à la philosophie. de l'avenance*, traduit par François Fédier, Gallimard, 2013, p.9。而冯·海尔曼（F.-W.von Herrmann）则在其为《全集》第 71 卷《本有》（*Das Ereignis*）写的“编者后记”里将《全集》第 67 卷《形而上学与虚无主义》中写于 1938/1939 年的《形而上学之克服》归入秘密手稿，参见 Heidegger, *Das Ereignis*, Hrsg. F.-W. von Herrmann Vorworte, Frankfurt a.M: Vittorio Klostermann, 2009, p.343。两者实际上不矛盾，就整本来说，是 6 本，第 67 卷的部分内容也算的话，是 6 本半。目前只有第 72 卷还未出版。

③ Heidegger, *Anmerkungen I-V*（*Schwarze Hefte 1942-1948*）, Hrsg. Peter Trawny, Frankfurt a.M: Vittorio Klostermann, 2015, p.156.

的探讨。此外，《全集》第82卷《论自己的问世之作》（2017）的出版也有利于澄清《哲学论稿》中此一在的内涵，以及《哲学论稿》与《存在与时间》的关联；《全集》第89卷《措利孔讨论班》（2017）对于无聊情绪所做的补充，也对本书的写作有帮助。

在德语世界，最早透露出《哲学论稿》内容的著作，可能是奥托·珀格勒（Otto Pöggeler）于1963年出版的 *Der Denkweg Martin Heideggers*，该书已翻译成中文《海德格尔的思想之路》[①]。而奥托·珀格勒在1992年出版的 *Neue Wege mit Heidegger* 中也专节阐发了《哲学论稿》尤其是其中的最后之神的问题。克劳斯·黑尔德（Klaus Held）于1991年发表了《海德格尔的基本情调与时代批判》[②]，从基本情调来理解《哲学论稿》，并做了富有创见的阐发。

由于《哲学论稿》的德文版出版于1989年，故而研究该书的专著在20世纪90年代才出现，主要有海德格尔德文版《全集》主编、《哲学论稿》的编者冯·海尔曼的几本著作，以及由他指导的几个博士生的论文。德语世界对《哲学论稿》进行专门研究的著作仍未被翻译成中文。

1990年，冯·海尔曼出版了一本小书 *Weg und Methode. Zur hermeneutischen Phänomenologie des seinsgechichtlichen Denkens*（Frankfurt a. M.），对理解《哲学论稿》的现象学方法富有启发意义。1994年，冯·海尔曼出版了 *Wege ins Ereignis. Zu Heideggers "Beiträgen zur Philosophie"*（Frankfurt a. M.），这应该是德语世界中最早对《哲学论稿》进行专门研究的著作，该书主要围绕《哲学论稿》来阐述，视野开阔，论述深入，对整体把握该书有重要意义。在同一年，冯·海尔曼修订出版了专门解读《艺术作品的本源》的著作 *Heideggers Philosophie der Kunst: Eine systematische Interpretation der Holzwege-Abhandlung „Der Ursprung des Kunstwerkes"*，在这个修订本中补写了一个"导论"，将《艺术作品的本源》置于《哲学论稿》的框架中来理解。鉴于《艺术作品的本源》与《哲学论稿》密切关联，这对理解后者也有借鉴作用。

同在20世纪90年代，在冯·海尔曼的指导下陆续出版了几部专门或重点研究《哲学论稿》的博士论文。1993年，出版了 Sang-Hie Shin 所著的 *Wahrheitsfrage und Kehre bei Martin Heidegger*，这本专门论述海德格尔真理问题的著作也将《哲学论稿》作为重点研究对象。1997年，出版了

---

① [德]奥托·珀格勒：《海德格尔的思想之路》，宋祖良译，新竹，仰哲出版社，1995。

② 这篇文章被收录于[德]克劳斯·黑尔德著，孙周兴编：《世界现象学》，倪梁康等译，北京，三联书店，2003，第168—196页。

Daniela Neu 所著的 *Die Notwendigkeit der Gründung im Zeitalter der Dekonstruktion. unter Hinzuziehung der Derridaschen Dekonstruktion*，该书以“建基”为主题，“深渊”自然也是其主要论题之一，虽然全文结构重在与德里达的比较，但对理解《哲学论稿》的深渊问题仍较有帮助。1998 年，Paola-Ludovica Coriando 出版了 *Der letzte Gott als Anfang. Zur abgründigen Zeit-Räumlichkeit des Übergangs in Heideggers „Beiträgen zur Philosophie (Vom Ereignis)“*，这本著作的主题是“最后之神”，但对深渊问题也有重要阐发，富有启发意义。1999 年，Christian Müller 出版了 *Der Tod als Wandlungsmitte. Zur Frage nach Entscheidung, Tod und letztem Gott in Heideggers „Beiträgen zur Philosophie“*，该书重在阐释死亡、虚无与最后之神的关联，对深渊问题也有不同层面的涉及。*Die Geschichtlichkeit des Mensch und die Geschichte des Seins*（Eunhae Cheong，2000）对《哲学论稿》中作为深—渊的“时间—空间”做了细致的梳理，尤其是对重点语句的具体阐发，对理解该书的深渊问题有较大帮助。

2000 年之后，以德语出版的专门或重点研究《哲学论稿》的著作还有以下几部。2003 年，Ino Augsberg 出版了 *Wiederbringung des Seienden: Zur ontologogischen Differenz im seingeschichtlichen Denken Martin Heideggers*，该书的正标题取自《哲学论稿》，描述了存在者在存有（Seyn）之真理中的立身，并阐述了存在之真理在时间—游戏—空间、转向以及庇护等方面的具体运作，这实际上也可以从离基深渊与存在者的关联来理解。2007 年，Holger Granz 出版了 *Die Metapher des Daseins-Das Dasein der Metapher*，专门研究了海德格尔思想中的比喻用法，《哲学论稿》是其重点分析对象，这对理解该书的关键词以及词语关联很有帮助。2008 年，Rüdiger H. Rimpler 出版了 *Prozessualität und Performativität in Herdeggers „Beiträgen zur Philosophie“*，该书对真理及其建基等内容的分析，也涉及深渊问题。2011 年，Frank Schlegel 出版了 *Phänomenologie des Zwischen: Die Beziehung im Denken Martin Heideggers*，从“‘之间’的现象学”来阐发海德格尔的作品，《哲学论稿》是其研究的重点文本之一，“之间”现象的澄清，对理解《哲学论稿》中的深渊或离基深渊的内在构成及其发生具有启发意义。2011 年，Jaison D. Vallooran 出版了 *Heidegger-Unterwegs zum anderen Anfang des Seinsdenkens: Das Denken Heideggers als die Wiederbejahung der antiken Herrschaft der Seinsfrage* 一书，详细阐发了海德格尔的另一开端与第一开端的关联。2014 年，Francesco Lanzi 出版了 *Das Sein in Heideggers Beiträgen zur*

Philosophie (*Vom Ereignis*)，对《哲学论稿》中的存在与虚无、真理、时间—空间以及本有之间的关联进行了细致阐发，对多维度地理解该书中的“存在”有借鉴价值。2016 年，Damir Barbaric 出版了 *Zum anderen Anfang*：*Studien zum Spätdenken Heideggers*，虽然不是对《哲学论稿》的专门研究，但有助于将《哲学论稿》中的“另一开端”置于海德格尔后期思想的整体来把握。同年，Rico Gutschmidt 出版的 *Sein ohne Grund*：*Die post-theistische Religiosität im Spätwerk Martin Heideggers* 从后神学的宗教性来把握《哲学论稿》中的最后之神，对理解该书中最后之神的问题提供了帮助。

此外，值得重视的著作有冯·海尔曼在 2019 年出版的 *Transzendenz und Ereignis*：*Heideggers „Beiträgen zur Philosophie* (*Vom Ereignis*) “：*Ein Kommentar*，这部著作以“超越”与“本有”分别指代海德格尔前期代表作《存在与时间》与后期代表作《哲学论稿》的主题，其阐释的重心在《哲学论稿》，尽管有相当一部分内容在作者已出版的著作与论文中有过阐发，但该书定位于对《哲学论稿》的“一种评注”，既有贯通海德格尔前后期思想的宽广视野，又对《哲学论稿》Fuge① 的六个接缝整体进行了细致而又连贯的梳理。*Register zur Martin Heidegger Gesamtausgabe* (Patrick Unruh，2017) 也值得注意，该书是对《海德格尔全集》基本词汇与人名的索引，索引范围以 2015 年出版的《全集》第 97 卷《注释 I-V》为界，尽管《全集》之中还有十卷没有收入，但也有利于从《海德格尔全集》来把握《哲学论稿》基本词语的含义以及词语之间的关联。

除著作外，德语界还有几篇重要的论文也对《哲学论稿》进行了具体的探究，代表性的有：“Das Ereignis des Menschen und die Aufgabe des Da-seins：Inständigkeit，Sterblichkeit，Weite” (Sandro Gorgone，*Heidegger Studien*，2017)，该文探讨了内立状态与死亡问题，这对理解《哲学论稿》中的“跳跃”与“建基”两方面的内容有启发意义；“Blick-Allmacht-Wink. Zur Gottesfrage bei M. Heidegger” (Ingeborg Schüßler，*Auslegungen*. *Von Parmenides bis zu den Schwarzen Heften*，2016)，该文对最后之神及其与深渊之关联的阐释，给人以启发。

此外，随着海德格尔的黑色笔记的出版，海德格尔作品中的犹太问题重新引发争议，《哲学论稿》与现实政治的关联也突显出来，学界产生了不

① Fuge 在德语中有接缝、裂隙、赋格曲等含义。孙周兴先生在中译本中也以“关节”来译之。本书考虑到《哲学论稿》在对本有(Ereignis)或存有之本现的阐发中较为突出声音、音乐性与情调等维度，故而主要以赋格来翻译 Fuge，其他含义兼用之。

同的看法，不少著作与论文有所论及。代表性的著作有 *Martin Heidegger: Eine kritische Einführung*（Peter Trawny，2016），该书在对海德格尔哲学的导论式介绍中引入了犹太问题与政治视角，并相应地提出了某些批判，也涉及《哲学论稿》；而强调海德格尔“思想的纯粹性”的代表性论文有 Die Reinheit des seinsgeschichtlichen Denkens（Friedrich-Wilhelm von Herrmann，*Heidegger Studien*，2017），该文在阐释存有历史之思想的纯粹性时也强调了《哲学论稿》与反犹之间的距离。

2. 法语世界研究现状

从目前来看，相较于德语世界，法语世界对该书的研究慢了一拍，研究性的作品与文章也要少得多。尽管有着这种时间与数量上的差异，法语世界研究成果的质量却没有因此而打折扣。作为《海德格尔全集》的编者之一，Ingeborg Schüßler 在 2001 年便出版了她的著作 *La question de la vérité: Thomas d'Aquin-Nietzsche-Kant-Aristote-Heidegger*，这部作品探讨了五个哲学家的真理问题，在对海德格尔作品的阐发中，以《哲学论稿》为重心阐释其中的真理问题。Ingeborg Schüßler 的阐发相当细腻，尤其是对一些关键词的分析细致而深入，对理解该书以及其中的深渊问题均有帮助。这种阐释风格也保持在 Ingeborg Schüßler 后续的研究论文中，2009 年与 2010 年，Ingeborg Schüßler 在 *Etudes Heideggeriennes* 第 25 期与第 26 期上面分两部分发表了其研究《哲学论稿》的长篇论文“Le ‘dernier dieu’ et le délaissement de l'être selon les Apports *à* la philosophie de M. Heidegger”。这篇长达 70 页的论文，对《哲学论稿》中的语言、情调、深渊、死亡、最后之神等方面内容的阐发富有启发意义，对理解其中的深渊问题有着重要的参考价值。

2013 年，法文版《海德格尔全集》主持人弗朗索瓦·费迪耶（François Fédier）翻译出版了《哲学论稿》法译本 *Apports à la philosophie: De l'avenance*①，弗朗索瓦·费迪耶在 1997 年便翻译了该书第 238—242 节，到 2013 年完成全书，前后历时十几年，这个译本以及其中的注释与“后记”为理解《哲学论稿》提供了直接的帮助。同年，法国出版了由弗朗索瓦·费迪耶同他的两个学生 Philippe Arjakovsky 和 Hadrien France-

① 弗朗索瓦·费迪耶将该书的正标题翻译为《对哲学的贡献》(*Apports à la philosophie*)，认为海德格尔在题目中用 Beiträge(贡献、稿件)一词是受到荷尔德林的影响。François Fédier, *Entendre Heidegger, et autres exercices d'écoute*, Paris: Pocket, 2013, pp.140-142.

Lanord共同主编的长达1450页的《马丁·海德格尔词典》[①]（*Le Dictionnaire Martin Heidegger*），这大概算得上当今世界最大的海德格尔词典了，由20多位来自法德等国的研究者历时四年完成。该词典解释了600多个词条，自然也包括《哲学论稿》中的一些核心词，并且为《哲学论稿》一书编了专门的词条。而在这本词典中，海德格尔其他著作仅《存在与时间》享有同等待遇，这表明该词典是将这两部著作作为海德格尔的代表作来看待的。这部词典对理解《哲学论稿》提供了不少帮助。

在法语世界重点或专节研究《哲学论稿》的著作还有如下几本。2009年，Franz-Emmanuel Chürch出版了*Le Savoir en Appel*：*Heidegger et le tournant dans la vérité*，该书的后半部分以《哲学论稿》为重点进行阐发，对该书中的真理与存在、无、转向等关联进行了分析，在结尾部分从伦理的角度切入存在之真理，可从这个视角梳理《哲学论搞》中的真理与人之本质的转变之间的关联，也能以此介入深渊问题。2011年，François Dastur出版了*Heidegger et la pensée à venir*，该书最后一章以《哲学论稿》为重点进行分析，阐述了本有的历史性及将来维度，这对从历史性来理解深渊问题和对深渊哲学之未来性的把握均具有参考价值。2014年，Cristian Ciocan出版了*Heidegger et le problème de la mort*：*existentialité*，*authenticité*，*temporalité*，专门分析了《哲学论稿》中的死亡问题，对从死亡现象入手分析深渊问题具有借鉴作用。

此外，法语世界在2017年出版了以《哲学论稿》为题的研究专著*La Philosophie après Heidegger*：*Apports complémentaires à la philosophie*（*De l'événement*），该书有一章专门论述《哲学论稿》，但提出的某些见解却不无商榷之处，如认为海德格尔的最后之神是“纯粹想象的与诗意的”。值得重视的是专门解读《哲学论稿》的论文集*Lire les Beiträge zur Philosophie de Heidegger*（Alexander Schnell，2017），共收录了19篇论文，其中7篇是从其他语种译过来的；这部论文集涉及的论题比较广泛，与本书的研究直

---

① 2014年笔者通过邮件与书信向弗朗索瓦·费迪耶教授就博士论文的写作进行请教之初，他便向笔者推荐了其与两个弟子共同主编的这部词典，并指出“这是一部必不可少的作品”；在笔者从法国亚马逊下了订单而词典未到时，他又不无得意地写道：这部词典“是非常巨大的”，“您将看到：这是一部令人惊讶的书”；笔者词典到手告知他之后，他又告诉笔者应该怎样阅读这部词典，“像一个人在其发现的地方散步一样”（分别见费迪耶先生2014年8月2日、8月10日与9月4日写给笔者的邮件）。这部词典也确实在本书的写作中起到了“必不可少的”作用。弗朗索瓦·费迪耶是让·波弗勒的学生，也是海德格尔晚年“四个讨论班”的主要成员之一。遗憾的是，费迪耶先生已于2021年在法国逝世，这里记下由这部词典而来的点点滴滴，以示感激与纪念。

接相关的内容，包括对《哲学论稿》中的哲学、现象学、历史性思想、转向、本有、存有之开裂以及最后之神的论述，在多个问题上具有参考价值。

在法语世界，《哲学论稿》的法译本 *Apports à la philosophie. De l'avenance*（Traduit par François Fédier，Gallimard）2013 年才出版，到 2017 年出现专门性的研究著作，这表明最近几年法语界学者对《哲学论稿》的重视，以及研究的推进。

3. 英语世界研究现状

英语世界已经有了两个《哲学论稿》的英译本，在海德格尔的作品中，除《存在与时间》之外，目前有两个英译本的海德格尔作品恐怕唯有《哲学论稿》了，足见重视程度。这两个译本分别是 Parvis Emad 与 Kenneth Maly 于 1999 年翻译出版的 *Comtributions to Philosophy*（*From Enowning*）（Indiana University Press），以及 Richard Rojcewicz 与 Daniela Vallega-Neu 在 2012 年翻译出版的 *Comtributions to Philosophy*（*of the Event*）（Indiana University Press）。

除已经翻译成中文的两本英文著作外，重要的研究著作或文集还有以下六本：2001 年出版的论文集 *Companion to Heideggers Contributions to Philosophy*（Charles E. Scott etc.），该书有专门论述深渊问题的论文，而其他的论题，如思想、言说方式、启思（en-thinking）、跳跃、最后之神等，也不同程度地与深渊问题相关。2007 年，出版了 Parvis Emad 的个人作品集 *On the Way to Heideggers Contributions to Philosophy*，这个集子分两部分，第一部分是专门研究该书的文章，第二部分是比较研究。作者专门讨论了对 Abgrund（深渊）与 Ab-grund（离—基深渊）的英语翻译，厘清这组词及其相关的重要句子的基本含义。同在 2007 年，Jason Powell 出版了 *Heideggers Contributions to Philosophy*：*Life and the Last God*，该书也在不同维度切入《哲学论稿》中的基础与深渊问题。2008 年，Kenneth Maly 出版的 *Heidegger's Possibility*：*Language*，*Emergence-Saying Be-ing*，在对《哲学论稿》中的语言、跳跃与转向等内容的论述中，也不同程度地介入深渊之维，并专门探讨了 Abgrund 一词的翻译与解释。*St. Paul and The Last God in Martin Heidegger's Contributions to Philosophy*（Duane Armitage，2012）以《哲学论稿》中的最后之神为重点，这对理解《哲学论稿》中最后之神与深渊问题的关联具有参考价值。2015 年，George Kovacs 所著的 *Thinking and Be-ing in Heidegger's Beitrage Zur Philosophie*（*Vom Ereignis*）对《哲学论稿》中的存在/存有的多重含义进行了揭示。2016 年，Peter S. Dillard 出版的 *Non-Metaphysical Theology After Heidegger* 认为海德格尔关于最后之神的某些表述有“达达主义”之嫌，但还是将其纳入非—形而上学神学之中。

值得注意的是，Daniela Vallega-Neu 在 2018 年出版了 *Heidegger's Poietic Writings：From Contributions to Philosophy to The Event*，该书从整体上把已经出版的五卷“秘密手稿”视为诗性的作品，从《哲学论稿》到《全集》第 71 卷《本有》逐卷进行阐发，这是英、德、法语界对已经出版的秘密手稿系列的首次系统论述。尽管未专门论及被收入第 67 卷的《形而上学之克服》，加上该系列的最后一卷即《全集》第 72 卷《开端的小路》目前还未正式出版，但该书也为从“秘密手稿”系列整体来把握《哲学论稿》作出了有益的尝试，富有启发意义。Günter Figal 等人编的论文集 *Paths in Heidegger's Later Thought*（2020）分为四个论题，最后一个论题为“基础、无—基与深渊”，收入的三篇文章分别就海德格尔与莱布尼茨、谢林和歌德的关系来展开这一论题，阐释的重点都指向了深渊问题，给人以启发；更重要的是，这个论题的提出在一定程度上也表明，深渊问题在海德格尔思想中已成为能与其他早已引起重视的论题如语言和自然等相提并论的重要问题了。

总的说来，德、法、英语界对《哲学论稿》的研究在不断扩展与深化，并能迅速吸纳海德格尔德文版《全集》的新著与其他研究成果，也注重其与西方思想史的关联。尤其是最近几年，《海德格尔全集》最后一个系列“黑色笔记”的出版，直接推动了对《哲学论稿》的研究，也拓展了研究领域。这个过程本身也印证了《哲学论稿》在海德格尔思想中的重要性与特殊性，以及在《海德格尔全集》中强大的辐射力。而对该书深渊问题的研究，虽有不同程度的涉及，却至今没有出现完全基于《哲学论稿》自身来阐发其深渊问题的专著。因此，对《哲学论稿》的深渊问题做专题研究，是必要的，也是可行的。而同时，在《海德格尔全集》快出齐的今天，根据海德格尔关于“深渊的哲学”的自述来研究《哲学论稿》中的深渊问题，并且拓展到《海德格尔全集》来研究其“深渊的哲学”，既是对海德格尔的哲学自述的一种回应，也是对海德格尔思想进行整体把握的一种尝试。

三、导言　通向深渊之路

1946 年，海德格尔很罕见地对自己的哲学做了一个总结式的自述：“‘我的哲学’——假如这个笨拙的表达允许被使用的话——应该是‘深渊的哲学'。"① 而在作出这个自述大约十年之后，海德格尔在1955—1956年冬季学期的《根据律》中又指出，我们"很少敢于一直走到思想之深渊的边缘"②。这里抛开海德格尔著作中哲学与思想之异同的复杂关联不谈③，海德格尔在其思想道路的早期就从深渊的边缘行至深渊之中，而到思想道路的中期更是跳跃到存有之离—基深渊中，并且，直到晚年也仍然尝试以不同方式通达深渊中的原始基础。这条思想的道路显示了其深渊哲学的整体轮廓，并贯通于海德格尔晚年自我总结的思想的三个阶段："存在之意义"、"存在之真理"、"存在的地方性（Ortschaft）"或"存有的地形学"。④ 由此，深渊的哲学便可视为海德格尔哲学整体的表达。海德格尔哲学在整体上经历了深渊的哲学之形成、成熟与拓展的三个阶段，并与其自述的思想三阶段大致对应；在此意义上，也可以说，只有一个海德格尔。

这只是对海德格尔深渊哲学的一种粗线条的勾勒。而在对其深渊哲学进行具体展开之前，有必要对德语单词Abgrund（深渊）先做一种词源学的考察，也以此对该词的汉译作出探讨。后者对以非德语语种从事海德格尔研究来说，几乎是无法绕过去的一个环节。对Abgrund的词源学考察及其翻译的探究，也是对海德格尔深渊哲学的一种初步揭示。

（一）Abgrund（深渊）的词源学考察及其翻译问题

在西方，Abgrund（深渊）的词源可以追溯到古希腊中的ἄβυσσος。⑤ ἄβυσσος表示"深渊、无底洞、下界"，该词是βυσσός的否定形式，后者的含义是"深处、深底、海底、水底"。⑥ 与ἄβυσσος中前缀ἄ-及其词根-βυσσος之间的否定关系不同⑦，德语Abgrund的前缀Ab-与其词根-grund之间并非一种简单的否定关系，前缀Ab-在德语中表示"离开、分离、去掉"，而在海德格尔用连字符写成的Ab-grund形式中，Ab-作为离开的含

---

① Heidegger, *Anmerkungen I-V*（*Schwarze Hefte 1942-1948*）, Hrsg. Peter Trawny, Frankfurt a.M.: Vittorio Klostermann, 2015, S.156.

② [德]海德格尔：《根据律》，张柯译，北京，商务印书馆，2016，第20页。

③ 哲学与思想之异同的分析见下编小结"一、海德格尔晚年的哲思之争与深渊哲学的边界"。

④ Heidegger, *Seminare*, Hrsg. C. Ochwadt, Frankfurt a.M.: Vittorio Klostermann, 2005, S.335."地形学"原文为Topologie，也可指拓扑学、地志学。

⑤ Heidegger, *Apports à la philosophie. De l'avenance*, Traduit par François Fédier, Gallimard, 2013, p.198.

⑥ 参见罗念生、水建馥编：《古希腊语汉语词典》，北京，商务印书馆，2005，第160—161页。

⑦ 海德格尔《哲学论稿》的法译者与英译者都点明了这种区别。Heidegger, *Apports à la philosophie. De l'avenance*, Traduit par François Fédier, Gallimard, 2013, p.198. Heidegger, *Comtributions to Philosophy*（*From Enowning*）, Translated by Parvis Emad and Kenneth Maly, Bloomington: Indiana University Press, 1999, p.xxxi.

义尤为突出。这是词源上梳理的一个复杂之处。

而另一个复杂的地方在于 Abgrund 与 Tiefe 之间的关联。Abgrund 在西方哲学中的含义可以追溯到伪狄奥尼索斯对"神的隐蔽性与不可认识性"的表达与探讨，其后，德国神秘主义者也用 Abgrund 描述"神性的本质"。[①] 在此过程中形成了 Abgrund 一词哲学上的含义与 Tiefe 的关联，后者在德语中有"深、深度、深处"等含义。从词义来说，Abgrund 与 Tiefe 也是内在相关的，Abgrund 是"'可怕的深处（Tiefe）'之表达"[②]。德国十三卷本的大型《哲学历史词典》也有把 Abgrund 与 Tiefe 统一起来阐释的倾向。在神秘主义大师埃克哈特那里，上帝的"Tiefe（深度）只有在灵魂深处才可被经验到"，而对神秘主义者陶勒（Tauler）而言，"神之无根基状态的深渊"是理性所不能抵达的。[③] 在神秘主义者对神的经验中，神的隐蔽性或神性的本质是其 Abgrund，也是其 Tiefe（深度、深处），两者在此意义上是相通的。当某种东西的深度不可测时，便形成了广义的深渊之经验。

神秘主义对深渊的看法，在海德格尔那里或多或少能找到某些痕迹，如最后之神要在深渊空间中显现，深渊对日常语言与理性的拒斥[④]等。抛开神秘主义对海德格尔的可能影响不谈，词源学的考察所揭示的两个复杂之处也导致了海德格尔《哲学论稿》中 Abgrund 及 Ab-grund 翻译的两难。似乎取其词典义便难以照顾海德格尔所赋予的复杂内涵，反之，取其解释义而造词则可能导致读者阅读上的障碍，影响语句的可读性。尤其是在 Abgrund 要出现在本书题目之中的情况下，更应考虑其译法要好读好懂而避免生僻难解。对 Abgrund 翻译的探讨也可初步揭示出该词在海德格尔作品中的独特内涵。

要走出此两难困境，可以尝试挖掘汉语中相关字词所包蕴与潜藏的含义，包括在古代汉语与现代汉语中的含义，以兼顾词典义与解释义。为此，本书仍然坚持词典义的译法，激活"深"与"渊"在汉语中可能的含义，把 Abgrund 译为"深渊"，将 Ab-grund 相应地译为"深—渊"。上述两种译法基本上能兼顾海德格尔作品中 Abgrund 与 Ab-grund 的内涵。通

---

① Joachim Ritter，*Historisches Wörterbuch der Philosophie*，Basel：Schwabe Verlag，1971，S.5.

② Dudenredaktion，*Duden-Das Herkunftswörterbuch. Etymologe der deutschen Sprache*，Bd.7，Berlin • Mannheim • Zürich：Dudenverlag，2014，S.98.

③ Joachim Ritter(Hrsg)，*Historisches Wörterbuch der Philosophie*，Bd.1，Basel：Schwabe Verlag，1971，S.5.

④ 海德格尔的深渊概念包含了对日常语言与理性的拒斥。Mark A. Wrathall，*The Cambridge Heidegger Lexicon*，Cambridge：Cambridge University Press，2021，pp.9-10.

过对汉语中“深”字内涵的激活，可以发现，其既包含了从表及里、由浅入深的离开意味，也能表示“隐藏、深度”等含义；这几方面的含义，大致能与海德格尔的 Ab-grund 中的 Ab-所具有的丰富内容相对应。而“渊”的本义及其在道家哲学文献中的含义，也为翻译 Ab-grund 中作为非形而上学的-grund（基础、根基、底部）提供了可能。这种敲打词语或重思概念的做法，也符合海德格尔对哲学的看法：“在哲学中，没有什么词语或概念是被用得老套了的。我们必须每天都重新思索概念。”①

这里可以从前面词源学梳理时揭示的两个复杂之处出发，展开作为“翻译”的“转渡”之可能。在德语中，übersetzen 作为不可分动词指“翻译”，作为可分动词则指“转渡”，海德格尔以拉丁语对古希腊语基本哲学词汇的翻译为例，指出“在似乎是字面上的、因而具有保存作用的翻译背后，隐藏着希腊经验向另一种思维方式的转渡”②。具体说来，古希腊语中所蕴含的原始经验即存在者之存在或在场者之在场的经验在拉丁语的翻译中遗失了，言下之意，拉丁语翻译了古希腊语，但后者具有的原始经验却没有成功转渡过来。故而在 Abgrund 及 Ab-grund 的汉译中，也应该实现某种程度上的转渡。

就 Abgrund 及 Ab-grund 的翻译来说，汉语界对 Abgrund 的翻译有“深渊”③“渊基”④“离基”“离基深渊”⑤等。除直接翻译为深渊之外，其他的译法也极力照顾该词“深渊”的内涵，如孙周兴先生则同时采用“深渊”“离基”“离基深渊”的译法。把 Abgrund 译为“深渊”自有其理由：“Abgrund 的本意是‘下行的/下陷的地基’，在日常语用中意为‘深渊、堕落、分歧、鸿沟’，但海德格尔对此进行了新的阐释，使之意味着：以离于根据/非根据的方式起着根据作用，存在没有根据（此谓之‘离’），但开显根据（此谓之‘开’）。此外还需指出，此词通常的译名‘深渊’也并非全不可取，因为深渊乃是地基的一种特有显现甚至可说是地基的本源性的显现：深渊并非对地基的根本否定。毋宁说，深渊以离逝

① ［德］海德格尔：《讨论班》，王志宏、石磊译，孙周兴、杨光校译，北京，商务印书馆，2018，第153页。译文有改动。Heidegger, *Seminare*, Hrsg. C. Ochwadt, Frankfurt a.M: Vittorio Klostermann, 2005, S.128.

② ［德］海德格尔：《林中路》，孙周兴译，北京，商务印书馆，2015，第8页。

③ 把 Abgrund 译为“深渊”的学者有张汝伦、张柯等。参见张汝伦：《〈存在与时间〉释义》，上海，上海人民出版社，2012，第501页；［德］海德格尔：《根据律》，张柯译，北京，商务印书馆，2016，第108页。

④ 参见［德］海德格尔：《形而上学导论》，王庆节译，北京，商务印书馆，2015，第243—245页。

⑤ 参见［德］海德格尔：《哲学论稿（从本有而来）》，孙周兴译，北京，商务印书馆，2012，第560—561页。

下陷的方式决定性地给出了地基的正面意义上的存在。地基之显明有赖于深渊，倘若没有深渊，则何谓'基础'就陷入纯粹黑暗中，或者说，我们就无从可能知晓地基的基础意义。"[①] 造成该词翻译上的分歧的一个重要因素在于 Ab-grund 的独特含义，海德格尔赋予 Abgrund 特有的含义在该词的连字符形式的写法 Ab-grund 中突出地表现出来，后者的字面意思为"离开—基础"。

是否可以用深渊来译 Abgrund，相应地用深—渊来译 Ab-grund，是一个可以探讨的问题。就前面提到的第一个复杂之处来说，Ab-grund 构词中的"离开"关系不同于其古希腊词源ἄβυσσος内部的否定关系。但这只是就通常意义而言的，而根据海德格尔所揭示的"否定"之本源意义，否定之"不"源自无或无化，而后者又是某种遮蔽的运作[②]。就存有之遮蔽来说，其发生方式之一便是逃逸（Entzug），也含有"离开"的意思。在此意义上，否定关系与离开关系虽然在表面上不同，在深层次上未必不能建立起某种共通性。

这里不妨分别就汉语中的"深—渊"与 Ab-grund 各自的对应性来展开比较。

就"深"字的含义来说，可以指具有方向性的"距离、深度、隐藏、程度"等，基本上可以传达 Ab-grund 的前缀 Ab-之内涵。

"深"在汉语中常用来表示距离："从水面到水底的距离大""从上到下或从外到内的距离大""从上到下或从外到内的距离"。[③] 这种显示出方向的距离也可能隐含某种按一定方向运动的意味，如《诗经》中的"战战兢兢，如临深渊"，深渊之深让人战战兢兢，在于站到地面边沿而有下坠到深渊的可能，深渊之深使这一下坠变得危险，下坠运动的危险与深渊之深的关联生发出恐惧。在此，深渊之深也显示了运动的方向，即下坠运动的从上往下，也是从地面离开的下坠。

撇开西方带有形而上学色彩的"表面现象—深层本质"的深度模式不论，海德格尔的 Abgrund 中的 Ab-（离开）也包含了"从何处离开又通往何处"的内涵。尽管如此，汉语中"深"字还是难以替代表示动态的"离开"（Ab-），但也不能完全否定 Abgrund 一词包含的"深"之义，而且在海德格尔的使用中，"深"也是深渊不可或缺的一个维度。这里也涉

---

① ［德］海德格尔：《根据律》，张柯译，北京，商务印书馆，2016，第 108 页。

② 海德格尔对不—无—隐蔽之关联的阐释参见本书上编第二章第二节中的"主导问题与传送"。

③ 汉语大字典编辑委员会编纂：《汉语大字典（九卷本）》，成都，四川辞书出版社，武汉，湖北辞书出版社，2010，第 1782 页。

及前面所做的词源学梳理中的第二个复杂之处，即 Abgrund 与 Tiefe 之内在关联。实际上，Agrund 前缀 Ab-即使表示“离开”，也是与 Tiefe（深度、深处）相关联的，离开之动态发生必然涉及从何处离开又通向何处。在《哲学论稿》中，Abgrund 之离开是从在形而上学中作为根据的存在状态离开，而通向存有之深渊的深处。一方面，海德格尔把形而上学中的存在者之经验描述为 Vordergrund（表层），作为形而上学之完成者的尼采所经验到的虚无主义，便处于此表层中：“尼采首次——并且是以柏拉图主义为定向——当作虚无主义来加以认识的东西，从尼采所不了解的基础问题出发来看，实际上只不过是殊为深远的存在被遗忘状态之发生事件的表层而已，而这种存在之被遗忘状态恰恰在发现主导问题的答案的过程当中越来越飞黄腾达了。”① 另一方面，这种表层也是与存有之深处相对照的。主导问题追问存在者是什么，而基础问题追问存有之本现，如同主导问题对应于存在之被遗忘状态，基础问题则是从存在之被遗忘状态所发源的存在之离弃状态来把握的，后者已属于存有之本现的一种经验了。由此，从存有历史的过渡时代把握，Abgrund 之 Ab-便是从形而上学式的根据离开而进入存有之深处，亦即存有之深渊领域，这也是 Ab-在离开中要通达的地方，后者也是-grund（基础）的深处。这种基础之深处也鲜明地体现在《哲学论稿》的基础情调(Grundstimmung)中，如畏怯之情调便“起于那统一性的基础情调的基础之深处”②。基础情调通过基础来起调谐作用，此处的基础之深处亦即存有之深渊的深处。由此，Abgrund 的前缀 Ab-（离开）便是从表层亦即遗忘存在的形而上学向存有之深处即深渊的一种下行（Untergang）③。如果汉语中的“深”作为存有之道说的话，其所表示的从上到下或从表及里的距离便可以用于形而上学表层与存有之深处的差距中，在海德格尔那里，在形而上学与存有之间具有深渊的距离。而人们仅凭作为存在之极端遗忘状态的体验，是无法去思“存有的深度与高度”④。故而，可以说，“深”所体现的深度或深处也是 Abgrund 自身的一个维度，而且也能对 Ab-（离开）作出一种解释。这个意义上的

---

① 参见[德]海德格尔:《哲学论稿(从本有而来)》,孙周兴译,北京,商务印书馆,2012,第 122 页。

② 译文有改动,为了显示基础(Grund)及其深处的作用,这里的 Grundstimmung 改译为“基础情调”,中译本为“基本情调”。参见[德]海德格尔:《哲学论稿(从本有而来)》,孙周兴译,北京,商务印书馆,2012,第 20 页;Heidegger, *Beiträge zur Philosophie* (*Vom Ereignis*), Hrsg. F.-W. von Herrmann, Frankfurt a.M: Vittorio Klostermann, 1989, S.15.

③ 对“下行”与深渊的关联可参见第五章第三节中的“将来者的自身存在”。

④ 参见[德]海德格尔:《哲学论稿(从本有而来)》,孙周兴译,北京,商务印书馆,2012,第 20 页。这里根据原文补出了对应的德文单词。Heidegger, *Beiträge zur Philosophie* (*Vom Ereignis*), Hrsg. F.-W. von Herrmann, Frankfurt a.M: Vittorio Klostermann, 1989, S.19.

“深”已指向作为Ab-grund之-grund（基础）的运作了。

所以，Ab-grund中Ab-（离开）并非简单地如物理学的位移那样从一个点移动到另一个点的位置。前面提到的从表层即形而上学向存有之深处的离开也并非物理学上的线性位移，如同荷尔德林比其后来者更具将来性，此种将来便不是在线性时间之过去、现在与将来的链条上来把握的，而是从存有之本现的深度上来区分的。从根本上来说，Ab-grund中的Ab-实际上基于-grund之自行遮蔽的运作，这种Ab-（离开）之运动实际上便是存有之本现。从深渊作为真理之本质的发生而言，这种发生在根本上是澄明与遮蔽之间的运动。“‘让真理发生’中的‘发生’是在澄明与遮蔽中的运动，确切地说，乃是在两者之统一中的起作用的运动，也即自行遮蔽——由此又产生一切自行澄亮——的澄明的运动。”①

故而，Ab-grund中的Ab-（离开、除去）一方面可以指离开形而上学式的表层根据，另一方面，这种离开在根本上是Ab-grund之-grund（基础）的隐蔽运作或运动。在《哲学论稿》中，Ab-grund中的Ab-也通过时间维度的移离（Entrückung）而发生为澄明（Lichtung），澄明之运动在让遮蔽得以本现的同时也使其保持为遮蔽，在此意义上，Ab-grund中的Ab-这个维度还有使遮蔽得以保藏的作用。而“深”在古汉语中也有保藏或隐藏的含义，由此，“深”也能与Ab-在后一个方面所意指的实质内容相对应。

“深”在古汉语中的“隐藏”之含义，可见《周礼·考工记·梓人》中的“必深其爪，出其目”。郑玄把这里的“深”解释为隐藏：“深，犹藏也。”② “深”所具有的“隐藏”含义，用于Ab-grund（深—渊）中，则显示为使-grund（基础）得以隐藏。如前所述，Ab-之离开形而上学之根据的含义从根本上来说是存有之遮蔽运作的结果，以至于海德格尔从存在历史中揭示出，形而上学的根据（Grund）之建立也是存有之自行遮蔽以至陷入被遗忘状态的后果。但在深—渊中，存有之遮蔽作为深—渊中的基础来运作，由此揭示出Ab-grund（深—渊）中的Ab-（离开）在第二种意义上更本源的含义：其以虚空（Leere）或Lichtung（林中空地/澄明）的方式发生，把自行遮蔽的-grund（基础）带出来，这种带出来并非曝

① ［德］海德格尔：《林中路》，孙周兴译，上海，上海译文出版社，2004，第72页。译文略异，Heidegger, *Holzwege*, Hrsg. F.-W. von Herrmann, Frankfurt a.M: Vittorio Klostermann, 2003, S.72.

② “深”具有“隐藏”含义，其分析见汉语大字典编辑委员会编纂：《汉语大字典（九卷本）》，成都，四川辞书出版社，武汉，湖北辞书出版社，2010，第1782页。

光，而是在带出之开显中让其保持遮蔽，即让遮蔽者保持为遮蔽者，故而这种开显也是一种隐藏，让遮蔽者保持遮蔽状态。而 Ab-grund 之-grund（基础）在虚空或澄明中初次本现并同时保持其遮蔽样式，这种遮蔽本身也是某种疏离，故而也具有离开的意味，是以遮蔽方式来运作的离开，海德格尔以此将深—渊之-grund（基础）的这种运作描述为踌躇（zögern）。在 Ab-grund 中的 Ab-以虚空或澄明的样式与-grund（基础）之踌躇的关联中，可以发现，这种本源意义上的 Ab-可以使-grund（基础）在澄明中保持遮蔽，从运动的角度来说，即是使深渊之基础在本现中到来时也保持为疏离或离开，后一种意义也可以概括为“让”深—渊之基础在到来中“离开”，即 Ab-使存有作为-grund（基础）得以显现。在德语中，前缀 Ab-可以表“离开、偏离、去除”等含义，这种意义上的 Ab-（让离开）从“形而上学之克服”[①] 来说，Ab-（让离开）让存有作为基础来显现，实际上也是对形而上学式的根据（Grund）之克服，在“克服”的意义上显示出前缀 Ab-作为“去除”的含义，因此，也可以将 Ab-grund 从字面上译为“去除—根据”，即通过让存有作为基础本现而去除形而上学式的根据，从而克服形而上学。这与古汉语中“深”字所具有的“隐藏”之含义是相通的。[②]

此外，值得注意的是，“深”字在汉语中也可以指程度与强度。这点与海德格尔所言的深渊在不同程度上的显现也有一致之处。海德格尔的深渊或 Ab-grund（深—渊）由 Ungrund（无基）与 Urgrund（原始基础）来构成其界限，从无基到原始基础之间是深—渊不同程度的显现。《哲学论稿》在赋格的六个接缝中，每个接缝中的深渊显现的程度也有区别，其所呈现的存有之遮蔽的程度与存有之冲力的大小，以及相应的基本情调均有差异。深渊所显现的程度之差异与其无化的程度是相关联的。“存在在其真理中越是本源性地被经验，则虚无作为处于根据（Grundes）之边缘的离基深渊就越是深邃。”[③] 在此意义上，汉语中表示程度的“深”字能照应 Abgrund（深渊）之显现所具有的程度上的差异性。

如果说汉语中的“深”字在其多重含义中具有与 Ab-grund 的前缀

---

① 关于存有与“形而上学之克服”的关联的分析，可参本书下编第七章第二节中的“形而上学之克服的三环节：挣脱、经受与克服”。

② 《史记》中的“深藏若虚”如能从存在者层次的描述用之于存有维度，从而成为存有之道说的话，其与表示隐藏的“深”字或 Ab-(在“让离开”的意义上)所指的虚空(Leere)，或有几分相近。

③ Heidegger，*Beiträge zur Philosophie*（*Vom Ereignis*），Hrsg. F.-W. von Herrmann，Frankfurt a.M：Vittorio Klostermann，1989，S.325.

Ab-的相通性，作为后者的一个译法也说得通的话，那么，以深—渊来译Ab-grund也是可行的，因为以“渊”来译Ab-grund的词根-grund就没有那么多的弯弯绕绕。对Abgrund不同的译法如“深渊”“离基深渊”“渊基”等，大都包含了“渊”字，不失为一种共识。主要原因在于，“渊”在老子思想中作为“万物之宗”的含义，以及作为洄流之水的词源义，可以与Ab-grund中作为存有之本现的-grund（基础）建立起关联。

作为西方第一个真正关注中国思想的大哲学家，海德格尔与道家结下不解之缘。老子的“渊兮”与海德格尔的深渊显然有共通之处。“深渊似有若元，除了‘深不可测’外，没有什么实在的规定。海德格尔用它来指存在，存在不是存在者，它没有任何存在者那种实在的规定。但它不是无，像深渊一样，它就在那里，一切存在者由于它而存在和显现。‘渊兮似万物之宗’，《道德经》里的这句话是它最好的写照。”①

另外，从词源上来说，汉语中的“渊”指洄流水。“渊：回水也。”②这种洄流之水盘旋出漩涡。“渊，水盘旋处为渊。”③ 汉语中作为水之漩涡的“渊”与海德格尔的存有之深渊也有共通之处，就构词来说，如果Ab-grund译为“深—渊”，则深渊之“渊”对应于Ab-grund的词根-grund（基础、底），后者也以漩涡的方式显现。在海德格尔的阐发中，-grund（基础）实际上指向存有的遮蔽维度，而后者以多种遮蔽方式运作，其中包含Entzug（隐匿）的方式。Entzug由Ent-（脱离）与Zug（引力、吸引）构成，表示在脱离中却仍然有某种引力。“自行隐匿的东西拒绝到达。不过——自行隐匿并非一无所有。隐匿乃是本有。自行隐匿者甚至可能比一切触及人的在场者更本质性地关涉人、要求人。”④ 隐匿的东西之拒绝到达便是一种脱离，而仍然关涉人与要求人则显示为对人的某种吸引。隐匿在其离开中包含了一种吸引，“像一个漩涡”。⑤ 水中的漩涡一方面往下旋转着离开，另一方面漩涡旋转形成的空间也产生一种吸力，因此与存有之深渊中的隐匿有着一致性。如果说Ab-grund之-grund（基础）的隐匿所形成的漩涡通过存在之离弃状态而得到某种揭示的话，那么，这种漩涡

---

① 张汝伦：《〈存在与时间〉释义》，上海，上海人民出版社，2012，第502页。对于深渊与《道德经》的更进一步关联可参本书结语“一种深渊哲学之可能”。

② 徐中舒主编：《汉语大字典》，成都，四川辞书出版社，武汉，湖北辞书出版社，1993，第706页。

③ 徐中舒主编：《汉语大字典》，成都，四川辞书出版社，武汉，湖北辞书出版社，1993，第706页。

④ ［德］海德格尔：《什么叫思想？》，孙周兴译，北京，商务印书馆，2017，第12—13页。

⑤ Christian Müller, *Der Tod als Wandlungsmitte. Zur Frage nach Entscheidung, Tod und letztem Gott in Heideggers „Beiträgen zur Philosophie“*, Berlin: Duncker & Humblot, 1999, S.54-55.

也在从存在之离弃状态而来的存在之被遗忘状态中得到显现，“被遗忘状态在其自身的深渊中仍然弄出漩涡”①。这也表明，汉语中作为“渊”之词源义的漩涡，与 Ab-grund 之-grund 的漩涡式显现，也有着对应性。

综上所述，把海德格尔的 Abgrund 与 Ab-grund 分别翻译为“深渊”与“深—渊”，不失为一种说得通的尝试，尽管也是一次不无犹豫的“转渡”之尝试。② 需要说明的是，与《哲学论稿》中译本中并用“深渊”“离基深渊”“离基”等译法一样，本书对 Abgrund 与 Ab-grund 两个词的译法并不是一成不变贯穿始终的，而是也与中译本的其他译法并用。大致说来，《哲学论稿》中的内容，基本上维持了中译本的译法，“离基深渊”或“离—基深渊”的译法得到了保留；而除此之外的海德格尔其他文本，在笔者所译的内容中则把 Abgrund 与 Ab-grund 分别译为“深渊”与“深—渊”。这种拖泥带水的处理方式在较大程度上也是面对几乎不可译的海德格尔文本的无奈之举，更何况作为本书主要阐述内容的《哲学论稿》又是《海德格尔全集》中几乎最难译的作品。

在 Abgrund（深渊）的词源义与翻译问题得到初步澄清后，便可进入对海德格尔深渊哲学的正面阐发，探讨其深渊哲学的形成路径。

（二）通向此在的深渊之路

海德格尔的深渊哲学在《哲学论稿》中得到集中而又全面的描述，是其成熟形态，其后在其他秘密手稿以及二战后的思想中得到拓展。而在《哲学论稿》之前，则是其深渊哲学的形成阶段。在此意义上，通过探讨其深渊哲学的形成，可以对其早期哲学或早期思想进行一次重新把握。海德格尔早期思想中蕴含了三条通向深渊哲学的路径：通向此在的深渊之路，通向存在的深渊之路，以及对哲学与深渊之内在关联的确立与自觉。第一条通向此在的深渊道路，从早期弗莱堡讲座中的实际生命经验以及此在之实际性的深渊特征，直到《存在与时间》中的此在之深渊状态得以确立。第二条通向存在之深渊的道路，在《存在与时间》的存在意义之深渊中得以形成，并且贯通于海德格尔 20 世纪 30 年代的思想之转向及存在历

---

① Heidegger, *Das Ereignis*, Hrsg. F.-W. von Herrmann, Frankfurt a.M: Vittorio Klostermann, 2009, S.100.

② 这里重点探讨 Abgrund 与 Ab-grund 的翻译，主要考虑到 Abgrund（深渊）是本书的核心词，也被用于书名，需要做相关的澄清。而与 Abgrund 同词根的一组词，依然保留中译本的译法。笔者既不想也无力兼顾与 Abgrund 同词根的 Ungrund、Urgrund 等词的翻译探讨，更是有意避免把研究著作变成探讨翻译的著作。此外要强调的是，本书的这种翻译并不排斥其他学者的译法，反而是在他们翻译的基础上所做的一种尝试。同一个词的不同译法，只要各有其合理性，均能深化对该词的理解与把握。

史。第三条路径揭示哲学与深渊之内在关联，随着前两条路径中深渊之经验的积累与深化，海德格尔在《存在与时间》之后越发有着对哲学运行于深渊的自觉，这种自觉意味着深渊哲学的正式形成与明朗化。

在整个早期弗莱堡讲座中，“深渊”一词出现的次数不多，其意义也从日常内涵逐步转变为哲学用法。在1919年讲座《论哲学的规定》中，海德格尔提到，“我们置身于将从根本上决定哲学之生死存亡的方法论的十字路口，置身于一个深渊旁：要么是进入虚无，也即绝对实事性(Sachlichkeit)之虚无中，要么就成功地跳入另一个世界，或者更确切地讲，竟是首次真正进入这个世界之中”①。这里使用的“深渊”一词，仍然侧重德语中的日常用法，指“深渊、鸿沟”。应该说，这两个含义在句中都有体现：一方面，有深渊之虚空的含义，跳入深渊也就是“进入虚无”，在这个日常用法中，还没有考虑深渊的基底亦即基础问题；另一方面，也指两种选择之间的差异所形成的鸿沟，要跨越鸿沟才能进入另一个世界。在这里，可以看出Abgrund（深渊、鸿沟）主要是就其日常含义而言的，还未从哲学领域获得其特有内涵。如同在该书中出现的Ereignis（本有）一词，离其作为海德格尔后期思想主导词的含义还有距离。②

《论哲学的规定》把哲学视为原始科学，关注人的实际生命经验。其后，在1919—1920年冬季学期讲座《现象学的基本问题》中，海德格尔提出“理解—作为直观”，“前理论的自身世界居有—它的特点：理解”。③按照海德格尔在1929年的回顾，这种理解式的直观一直延续到《存在与时间》中的存在之理解，它实际上“运行于某种深渊之中”④。而理解作为前理论的自身世界的特点，也具有深渊性，海德格尔在1921年夏季学期对奥古斯丁《忏悔录》的现象学阐释中，初步揭示出了人的实际生命经验中自身世界的深渊特点。这通过“关切”（Bekümmerung）一词体现出来。关切在自我世界的形成中处于基础性的位置。“关切之实现重新成为了在自己的自身世界之前的自在的真切经验或生存之占先（Vorsetzen）。”⑤

---

① [德]海德格尔：《论哲学的规定》，孙周兴、高松译，北京，商务印书馆，2015，第71页。

② “就体验乞灵于本己之物而生命只是如此存活而言，体验乃是居有—事件(Er-eignis)。(居有事件之特征因此尚未得到完全规定。)”([德]海德格尔：《论哲学的规定》，孙周兴、高松译，北京，商务印书馆，2015，第86页)

③ Heidegger, *Grundprobleme der Phänomenologie*, Frankfurt a.M.: Vittorio Klostermann, 1993, S.185.

④ [德]海德格尔：《德国观念论与当前哲学的困境》，庄振华、李华译，西安，西北大学出版社，2016，第380页。

⑤ [德]海德格尔：《宗教生活现象学》，欧东明、张振华译，北京，商务印书馆，2018，第275—276页。

“在最终的和最决定性最纯粹的关乎自身的关切中潜伏着最深渊般的跌倒（abgründigsten Sturzes）并原本地丧失自我的可能性。（深渊般的，因为跌倒再也没有任何依靠，再也不能在任何事情上实现，以致一个人因此还能够最后去制造一种世俗的重要性……）。”① 这里明确把深渊特征解释为无所依靠，失去依托与支撑。深渊与无所依靠之间的机制，后来在形而上学的深渊经验中得到运用，即离开形而上学的根据而经验到深渊。自身关切与深渊之间的关联，意味着深渊的含义已经转入到哲学领域中，这也是后来的深渊之丰富内涵的一个向度。

“关切”一词在通向此在之深渊的道路上具有路标意义，该词可以视为后来被重点使用的 Sorge②（烦、操心、烦忧）一词的雏形。“关切”一词“出现于烦忧使用之前”，大概在 1925 年，“‘烦忧’取代了‘关切’”。③ 而烦忧及其时间性意味着此在之深渊状态的确立。但关切与自我关切对深渊特征的初步呈现，要经过海德格尔马堡讲座对此在之深渊特征的明确揭示，方可最终显明烦忧的深渊性。

早期弗莱堡讲座中关于实际生命经验之自身关切的深渊特征，在 1925 年夏季学期马堡讲座《时间概念史导论》中更明确地被描述为此在之自身关切的深渊性。“此在并不仅仅作为在此在之存在这回事之根据与基础意义上的现成可见者而自现，毋宁说，这个根据乃是一个生存论上的根据，也就是一个展开了的根据——确切地讲是一个深渊（Abgrund）。这一点就是畏之无有所具有的生存论上的积极含义。”④ 此在并非一个现成者，其根据或基础也并非现成者意义上的形而上学根据即首因，相应地，此在的根据也不是基于自身之外的某个存在者或存在状态，亦即，并不是基于形而上学式的根据，而是生存论上的 Grund（根据/基础）。此在在畏的情绪中经验到无或无有，后者即是无所依傍的深渊，海德格尔认为这是畏之情绪的积极含义，相当于是对深渊之经验的肯定。故而，这个展开了的生存论根据即是深渊，此在通过畏的情绪而展开了其自身的深渊，

① ［德］海德格尔：《宗教生活现象学》，欧东明、张振华译，北京，商务印书馆，2018，第 276 页。译文略异。Heidegger, *Phänomenologie des religiösen Lebens*, Frankfurt a. M: Vittorio Klostermann, 1995, S.240.

② Sorge 在汉语界有多种译法：烦、操心、烦忧等，这里为了行文一致而采用了《哲学论稿》中译本的译法。

③ David B. Griffiths, *The Keywords of Martin Heidegger: A Philosophical-lexical Analysis of Sein and Zeit*, Lewiston, NY: The Edwin Mellens Press, 2006, p.252.

④ ［德］海德格尔：《时间概念史导论》，欧东明译，北京，商务印书馆，2009，第 455 页。Angst，中译本为“惶恐”，为了行文的一致，统一采用《存在与时间》的译法“畏”。Heidegger, *Prolegomena zur Geschite des Zeitbegriffs*, Frankfurt a.M: Vittorio Klostermann, 1994, S.402.

也是对“此”之深渊的经验。

海德格尔也由此对此在的实际性做出新的把握。“此在的实际性”说的是：“此在是其‘此’（Da）与‘在’自身‘中’。”① 此在的实际性从两个方面来把握：一方面，此在是其“此”，而“此”的深渊特征在刚才对畏之情绪的经验中已得到揭示；另一方面，此在是“在”自身“中”，是基于自身而不依托其他存在者，这照应了早期弗莱堡讲座中的自身关切之深渊特征。故而，此在的实际性的两个方面都具有深渊特征。马堡讲座中此在之实际性的分析对回顾性地理解早期弗莱堡讲座具有总结意义，因为早期弗莱堡讲座的“研究主题就是‘实际性的解释学’”②。而此在之实际性的深渊特征在这里更明确更清晰地被挑明了，实际性的解释学便成为通向此在之深渊的起点，也是海德格尔深渊哲学的起点。

如果说由畏经验到的无乃是深渊的显现方式之一的话，畏作为现身情态，也是被抛状态的展开，而被抛状态在时间上指向曾在。沿着时间的方向，海德格尔也接着《时间概念史导论》而在1925—1926年冬季学期《逻辑学：追问真理》课程中揭示出时间的深渊特征。古希腊人基于当前来把握在场，没有考虑时间三维的深渊。柏拉图与亚里士多德“把存在规定为οὐσιά［在场］”，而“把存在理解为出自当前的在场状态，意味着从时间出发来理解存在”，这已是“一个具有深渊特征的问题”。③ 尽管柏拉图与亚里士多德没有预感到这个深渊般的问题，但康德的时间综合、时间图型显示出了时间的深渊特征，“康德在这里实际上看见了一个深渊”④。

于是，以畏之情绪为自身环节的烦忧之深渊与时间性的深渊在1926年写作的《存在与时间》相汇聚，使此在之深渊得以确立，并在1929年的《根据的本质》中点明。

在《存在与时间》中，畏之情绪构成了烦忧的一个环节，也使烦忧具有深渊特征。并且，此在在烦忧中获得其自身的整体性。除了用“烦忧”一词取代更早阶段的“关切”之外，在海德格尔早期思想中，从早期弗莱堡讲座中的关切或自身关切的深渊特征，到马堡讲座中论及的此在之在自

① ［德］海德格尔：《时间概念史导论》，欧东明译，北京，商务印书馆，2009，第455页。译文略异。Heidegger, *Prolegomena zur Geschite des Zeitbegriffs*, Frankfurt a. M: Vittorio Klostermann, 1994, S.403.

② ［德］海德格尔：《存在论（实际性的解释学）》，何卫平译，北京，商务印书馆，2016，第165页。

③ Heidegger, *Logik: Die frage nach der Wahrheit*, Frankfurt a.M: Vittorio Klostermann, 1976, S.193.

④ Heidegger, *Logik: Die frage nach der Wahrheit*, Frankfurt a.M: Vittorio Klostermann, 1976, S.378.

身中的深渊性，再到《存在与时间》中的烦忧，形成了一条通向此在之深渊性的道路。而烦忧的深渊特征更与其时间性的构成相关联。此在的时间性包含了曾在、当前与未来三个向度，而本真的未来在此在的向死而在的生存论筹划中到来。“向死而在”的引入，使得这一未来或本真将来的到来仍然具有遮蔽性，如同深渊之不可见的基底在起作用。死亡与深渊的关联，海德格尔在20世纪30年代以后多次阐释，在《哲学论稿》中，仍然使用了Entwurf（筹划、开抛）一词，向死而在与向死而有（Seyn）作为极端的筹划，使“此”（Da）之离基深渊得到更深广地呈现。就诗意经验来说，海德格尔也多次引用荷尔德林的诗“正是终有一死者更早达乎深渊……”①。正是基于此在的向死而在与深渊的突出关联，海德格尔在1929年的《根据的本质》中指出，《存在与时间》揭示出了此在之“深渊状态（Abgründigkeit）”②。这既可以视为海德格尔从深渊出发对《存在与时间》的回顾，也可以说是对该书中此在之深渊的确认。

至此，海德格尔早期思想中通向此在之深渊的道路得到了揭示。但这只构成《存在与时间》中深渊经验的一个方面，另一个方面是存在之意义的深渊。对后者的揭示也将表明，作为海德格尔自述的思想第一个阶段，“存在的意义”也是深渊的一种发生。对存在意义的深渊之探讨也开启了通向存在之深渊的道路。

（三）通向存在之深渊的道路

就现象学的经验来说，存在之意义的深渊的显现离不开此在的感知或直观，即存在之意义的深渊也面临如何显现的问题。海德格尔在1929年夏季学期的《德国观念论与当前哲学的困境》中，与胡塞尔的“作为严格科学的现象学”进行了对比，点出不同于胡塞尔的另一种直观。“《存在与时间》只是表明了一个原初的问题格局，与这个问题格局相关联的当然是另一种直观方式，这种直观方式以往在下面这个意义上是很常见的，即它根本上不是被建筑于形而上学与哲学之上，而是运行于某种深渊之中；而这种深渊只有在人们关注具体的问题格局时，才被合上。”③ 这种运行于深渊之中的直观也是对深渊之观看，具体说来，也就是作为存在理解的直观。

这种理解式的直观在早期弗莱堡讲座中就已出现。在1919—1920年

① ［德］海德格尔：《不莱梅和弗莱堡演讲》，孙周兴、张灯译，北京，商务印书馆，2018，第136页。

② ［德］海德格尔：《路标》，孙周兴译，北京，商务印书馆，2001，第203页。

③ ［德］海德格尔：《德国观念论与当前哲学的困境》，庄振华、李华译，西安，西北大学出版社，2016，第380页。

冬季学期的《现象学的基本问题》中，海德格尔便将现象学的直观与理解统一起来，实际上也是把存在理解视为直观，“理解—作为直观”，“在具有过程性质的同行意义上——直观着的先行—把握与往后—把握”①。这里的“先行—把握”“往后—把握”“同行”实际上指向了理解的时间性。海德格尔在《存在与时间》中直接点明了存在之观看与世界的关联，并为了与胡塞尔的本质直观相区别而使用了“视”一词，把存在理解与世界都整合在一起。“理解以其开抛特征在生存论上构成我们命名为此在之视的东西。”② 这种存在理解式的“视”在《存在与时间》中指向世界的展开。“操劳活动的寻视［Umsicht］、操持的顾视［Rücksicht］以及对存在本身——此在一向为这个存在如其所是地存在——的视［Sicht］，这些都已被标明为此在存在的基本方式。同样源始地依照这些基本方式，此在乃是在生存论上随着此的展开一道存在着的视。那个首要地和整体地关涉到生存的视，我们称之为透视［Durchsichtigkeit］。”③ 这里提到的寻视、顾视与透视分别对应于周围世界、共同世界与自我世界，是世界化的视；尤其是其中自我世界之透视，区别于胡塞尔反思式的自我认识。

在《存在与时间》中，世界的意蕴作为存在的意义而发生出来，故而，存在理解式的直观最终指向了存在的意义，后者在存在理解中开显出来。《存在与时间》中对深渊的存在理解式的观看，实际上便是对存在之意义的观看，存在的意义自身便是深渊。“只要存在进入此在的理解，追问存在的意义就是追问存在本身。决不能把存在的意义同存在者对立起来，或同作为承担存在者的‘根据’的存在对立起来，因为‘根据’只有作为意义才是可以通达的，即使‘意义’本身是无意义的深渊［Abgrund］。”④ 海德格尔的这句话“非常深刻。这里要注意 Abgrund（深渊）一词的构词法，它由前缀 Ab-（除去、离开）和 Grund（根据）两部分组成，海德格尔显然是在暗示意义本身不能再有根据”⑤。存在的意义本身便是无根据的深渊，但其也要在此在的理解中得到展开，而此在的理解也

① Heidegger, *Grundprobleme der Phänomenologie*, Frankfurt a.M: Vittorio Klostermann, 1993, S.185.

② Heidegger, *Sein und Zeit*, Hrsg. F.-W. von Herrmann, Frankfurt a.M: Vittorio Klostermann, 1977, S.146.

③ ［德］海德格尔：《存在与时间》，陈嘉映、王庆节译，北京，商务印书馆，2016，第 209 页。

④ ［德］海德格尔：《存在与时间》，陈嘉映、王庆节译，北京，三联书店，1999，第 178 页。译文有改动，主要参考了张汝伦先生的译文。参见张汝伦：《〈存在与时间〉释义》，上海，上海人民出版社，2012，第 501 页。Heidegger, *Sein und Zeit*, Hrsg. F.-W. von Herrmann, Frankfurt a.M: Vittorio Klostermann, 1977, S.202.

⑤ 参见张汝伦：《〈存在与时间〉释义》，上海，上海人民出版社，2012，第 501 页。

就是作为存在理解的直观，即前面所言的另一种直观，后者通过存在理解而运行于存在意义的深渊中。

至此，海德格尔在《德国观念论与当前哲学的困境》中所做的回顾也在《存在与时间》中得到了证实。而其中所提的另一种直观与深渊之关联，也涉及现象学的通达方式，即以意义与理解为关联来通达，存在也在此关联中得以开显。这也是作为海德格尔思想第一个阶段“存在的意义”的深渊所具有的一个特征。

（四）存在的深渊：在转向和存在历史中的展开

在《存在与时间》中的存在意义之深渊得到经验之后，海德格尔继续围绕存在之深渊展开思考。这一思考在20世纪20年代后期的作品中有所推进，并进而促成其思想的转向。海德格尔思想转向之后，存在的深渊与存在的历史相统一，使深渊获得了存在历史的内涵。这也意味着海德格尔深渊哲学之雏形的生成。

《存在与时间》成为未竟之作，一个重要的原因在于存在的开显要通过此在来展开，存在的意义或存在的深渊如何从其自身来展开，便成为摆在海德格尔面前的难题。海德格尔在1928年夏季学期的《从莱布尼茨出发的逻辑学的形而上学始基》中仍然强调，“深渊只有在此在自身的越过中才自行开显”，“更确切地说，仅仅因为自身存在的这种深渊通过超越并在超越中展开，它才能被掩盖与被弄成不可见的”。[①] 这里提到的深渊之显现或被掩盖的问题，可以视为《存在与时间》的难题之延续。直到海德格尔思想的转向，这个问题才出现转机。

一般认为，1930年写成的演讲《论真理的本质》表明了海德格尔思想的转向。海德格尔对真理之本质的探讨是其思想转向的标志，从根本上贯通到存在问题中。“对真理之更源始的与最源始的本质之追问，已通往存在之追问。”[②] 但就转向而言，1929年至1930年冬季学期的《形而上学的基本概念》讲稿中对基本情调的分析已为转向做了铺垫，已尝试从基础情调来探讨此在及其深渊。“我提醒大家回想一下深度无聊的本质性环节，回想一下在我们的无聊的具体的、特殊的形式中被搞得无所事事和被拖住，以及被吸引住和被拖入眼下。所有这些都对我们表明，身处于此在之

① [德]海德格尔：《从莱布尼茨出发的逻辑学的形而上学始基》，赵卫国译，西安，西北大学出版社，2015，第255页。译文略异。Heidegger，*Metaphysische Anfangsgründe der Logik im Ausgang von Leibniz*，Hrsg. K. Held，Frankfurt a.M：Vittorio Klostermann，1978，S.234.

② F.-W von Herrmann，*Wahrheit – Freiheit – Geschichte*：*Eine systematische Untersuchung zu Heideggers Schrift „Vom Wesen der Wahrheit“*，Frankfurt a. M：Vittorio Klostermann，2002，S.196.

中的此在之全部深渊，如何在这种情绪中显露出来。”① 此在的全部深渊或整体深渊从无聊的基本情调中得到揭示与显露，而按照《哲学论稿》的看法，无聊作为基本情调实质上基于存有之无化的发生，② 在此意义上，可以说此在的整体深渊是从存有之无化来获得的，尽管《形而上学的基本概念》未明言这一点，但其论述与用意已经出现了一种扭转。

真理之本质并非是空洞的，而是要得到某种明见。海德格尔在古希腊的φύσις（自然）之经验中发现了这一点。存在之发生可以从φύσις（自然）中得到经验，源于φύσις（自然）既被古希腊人经验为存在，也被经验为真理。“存在着的东西——古希腊人命名为φύσις（自然）——必定立于ἀλήθεια（真理、无蔽）中。”③

菲加尔（Günter Figal）把海德格尔思想的这种转变描述为“向φύσις（自然）的转向”，亦即“从存在之实行向存在之发生的转变”。④ 在《存在与时间》中，存在之实行要通过此在来运作，在一定程度上也依赖于此在，而从存在之实行向存在之发生的转变，是对依托于此在来实行存在的一种超越，转向了从存在的发生来对其自身进行把握。这个转变的关键便是古希腊φύσις（自然）的经验。古希腊人把存在经验为φύσις（自然）。φύσις（自然）“说的是从其自身而来涌现着的（例如，一朵玫瑰花的开放），自身开显着的展开”。⑤ 这种从其自身而来的涌现与开显，与《存在与时间》中解释“现象学”一词时突出“从其自身而来”是一脉相承的，但后者在实行上依托于此在自身的展开，而在φύσις（自然）的经验中，直接从其自身的发生来展开了，如同作为自然物的玫瑰花的生长与开放⑥。这里确实发生了从存在之实行到存在之发生的转变。

古希腊人的φύσις（自然）经验本身便具有历史性，在西方历史中有其自身的位置。就存在之经验来说，海德格尔在《存在与时间》中表达了厘清存在问题及其历史的意图，但由于该书未完成，这一意图也并未实现。“如果要为存在问题本身而把这个问题的历史透视清楚，那么就需要

---

① ［德］海德格尔：《形而上学的基本概念》，赵卫国译，北京，商务印书馆，2017，第404页。

② 海德格尔揭示出了基于存有之离弃状态的科学与无聊之间的关联，参见［德］海德格尔：《哲学论稿（从本有而来）》，孙周兴译，北京，商务印书馆，2012，第164—165页。

③ Heidegger, *Grundfragen der Philosophie. Ausgewählte „Probleme“ der „Logik“*, Hrsg. F.-W. von Herrmann, Frankfurt a.M: Vittorio Klostermann, 1984, S.178.

④ Günter Figal, *Heidegger Lesebuch*, Frankfurt am Mein: Klostermann, 2007, S.29.

⑤ Heidegger, *Einführung in die Metaphysik*, Hrsg. P. Jaeger, Frankfurt a.M: Vittorio Klostermann, 1983, S.16.

⑥ 海德格尔在1955—1956年冬季学期《根据律》课程中对玫瑰花开的详细阐释与此一脉相承。可参本书下编第八章第二节“《根据律》与深渊”的相关论述。

把硬化了的传统松动一下，需要把由传统做成的一切遮蔽打破。我们把这个任务了解为：以存在问题为线索，把古代存在论传下来的内容解构成一些源始经验——那些最初的、以后一直起着主导作用的存在规定就是从这些源始经验获得的。"① 尽管如此，在 20 世纪 30 年代之前，他仍然解构出了古代存在论的"一些源始经验"，但这些源始经验是零散的，并未获得系统性的与整体的历史呈现。而在 20 世纪 30 年代初亦即海德格尔思想转向之后，从存在之发生来审视，存在历史的整体框架在 20 世纪 30 年代前期已初步形成。

这里可以从海德格尔 20 世纪 30 年代初期到中期的讲座之历史定位看出其存在历史的框架。随着海德格尔在 1932 年已赢得以"从本有而来"为雏形的思想地形图的"基础特征"②，在这前后的讲座，已经可以归入存有历史之中了。简言之，《海德格尔全集》第 32 卷《黑格尔的精神现象学》（1930—1931 年冬季学期）可以归入形而上学的完成阶段，《全集》第 33 卷《亚里士多德〈形而上学〉第九章》（1931 年夏季学期）属于形而上学的发生阶段，《全集》第 34 卷《论真理的本质——关于柏拉图的洞穴譬喻和泰阿泰德篇》（1931—1932 年冬季学期）也可以纳入形而上学的发生阶段，即存在历史第一开端的真理崩塌为形而上学的符合论真理，《全集》第 35 卷《西方哲学的开端——阿那克西曼德和巴门尼德）》（1932 年夏季学期）是对存在历史第一开端的经验，《全集》第 36、37 卷《存在与真理》（1933 年夏季学期、1933—1934 年冬季学期）前、后两部分分别属于形而上学完成阶段与发生阶段，《全集》第 39 卷《荷尔德林的赞美诗〈日耳曼尼亚〉和〈莱茵河〉》（1934—1935 年冬季学期）属于存有历史的另一开端，《全集》第 40 卷《形而上学导论》（1935 年夏季学期）则分别指向第一开端，以及形而上学的完成阶段。

而随着存在自身或存有的历史性之形成，存在自身之深渊也获得其历史性。这里仅点出存有历史第一开端中的φύσις（自然）与另一开端中的存有各自所具有的深渊特征，以见证存在自身的深渊在存有历史中的不同显现，这也构成深渊自身的历史性。

φύσις（自然）在存有历史中归属于存有在第一开端中的本现。"自然曾经是什么呢？是诸神之到达和逗留的时机处所，其时自然——还是

① ［德］海德格尔：《存在与时间》，陈嘉映、王庆节译，北京，商务印书馆，2016，第 33 页。

② "从本有而来"即《哲学论稿》的副标题或实质性标题。Heidegger，*Besinnung*，Hrsg. F.-W. von Herrmann，Frankfurt a.M：Vittorio Klostermann，1997，S.424.

φύσις（涌现、自然）——落在存有本身之本现中。”① 存有本身在第一开端中的闪现，也是存有之真理的闪现，这种闪现显示出深渊的特征。“离—基深渊在前—形而上学的思想中得以短暂闪现。”② 这种前—形而上学的思想也就是早期古希腊在形而上学诞生之前对φύσις（自然）之经验。这也表明了φύσις（自然）的深渊特征③。

而在存有历史的另一开端，深渊显示为存有的真正建基。在1934—1935年冬季学期的《荷尔德林的赞美诗〈日耳曼尼亚〉和〈莱茵河〉》课程中，海德格尔已经从荷尔德林的诗意经验来把握比φύσις（自然）更源始的存有之建基。“只有通过另外一种形而上学，亦即一种崭新的存有之基础经验。这种经验内含着的是：首先，真理之本质的转变；其次，工作之本质的转变。这种基础经验必将比希腊人在φύσις［自然、涌现］这个词语和概念中所道出的东西更为源初。”④ 并且，从荷尔德林对深渊的诗意经验来看，深渊之建基维度被突出，而且被置于与天、地、神、人的关联中来把握。“在深渊中，一切基础的坚固性和单个性消失不见，一切又始终趋向于开始破晓的、崭新的生成。人，‘诗意地居住在这片大地上’，他且仅仅是他同样归属于大地所承载的深渊。这种大地的尘世性即便对于天神而言也是无法抵达的。”⑤ 一切基础的坚固性和单个性指的是形而上学的根据或基础，而它们在深渊中消失不见，指的是离—基深渊之“离开”的维度，后面提到的破晓与崭新的生成，指离—基深渊之“基础”的重新建基。这里也把人诗意地栖居在大地上解释为归属于深渊，而深渊为大地所承载也表明了深渊与大地的关联。此外，海德格尔还把光线与闪电等所代表的天之维度与深渊并提，“诞生——这指的是：作为建基着的深渊的本源并非全部意义上的本源，它只是本源的一种力量；另外一种力量乃是‘光线’”⑥。光线是闪电、雷霆、雷暴，“在其中不仅仅呈报一种

---

① 参［德］海德格尔：《哲学论稿（从本有而来）》，孙周兴译，北京，商务印书馆，2012，第293页。

② Paola-Ludovica Coriando, *Der letzte Gott als Anfang: Zur ab-gründigen Zeit-Räumlichkeit des Übergangs in Heideggers „Beiträgen zur Philosophie (Vom Ereignis)“*, München: Verlagsort, 1998, S.94.

③ φύσις（自然）的深渊特征之分析也可参见本书第八章第二节“《根据律》与深渊”。

④ ［德］海德格尔：《荷尔德林的颂歌〈日耳曼尼亚〉与〈莱茵河〉》，张振华译，北京，商务印书馆，2018，第238页。

⑤ ［德］海德格尔：《荷尔德林的颂歌〈日耳曼尼亚〉与〈莱茵河〉》，张振华译，北京，商务印书馆，2018，第125—126页。

⑥ ［德］海德格尔：《荷尔德林的颂歌〈日耳曼尼亚〉与〈莱茵河〉》，张振华译，北京，商务印书馆，2018，第295页。

神性之物，而且神之本质还在其中敞开出来”①。神之本质在天的维度敞开出来，与人归属于大地所承载的深渊相并列，这里已未明言地为荷尔德林后来的天、地、神、人四元整体做铺垫了。②

20世纪30年代上半期深渊自身在转向和存在历史中得到揭示，也使作为海德格尔思想第二个阶段的存在之真理得到经验，海德格尔的深渊哲学得以形成，并且也贯穿于其思想的第二个阶段。

（五）深渊哲学的自觉与明朗化：根据问题与基本情调

海德格尔从早期弗莱堡讲座开始，其哲学无论在研究领域还是研究方式上都与西方传统的形而上学有差异。如果说，从早期弗莱堡讲座开始所揭示出来的实际生命经验的深渊特征开启了通向此在的深渊之路，使其前期哲学在事实上已经运行于深渊边缘的话，那么，在《存在与时间》之后，海德格尔对于哲学与深渊之内在关联有了自觉，一再阐述深渊与哲学的关联，并且也开始基于深渊的视角与立场来回顾以前的作品，这些阐述与总结，表明了其深渊哲学的自觉与明朗化。

在这一过程中，海德格尔对根据问题以及作为基本情调的无聊之阐发，使其深渊哲学进一步明朗化。故而，梳理海德格尔从早期弗莱堡讲座到20世纪30年代对哲学的看法与自觉的总结，可以揭示出其深渊哲学的形成过程及其明朗化，同时也见证海德格尔所言的“在道路的不同阶段上始终以恰到好处的语言来说话”③ 的困难。

在1919年的《论哲学的规定》中，海德格尔便把哲学描述为“作为原始科学的哲学”④，走上了早期弗莱堡讲座对于实际生命经验与此在之实际性的探究之路。在1920年夏季学期的《直观的和表达的现象学》中，海德格尔提出了“作为实际生命经验的哲学”，并指出，这种“哲学负有任务，去获取此在的实际性并强化此在的实际性”。⑤ 通过前面对通向此在之深渊的道路的揭示可知，这样的哲学已经运行在深渊的边缘了。

而且，通过与胡塞尔“作为严格科学的哲学”之比较更能显明这一点。海德格尔的哲学道路受到胡塞尔现象学的影响，胡塞尔是海德格尔走

① ［德］海德格尔：《荷尔德林的颂歌〈日耳曼尼亚〉与〈莱茵河〉》，张振华译，北京，商务印书馆，2018，第295页。

② 《荷尔德林的颂歌〈日耳曼尼亚〉与〈莱茵河〉》中对深渊的诗意经验也为其后一年海德格尔开始写作的《哲学论稿》中的深渊哲学提供了指引。

③ ［德］海德格尔：《林中路》，孙周兴译，上海，上海译文出版社，2004，第76页。

④ ［德］海德格尔：《论哲学的规定》，孙周兴、高松译，北京，商务印书馆，2015，第19页。

⑤ Heidegger, *Phänomenologie der Anschauung und des Ausdrucks*, Frankfurt a.M: Klostermann, 2007, S.174.

上哲学道路的主要引路人之一。尽管有此影响，但海德格尔并非依附性地追随胡塞尔。当海德格尔提出作为原始科学的哲学时，便意味着与胡塞尔作为严格科学的哲学拉开了差距。

这里不妨提前补出海德格尔在《存在与时间》之后对深渊哲学的一段自觉总结，着眼于其哲学与胡塞尔哲学之差异："我的提问方式完全不同于他的。我的提问方式以一般此在的存在为导向，以便为形而上学取得基础。在这背后有我的一种信念，即形而上学和哲学一般而言根本无法在某种精确的基础（exaktes Fundament）上被建立起来，在这个意义上它们不可能成为严格的科学（strenge Wissenschaft）；哲学毋宁必然运行于某种深渊之中，这种深渊当然只有具体地在哲学上被思考时，才是可见的。"① 这里明显针对胡塞尔的作为严格科学的哲学，而海德格尔自认其哲学运行于深渊之中，虽未明言但也大致算得上是一种深渊的哲学了。当然，说深渊哲学不同于严格科学，并不是说深渊哲学没有严格性，按照后来《哲学论稿》的描述，深渊哲学也有着赋格之接缝的严格性。

《存在与时间》可以视为这种着眼于实际生命经验与此在之实际性的哲学的总结。"存在论与现象学不是两门不同的哲学学科，并列于其它属于哲学的学科。这两个名称从对象与处理方式两个方面描述哲学本身。哲学是普遍的现象学存在论；它从此在的诠释学出发，而此在的诠释学作为生存的分析工作则把一切哲学发问的主导线索的端点固定在这种发问从之出且向之归的地方上了。"② 在这里，哲学虽然被视为普遍的现象学存在论，但仍然是从此在的诠释学出发，与早期弗莱堡讲座中的实际性诠释学一脉相承，《存在与时间》实际上完成的内容也大致局限于此在的诠释学。而从前面对《存在与时间》中此在的深渊与存在意义的深渊之分析来看，《存在与时间》中的存在问题之格局及其相关的存在理解是另一种直观，已经运行于"深渊之中"了。③

对于海德格尔在《存在与时间》之前的哲学与深渊之关联，可以通过两方面来显明：一方面是海德格尔对哲学之概念的界定着眼于从其研究内容来获得规定；另一方面，重在其研究领域以及研究内容的深渊特征之揭示。而在《存在与时间》完成之后，海德格尔对深渊哲学越发有着清晰的

---

① ［德］海德格尔：《德国观念论与当前哲学的困境》，庄振华、李华译，西安，西北大学出版社，2016，第379—380页。

② ［德］海德格尔：《存在与时间》，陈嘉映、王庆节译，北京，三联书店，1999，第45页。

③ ［德］海德格尔：《德国观念论与当前哲学的困境》，庄振华、李华译，西安，西北大学出版社，2016，第380页。

自觉，不断直接描述哲学与深渊的内在关联，这也是其深渊哲学之形成的自觉阶段。

在 1927—1928 年冬季学期讲座《康德〈纯粹理性批判〉的现象学阐释》中，海德格尔提出，“每一种真正的哲学必定持续不断地活动于深渊的边缘”[①]。活动于深渊边缘的才是真正的哲学，真正的哲学也从深渊获得其规定，并区别于形而上学。其后，在 1928 年夏季学期讲座《从莱布尼茨出发的逻辑学的形而上学始基》中，海德格尔点出了深渊之开显或被遮掩的问题，“更确切地说，仅仅因为自身存在的这种深渊通过超越并在超越中展开，它才能被掩盖与被弄成不可见的”[②]。接下来，海德格尔又在 1928—1929 年冬季学期讲座《哲学导论》中点出了世界的离基深渊特征，并且认为，“只有当我们做哲学时，这种深渊才自行张开”。[③] 这表明，哲学是使深渊张开或开显的方式，是深渊之发生，同时也意味着对《从莱布尼茨出发的逻辑学的形而上学始基》中的深渊之开显与否问题的回应，使深渊开显的哲学既是前面提到的真正的哲学，也是深渊的哲学。

此外，在《从莱布尼茨出发的逻辑学的形而上学始基》的基础上“形成”[④] 的《论根据的本质》使得海德格尔的深渊哲学进一步明朗化，初步揭示了深渊与根据、无基以及建基之间的内在关联。[⑤] 海德格尔对根据问题的阐释使得其“深渊”从构词上切入了西方形而上学的传统之中，也使得深渊一词在哲学上的内涵更为丰富。应该看到，这种明朗化并不意味着海德格尔直到对根据问题进行阐述时才形成深渊哲学，前面对海德格尔通向深渊之路的阐述也证实了这一点。深渊与根据问题或根据律的关联也使得海德格尔在不同时期对根据的阐述构成其深渊哲学的一条特殊路径。本书后面章节对这条路径上的几个重要路标有相应的论述。[⑥]

深渊哲学明朗化的另一方面，是海德格尔在 1929—1930 年冬季学期

---

① Heidegger, *Phänomenologische Interpretation von Kants Kritik der reinen Vernunft*, Frankfurt a.M: Klostermann, 1977, S.279.

② [德]海德格尔：《从莱布尼茨出发的逻辑学的形而上学始基》，赵卫国译，西安，西北大学出版社，2015，第 255 页。译文略异。Heidegger, *Metaphysische Anfangsgründe der Logik im Ausgang von Leibniz*, Frankfurt a.M: Vittorio Klostermann, 1978, S.234.

③ Heidegger, *Einleitung in die Philosophie*, Frankfurt a.M: Vittorio Klostermann, 2001, SS.50-51.

④ [德]海德格尔：《从莱布尼茨出发的逻辑学的形而上学始基》，赵卫国译，西安，西北大学出版社，2015，第 311 页。

⑤ [德]海德格尔：《路标》，孙周兴译，北京，商务印书馆，2001，第 190—204 页。

⑥ 具体论述可参见本书下编中的如下内容：第七章第二节中的“对《论根据的本质》与《存在与时间》的回顾”、第八章第二节“《根据律》与深渊”、第八章第三节“《思想的基本原则》与深渊”。

《形而上学的基本概念》讲稿中从基本情调对深渊进行了揭示。在无聊之基调中，“此在之全部深渊”得以“显露”。[①] 这种基本情调也被海德格尔拓展到与哲学活动的定调关系中，使深渊哲学在情调方面得以明朗化。深渊的哲学一方面运行于深渊边缘或深渊之中，另一方面，深渊也在哲学中得以开显，深渊与哲学形成了内在关联。而就哲学从其活动领域中获得规定而言，海德格尔进一步指出，哲学活动受到基本情调的规定。“哲学向来发生于某种基本情绪之中。哲学的把握活动基于某种被感动状态，而这种被感动性又在于某种基本情绪中。”[②]

如果说在《形而上学的基本概念》中作为无聊的基本情绪一方面使此在的整体深渊获得经验，另一方面也指向存有之无化的深渊；那么，1936年开始写作的《哲学论稿》中的深渊哲学便从抑制的基本情调获得其规定。“一切本质性的思想都要求，其思想内容和命题要像青铜一样，常新地从基本情调中被雕刻出来。”[③]《哲学论稿》中的深渊哲学便是从作为抑制的基本情调中被雕刻出来的。[④] 如这部作品的题记所言的：

> 这里记录了在长期的踌躇中
> 抑制着的东西，有所暗示地
> 乃作为一种赋形活计的准绳。[⑤]

《哲学论稿》从抑制的基本情调而来，对存有历史之赋格进行了“第一次完全赋形”[⑥]，也使得存有之离—基深渊的整体性得以把握，而这已是深渊哲学的成熟形态了。

---

① [德]海德格尔：《形而上学的基本概念》，赵卫国译，北京，商务印书馆，2017，第404页。

② [德]海德格尔：《形而上学的基本概念》，赵卫国译，北京，商务印书馆，2017，第527页。

③ [德]海德格尔：《哲学论稿（从本有而来）》，孙周兴译，北京，商务印书馆，2012，第23页。

④ 思想与雕刻的关联，体现在海德格尔20世纪30年代初的工作感受中。在1932年给布洛赫曼的信中，海德格尔直言其工作与雕刻之间的关联：“在我工作的时候也会有这样的感觉，仿佛手持锤子和凿子在雕琢一般。”（[德]阿希姆·W.斯托克编：《海德格尔与布洛赫曼通信集》，李乾坤、李逸超译，南京，南京大学出版社，2017，第104页）

⑤ [德]海德格尔：《哲学论稿（从本有而来）》，孙周兴译，北京，商务印书馆，2012，“题记”。

⑥ [德]海德格尔：《哲学论稿（从本有而来）》，孙周兴译，北京，商务印书馆，2012，第65页。

上编 《哲学论稿》：深渊的哲学

上编作为本书的主体部分，共六章，依次对应于《哲学论稿》的回响、传送、跳跃、建基、将来者与最后之神这六个接缝。具体说来，在回响中，由惊恐情调开启的回行，使无基与深渊同时得以经验，并让存有在存在之离弃状态的急难中发出回响；这构成了《哲学论稿》的起点。而传送一方面从拒予与拒绝来重新把握第一开端及其终结的历史，另一方面也是跨越离基深渊而向另一开端的架桥。传送作为过渡之架桥，实质上是从**离**—基深渊向离—**基深渊**的过渡。在跳跃中，通过畏怯情调，开裂之离基深渊得以跳起，形成“游戏空间”，也使存有之自行遮蔽具有作为基础的可能。由此，才得以通向建基，并从探基意义上展开此—在与离开之在；随着存有之真理建基为离—基深渊，离—基深渊在踌躇与拒绝、移离与迷移、离开与基础、澄明与自行遮蔽等双重性整体以及时间—游戏—空间中得以呈现，以“作为对最后之神的将来者的准备”。而在将来者向离—基深渊的没落与寻求中，将来者的自身存在使其成为最后之神的将来者，得以直面最后之神的暗示。在最后之神的暗示中，存有得以成熟，离—基深渊最广最深地被揭示出来，抵达原始—基础。也正是在无—基与原始—基础之间，离—基深渊获得其自身的界限。而哲学也从“过渡时代”的深渊特征中获得其自身的基础，成为“深渊的哲学”。在这部分内容的小结中，尝试从时间维度去回答，《哲学论稿》中的接缝整体何以正好是六个；并通过深渊哲学统摄了对海德格尔转向的三种主要看法。

值得一提的是，由于《哲学论稿》的内容、作品形式与言说方式等方面的独特性，甚至有学者认为该书不适合通常的学术论文式的研究范式，故而本书论述《哲学论稿》的方式与表述也较为特殊，不同于通常的论文写作，而是尝试更纯粹地以现象学方式从该书自身的道路来展开，以揭示其深渊哲学的整体性。除此之外，本书的其他部分内容的论述方式更接近于通常的论文写作。

《哲学论稿》仍然具有深渊哲学形成阶段的道路特征，显示为一条通向存有之离—基深渊的道路。从这条道路的整体性而来，《哲学论稿》的深渊哲学得到了整体道说。

一、《哲学论稿》中的深渊之路

海德格尔自述其哲学为“深渊的哲学”的时间是1946年。至少在这个时间之前的作品都可以看作是在通向深渊的途中，写于1936—1938年的《哲学论稿》无疑也可纳入此范围。问题是，海德格尔自述的“深渊的哲学”是一种带有总结性的表述，是对其哲学思想的一种整体把握，而在这之前的作品，唯有《哲学论稿》具备这种“结构”或“框架”① 的特征，是对存有历史之赋格的“第一次完全赋形”②（65/59）；而在迄今已出版的近100卷《海德格尔全集》之中，没有其他作品做出如此整体把握的尝试，而在其他几卷还未出版的作品提前透露的有限信息中，似乎也未有如此的尝试。由此，能完整阐释其“深渊的哲学”的作品唯有《哲学论稿》。《哲学论稿》乃是对深渊哲学的集中阐发，包含以思想方式通向深渊之基础的完整路径，以此赢得海德格尔思想中“第二部主要作品”③ 的地位。

从通向深渊之途来看，主要阐释此在与时间性关系的《存在与时间》作为第一部主要作品也是基本作品④，实际上揭示出的是此在之“深渊状态”⑤。而海德格尔在总结出此在的深渊状态时也已有所悟：“蒙蔽于在其转向中的存有之真理而去思此—在”是一种“徒劳的尝试”。⑥ 走出这种“蒙蔽”意味着要从“转向中的存有之真理”去思此—在。这正是《哲学论稿》的任务：“无人能理解‘我’在这里思的东西，那就是：从存有之真理而来（而且也即从真理之本现而来）让此—在得以跃出。”⑦ （9/8）而存有之真理“唯一地属于那种连诸神都得臣服的命运安排的离基深渊般

① 在全集第69卷《存有之历史》中，海德格尔认为《哲学论稿》是“框架（Rahmen），而不是结构”。Heidegger, *Die Geschichte des Seyns*, Hrsg. Peter Trawny, Frankfurt a. M: Vittorio Klostermann, 1998, S.5.

② 参见[德]海德格尔：《哲学论稿（从本有而来）》，孙周兴译，北京，商务印书馆，2012，第65页，德文版第59页。在本书中，以后凡引自该书，皆不注明出处，均在括号里标出页码，如上“（65/59）”，表示中文版第65页，对应的德文版第59页。需要说明的是，本书对各种中译本译文的改动，并不都意味着原有译文是有问题的；在某些情况下，是为了照应行文表达的一致，或者更清楚地显明原文中的内在关联。

③ F.-W. von Herrmann, *Wege ins Ereignis. Zu Heideggers „Beiträgen zur Philosophie“*, Frankfurt a.M: Vittorio Klostermann, 1994, S.6.

④ F.-W. von Herrmann, *Wege ins Ereignis. Zu Heideggers „Beiträgen zur Philosophie“*, Frankfurt a.M: Vittorio Klostermann, 1994, S.6.

⑤ [德]海德格尔：《路标》，孙周兴译，北京，商务印书馆，2001，第203页。

⑥ [德]海德格尔：《路标》，孙周兴译，北京，商务印书馆，2001，第203页。

⑦ 译文略异。

的东西”（7/7）。此—在之深渊状态发源于存有之离—基深渊。

《存在与时间》中未竟的任务在《哲学论稿》中得以实行。从海德格尔生前出版的作品来看，这条在《哲学论稿》中已开辟出来的通向深渊的道路，至少可以贯通到1946年。在写给让·波弗勒的《关于人道主义的书信》三年之后，海德格尔在为之添加的“作者边注”中挑明了这样一条道路：“这里所说的东西不只是在记录成文字时才臆想出来的，而是基于一条道路的行进，这条道路在1936年就开始了，那是在一种尝试的‘时机’中去质朴地道说存在之真理。”[①]《关于人道主义的书信》是从那条由1936年便开辟出来的“道路的行进”而来的。而在同年所写的另一条“作者边注”中又提到：“自1936年以来‘本有’（Ereignis）就成了我的思想的主导词语。”[②] 这足以让人肯定，这里提到的道路便是写作于1936—1938年的《哲学论稿（从本有而来）》所开辟的道路，或者确切地说，是从本有而来的通向深渊之路。

这样“一条道路的行进”在《哲学论稿》中被道说为“一条本身在行进的道路”。《哲学论稿》作为“过渡时代的思想作品”，“只能是而且必须是一个进程（Gang）——在这个词的两义性中：既是一种行进（Gehen）又是一条道路（Weg），因而是一条本身在行进的道路”（90-91/83）。名词Gang（进程）在德语中还有“通道”的意思。“在今天，名词Gang习惯性地与行进相关联”，此外，“进程与行进的Ort（地方、位置）相关联”。[③]“进程”与“行进”和“位置”的关联恰恰是其两义性，因为“行进的位置”即是道路，行进是在道路中的行进，道路是在行进中的道路。但“一条本身在行进的道路”却意味着这样一种行进本身便开辟出它行进的地方或位置，也就是随着行进的到达，所到达的地方或位置便得以开辟出来。这样的行进中的道路便是新的开辟之路，也是第一次走出来的道路，这才算得上是“一条本身在行进的道路”。

这条道路在特定的“时机”中通达其自身的地方性。从通向深渊之途来说，据《哲学论稿》的经验，《存在与时间》的标题中的“时间”已经从此在的存在之意义表示为存在之“真理”，这已是“在途中”了（190/

---

① [德]海德格尔：《路标》，孙周兴译，北京，商务印书馆，2001，第366页。译文有改动。Heidegger, *Wegmarken*, Hrsg. F.-W. von Herrmann, Frankfurt a.M: Vittorio Klostermann, 1976, S.313.

② [德]海德格尔：《路标》，孙周兴译，北京，商务印书馆，2001，第370页。

③ 对Gang一词的分析参见Dudenredaktion(Hrsg.), *Duden-Das Herkunftswörterbuch. Etymologe der deutschen Sprache*, Bd.7, Berlin · Mannheim · Zürich: Dudenverlag, 2014, S.313。

183），通向作为深渊之本现的时间—游戏—空间。而实际上，《存在与时间》也暗含着通向作为空间维度的地方性的“在途中”之努力。思想道路所通达的深渊，既本现为时间—游戏—空间，也被海德格尔命名为地方性。“在1936年夏天，我获得了地方性（Ortschaft）的明晰的经验，我的思想必须保持立身于地方性之中。这种地方性是在《存在与时间》中已经预感到的被寻求者。因此在这个夏天，《论稿》诞生了。”① 这种地方性在《哲学论稿》中被经验为敞开状态或澄明，这也是荷尔德林的作诗所抵达的地方。“荷尔德林所到达的地方性乃是存在之敞开状态；而这个敞开状态本身属于存在之命运，并且从存在之命运而来才为诗人所思。”② 这意味着，海德格尔也抵达了归属于存在之命运的敞开状态即地方性之中。在这里，应该重新聆听构成《哲学论稿》整体结构的赋格之 Fügung（接缝），Fügung 在德语中也指“（命运的）安排”③。这种命运的安排不仅人要服从，甚至“连诸神都得臣服”，并且这种“命运安排”是“离基深渊般的东西”。（7/7）《哲学论稿》中的思乃是对命运安排的顺从（Fügsamkeit）④，也是追问之顺从，因为追问也“作为思之虔诚”⑤，而虔诚与顺从是一致的⑥。

对存在之敞开状态的经验使荷尔德林成为“历史性的”（136/129）与“最深远的先行作诗者”（214/204）。诗人经验到的贫困状态即思想家经验到的存在之被遗忘状态，故而思与诗可以进入一场对话之中。“这一存在的敞开状态在业已完成了的形而上学范围内也许同时就是存在的最极端的被遗忘状态。但如果这种被遗忘状态竟是时代之贫困的贫困性的隐含本质……冷静地运思，在他的诗所道说的东西中去经验那未曾说出的东西，

---

① Heidegger, *Anmerkungen I-V*（*Schwarze Hefte 1942-1948*）, Hrsg. Peter Trawny, Frankfurt a.M: Vittorio Klostermann, 2015, S.191.这里的《论稿》指《哲学论稿（从本有而来）》。“我获得了”（kam mir）不是由主体获取而得的，而是向“我”走来而遭受到的经验，所以，字面意思似乎可译为“来到我这里”或“降临我身上”。

② [德]海德格尔：《林中路》，孙周兴译，上海，上海译文出版社，2004，第285页。Heidegger, *Holzwege*, Hrsg. F.-W. von Herrmann, Frankfurt a.M: Vittorio Klostermann, 2003, S.273.

③ 赵登荣、周祖生主编：《杜登德汉大词典》，北京，北京大学出版社，2013，第825页。

④ “此—在的开抛唯有作为向此—在的进驻才是可能的。不过，进驻着的开抛仅仅源起于那种顺从，即对我们的历史在抑制这种基本情调中的最隐蔽接合的顺从。”（327/309）

⑤ [德]海德格尔：《演讲与论文集》，孙周兴译，北京，三联书店，2011，第37页。

⑥ 在《语言的本质》的演讲中，海德格尔回顾了“追问是思之虔诚”，并对“虔诚”做了解释：“这里所谓的‘虔诚’取其古老意义，其意就是‘顺应’（fügsam）——在此亦即顺应于思之所思。”（[德]海德格尔：《在通向语言的途中》，孙周兴译，北京，商务印书馆，2004，第166页）Heidegger, *Unterwegs zur Sprache*, Hrsg. F.-W. von Herrmann, Frankfurt a.M: Vittorio Klostermann, 1985, S.165; F.-W. von Herrmann, *Wege ins Ereignis. Zu Heideggers „Beiträgen zur Philosophie“*, Frankfurt am Mein: Vittorio Klostermann, 1994, S.171.

这将是而且就是惟一的急迫之事（Not）。此乃存在之历史的轨道。如若我们达乎这一轨道，那么它就将把思带入一种与诗的对话之中。”[①] 通向深渊的路径也与荷尔德林所经验到的急难（Not）接轨。由此，这样一条道路也是“存在之历史的轨道”。《哲学论稿》从存有之急难的回响出发，已是走在这条轨道之上了。正是通过诗与思的对话，才能从诗意的急难中经验到一种思的必然性。“在何种意义上已经先行的诗人荷尔德林，以其最独一无二的诗人经验和作品，现在才成了我们的必然性？”（375-376/353）

海德格尔也以反问方式表明了这一对话关联。“然则思想应当如何成功地获得先前一直拒绝诗人（荷尔德林）的东西呢？”（14/12）在《哲学论稿》中，“拒绝”（versagen）本身便是一种敞开，是以拒绝方式而开启出来的东西。荷尔德林所经验到的“拒绝”恰恰也是存在之敞开状态，其中包括存在之急难，也包含神之命名的缺失。《哲学论稿》从存有之历史的轨道与荷尔德林展开了一场思与诗的对话，而海德格尔是作为思想家的将来者，是从思意此在（对应于荷尔德林的诗意此在）的经验来展开的。在这个角度，海德格尔可以被称为“贫困时代的思想家”[②]。

在《存在与时间》中追问的“存在的意义”，在《哲学论稿》中被深化为“存有之意义”（12/11），并且在“存有之真理”中展开，最终抵达一种地方性的经验。由此，海德格尔后来自述的思想道路的三个阶段也是在通向深渊的道路上的三个阶段：“存在之意义”、“存在之真理”、“存有的地方性”或“存有之拓扑学”。[③] 其中，存在之意义与深渊的关联在本书“导言”中已得到澄清，而第二阶段的存在之真理与第三阶段的存有之地方性由《哲学论稿》中的离—基深渊来贯通——离—基深渊作为存有之真理在过渡时代的建基，本身也是存在之真理的发生，而离—基深渊作为时机之所又是存有的地方性，是本有之设置空间。

作为深渊的地方性的经验意味着《哲学论稿》的诞生，这表明《哲学论稿》是立身于作为离—基深渊的基础之上的，亦即，已经找到了抵达深渊的道路。这种道路再往后可以延伸到天、地、神、人四元游戏的地方

---

① ［德］海德格尔：《林中路》，孙周兴译，上海，上海译文出版社，2004，第 286 页。

② 这是卡尔·洛维特的说法，洛维特也点明了“贫困时代”与荷尔德林的神之经验相关。Karl Löwith, *Heidegger —Denker In dürftigen Zeit. Zur Stellung der Philologie im 20. Jahrhundert*, Stuttgart: J.B. Metzlersche Verlagsbuchhandlung, 1984, S.164-165.洛维特的这个说法引起过海德格尔的重视，海德格尔在《全集》第 73 卷对之做了回应。Heidegger, *Zum Ereignis-Denken*, Frankfurt a.M: Vittorio Klostermann, 2013, S.1313.

③ Heidegger, *Seminare*, Hrsg. C. Ochwadt, Frankfurt a.M: Vittorio Klostermann, 2005, S.335.

性，而往前可以回溯到第一开端中诸神之在场的地方性。这也与第一开端中的思想家赫拉克利特的ἦθος ἀνθρώπῳ δαίμων的解释有关："（亲切的）居留对人说来就是为神（非凡者）之在场而敞开的东西。"① ἦθος在古希腊语中也有地方的意思。②

这条可返回第一开端的道路，实质上也是走向另一开端的道路。但就通向另一开端的道路而言，它的行进便是"思想—进程"的首次启程，以区别于已"从最远处而来""穿度（*durchmißt*）最伟大者"并"转换最伟大者"的将来之诗人荷尔德林。③（428/401）荷尔德林依凭其诗意之道说开辟了这样的道路。而思想作品是以"思意地—道说着的"（denkerisch-sagende）方式来开辟这样的道路④（2/3），以思想的追问来引导，"本'论稿'乃是在一条轨道上追问"（3/4）。它所开辟出来的地方或位置在过渡之历史领域中，也成为"把那个过渡带入历史之敞开域中"的"轨道"。（3/4）伴随着思想中这样"一条本身在行进的道路"，遮蔽的领域也得以开启。这种思想是将来的或未来的思想。"未来的思想乃是一种思想—进程（Gedanken-*gang*），通过它，迄今为止的完全隐而不显的存有之本现的领域才得以穿行（durchgangen），因而才得以澄明，并且才获得其最本己的本有特征。"⑤（2/3）

二、《哲学论稿》中深渊之路的整体道说

具体说来，在《哲学论稿》中，这条"本身行进的道路"作为思想—进程而穿行于从"回响"到"最后之神"的六个领域。"它是'哲学论稿'

---

① ［德］海德格尔：《路标》，孙周兴译，北京，商务印书馆，2001，第419—420页。Heidegger, *Wegmarken*, Hrsg. F.-W. von Herrmann, Frankfurt a.M: Vittorio Klostermann, 1976, S.354.

② ἦθος在古希腊语中指"居处、住处、巢穴、习惯、性情"等含义，参见罗念生、水建馥编：《古希腊语汉语词典》，北京，商务印书馆，2005，第368页。该词在古希腊的《荷马史诗》与《工作与时日》中，保持其作为位置或地方的含义，参见［古希腊］亚里士多德：《诗学》，陈中梅译注，北京，商务印书馆，2002，第39页，注释3。

③ durchmißt中译为"穿越"，这里为了显明该词中mißt测量、测度的意思，荷尔德林的穿越是以作诗的方式来实行，而"作诗即是度量（Messen）"，"作诗乃是'采取尺度'（Maß-Nahme）"。参见［德］海德格尔：《演讲与论文集》，孙周兴译，北京，三联书店，2011，第206—207页。可见，海德格尔用durchmißt一词考虑到了荷尔德林是以作诗的方式来穿越的。为了将穿越与度量的意思结合起来，这里尝试改译为穿度，该词在汉语中有越过的意思。

④ denkerisch-sagende中译"有所运思和有所道说的"，denkerisch在德语中指思想上的、思想家的，这个词不同于denkend（运思着的、正在思的），前者构词与dichterisch（诗意地、诗的）一样，考虑到"诗意地"在海德格尔对荷尔德林"……人诗意地栖居……"的阐释中的特定内涵，以及诗与思的近邻关系，这里斗胆根据相同的汉语构词方式而用"思意地"来翻译它。

⑤ durchgangen中译为"穿越"，为了显明该词与行进、进程的关联，改为"穿行"。

的道路，这条道路穿过六个被命名为‘接缝’的领域，这六个领域在它们的内在关联中构形为‘赋格’或‘赋格领域’。”①

借用海德格尔解读里尔克的诗作之经验，我们也可以尝试从《哲学论稿》那里找出“通往深渊的幽径上的一些标志”②。这些标志被海德格尔视为基本词语，尽管里尔克通往深渊的幽径显示的是存在者的真理，而海德格尔那里却是更源始的存有之真理，但就基础词语作为道路标志即路标而言，均是可行的。这些基本词语，既要指示出道路的不同阶段，也要显示出道路的轮廓。构成《哲学论稿》主体部分的六个接缝无疑构成了这条道路的基本词语，道说了道路行进中的不同领域，而这些词语之间的关联也同样甚至更重要。它们既将作为路标的基本词语贯通成一条道路的轮廓，也对不同的领域进行了贯通，从而使道路能够穿行于过渡领域。“构成本有之本质结构的那些关联和联系，海德格尔在1936年到1938年间就已经拟订好了。”③ 这里提到的自然是写于1936—1938年的《哲学论稿》，作为主体部分的六个接缝之间的关联是从存有之本现而来构成的结构，也就是作为存有之本现的本有的本质结构。

在《哲学论稿》中既包含作为路标的关键词语，又能显示出这些路标之间整体关联的唯有一句话：“所道说者，乃是在第一开端与另一开端的相互‘传送’中——出自存在离弃状态之急难中的存有之‘回响’为了‘跳跃’到存有之中以通向存有之真理的‘建基’而作为一种对‘最后之

---

① Friedrich-Wilhelm von Herrmann, *Heideggers Philosophie der Kunst. Eine systematische Interpretation der Holzwege-Abhandlung „Der Ursprung des Kunstwerkes"*, Frankfurt a.M: Vittorio Klostermann, 1994, S.10.

② ［德］海德格尔：《林中路》，孙周兴译，上海，上海译文出版社，2004，第288页。中译本的“小径”改为“幽径”。

③ ［德］海德格尔：《面向思的事情》，陈小文、孙周兴译，北京，商务印书馆，2014，第61—62页。Heidegger, *Zur Sache des Denkens*, Hrsg. von F.-W. von Herrmann, Frankfurt a.M: Vittorio Klostermann, 2007, S.52.

神’的‘将来者’的准备——被追问的与被思想的。”① 这应该是《哲学论稿》中最别扭的一句话，刻意将这部作品“从本有而来”“所道说者”用一个连为一体的句子展开。这个句子的奇异程度从法译本与两个英译本的翻译便可见出，即便同在印欧语系的范围内，都无法将其保持为一个整体。而这个整体特征源自事情本身的整体性，这个整体表述使赋格之六个接缝在其中连成一个整体，恰恰显示出思想之赋格的“第一次完全赋形”，显示出了“整个赋格领域”，其整体性也是自赋格领域的整体性而来的。对于这种表述方式，海德格尔早已用之，在《存在与时间》中为了展示在世现象的整体性而用连字符将“在—世界—之中—存在”（in-der-Welt-sein）连贯成一个整体。“‘在—世界—之中—存在’这个复合名词的造词法就表示它意指一个统一的现象。这一首要的存在实情必须作为整体来看。”② “这一首要的存在”在《哲学论稿》中便是作为存有之本现的本有。如果这个复合词的表达显示出缺少词语的话，那么《哲学论稿》中将这六个接缝连起来的长句一方面揭示出了存有之本现，另一方面也表明，

① Heidegger, *Beiträge zur Philosophie (Vom Ereignis)*, Hrsg. F.-W. von Herrmann, Frankfurt a.M: Vittorio Klostermann, 1989, S.7. 鉴于这句话所具有的“路标”作用，后文引用这句话不再注明出处，此处分别列出德文原文、中译文、法译文与两个英译本的英译文，如下：(1)德文原文：Was gesagt wird, ist gefragt und gedacht im „Zuspiel“ des ersten und des anderen Anfangs zueinander aus dem „Anklang“ des Seyns in der Not der Seinsverlassenheit für den „Sprung“ in das Seyn zur „Gründung“ seiner Wahrheit als Vorbereitung der „Zukünftigen“ des letzten „Gottes“。(2)孙周兴的中译文：“所道说者乃是在第一开端与另一开端的相互‘传送’中被追问和被思想的东西，而此所谓‘传送’，则是根据在存在离弃状态的急难中的存有之‘回响’，为的是向存有的‘跳跃’，以便为存有之真理‘建基’，以之作为一种对‘最后之神’的‘将来者’的准备。”(8)(3)François Fédier 的法译文：Cette parole est interrogée et pensée au sein “de ce qui entre en jeu” dans ce que se lancent l’un *à* l’autre le premier commencement et l’autre , *à* partir de “ce qui vient résonner” de l’estre, au temps de l’urgence où plonge l’abandonnement par l’être, pour se qui est du “saut ” en l’estre, afin de “fondamenter” sa vérité pour autant que cela prépare “ceux qui sont tournés vers l’avenir” du Dieu *à* l’extrême ”.(Gallimard, 2013, p.21)(4) Parvis Emad 与 Kenneth Maly 的英译文：What is said is inquired after and thought in the “phaying-forth” unto each other of the first and the other beginning, according to the “leap” into being, in order to “grounding” its truth, as a preparation for “the ones to come” and for “the last got”.(Indiana University Press, 1999, p.6) (5)Richard Rojcewicz 与 Daniela Vallega-Neu 的英译文：What is said is questioned and thought in the “interplay” between the first and the other beginning, out of the “resonating” of beying in the plight of the abandonment by being, for the “leap” into beying, toward the “grounding” of its truth, as preparing the “future ones” of “the last god”.(Indiana University Press, 2012, p.8)

② [德]海德格尔：《存在与时间》，陈嘉映、王庆节译，北京，三联书店，1999，第 62 页。Heidegger, *Sein und Zeit*, Hrsg. F.-W. von Herrmann, Frankfurt a.M: Vittorio Klostermann, 1977, S.71.

存在之道说，不仅缺少词语，而且首先缺少语法。①

正是为了显明本有或存有之本现的整体现象，海德格尔顺从这一现象自身的显现而将其表述为一个迥异于日常陈述的长句。故而，为了保持此种首要的整体性，在翻译成中文时通过加破折号的形式来维持其整体感，而译为："所道说者，乃是在第一开端与另一开端的相互'传送'中——出自在存在离弃状态之急难中的存有之'回响'为了'跳跃'到存有之中以通向存有之真理的'建基'而作为一种对'最后之神'的'将来者'的准备——被追问的与被思想的。"虽然不如分成单句那么清晰明了，但还未到完全不可读的地步。句子整体得以保持，但仍无法保存的是德语原文中的语序，而法、英译本由于均在印欧语系的范围内，能够保持相同的语序，这里的汉译做不到这一点。但这种语序，显示的恰恰是道路的路径，所以，在行文中涉及这个句子的具体阐释时，必得依照原文语序而调整中译文。

我们可以先尝试按德语原文语序进行一种粗线条的勾勒。这部作品"所道说者"，乃是"被追问者"与"被思想者"，是从追问与思想而来的发生，这种发生是"在'传送'之中"进行的，而传送是在存有历史的"第一开端与另一开端的交互"关联之中的"传送"。第一开端向另一开端的过渡界定了存有历史的过渡时代，由此，传送便是第一开端向另一开端的过渡之架桥。"存在之离弃状态规定着存有之真理历史中一个独一无二的时代。那是一个长时间的存有时代，在其中真理踌躇不定，不能把其本质清晰地交出。"（127/120）真理的"踌躇"被经验为一种"拒绝"（127/120），存有之真理在过渡时代被经验为踌躇的拒绝，即作为基础的存有之真理的离—基深渊，"离—基深渊乃是基础的有所踌躇的拒绝"（405/380）。由此，"在第一开端与另一开端的相互'传送'中的被追问者与被思想者"，指的是离—基深渊、踌躇的拒绝或者过渡时代的真理。

追问与思想作为离—基深渊或真理发生的两种方式，这两种方式可以合而为一，即思想的追问。在开始写作《哲学论稿》的同一年，海德格尔在《艺术作品的本源》中将思想的追问作为真理发生的方式之一。"真理生成的又一种方式是思想家的追问，这种作为存在之思的追问命名着大可

① Paolo-Ludovica Coriando, "Die formale Anzeige und das Ereignis", *Heidegger Studien*, vol.14, 1998, S.29.

追问的存在。"[①]《哲学论稿》便是过渡时代之真理（踌躇着的拒绝或离—基深渊）在追问与思想中的发生，这种思想之追问的"命名"即是一种"道说"。海德格尔在《艺术作品的本源》的第二稿亦即1935年11月弗莱堡演讲稿中直接点明了追问与"道说"的关联，"真理生成的又一种方式是思想家的追问与道说"[②]。所以，"所道说者，乃是在第一开端与另一开端的相互'传送'中被追问者与被思想者"，指的便是离—基深渊在思想之追问中的发生与道说，而这是在思想家的经验中生成的，《哲学论稿》便是此种经验生成的产物。

本书"题记"中的"踌躇"指的便是离基深渊之基础在抑制情调中的敞开。《哲学论稿》作为思想的追问要面对"有待思的东西"，这种思想的追问受到作为基本情调的抑制的调谐。"题记"则暗示出是从离基深渊而来对《哲学论稿》进行赋形的。

而在过渡时代，这种存有之思想也即哲学，"这种对哲学之本质的历史性刻画把哲学把握为存有之思想"（445/422）。同样，在过渡时代，哲学的本质也在过渡中显示为对存在的追问。"哲学乃是对存在的追问。这个标志性的说法可以有双重解说。两种解说有其统一性，包含着以往哲学与将来哲学的本质，因而包含着对于从以往哲学向将来哲学的过渡的暗示。"（448/424）由此，思想的追问或者思想及其追问均可作为过渡时代的哲学之发生方式，离—基深渊以思想之追问的方式在哲学中发生。无论是思想的追问还是哲学的追问，都是作为"那种寻求的抑制状态"的"追问"。（424/398）在此抑制状态中存有之真理以踌躇的方式给出，离—基深渊得以发生而显形，在哲学中发生为"深渊的哲学"，并且规定了"深渊的哲学"的结构与形态，亦即从"回响"到"最后之神"的赋形过程。

---

① [德]海德格尔：《林中路》，孙周兴译，上海，上海译文出版社，2004，第49页。Heidegger, *Holzwege*, Hrsg. F.-W. von Herrmann. Frankfurt a. M：Vittorio Klostermann，2003，S. 49. Karsten Harries，*Art Matters — A Critical Commentary on Heidegger's "The Origin of the Work of Art"*，Springer，2009，pp. 151-152.

② Heidegger，*Vorträge：Teil 2：1935 bis 1967*，Frankfurt a. M：Vittorio Klostermann，2020，S.613.

第一章 回 响

存有之赋格的第一个接缝作为回响（Anklang），具体说来是“出自存在之离弃状态的急难中的存有之‘回响’”。从德语次序来说，开头即是“出自回响”（aus dem Anklang），这等于是交代了作为“思想作品”的《哲学论稿（从本有而来）》之源起，以及“从本有而来”的具体方式——从回响中发生。“出自回响”既与存有之要求的应合相关——是从聆听现象学来经验的，这种存有之声音也是光的形而上学的克服——同时也照应了“题记”中“这里所记录的”，是通过思想家的听写而生成的。“思想？——将存有之Diktat（听写、口授、强制）写进语言中。”①

Anklang一词在德语中也表示“相似之处、赞同、相应的感受或情绪”②。这个名词来自动词anklingen，后者有“听得出、感觉到、与某某相似、使人联想起”等意思。anklingen的词干klingen表示“发出声响、听起来”，从Anklang的动词及其词干来理解，其主要的意思与声音有关，故而该词的中、英、法文翻译都突出声音的特征③，从而与着眼于光的形而上学相区别。“回响”一词已经显明了一种不同于形而上学的方式。并且，海德格尔同时是“在回响—起来（heran-klingen）的意义上”理解Anklang一词的，回—响（an-klingen）即回响—起来，于是回—响“意

① Heidegger, *Anmerkungen I-V(Schwarze Hefte 1942-1948)*, Hrsg. Peter Trawny, Frankfurt a.M: Vittorio Klostermann, 2015, S.86.

② Duden, *Das Herkunftswörterbuch. Etymologe der deutschen Sprache*, Bd.7, Berlin · Mannheim · Zürich: Dudenverlag, 2014, S.453.

③ 在汉语界有“回响、谐鸣、谐音”等译法，英语中有echo、resonating等译法，法译中有réminiscence、écho、ce qui vient se faire entendre等译法。Ingeborg Schüßler认为这个词“在法语中是无法翻译的”，参见Ingeborg Schüßler, *Le système et la fugue: deux modes de penser*, Heidegger, *Les Apports à la Philosophie de*, Édité par Emmanuel Mejía et Ingeborg Schüßler, Frankfurt a.M Mein: Vittorio Klostermann, 2009, p.99。其实，在中、英文中又何尝不是如此。

味着‘在临近中（en s'approchant）发出声响’”。[①]

这里的回响是“存有之回响”，是存有在临近或相似之中发出声响。回响作为声音的显现方式不同于光的显现方式，这已经显示出了存有与形而上学中的存在之差异。“存在（Sein）与存有（Seyn）是同一的，但又是根本不同的。”（178）Seyn（存有）是 Sein（存在）的“古式写法”（1），将词中的“i”写成“y”，两个词是“一种同音异义的关系”[②]。为了照顾这种同音异义的关系，英译将 Sein 译为 being，相应地将 Seyn 译为 be-ing。[③] 这样的古体写法还出现在 Freiheit（自由）—Freyheit、Seiende（存在者）—Seyende、ist（是、存在）—yst 等词中。[④]“海德格尔的用意极为清楚，当他用 Seyn 代替 Sein 时，他是想表明，在这里 Sein 不再是在形而上学意义上被思考的。即是说，海德格尔是想用 Seyn 一词来克服传统形而上学所思考的‘存在’范畴。”（557）这个用法并未贯穿到海德格尔思想的终点，海德格尔也对其保持着自省。[⑤]这种区分也是第一开端与另一开端的区分。在离弃状态中存有得以初次经验，而遗忘状态显示出存在之经验。《哲学论稿》甚至也显示出了更彻底的用意。“对存有的存有历史性的探问并不是对形而上学的倒转，而是决一断，后者乃作为对那种区

① Ingeborg Schüßler, *Le système et la fugue: deux modes de penser*, *Les Apports à la Philosophie de Heidegger*, Édité par Emmanuel Mejía et Ingeborg Schüßler, Frankfurt a. M: Vittorio Klostermann, 2009, p.99.

② Gérard Guest, *L'âitrèe de l'Être—ce dont il s'y agit. Les Apports à la Philosophie de Heidegger*, Édité par Emmanuel Mejía et Ingeborg Schüßler, Frankfurt a.M: Vittorio Klostermann, 2009, p.437.

③ Heidegger, *Comtributions to Philosophy* (*From Enowning*), Translated by Parvis Emad and Kenneth Maly, Indiana University Press, 1999, pp .xxii-xxiii. 另参[德]海德格尔:《哲学论稿(从本有而来)》,孙周兴译,北京,商务印书馆,2012,第 557 页。考虑到这种关联,如果 Sein 在汉语中被译为“存在”或“在”的话,或许可借用“在”的古体字“扗”,而相应地将 Seyn 翻译为“存扗”。存在(Sein)与存扗(Seyn)可对应于同音异义且本为一词的效果,而且也同样像德语那样借用古代的写法,缺点在于会给读者带来阅读的困难。

④ Heidegger, *Gedachtes*, Hrsg. Paola-Ludovika Coriando, Frankfurt a.M: Vittorio Klostermann, 2007, S.174. Philippe Arjakovsky, François Fédier, Hadrien France Lanord, *Le Dictionnaire Martin Heidegger*, Paris: Cerf, 2013, pp.427-428. 海德格尔在 20 世纪 20 年代便使用了这种写法,1929 年为《论根据的本质》写的“作者边注”中出现“存有之存有者”(das Seyende des Seyn),参见 Heidegger, *Wegmarken*, Hrsg. F.-W. von Herrmann, Frankfurt a.M: Vittorio Klostermann, 1976, S.134。

⑤ 尽管在《哲学论稿》完成十余年后,海德格尔在《阿拉克西曼德箴言》中对在场与在场者的区分所做的一个“作者边注”提到,存有(Seyn)的写法也不适合指称这种区分:“区—分(Unter-schied)完全不同于所有存在,所有保持为存在者之存在的存在。因此,用‘存在’(Sein)——无论是带 y 的还是不带 y 的(应该指‘存在’的古式写法 Seyn——译者)——来指称区—分,始终是不合适的。”([德]海德格尔:《林中路》,孙周兴译,上海,上海译文出版社,2004,第 386 页)

分之基础的开抛——甚至连倒转也还必须保持在这种区分中。凭借这样一种开抛，这种追问根本上就到那种关于存在者与存在的区分之外了；而且，它现在因此也把‘存在’书写为‘存有’了。这就可以表明，存在在此再也不是在形而上学上被思考的。”（460/436）

第一节　从本有而来

《哲学论稿》将“存有之回响”作为自己的出发点，而不是以某个存在者哪怕是像《时间与存在》中那样以此在为出发点，这本身已经是一种去思存有之唯一性的尝试了。这也相当于交代了第一个接缝的来源，即存有之回响，是从存有之本现而来的。这既与本书的“实质性的”标题“从本有而来”保持一致，也照应了我们以之作为“通向深渊的幽径”的这句话所指向的，又表明这里所思的与所道说的恰恰是“从本有而来”（8/7）的。

在《哲学论稿》完成二十多年之后，海德格尔在《时间与存在》的讲座中，点明了这种尝试及其必然性，在这个时代，“不顾（ohne）存在者而思存在的尝试成为必要（notwendig）”①。尽管这里用的是存在一词，而非存有，但就这句话突出的非形而上学特征来说，两者又有一致性。“不顾存在者而思存在”，这是“缩写的表述，原话是：‘不顾那种根据存在者来论证存在的做法而思存在’。可见，‘不顾存在者而思存在’并不表示，与存在者的关联对存在来说无关紧要，因此可以撇开这种关联不谈了；它毋宁是表示，勿以形而上学的方式来思存在”②。“不顾存在者而思存在”表达了一种非形而上学的尝试，而这正是《哲学论稿》中使用“存有”一词的目的，因而，《时间与存在》中的这种“尝试”在《哲学论稿》中已经得以实行，已被“冒险一试（*ein Versuch*）”了。（1/3）“一试”也即一种尝试，这种表述被强调突出，表明《哲学论稿》便是此种尝试之作。

而且这种尝试并不是随意的或者偶尔心血来潮而为之，而是已“成为

① ［德］海德格尔：《面向思的事情》，陈小文、孙周兴译，北京，商务印书馆，2003，第 2 页。Heidegger, *Zur Sache des Denkens*, Hrsg. F.-W. von Herrmann, Frankfurt a.M: Vittorio Klostermann, 2007, S.5. der Versuch 中译为“企图”，这里改为“尝试”，为了与这个词在《哲学论稿》中的译法一致。

② ［德］海德格尔：《面向思的事情》，陈小文、孙周兴译，北京，商务印书馆，2003，第 39 页。

必要（notwendig）”。notwendig这个德语词指“必要的、必然的、急迫的”，表明了“不顾存在者而思存在的尝试”之必然性，而“所有的必然性都植根于一种急难”。（50/45）这种尝试的必然性自然也是植根于一种急难，在此急难中存有发出回响。急难与必然性的关联，也可见于名词“必然性”（Notwendigkeit）与形容词“必然的”（notwenidg），这两个词的构成中均有Not（急难）与wendig（随机应变的），而wendig来自动词wenden，后者表示“翻转、使转向、转身”，故而，必然性与必然的这组词包含着对立的两方面，也就是“那强迫着去发现（亦即‘转向’）怎样从急难中脱离的急难”。[①] 一方面是急难，另一方面是这种急难能迫使去发现如何脱离急难。这种急难在《哲学论稿》中既是“存在之离弃状态的急难”，也是存有“在其中”的急难。而正标题无论作为“哲学论稿”还是“对哲学的贡献”，其中的“哲学”也从此种急难之中获得其必然性，从此急难而来方成为“深渊的哲学”。从存有而来的急难恰恰是存有内在的深渊。在“回响”中，从急难而来才始经验到存有之深渊。而从此种急难中获得必然性的哲学，实质上植根于深渊，是一种深渊的哲学。“存有之回响”显示为出自深渊的回响，在回响中指示出“通向深渊的幽径”的方向。

由此，《哲学论稿》的“冒险一试”获得了其必然性。“不顾存在者而思存在的尝试”在《哲学论稿》中实行得更彻底，这体现在其追问与道说的“唯一性”或“独一性”中。“存有之真理的问题，依然是我的问题，而且是我的独一问题，因为这个问题其实关乎那个最独一无二者。”（12/10）这里的“独一”“独一无二”“唯一”在德语中是同一个词，均是对存有的描述，“存有是（*ist*）唯一的”。（498/472）海德格尔将存有的“唯一性”视为存有之本现亦即本有的八个方面的显示之一。“存有的单纯性本身具有唯一性（*Einzigkeit*）的印记。它根本不需要显突和区分，甚至不需要与存在者的区分。因为只有当存在本身被标记为一种存在者，因而绝没有被当作唯一者而保存下来，而是被普遍化为最普遍者时，这种区分才是被要求的。”（497/471）从存有的单纯性与唯一性而来，已经不需要这种区分了，以至于存有具有孤独性，“唯一地只把虚无抛到自身周围”（497/471）。孤独性也与唯一性一样，也是本有之多样性的显示之一。所以，对存有之唯一性的追问、思想与道说唯少数者或稀罕者方能为之，要具有“孤独的”勇气，“对于稀罕者，它们携带着那种对于孤独的最高勇

---

① Heidegger, *Apports à la philosophie. De l'avenance*, traduction française par François Fédier, Gallimard, 2013, p.65.

气，要去思存有的高贵，要去道说存有的唯一性"[1]（13/11）。

这提示我们，要从存有之唯一性与孤独性来理解这里的"出自存在离弃状态之急难中的存有之'回响'"。这已经包含了某种跳跃，"'不顾存在者而思存在'仅仅意味着：放弃表象"，并且需要"一种跳跃"[2]，即放弃通过表象而去思存在。所以，《哲学论稿》所面对的事—情的出发点（Ausgang）即是"出自(aus）存在离弃状态之急难中的存有之'回响'"，隐含了一种跳跃。由是，才能发出回响。实际上，也就是存有从无急难之急难状态向急难、从无基向深渊的跳跃。尽管存有的这两类状态有着差异，但却有一个共同的结构：存有的"在之中"（in）。

第二节　存有的"在之中"

虽然我们已经先行地将回响作为存有之本现的出发点，但这个出发点并不是现成给定的，而是要抵达这个出发点所在的那里。我们又如何从我们最切近的存在去抵达那里呢？这个那里又是哪里呢？这本身便意味着我们的日常存在与要到达的出发点是有距离的。这种距离在《存在与时间》中被表述为："这种存在者层次上最近的和最熟知的东西，在存在论上却是最远的和最不为人知的东西"[3]。而《哲学论稿》更进一步，这种远不仅是存在者与存有之间的"远"，也是存有历史另一开端的"远"。

我们已经从存有与存在的区别中知晓，存有不同于形而上学的存在，形而上学的存在以存在者为指向，表示存在者的存在状态。存有自然也不同于存在者。那么，存有的"在之中"是怎么一回事？我们又应该从哪里去经验这种"在之中"。

一、此在的"在之中—存在"与畏

尽管从存有的唯一性来说，没必要将存有的"在之中"与存在者的"在之中"进行比较，但存在者的"在之中"的分析仍能为我们理解存有的"在之中"提供某种帮助，否则，我们难以一下跳跃到存有的"在之中"，难以经验到存有的"在之中"。

---

① "思"(denken)中译为"思考"。

② Rainer Thurnher，"Zeit und Sein im Licht der Beiträge zur Philosophie"，*Heidegger Studien*，Vol.25，2009，S.100.

③ ［德］海德格尔：《存在与时间》，陈嘉映、王庆节译，北京，三联书店，1999，第 51—52 页。

为此，需要找到一个适合跳入《哲学论稿》的起点，以走上一条适合进入《哲学论稿》的道路。在这里，《存在与时间》中此在的“在之中—存在”成为一个合适的切入点。因为，就此在“在—世界—之中—存在”的整体结构而言，此在的“在之中—存在”是在世界之中存在，而世界在此在的“在之中—存在”中显现；这样，此在的“在之中—存在”与世界的在其中显现，可能为我们提供一条通向存有的“在之中”的道路。而海德格尔也指出，《存在与时间》是在通向存有的“途中”。而在情调维度，此在的“在之中—存在”在畏的情调中进入本真状态，而畏之情调与作为存有之本现的情调之一的开设/惊恐有着对应关系。这为从此在的“在之中—存在”通向存有的“在之中”提供可能。

在《存在与时间》中，表示现成存在关系的“在之中”主要用于非此在式的存在者，而此在的“在之中”具有生存论性质。《存在与时间》中的此在最切近的存在方式乃是常人，其“在之中—存在”通过在日常世界中的熟悉与居住而形成“在家—存在”，在常人的存在方式之中，世界的日常意蕴得以揭示。而在畏的情调中，此在与世界双方的“在之中”得以更原本地被经验。《存在与时间》中专门解释了“畏之所畏与畏之何以畏”是“同一”的关系，“开展活动与展开的东西在生存论上是同一的：在展开的东西中，世界被作为世界展开了；‘在之中—存在’作为个别的、纯粹的、被抛的能在展开了”①。

《存在与时间》中的这段话虽然说的是此在与世界在生存论上的展开，此在之开展活动与被展开的东西是同一的。而“展开的东西”即是“此”，在其中，世界展开为世界，“在之中—存在”展开为其本己样式，即两者均在“此”之中展开。畏作为一种现身情态，仍然要从“在—世界—之中—存在”来澄清，是对“在之中—存在”作为“缘……而居，熟悉于……”的更本源的展开。“畏将此在从其消散于‘世界’的沉沦中抽回来了（zurückholt）。日常的熟悉自行沉陷了。此在个别化了，但却是作为在世的存在个别化的。‘在之中—存在’进入了不—在家之存在论‘样式’。所谈到的‘无家可归’指的正是这一点。”② 从展开活动与被展开的东西的同一性来说，此在之日常的“在之中—存在”“消散于‘世界’的

① ［德］海德格尔：《存在与时间》，陈嘉映、王庆节译，北京，三联书店，1999，第 217 页。有改动。Heidegger，*Sein und Zeit*，Hrsg. F.-W. von Herrmann，Frankfurt a.M：Vittorio Klostermann，1977，S.250.

② ［德］海德格尔：《存在与时间》，陈嘉映、王庆节译，北京，三联书店，1999，第 218 页。有改动。Heidegger，*Sein und Zeit*，Hrsg. F.-W. von Herrmann，Frankfurt a.M：Vittorio Klostermann，1977，SS.250-251.

沉沦中”，在此在之沉沦样式的开展活动中，世界也在沉沦的“此”之中（in）被展开出来成为展开的东西。而在畏的情调中，此在的“在之中—存在”从沉沦中抽回来，作为同一的东西，于此作为展开的东西的世界也抽回来（zurückholt）了。此在与世界共生于返回（zurück）中。

此在的返回是一种个别化，开启个别化此在的此。此在日常的“在之中”（in）在词源意义上的熟悉性与作为居住的“在家—存在”（Zuhause-sein）也自行沦陷。熟悉性的断裂，从“在家”中的出离，使此在的“在之中”成为个别化的。

世界的返回显示为世界无化着的在场，以及作为日常世界之意蕴的瓦解。世界显示出其“无意蕴性质”①，但却并不是不在场。“无与无何有之乡中宣告出来的无意蕴并不意味着世界不在场，而是等于说世内存在者就其本身而论是这样无关宏要，乃至在世内事物这样无所意蕴（Unbedeutsamkeit）的基础上，世界之为世界仍然独独地涌迫而来。”② 世界无化着的涌来自然也有其发生的地方或场所。“威胁者乃在无何有之乡，这一点标画出畏之所畏者的特征来。畏‘不知’其所畏者是什么。但‘无何有之乡’并不意味着无（nichts），而是在其中（darin）有着一般的场所（Gegend），有着为本质上具有空间性的‘在之中—存在’的一般世界的展开状态。”③ 世界之无化在此场所中展开，在“此”中在场，世界的“在之中”得以经验。

由此，此在与世界的同一即各自之“此”的同一，但这种同一隐含着差异。这种差异在《哲学论稿》通过将开设/惊恐（Entsetzen）作为与畏相对的情调而彰显出来。

二、开设/惊恐与存有的“在之中”

Entsetzen 在德语中指惊骇、恐惧、惊恐。这个词由前缀 Ent-（离开）与词干-setzen（设置）构成，从其构词来说可以译为“开设”。中译本为了照顾两种意思写为“开设/惊恐”。“存有历史性思想的另一开端，则是由‘开设/惊恐’来‘校音’与‘预先定调’的。”（511/484-485）开设/惊恐与畏的关联，海德格尔表述为：“如同虚无归属于存有，畏归属于开

---

① ［德］海德格尔：《存在与时间》，陈嘉映、王庆节译，北京，三联书店，1999，第 215 页。

② ［德］海德格尔：《存在与时间》，陈嘉映、王庆节译，北京，三联书店，1999，第 216 页。

③ ［德］海德格尔：《存在与时间》，陈嘉映、王庆节译，北京，三联书店，1999，第 216 页。有改动。Heidegger, *Sein und Zeit*, Hrsg. F.-W. von Herrmann, Frankfurt a. M: Vittorio Klostermann, 1977, S.248.

设/惊恐。”(511/484)畏作为此在的情调，开设乃是存有的发生，畏归属于开设/惊恐，这很容易让人想到这种归属就如“人对于存有的归属性”(96/88)。但这里用的是“如同虚无归属于存有”，虚无乃是存有的发生，而虚无在畏的情调中得以敞开，从畏中展开的无归属于存有，即从畏的情调可以经验到存有之无化的发生。这种无化也在“没有”(kein)之经验中可通达。“存在者整体的这种移开在畏中簇拥着我们，趋迫着我们。没有留下任何支持(kein Halt)。只留下这个‘没有’，而且当存在者脱落之际，唯此一‘没有’向我们压来。”① 这里的支持或支撑指存在者的支撑。而在《哲学论稿》中，根据存有之真理来改造存在者也没有存在者层面的支撑物(Anhalt)，“这件独一无二的事体该如何来完成呢？在这方面我们依然既无先驱亦无依靠”(4/5)。无支撑或无依靠的无(ohne)便成了“不顾(ohne)存在者而思存在”的起点。“存在之思想在存在者中找不到任何支撑。”② 无支撑的“无”就是“不顾”的来源，也是何以“从本有而来”的思，必然是“不顾存在者而思存在”的一种缘由了。

人在“没有”之经验中“脱落”于存在者，海德格尔也形容为“飘荡”。这种飘荡也是在畏的情调中发生，“无在畏中与存在者整体一体地来照面”③。在畏中，我们已经置身于飘荡之中。“我们‘飘荡’在畏中。更明确地讲，畏使我们飘荡，因为畏使存在者整体脱落了。这也意味着，我们本身——这些存在着的人——在存在者中间一道脱落了。”④ 这里的“存在着的人”指的是以日常此在方式或常人方式存在的人，在存在者的操劳之中，以存在者来理解自身，故而随着存在者的脱落而“一道脱落”从而经受“飘荡”。海德格尔为“存在着的人”做了一个作者边注：“但不是作为此—在‘之’人的那个人。”⑤ “在这种飘荡的震荡中，唯在其中不

① [德]海德格尔:《路标》,孙周兴译,北京,商务印书馆,2001,第 129 页。Heidegger, *Wegmarken*, Hrsg. F.-W. von Herrmann, Frankfurt a.M: Vittorio Klostermann, 1976, S.112.

② [德]海德格尔:《路标》,孙周兴译,北京,商务印书馆,2001,第 363 页。Heidegger, *Wegmarken*, Hrsg. F.-W. von Herrmann, Frankfurt a.M: Vittorio Klostermann, 1976, S.311.

③ [德]海德格尔:《路标》,孙周兴译,北京,商务印书馆,2001,第 131 页。

④ [德]海德格尔:《路标》,孙周兴译,北京,商务印书馆,2001,第 129 页。Schweben 中译为“漂浮”,这里根据孙周兴在《哲学论稿》中的译法改为“飘荡”。Heidegger, *Wegmarken*, Hrsg. F.-W. von Herrmann, Frankfurt a.M: Vittorio Klostermann, 1976, S.112.

⑤ [德]海德格尔:《路标》,孙周兴译,北京,商务印书馆,2001,第 129 页。Da-sein 由“此之在”改译为“此—在”。Heidegger, *Wegmarken*, Hrsg. F.-W. von Herrmann, Frankfurt a.M: Vittorio Klostermann, 1976, S.112.

能持有（halten）什么的纯粹的此—在还在此。”① 这暗示了人向此—在的转变，不再依持任何存在者，而是在“此”，并且成为无之场地的守护者。“此在基于隐而不显的畏而被嵌入无之中。此在的这种被嵌入状态就使人成为无的场地守护者（Platzhalter）。”②

而存有在开设/惊恐中得以敞开，如果说虚无归属于存有，那么，与这种归属相对应，畏归属于开设/惊恐。具体说来，畏使归属于存有的虚无敞开，而虚无得以敞开，已经是从一种无之无化的发生而来，即是存有之无化的发生，所以，畏是从存有之无化而来的发生。而“开—设在原初意义上起无化作用（nichtet），解除（ab-setzt）存在者之为存在者”（510/483）。我们也看到，前面所描述的在畏中经验到的与存在者整体之脱落相伴发生的“没有”（kein），从存有来说，便是一种开—设的发生，“没有”源于存有之开设的无化。故而“畏归属于开设/惊恐”，开设/惊恐作为畏的本源。所以，在畏与无之中经验到的飘荡，已是“在不知不觉中置身于某个本质性的步骤面前——存有之飘荡。”（538/509）

三、存有之赋格

存有在开设/惊恐中“飘荡”，存有即是开设者。“存有本身必定把我们从存在者那里置放出来，把身处存在者之中的我们从这种簇拥状态中开—设出来。”（508/481）畏的情调使此在从日常沉沦的存在者打交道状态中转入此在的个体化，并让世界作为世界发生。而开设/惊恐指明了这一过程是存有的发生与作用。“这种开—设只是基于存有本身而居有自身，其实存有本身无非就是开—设者和要求开—设者。”（509/482）存有作为开设者，其本现离不开“此”。“开—设就在于此在的本—有过程，而且，在如此这般自行澄明着的‘此’中（in）（在无支撑和无保护之物的离—基深渊中），这个本—有过程自行隐匿。开—设与隐匿属于作为本有的存有。”（509/482）这里明确了存有之开设的发生也即存有本现在“此”之中，这个“此”便是存有之此。而畏作为此在的本真情调，是此在之“此”的方式。正是在畏与开设/惊恐这两种情调中，生成着此在之“此”与存有之“此”。这两种“此”有着内在区分与关联。“我们的此—在之此‘融入’到存有之敞开状态的这个此之中，以致这两个此处于一个亲密统

① ［德］海德格尔：《路标》，孙周兴译，北京，商务印书馆，2001，第 129—130 页。有改动。Heidegger, *Wegmarken*, Hrsg. F.-W. von Herrmann, Frankfurt a.M.: Vittorio Klostermann, 1976, S.112.

② ［德］海德格尔：《路标》，孙周兴译，北京，商务印书馆，2001，第 136—137 页。

一体中的接合状态，即一个'Fuge（接缝/赋格）'。"[①] 由此，存有便在"此"之中本现为赋格。

《哲学论稿》的实质性标题"从本有而来"也是一个"赋格"。[②] 而《哲学论稿》作为思想作品，其内部结构具体展开为存有之本现的六个接缝，"回响"居于首位。"在这里被把握的东西，以及在这里唯一地和总是要得到把握的东西，乃是向来仅仅在那些赋格之接缝（Fügung jener Fugen）中的存有。"[③]（70/64）而作为"思想作品"，其思想之开抛也源于"最隐蔽接合（Fügung）的顺从（*Fügsamkeit*）"（327/309）。顺从与接合或接缝是同词根的，思想对接缝的顺从也显示出其自身的严格性。"另一开端中的开端性思想具有另一种严格性，即：其赋格之接缝方面的自由。"[④]（72/65）思想从接缝而来的严格性不同于形而上学体系的严格性与逻辑性，而是"另一开端的思想行为的法则，区别于在第一开端的终结历史中的体系"（327-328/310）。

存有之赋格，既是存有之本现，也是存有在本现中的赋形。"存有开—设，是由于存有居有此—在。这种开—设乃是一种调谐，其实就是具有调谐作用的东西本身的原初轮廓（Aufriß）[⑤]。"（510/483）"具有调谐作用的东西"便是作为开设者的存有，存有在开设/惊恐中显示其轮廓，存有得以赋形。存有的这种轮廓构成了《哲学论稿》的内在结构，在该书第一次将六个接缝竖行排列出来时，海德格尔便点明这是《哲学论稿》的Aufriß（轮廓、剖面图）。"本'论稿'是为这种过渡做准备的，其剖面图采自这种过渡本身之历史性的尚未被掌握的基本轮廓（Grundriß）。"[⑥]（5/6）

---

① Ingeborg Schüßler, "Le 'dernier dieu' et le délaissement de l'être selon les Apports *à* la philosophie de M. Heidegger(Première partie)", *Etudes Heideggeriennes*, Berlin: Duncker & Humblot, 2009, p.72. 关于这种Fuge与Da的关联，还可参见Ingeborg Schüßler, *Le système et la fugue: deux modes de penser, Les Apports à la Philosophie de Heidegger*, Édité par Emmanuel Mejía et Ingeborg Schüßler, Frankfurt a.M Mein: Vittorio Klostermann, 2009, p.97。这里的此在之此与存有之此的关联，与冯·海尔曼从《哲学论稿》中阐发出的开抛（Entwurf）与抛投（Zuwurf）之间的关联，有相似的地方。Friedrich-Wilhelm von Herrmann, *Wege ins Ereignis. Zu Heideggers „Beiträgen zur Philosophie"*, Frankfurt am Mein: Vittorio Klostermann, 1994, S.18.

② "这吻合于'从本有而来'这个赋格（Fuge）吗？"（91/83）"赋格"（Fuge）中译为"关节"。

③ "赋格之接缝"（Fügung jener Fugen）中译为"关节之接合"。

④ 译文略异。

⑤ Aufriß指正面图、剖面图，概述、轮廓。

⑥ 译文略异。对Aufriß与Grundriß之关系的理解参Daniela Neu, *Die Notwendigkeit der Gründung im Zeitalter der Dekonstruktiong. zur Gründung in Heideggers „Beiträgen zur Philosophie" unter Hinzuziehung der Derridaschen Dekonstruktion*, Berlin: Duncker & Humblot, 1997, S.126.

这种接缝也成了“在之中—存在”与存有的“在之中”的接缝，因为，存有的“在之中”便是在其敞开状态的此之中，而此在的“在之中—存在”便是在其“此”中的存在。从畏与开设/惊恐的关联而言，这种接缝也是通过“此”的接缝而实行的。“只要这种开—设在原初意义上起无化作用，解除存在者之为存在者，则畏（Angst）这种基本情调就忍受这种开—设。竟可以根据一种表态行为来做一个解说的话——它是一种对作为被解—除者的存在者本身的肯定。不过，无化恰恰就是解—除本身，由于这种解—除，作为开—设的存有把自身转本于被居有的‘此’之澄明。”（510/483）开—设作为无化与解—除，使开设的存有转本于“此”之澄明，亦即存有在“此”中本现。而畏通过忍受这种开设，从而忍受在开设中发生的存有之敞开状态与“此”。从忍受作为内立的方式来说，畏这种情调也是内立于开—设的情调之中，这种内立状态也是一种归属状态，即“畏归属于开设/惊恐”。（511/483）

这样，畏便成为《存在与时间》通向《哲学论稿》之“途中”的一条通道。而在海德格尔后来为全集版《存在与时间》做的注解中，更是将在畏之情调中展开出来的世界从存有维度来把握。“畏之所畏者就是‘在—世界—之中—存在’本身。”[①] 海德格尔对其中的“‘在—世界—之中—存在’本身”做了注解：“作为存有本身的规定者（Bestimmendes）——完全出乎意料者和不可分解者——令人诧异者（Befremdliche）。”[②] 这里的“‘在—世界—之中—存在’本身”是“‘在—世界—之中—存在’之纯粹实际的整体性的展开状态”。[③] 世界本身作为畏之所畏者，在其在世存在的整体中，在这里被经验为存有本身了。“畏之所畏者是在居有着的抛投（Zuwurf）中的存有本身的规—定者。”[④] 存有的规定作用依然通过在情调中的调谐作用体现出来。“存有本身”或“作为存有的存有”是“调谐着的规—定者（das stimmend Be-stimmende）”，作为“完全出乎意料者”

① ［德］海德格尔：《存在与时间》，陈嘉映、王庆节译，北京，三联书店，1999，第 216 页。有改动。Heidegger, *Sein und Zeit*, Hrsg. F.-W. von Herrmann, Frankfurt a.M: Vittorio Klostermann, 1977, S.249.

② Heidegger, *Sein und Zeit*, Hrsg. F.-W. von Herrmann, Frankfurt a.M: Vittorio Klostermann, 1977, S.249.

③ Friedrich-Wilhelm von Herrmann, *Hermeneutische Phänomenogie des Daseins. Ein Kommentar zu „Sein und Zeit"*, Band 3, Frankfurt a.M: Vittorio Klostermann, 2008, S. 177.

④ Friedrich-Wilhelm von Herrmann, *Hermeneutische Phänomenogie des Daseins.Ein Kommentar zu „Sein und Zeit"*, Band 3, Frankfurt a.M: Vittorio Klostermann, 2008, S.178.

是在开抛中“不可分解者”，因此是“令人诧异者”。[①] 由此，在畏中的此在经验到那“进入存有之真理中的规定”。(511/483)

“只有在这时候，我们才会猜度，何种内立状态之力量从‘开设/惊恐’而来被注入人之存在中——这种‘开设/惊恐’现在指的是存有之‘经—验’的基本情调。”(510-511/483) 开设/惊恐作为存有之敞开状态与“此”之发生，也即存有的“在之中”以开设/惊恐的情调方式的发生。而内立状态之力量自其而来 (aus)，即前面所提的内立状态通过经受 (ausstehen) 存在本身的敞开状态之“外”与“此”的发生，在这里是经受存有之“外”与“此”。[②] 而存有的这种“外”与“此”亦即开—设中的无化，我们已揭示了无化中有着“飘荡”与“震颤”，即是存有之无化的力量，《哲学论稿》也将这种力量描述为“冲力”等。存有之冲力“被注入人之存在中”，存有的“在之中”也以此进入人的存在中。

至此，我们也需要调校以此在的“在之中”与畏的情调而进入存有的“在之中”的路径所带来的惯性。这种惯性的危险在于，此在有充当一个类似《存在与时间》中的角色的嫌疑。尽管我们一开始便提到了《哲学论稿》是“不顾存在者而思存在”的尝试，但以此在的“在之中—存在”与畏的情调为进路，确实有落入窠臼的可能，哪怕畏的情调在事实上构成了从《存在与时间》到《哲学论稿》的一条暗道。因为，如果我们不能直接跳入《哲学论稿》中所思所问所说的东西，必然要寻找进入的路径，以此在与畏的情调来打开入口，只是一种进入的可能。类似于海德格尔在写作《哲学论稿》前一年的冬季学期讲座《形而上学导论》中，以不同方式将读者带入过渡问题的经验中。[③] 在这里所尝试的也只是其中的一个进路，甚至《哲学论稿》自身的这样一条“通向深渊的幽径”，其前提也“是放弃对其他也许更为本质性的道路的可能性的通观”。(89/81)

为了经验存有的“在之中”，我们以此在的“在之中”与畏的情调进入，实为一种笨拙的做法，但这条暗道却实行了从基础存在论向存有历史

① Friedrich-Wilhelm von Herrmann, *Hermeneutische Phänomenogie des Daseins.Ein Kommentar zu „Sein und Zeit"*, Band 3, Frankfurt a.M.: Vittorio Klostermann, 2008, S.178.

② 海德格尔将“忍受”视为“绽出(Ekstasis)的本质”，而“绽出者之持立(die Stasis des Ekstatischen)依据于那种在无蔽状态之‘外’(Aus)和‘此’(Da)中的内立(Innestehen)，而存在本身即是作为无蔽状态而成其本质的”。参见[德]海德格尔:《路标》，孙周兴译，北京，商务印书馆，2001，第441页。

③ 海德格尔设想了“绝望”“钟声”“心花怒放”等处境中遭遇过渡问题的可能，实为将听课者带入问题本身之中。参见[德]海德格尔:《形而上学导论》，熊伟、王庆节译，北京，商务印书馆，1996，第3—4页。

论的“转向”。尤其是在畏与开设/惊恐之间、此在之此与存有之此两者之间的赋格特征或接缝关系，并不是两个现成的东西之间的接合，也不同于《存在与时间》中的此在与世界之间的关联，而是存有在“此”或敞开状态中的发生过程。“我们所谓的情绪，全然归属于敞开状态，这种敞开并非状态，而是一种生发。”（353/333）由此，才有此一在的生成。这种尝试，恰恰是“从存有之真理而来（而且也即从真理之本现而来）让此一在得以跃出”。[①]（9/8）随着开设/惊恐得到经验，人的此一在得以开启出来。“这种‘开设/惊恐’为无急难状态之急难开启此一在，而存在者之存在离弃状态就隐藏于无急难状态的保护中。”（511/484）这意味着此一在是通过开设情调而从无急难状态之急难中发生的，这种发生即进入急难状态。而存在之离弃状态在无急难状态的保护中，当这种保护作用被瓦解时，便进入其无保护状态，这种无保护状态即是深渊状态了。同样，开设/惊恐让存有的“在之中”发生于自行澄明着的“此”中，海德格尔将这样发生的“此”当作“离一基深渊”，“开一设就在于此在的本一有过程，而且，在如此这般自行澄明着的‘此’中（在无支撑和无保护之物的离一基深渊中）”。（509/482）从这个角度，可以说开一设/惊一恐是“朝向离一基深渊的情调”[②]，在其中有着“向存有之遥远的第一次切近”[③]。

第三节　存在之离弃状态的急难

在开设/惊恐中揭示出的急难是存在之离弃状态的急难。而存有的“在之中”便是“在存在之离弃状态的急难中”。由此，畏的情调与开设/惊恐的关联也可从存有之历史而把握为从存在之被遗忘状态向存在之离弃状态的还原。畏使此在从日常存在方式转向了本己的存在方式，而日常存在方式是从存在之被遗忘状态而来的，并且是遗忘之被遗忘。畏使存在之被遗忘得以经验与摆脱，而世界作为存在，其无化是在存在维度来把握的。倒过来理解，这种揭示也见证了世界或存在的自行遮蔽与无化特性，并提供了存在沉沦的来源。这种无化或自行隐匿，在《哲学论稿》中从历

---

① 这种关系在“建基”中显示为“同时性”。

② Heidegger，*Überlegungen* Ⅶ-Ⅺ（*Schwarze Hefte 1938/1939*），Hrsg. Peter Trawny，Frankfurt a.M.：Vittorio Klostermann，2014，S.202.

③ “向存有之遥远的第一次切近：存有乃‘是’拒予和 Entsetzen（开设/惊恐）本身，必定作为这样一个东西而被保存在本有中，因而必定始终是困难的，必定成为一种斗争，一种在极端探处作为离基深渊的游戏而敞开自身的斗争。”（500/474）

史维度而言也揭示出存在之离弃状态。这是在惊恐（Schrecken）的情调中发生的。海德格尔也将惊恐与真正的畏并举。“这个δεινόν（森莽可怖）是指那威临一切的存在力道之意义上的可怖，以同样的方式，一方面它逼出惊慌失措的惊恐万状（Schrecken），逼出真正的畏”①。后来，海德格尔将畏提升到惊恐的意义上。“无言状态的本质处所之一，乃是惊恐意义上的畏，是无之深渊把人调谐入这种惊恐之中的。作为与存在者不同的东西，无乃是存在之面纱。”② 无作为面纱源自存在自身的悬缺，“存在之为存在的悬缺乃是存在本身。在悬缺中，存在本身与它自身一道掩盖自己。这种向着自身消失的面纱（存在本身就是作为这种面纱在悬缺中本质性地现身的）乃是作为存在本身的虚无”③。如果说畏的情调与无相关，惊恐对应的是无之深渊，在惊恐意义上的畏便能关涉存有了。海德格尔对“存在之面纱”做了边注：“亦即需用（Brauch）之本有意义上的存有之面纱”④，明确惊恐之调谐乃是从无之深渊而来的，即该情调乃是存有以深渊方式的发送。于是，畏以无为出发点，“在畏中包含着一种对……的退避，但这种退避不再是逃遁，而是一种迷人的宁静。这种对……的退避以无为它的出发点”⑤。当畏提升到惊恐意义上，便是无之深渊的发生了。惊恐与无之深渊的关联也被表述为“深渊的惊恐”⑥ 与“惊恐的深渊”⑦。

如果说开设/惊恐揭示出无急难状态中的急难，将存在之离弃状态从无急难状态中的遮盖揭开，即其“开始—调谐”与“先行—定调”⑧，那么，惊恐（Schrecken）的情调，一方面与开设/惊恐（Entsetzen）同义，

---

① [德]海德格尔：《形而上学导论》，王庆节译，北京，商务印书馆，2015，第 173 页。有改动。Heidegger, *Einführung in die Metaphysik*, Hrsg. P. Jaeger, Frankfurt a.M: Vittorio Klostermann, 1983, SS.158-159.

② [德]海德格尔：《路标》，孙周兴译，北京，商务印书馆，2001，第 364 页。

③ [德]海德格尔：《尼采》，孙周兴译，北京，商务印书馆，2003，第 984 页。Heidegger, *Nietzsche* Ⅱ, Hrsg. B. Schillbach, Frankfurt a.M: Vittorio Klostermann, 1997, S.353-354.

④ [德]海德格尔：《路标》，孙周兴译，北京，商务印书馆，2001，第 364 页。

⑤ [德]海德格尔：《路标》，孙周兴译，北京，商务印书馆，2001，第 131 页。“出发点”(Ausgang)中译为“结局”，Ausgang 有“出发点、起点、结局、尽头”的意思，这里是固定搭配。Heidegger, *Wegmarken*, Hrsg. F.-W. von Herrmann, Frankfurt a.M: Vittorio Klostermann, 1976, S.114.

⑥ [德]海德格尔：《路标》，孙周兴译，北京，商务印书馆，2001，第 359 页。Heidegger, *Wegmarken*, Hrsg. F.-W. von Herrmann, Frankfurt a.M: Vittorio Klostermann, 1976, S. 307.这个表述也出现于 Heidegger, *Das Ereignis*, Hrsg. F.-W. von Herrmann, Frankfurt a.M: Vittorio Klostermann, SS.68, 170, 211, 235.

⑦ [德]海德格尔：《路标》，孙周兴译，北京，商务印书馆，2001，第 359 页。

⑧ “存有历史性思想的另一开端，则是由‘开设/惊恐’来‘调谐’(an-gestimmt)与‘预先—定调’的。”(511/483-484)anstimmen 指“开始唱歌、发出声音”，分开写成 an-stimmen 形式，字面意思可以理解为“开始—调谐”。

另一方面则更鲜明地敞开存在之离弃状态的历史性。“回响”的主导情调是惊恐（Erschrecken、Schrecken）。

“惊恐乃是那种回行，也就是从（aus）处于亲熟者当中的行为的流俗状态，返回到（zurück in）自行遮蔽者之涌迫（Andrang）的敞开状态之中，而在这种敞开状态中，迄今为止流俗的东西同时证明自身为令人诧异的和起束缚作用的。”（17/15）日常行为的流俗状态即存在之被遗忘状态，Zurückfahren 在德语中可指“驶回、（吓得）朝后一退、惊退”[①] 等，在惊恐中的 Zurückfahren（回行），也与惊恐的词根所具有的“跳起”含义相应。[②] 这也是对《哲学论稿》中思想之跳跃的一种定调，从惊恐情调中的跳跃特征而来，思想“应合”（entsprechen）此种情调而“相应地”（entsprechend）从存在者的拥簇中退出来，发生为“不顾存在者而思存在”的那“一种跳跃”。[③]

这里的介词 aus，有“从某某中出来、出自、离开”等意思，可表示一种“离开的发生”。这种离开同时也是一种返回的离开。在回行（Zurückfahren）中发生的返回（Zurück-），比起我们在畏的情调方式中的此在之回到自身与世界之返回到其无意蕴状态中的返回更进一步，是向存有历史第一开端的返回。所以，这种惊恐中的返回显示出历史的维度，也为一种思想的返回步伐定调。正是从向历史的“返回”中，第一开端中发生的存在之离弃状态才能被经验到。在离开的返回中形成了敞开状态的“外”（Aus）或“此”，故也是返回到敞开状态之中。“返回到自行遮蔽者之涌迫（Andrang）的敞开状态之中。”（17/15）这里的自行遮蔽者指的是存有，故而自行遮蔽者的涌迫便是存有之涌迫。“最流俗的、并且因此最不熟知的东西乃是存在之离弃状态”（17/15），这也就是存有在“存在者”中的离弃和逃离。“惊恐使人回行，使之直面以下事实：存在者存在（ist），而先前对人来说存在者恰好就是一个存在者，即是说：存在者存在，这个——存有——已经离弃和避开（entzogen hat）了所有‘存在者’以及似乎是存在者的东西。”（17/15）这里的“避开”（entziehen）即隐匿（Entzug）的动词，而把“离弃”与“避开”并提，意味着这种离弃也就

① Ingeborg Schüßler, “Le ‘dernier dieu’ et le délaissement de l’être selon les Apports *à* la philosophie de M. Heidegger (Secondre partie)”, *Etudes Heideggeriennes*, Berlin: Duncker & Humblot, 2010, p.138.

② Dudenredaktion (Hrsg.), *Duden-Das Herkunftswörterbuch. Etymologe der deutschen Sprache*, Berlin • Mannheim • Zürich: Dudenverlag, 2014, S.757.

③ Rainer Thurnher, “Zeit und Sein im Licht der Beiträge zur Philosophie”, *Heidegger Studien*, Vol.25, 2009, S.100.

是存有之隐匿。隐匿又"作为拒予而本质性地现身"（496/470），而拒予又是对存在之遮蔽状态的一种保持。"如此这般地，存在便随其真理而抑制自身。这种自行抑制乃是存在之解蔽的早期方式。自行抑制的早期标志乃是ἀλήθεια（无—蔽）。由于它带来存在者之非—遮蔽状态，它才引发存在之遮蔽状态。而遮蔽却保持在自行抑制之拒予的特性中。"[①] 保持着存在之遮蔽状态的拒予被经验到，本身也是自行遮蔽被经验到，所以，这也是惊恐情调中所发生的"返回到自行遮蔽者之涌迫（Andrang）的敞开状态之中"。(17/15)

这种自行抑制的拒予也是一种存在之时代（Epoche）的发生。"我们可以把这种随其本质之真理的澄明着的自行抑制称为存在之ἐποχή……存在之 Epoche（悬搁、时代）属于存在本身。这里，我们是根据对存在之被遗忘状态的经验来思这种悬搁的。"[②] Epoche 在这里有双重意思：一方面，其词形即来自古希腊语ἐποχή，指"停止、终止"，可译为"悬搁"，故 Epoche 亦可指"悬搁"；另一方面，该词在德语中指"时代、时期"。所以，由存有之拒予或存在之离弃状态而来的悬搁本身便是一个存在之时代，"存在之命运的时代（epochale）本质来自存在之悬搁"[③]，也就是来自存在之离弃状态，由存在之悬搁而来，方有存在之被遗忘状态。用《哲学论稿》的说法，便是从存在之离弃状态进入存在之被遗忘状态。这样，存在之离弃状态便"被经验为我们的历史的基本发生事件"[④] 了。（119/112）由此，惊恐中的回行作为一种返回步伐，便是从存在之被遗忘状态反溯到存在之离弃状态。

存有的"在之中"是"在存在之离弃状态的急难中"。这种存在之离弃状态也被"经验为急难"。（119/112）与之相应，存在之被遗忘状态被经验为"急难中的无急难状态"。（120/113）所以，惊恐中的回行作为从存在之被遗忘状态向存在之离弃状态的返回，同时也是从急难之无急难状态向急难的返回。急难并不是日常层面的"缺陷"与"祸害"，而是具有"强迫作用"的东西。[⑤] 这种强迫作用来自惊恐中开启的"自行遮蔽者之涌迫（Andrang）"。这种涌迫在存有历史的第一开端中也发生过，是曾

---

① [德]海德格尔：《林中路》，孙周兴译，上海，上海译文出版社，2004，第 355—356 页。"拒予"（Verweigern）中译为"拒绝"。

② [德]海德格尔：《林中路》，孙周兴译，上海，上海译文出版社，2004，第 356 页。译文略异。

③ [德]海德格尔：《林中路》，孙周兴译，上海，上海译文出版社，2004，第 356 页。

④ "基本发生事件"（Grundgeschehnis）中译为"基本事件"。

⑤ 对急难（Not）的解释参见[德]海德格尔：《哲学论稿（从本有而来）》，孙周兴译，北京，商务印书馆，2012，第 119—120 页。

“逼迫（drängt）我们的东西”，又向我们涌来。[①] 在惊恐中的自行遮蔽者之 Andrang（涌迫），其前缀 An-在这里可指开始、接近[②]，所以这种涌迫可以视为第一开端的“逼迫”的重新涌现之开始，是具有“强迫作用”的东西，也就是急难。由此，“在存在之离弃状态的急难中”的存有也显示为“自行遮蔽者之涌迫”。

所以，“惊恐是在过渡之中震荡的第一个急难”[③]，也是一种“对急难的承认”。（113/107）“承认”有其特殊内涵，海德格尔对“存在的承认”之分析可资借鉴。“存在没有被承认为存在。这种‘承认’意味着：鉴于存在的本质来源，让存在在其所有值得追问状态中起作用；这意思就是说：坚守存在问题。”[④] 对急难的承认也是要坚守存在问题，把握急难的本质来源。对急难的承认有多种途径，《哲学论稿》中对急难的承认是由惊恐所调谐的思想之承认。“思想向来只是一个途径，即同时在许多轨道上开始的急难之承认的途径之一。”（107/98）急难同样在思想的追问中得到承认。“存有之真理唯有通过那些追问者才能变成急难。”（14/12）而思想之道说指的是“一种追问被道说出来”。[⑤]

这种急难亦可视为一种“悬缺”。惊恐也揭示出存有之悬缺。“不过，不去思考那种作为形而上学而发生出来的对存在之急难的忽略，这本身就是对人类之本质急难（Wesensnot）的无急难状态的盲目无知。这种盲目无知来自那种不受承认的对畏的畏（Angst vor der Angst），后者作为惊恐（Schrecken）经验着存在本身的悬缺（Ausbleiben）。”[⑥] 这里虽然说的是存在本身与惊恐之间的关联，而其发生机制也适合于存有与惊恐。这种悬缺即是存在之隐匿。“存在的悬缺乃是存在本身的隐匿，即在与无蔽状态一道的自行抑制中的隐匿；存在在其拒予着的自行遮蔽中允诺这种无蔽状态。于是，存在就作为在隐匿中的允诺而本质性地现身。不过，这种隐

---

① Heidegger, *Hölderlins Hymnen „Germanien“ und „Der Rhein“*, Hrsg. S. Ziegler, Frankfurt a.M: Vittorio Klostermann, 1999, S.103.

② 与回响(Anklang)的前缀 An-相同。

③ Heidegger, *Über den Anfang*, Hrsg. Paola-Ludovika Coriando, Frankfurt a.M: Vittorio Klostermann, 2005, S.67.

④ [德]海德格尔:《尼采》,孙周兴译,北京,商务印书馆,2003,第 967 页。“可疑问状态”(Fragwürdigkeit)改为“值得追问状态”。Heidegger, *Nietzsche II*, Hrsg. B. Schillbach, Frankfurt a.M: Vittorio Klostermann, 1997, S.338.

⑤ Heidegger, *Beiträge zur Philosophie (Vom Ereignis)*, Hrsg. F.-W. von Herrmann, Frankfurt a.M: Vittorio Klostermann, 1989, S.4.

⑥ [德]海德格尔:《尼采》,孙周兴译,北京,商务印书馆,2003,第 1026—1027 页。根据孙周兴先生《哲学论稿》中的译名略有调整。Heidegger, *Nietzsche II*, Hrsg. B. Schillbach. Frankfurt a.M: Vittorio Klostermann,1997, S.393.

匿仍旧是一种关联。”① 这里的存在的“在之中”即存在之离弃状态的在之中，可以指存有的在之中，也是存有之悬缺，即在“拒予着的自行遮蔽中”与“在隐匿中”，亦即在存在之离弃状态的“此”中，“但从‘此’之澄明来把握，释放同时也是本有之隐—匿（Ent-zug）；即本有隐匿于一切表象性的计算，并且作为拒予而本质性地现身”（496/470）。这样，惊恐的情调便与存有之悬缺、隐匿相关联，而隐匿也“作为拒予”而本现，所以，惊恐情调敞开存有之拒予，即在拒予中的存有。而情调作为“一种声音的声调”，显示出“存在的一种面貌”。② 所以，惊恐情调也作为存有之音的声调，是存有以拒予之“面貌”的显现，即存有的“拒予之回响”。（114/108）在惊恐情调中，存有之声音显示为寂静之音。“存有之真理为存在者的本质力量开放出那种寂静，由此寂静而来，存有（作为本有）才成为可觉知的。”（26/23）寂静之音使存有之觉知成为可能，也使存有在声音维度中被澄明了。“澄明，敞开域，不仅对光亮和黑暗来说是自由的，而且对回声和余响，对声音以及声音的减弱也是自由的。”③ 在《哲学论稿》中，惊恐情调有时也被称作基本情调。“依据海德格尔，‘基本情调’特殊之处端在于：因其使隐遁之遗忘的离基深渊般的急难成为可听闻的，‘基本情调’甚至告知吾人关于吾人整全历史处境之音信。”④ 至此，方能有“出自在存在之离弃状态的急难中的存有之回响”。

惊恐与存有之隐匿和拒予之关联，与前面已经阐发的开—设情调所经验到的隐—匿是一致的。“隐—匿是与开—设一起被思的，因为在存在者整体之无化着的让脱落中，存有在其自行拒绝之中作为存在者的完全他者自行显露。”⑤ 存有在其“自行拒绝”中的“显露”，也就是惊恐情调所开启的存有在急难中的“自行遮蔽者之涌迫”。（17/15）这种涌迫之临近，从声音维度来说，便是在急难中的存有之回响。⑥

① [德]海德格尔：《尼采》，孙周兴译，北京，商务印书馆，2003，第 1023 页。译文略异。Heidegger, *Nietzsche II*, Hrsg. B. Schillbach, Frankfurt a.M: Vittorio Klostermann, 1997, S.393.

② Heidegger, *Apports à la philosophie. De l'avenance*, traduction française par François Fédier, Gallimard, 2013, p.36.

③ [德]海德格尔：《面向思的事情》，陈小文、孙周兴译，北京，商务印书馆，2015，第 93 页。

④ [德]克劳斯·黑尔德：《海德格尔的基本情调与时代批判》，[德]克劳斯·黑尔德著，孙周兴编：《世界现象学》，倪梁康等译，北京，三联书店，2003，第 171—172 页。

⑤ Daniela Neu, *Die Notwendigkeit der Gründung im Zeitalter der Dekonstruktiong. zur Gründung in Heideggers „Beiträgen zur Philosophie" unter Hinzuziehung der Derridaschen Dekonstruktion*, Berlin: Duncker & Humblot, 1997, S.220.

⑥ 参见本章开头对 Anklang（回响）一词的解释：回响“意味着‘在临近中（en s'approchant）发出声响’”。

第四节　回响

我们前面对存有之回响的经验是通过情调来实行的。而通过情调来揭示存在之离弃状态，本身便是在情调维度中的急难之经验。因为，通过惊恐而从这种熟悉状态中返回到其源头，同样也要求一种反向的情调，方能使存在之离弃状态从其被掩盖中揭示出来。《存在与时间》中的畏便是从反向情调中发生的。“我们从来都靠一种反向情绪（Gegenstimmung）而从不靠无情绪成为情绪的主人。”① “因为此在——只要它存在——已被定调，因此，情调向来只有通过一种反向情调才能被重新定调（umgestimmt）。”② 惊恐的情调乃是从“对所有情调的剥夺、公开化与庸俗化”的反向情调中而重新定调的。存在之离弃状态在“计算”“快速”“巨量之暴动”这三种掩盖之中③，而“与计算、快速和巨量结伴而行的还有另一个东西，它与所有这三者相关联，以一种突出的方式承担了对内部崩溃的伪装（Verstellung）和装扮”，那就是“对所有情绪的剥夺、公开化和庸俗化”(130)“对情绪的剥夺同时也是对不断增长的空洞的伪装（Verkleidung）”，而无能于去经验“存在之离弃状态，把它经验为具有调谐作用的急难”(131/123)，以至于奔向了一种无聊状态，而惊恐作为主导情调“把这种状态本身以及在其中出现的存在者的存在之离弃状态揭露出来，那么，这些成就本身就再也不能把无聊状态的特征遮蔽起来了”(165/157)。惊恐情调是从作为存在之离弃状态的掩盖的“情调之剥夺”中发生的，这意味着在惊恐中发生的存在之离弃状态乃是从其被掩盖状态中发生的，即“处于亲熟者当中的行为的流俗状态”。如果存在之离弃状态对应于急难的话，则其被掩盖状态对应于无急难状态。而要将存在之离弃状态“经验为具有调谐作用的急难”(131/123)，则需要进入到“最高的急难”

---

① ［德］海德格尔：《存在与时间》，陈嘉映、王庆节译，北京，三联书店，1999，第 159 页。译文略异。Heidegger, *Sein und Zeit*, Hrsg. F.-W. von Herrmann, Frankfurt a.M: Vittorio Klostermann, 1977, S.187.

② Heidegger, *Hölderlins Hymnen „Germanien“ und „Der Rhein“*, Hrsg. S. Ziegler, Frankfurt a.M: Vittorio Klostermann, 1999, S.142.对这种反向情绪或对反情调的分析参［德］克劳斯·黑尔德著，孙周兴编：《世界现象学》，倪梁康等译，北京，三联书店，2003，第 183 页。

③ 对存在之离弃状态的这三种掩盖的分析参见［德］海德格尔：《哲学论稿（从本有而来）》，孙周兴译，北京，商务印书馆，2012，第 128—131 页。

当中。

为此，海德格尔也从存在与思想自身的历史来揭示存有之拒予的回响，即从存在之被遗忘状态与真理之崩塌两条可以合而为一的路径来阐发存在之离弃状态。“这种离弃状态包括存在之被遗忘状态，同时也包括真理之崩塌。两者根本上是同一回事。不过，为了使作为急难的存在之离弃状态成为必需的，两者中的每一个都必须分别得到沉思，方能使那最高的急难，即处于这种急难中的无急难状态，得以显露出来，并且把那种与诸神之逃遁的最遥远的切近带向第一次回响。”(120/113)

第一条路径的存在之被遗忘状态以存在之离弃状态为“基础”[①]，并抵达“体验”。“存在之被遗忘状态不知道它自己，它误以为（自己）寓于存在者、‘现实之物’而存在，误以为接近于‘生活’、对‘体验’有把握。因为它只知道存在者。”(122/115) 遗忘（vergessen）从词根来说有“握住、抓住”的意思。[②] 从其词根义来说，遗忘便是将一个东西当成另一个东西抓住，这样的抓住也是一种把握，存在之被遗忘状态即将存在者的存在状态把握为“存有本身之本现”。[③]

第二条路径从真理的坍塌方面展开。存有之本现亦即其真理的发生，或者说，存有的“在之中”也会显示在其真理中，故而，存有之本现的状况自然会在真理的变化中得到揭示。“存有之离弃状态根本上是一种存有之变—质（Ver-wesung）。本质惘然若失，只是如此这般地进入作为表象之正确性的真理之中——νοεῖν［觉知、思想］——διανοεῖν［思考］——ἰδέα［相、理念］。”[④] (123/115) 存有的这种变—质或非—本质在现代突出地现身于谋制中。谋制作为“一种存在之本现的方式”(133/126)，“乃是对一种特定的存在者之真理（它的存在状态）的命名”(139/132)。因为作为“制作与被制作者的统治地位”(139/131)，谋制仍然要依据于“一种存在者解释”(133/126)。

谋制“贯通并且支配着从柏拉图到尼采的传统西方哲学的存在历史”，但我们却对它“知之甚少”。(134/127) 而海德格尔在对谋制本身的洞察中，揭示出存有之隐匿，以及存有之回响的复杂况味。谋制有三个法则。

---

① “存在之离弃状态乃是存在之被遗忘状态的基础。”(121/114)

② Dudenredaktion (Hrsg.), *Duden-Das Herkunftswörterbuch. Etymologe der deutschen Sprache*, Bd.7, Berlin · Mannheim · Zürich: Dudenverlag, 2014, S.892.

③ Heidegger, *Apports à la philosophie. de l'avenance*, traduction par François Fédier, Gallimard, 2013, p.91, note 1.

④ “变—质”(Ver-wesung)中译为“腐—朽”。

谋制的第一个法则重在其遮蔽特征，“它越是决定性地得到展开”就“越是顽固地、越是谋制性地作为本身而遮蔽自己”。（134-135/127）与第一个法则相关的第二个法则在于对体验的要求，“谋制越是确定地如此这般遮蔽自身，就越是要求那种看起来完全与谋制之本质相对立、但实际上却属于谋制之本质的东西的优势地位，亦即越是要求体验”（135/127）。与体验的关联促成了第三个法则，“体验越是无条件地成为正确性和真理（因而也是‘现实性’和持存性）的尺度，就越是不能指望由此出发来完成一种对谋制之为谋制的认识”（135/127）。这样就解释了我们为什么会对谋制“知之甚少”，这本身便是谋制与体验的共谋，即从谋制自身的遮蔽到在体验中的难以识认。

由此，“谋制本身隐匿自身；而且，因为谋制乃是存有之本现，所以存有本身也隐匿自身”（135/128）。海德格尔在这里从谋制的隐匿中经验到了存有之隐匿，其关联在于“谋制乃是存有之本现”，所以谋制“隐匿自身”也就可揭示出“存有之本现”隐匿自身，即“存有本身也隐匿自身”。于是，在谋制自身中经验到了存有之隐匿。而作为离弃的隐匿[①]，也是拒予的发生，“存在之离弃状态作为存有的一种拒予”[②]。由此，海德格尔从存在之被遗忘状态与真理之崩塌两条路径来阐释存在之离弃状态，通过谋制与体验的相互归属而合流，在更大范围将存在之离弃状态作为存有之拒予揭示出来。“我们是否能把握这一关于第一开端及其历史的伟大学说：存有之本质现身乃是拒予，在谋制和‘体验’的最大公开状态中的最高拒予？”（118-119/112）而在这种最高拒予中，存有作为拒予之回响而响起来了。“随着存有之被遗忘状态的展开，那种回响必定从存有之离弃状态而来开始奏响。”（122/114）

因此，作为存在者之真理的谋制也可以“给出一种关于存有本身之真理的最初暗示”（134/127）。这种暗示源自谋制与体验的相互归属“于自身中包含着隐蔽的存有历史范围内的一个独一无二的本有过程”（142/134）。这个独一无二的本有过程也就是失—本过程，而“失—本过程作为本—有过程之暗示”[③]。但抑或这一过程“必定拒不给予这个时代，而只

① 海德格尔也将隐匿与离弃并用，关于隐匿与拒予的关联也可参见本章第三节“惊恐”。

② Heidegger, *Besinnung*, Hrsg. F.-W. von Herrmann, Frankfurt a.M: Vittorio Klostermann, 1997, S.311.

③ Heidegger, *Besinnung*, Hrsg. F.-W. von Herrmann, Frankfurt a.M: Vittorio Klostermann, 1997, S.311.

是对于那些已然在过渡中的人们来说才成为真理，成为存有之真理的回响？”（142/134）海德格尔以设问的方式表明存有之回响只为处于过渡中的人们所听闻，而这种过渡便是存有历史第一开端向另一开端的过渡，也即“第一开端与另一开端交互之间”的传送。由此，存有之回响进入存有历史的传送之中。

第二章　传　送

“回响”是“出自在存在之离弃状态的急难中的存有”之回响，而“传送首先从存在之离弃状态的急难中获取其必然性”。（90/82）所以，“传送”以此赢得其在“回响”之后的位置。但是，在“通向深渊的幽径”的完整道路中，回响恰恰是在传送的框架中发生的。“所道说者，乃是在第一开端与另一开端的交互‘传送’中——出自存在离弃状态之急难中的存有之‘回响’为了‘跳跃’到存有之中以通向存有之真理的‘建基’而作为一种对‘最后之神’的‘将来者’的准备——被追问的与被思想的。”这样，“回响”又是在传送中发生的。所以，要澄清“回响”与“传送”的关联，也需要揭示传送的内涵，以此把握其在存有历史中的位置。

第一节　传送与争辩

一、传送及其内涵

Zuspiel（传送）在德语中作为体育方面的用语，表示“传球”。显然，海德格尔用这个词表示“第一开端与另一开端之间的交互”传送，并非一种体育领域中的动作或运动，尽管在广义上这个词指的是本有在存有历史中的运动，即“第一开端与另一开端的历史性传送”（495/470）。这自然超出了体育用语的范围。

而且，海德格尔也在动词的意义上来运用此词，“形而上学历史作为未经提升和不能为其本身所认识的东西，备好了什么，因而传送（zuspielt）了什么”①。名词 Zuspiel 的意思还是要从作为其来源的动词 zuspielen 来把握。zuspielen 在德语中有三种意思：（1）（把球）传送，给某某传（球）；

① 引号内为《哲学论稿》第 86 节的标题。

（2）悄悄地传播、传递，或让某某意外地到来；（3）加播，加放，如加播一段音乐。[①] 实际上，动词 zuspielen 的三种意思在名词 Zuspiel 中均有体现。就第一种意思“传送”的扩展运用来说，可指第一开端与另一开端相互之间的传送；就第二种意思的“悄悄地传递”或让“意外地到来”而言，在第一开端的历史中，另一开端的存有之本现已“悄悄地传递”出来或让其“意外地到来”了；而就第三种意思的“加播”来说，刚好词典中的例句是“加播一段音乐”，在《哲学论稿》中，传送之“悄悄地传递”或“意外地到来”是带有音乐意味的，相当于为第一开端加播另一种曲调，“在传送中奏响完全不同的存有之歌”[②]。(10/8-9)

从动词的三种含义而来，Zuspiel 在汉语中实际上是无法翻译的，在这里不妨采用其第一种也是基本的含义“传送”，而将后两种含义作为传送的方式。如在打篮球中，好的传球的方式往往是“悄悄地”或“意外地”将球传送给队友。而加播的另一种“存有之歌”，也是存有的一种传送出来的方式。

值得注意的是，这种传送的方式从动词 zuspielen（传送）的词根来说，与游戏（spielen）相关。“时间的三维的统一性在于各维之间的传送(Zuspiel)。这种传送证明自身为本真的、在时间之本己因素中游戏着的(spielende) 端呈”[③]。游戏方式恰恰是存有或存在本身的运行方式，“存在之本质乃是游戏本身”[④]。尽管在 1962 年所做的这个《时间与存在》的演讲是从时间维度来阐发传送，但这种阐发立足于时间与存在的一体性。而这种一体性在《哲学论稿》中便是作为时间维度的历史与存有融合为存有之历史，其传送是存有历史的第一开端与另一开端之间的传送。所以，《哲学论稿》中的传送也可以从历史与存有这两个维度来理解，是存有历史的第一开端与另一开端之间的游戏。“传送首先是第一开端的传送，以便这第一开端把另一开端带入游戏之中”(10/11)。

我们在对“回响”的阐发中已经从惊恐情调中经验到了存有之深渊。从存有维度，回响显示为拒予之回响，或存在之离弃状态中的急难之回

---

① 对该词词义的分析参见赵登荣、周祖生主编：《杜登德汉大词典》，北京，北京大学出版社，2013，第 2819 页；*Duden-Das große Wörterbuch der deutschen Sprache in 10 Bänden*, Dudenverlag, 1999, S.4696.

② 这里的“完全不同的”(andere)也指另外的、另一的、其他的。

③ [德]海德格尔：《面向思的事情》，陈小文、孙周兴译，北京，商务印书馆，2015，第 23 页。译文略异。Heidegger, *Zur Sache des Denkens*, Hrsg. F.-W. von Herrmann, Frankfurt a. M: Vittorio Klostermann, 2007, S.19-20.

④ [德]海德格尔：《同一与差异》，孙周兴、陈小文、余明锋译，北京，商务印书馆，2011，第 69 页。

响；而从时间或历史维度，回响显示出存有历史的曾在维度，“回响有其深远效果，深入到曾在者和将来者之中——因而通过传送把它的打击力(Einschlagskraft)[①] 带入当前者之中”（90/82）。这里既点明了“回响”有时间维度的含义，也明确了其与传送之间的关联。我们已经知道，zuspielen（传送）的基本义是传球，而传球是需要力度的。从存有之道说而言，传送之力度来自存有之回响，在回响之中已经显示出存有之冲力了，这种冲力在畏的情调中显示为“存有之飘荡”（538/509）或“飘荡的震荡”[②]，在惊恐情调中显示为“自行遮蔽者之涌迫”（17/15）与“存有之悬缺”的“冲击力”（246/236）。

二、“在传送中”的三重含义

回响在存有历史中的位置与曾在维度的揭示，为“传送”提供了可以传送的东西。在这里，传送获得了其在存有历史中的位置，并通过与“当前者”的关联而显示其时间维度。由此，我们可以理解《哲学论稿》中传送的双重性。在开始揭示这部作品的“通向深渊的幽径”时，这条“幽径”在传送中显示出了不同面貌：其整体是“在传送中”。而传送乃是“第一开端与另一开端的交互之间”的传送，这种传送具体说来是“出自存在离弃状态之急难中的存有之‘回响’为了‘跳跃’到存有之中以通向存有之真理的‘建基’而作为一种对‘最后之神’的‘将来者’的准备”。从整条幽径在“传送”之中而言，传送具有结构特征，能够显示出这部“思想作品自身的结构（Gefüge）”。（4/3）从海德格尔在《哲学论稿》第40节中将该书命名为“过渡时代的思想作品”可知，传送作为思想作品的结构是有依据的，因为传送恰恰作为过渡的“第一次架桥”（175/169），在过渡之架桥中形成了思想作品自身的结构。在作为结构整体的意义上，传送也是对存有历史之赋格的“第一次完全赋形（从回响到最后之神）”[③]。（65/59）赋格的结构“是一种作为秩序的安排”，统治着在整体中的部分之间的关联。[④] 这种秩序安排，不同于形而上学中的封闭体系对

---

① Einschlagskraft 中 Einschlag 有低音、击中的意思，应指回响作为“低沉之音的冲击力”，回响从声音的层面是低沉的，实际上是无声的。

② [德]海德格尔：《路标》，孙周兴译，北京，商务印书馆，2001，第 129—130 页。有改动。Heidegger, *Wegmarken*, Hrsg. F.-W. von Herrmann, Frankfurt a.M: Vittorio Klostermann, 1976, S.112.

③ Philippe Arjakovsky, François Fédier, Hadrien France-Lanord, *Le Dictionnaire Martin Heidegger*, Paris: Cerf, 2013, pp.687-688.

④ Heidegger, *Apports à la philosophie. De l'avenance*, traduction française par François Fédier, Gallimard, 2013, p.106.

遮蔽者的否定与排斥，而是一种“起义的赋格”。[①] 在赋格结构中，被形而上学体系所否定的遮蔽者又暴动着站立起来了，即让“拒予之暴动”[②]（69/63）在其中能发生。由此，这整条通向深渊的幽径恰恰是传送结构的具体展开，通向存有之自行遮蔽与拒予的最广最深的本现。

当回响已经得到阐发之后，方能为传送的阐释提供可能。于是，传送自身也是存有历史中的一个接缝，在第一开端与另一开端之间有其具体位置，即在回响与跳跃之间具体发生。“传送首先是第一开端的传送，以便这第一开端把另一开端带入游戏之中。”（10/11）所以，第一开端首先要得到把握，而在回响中，我们经验到了“在存在之离弃状态的急难中的存有”，从而经验到了第一开端中所发生的存在之离弃状态，并将其作为存有历史的发生事件。出自急难的回响，恰恰也构成了传送的必然性，“传送首先从存在之离弃状态的急难中获取其必然性”（90/82）。由此，方有“这第一开端把另一开端带入游戏之中”。因为拒予中的回响，并非在拒予中消失，而是“深入到曾在者（das Gewesende）和将来者之中”（90/82）。这里的“曾在者”（das Gewesende）[③] 一词，指的是“曾在着的且一直在的东西”[④]，或者“持续着的曾在”[⑤]。这种曾在作为存有之拒予也是一种“拒绝过的（versagtes）曾在”[⑥]。回响的“深入到曾在者（das

① aufständisch 指“起义的、暴动的”，这里表示赋格结构能让存有之自行遮蔽得以立身，是对形而上学体系的一种起义。有关解释参见 Ingeborg Schüßler, *Le système et la fugue: deux modes de penser. Les Apports à la Philosophie de Heidegger*, Édité par Emmanuel Mejía et Ingeborg Schüßler, Frankfurt a.M: Vittorio Klostermann, 2009, p.89.

② Aufruhr，一词指“暴动、动荡、骚乱、震动”。这里为了显明赋格结构的暴动的（aufständisch）特性，译为暴动，中译为“动荡”。

③ 海德格尔的这种写法比较特殊，其中“曾在”（Gewesen），是德语“存在”（Sein）一词的过去分词形式 gewesen（存在的、曾经的、以前的）；而且其词根 wesen（本质、本质现身）又在印欧语系中与“存在”（Sein）一词的第三种词根“wes（war, gewesen）”有着亲缘性。Heidegger, *Einführung in die Metaphysik*, Hrsg. P. Jaeger, Frankfurt a.M: Vittorio Klostermann, 1983, S.76. Heidegger, *Apports à la philosophie. de l'avenance*, traduction française par François Fédier, Gallimard, 2013, p.98. 更重要的是，海德格尔在这里并未写成 Gewesen，而是写成了 Gewesende，其中 wesende 是 wesen 的现在分词，表示正在本现中、正在本质化着的东西。所以，Gewesende 这个写法融合了“存在”（Sein）一词的过去分词，以及与存在词根有亲缘性的 wesen 一词的现在分词，所表示的恰恰是存在历史中曾经在着且一直在着的东西。

④ 对 das Gewesende 一词的解释亦可参见 Ingeborg Schüßler, *Le système et la fugue: deux modes de penser. Les Apports à la Philosophie de Heidegger*, Édité par Emmanuel Mejía et Ingeborg Schüßler, Frankfurt a.M: Vittorio Klostermann, 2009, p.100。

⑤ Paola-Ludovica Coriando, *Der letzte Gott als Anfang. Zur ab-gründigen Zeit-Räumlichkeit des Übergangs in Heideggers „Beiträgen zur Philosophie (Vom Ereignis)“*, München, 1998, S.98.

⑥ Paola-Ludovica Coriando, *Der letzte Gott als Anfang. Zur ab-gründigen Zeit-Räumlichkeit des Übergangs in Heideggers „Beiträgen zur Philosophie (Vom Ereignis)“*, München, 1998, S.98.

Gewesende）和将来者之中”恰恰是存在本身的发生。“拒予中的回响”即是存在本身在拒予中“曾在着的且一直在着的东西”。存在本身或存有在拒予中的这种“在”与发生即是“游戏”。①

故而，在回响中经验到的第一开端“把另一开端带入游戏之中”。

三、传送与争辩

第一开端与另一开端之间的交互传送也被海德格尔思为一种 Auseinander-setzung（争—辩、财产分—割）。第一开端与另一开端是一种争辩的关联，也是存有历史的过渡时代的实事。“实事，即争执，本身乃是一种争—辩。”② Auseinandersetzung 在德语中指“争论、阐明、分割共同财产”等。而将此词用连字符分成三个环节 Aus-einander-setzung，乃是出自事情本身的需要。其中，Aus 指“以分离方式在—外面”③；争—辩第二个环节的彼此（einander）在存有历史中成为第一开端与另一开端的彼此关联。“争—辩意味着第一开端与另一开端的分开或分离，但同时也是第一开端与另一开端的相互归属。因此，历史性的沉思也是第一开端与另一开端自身实行着的一种争执。”④ 从这个角度，“彼此”（einander）可以细分为第一开端（ein）与另一开端（ander）。争—辩的第三个环节是设置（-setzung），争—辩使第一开端与另一开端彼此得以设置。“对另一开端的必然性的争辩乃起于对第一开端的本源性设置。”⑤ （175/169）设置（-setzung）来自动词 setzen（设定、设置），该词在《艺术作品的本源》中表示存在者的真理在艺术作品中的发生。“设置说的是：带向持立（Stehen）”，亦即“存在者的真理自行—设置—入—作品—中”。⑥ 设置

① 海德格尔在《时间与存在》中将“拒予”描述为游戏。“在作为发送的给出中包含着自行抑制，亦即在曾在和到来的端呈中，游戏着当前之拒予和当前之扣留。”（[德]海德格尔：《面向思的事情》，陈小文、孙周兴译，北京，商务印书馆，2015，第 33 页）译文略异。Heidegger，*Zur Sache des Denkens*，Hrsg. F.-W. von Herrmann，Frankfurt a.M：Vittorio Klostermann，2007，S.27.

② [德]海德格尔：《尼采》，孙周兴译，北京，商务印书馆，2003，第 1 页。原文为：Die Sache, der Streitfall, ist in sich selbst Aus-einander-setzung. Heidegger，*Nietzsche Ⅰ*，Frankfurt a.M：Vittorio Klostermann，1996，S.Ⅺ.

③ 以分离方式在—外面，法文原文为 au-dehors en séparant。Heidegger，*Apports à la philosophie. De l'avenance*. traduction par François Fédier，Gallimard，2013，p.547.

④ Holger Granz，*Die Metapher des Daseins-Das Dasein der Metapher*，Frankfurt a.M：Vittorio Klostermann，2007，S.200.

⑤ 译文略异。

⑥ [德]海德格尔：《林中路》，孙周兴译，上海，上海译文出版社，2004，第 18 页。“自行—设置—入—作品—中”保留了原文中的连字符。Heidegger，*Holzwege*，Hrsg. F.-W. von Herrmann，Frankfurt a.M：Vittorio Klostermann，2003，S.21.

的这种带向持立不同于现代概念中相对于自我主体的对峙，而是要从希腊语θέσις（置立、安排）的意义来理解，“希腊语中的‘设置’，意思就是作为让出现（Erstehenlassen）的摆置，比如让一尊雕像摆置下来；意思就是置放，安放祭品”①。神之雕像摆置下来与安放祭品是一致的，指的是神的在场，“雕像的立身（Stehen）”即“面对我们的闪耀的在场”。②“设置”在古希腊的经验即在场者之在场或存在者之存在的经验。

既然“对另一开端的必然性的争辩乃起于对第一开端的本源性设置”（175/169）③，要了解争—辩第三个环节的设置（-setzung），必定要了解第一开端的本源性设置。这种本源性设置在古希腊被经验为在场。并且，设置的古希腊意义可从摆置和置放来展开，即“带到（bringen）无蔽领域中来（Her-），带到前面（vor-）到在场者中”。④ 这里对设置的解释使用了一个文字游戏，通过动词 bringen（带到）与其两个不同前缀 Her-（来—）与 vor-（前面—）的关联来进行，这三个部分合成为海德格尔在《艺术作品的本源》中用来表示创作的 Her-vor-bringen（带上—前—来）。海德格尔将“设置”理解为作为创作的“带到前面来”，故而，海德格尔特意在“作者边注”中将“设置入作品”这个表达中的“设置”解释为“带上前来”与“ποίησις（制作、诗）”。⑤ 这等于将设置回溯到古希腊的ποίησις的经验，而古希腊对ποίησις的基本看法便是对Φύσις（涌现、自然）的摹仿。于是，设置的本源性含义既与“无蔽、在场”相关，又与Φύσις相关。这一点与前面溯源到的θέσις（置立、安排）并不矛盾。“只有当Φύσις（涌现、自然）起作用，θέσις（置立、安排）才是可能的与必需的。”⑥

从设置的本源性经验来看，无论是Φύσις（自然）与θέσις（置立）的关联，还是Φύσις（自然）与ποίησις（制作）的关联，都要在一种统一的现象中来把握。“我们必须严格地在统一的维度中思‘带上—前—来’，这个统一的维度是通过遮蔽状态（Λήθη［遮蔽、遗忘］）与无蔽状态

① ［德］海德格尔：《林中路》，孙周兴译，上海，上海译文出版社，2004，第 61 页。

② ［德］海德格尔：《林中路》，孙周兴译，上海，上海译文出版社，2004，第 61 页。

③ 设置（Setzung），中译本为设定。

④ Heidegger, *Holzwege*, Hrsg. F.-W. von Herrmann, Frankfurt a. M: Vittorio Klostermann, 2003, S.70.

⑤ Heidegger, *Holzwege*, Hrsg. F.-W. von Herrmann, Frankfurt a. M: Vittorio Klostermann, 2003, S.70.

⑥ Heidegger, *Bremer und Freiburger Vorträge*, Hrsg. P. Jaeger, Frankfurt a.M: Vittorio Klostermann, 2005, S.64.

（Ἀ-λήθεια［真—理、无—蔽］）而被接合的（gefügt）。”① 这样，“带上—前—来”可从三方面来把握：（1）指一种统一的维度；（2）这个统一维度由两方面组成，即遮蔽状态与无蔽状态，也即古希腊的Λήθη［遮蔽、遗忘］与Ἀ-λήθεια［真—理、无—蔽］，这两组词从词根上显明这种统一性，并且，后一个词是对前一个词的否定；（3）这两方面构成的统一关系是一种fügen（接合/接缝）的关系，具体说是遮蔽状态被无蔽状态所接合（gefügt），亦即Ἀ-λήθεια［真—理、无—蔽］对Λήθη［遮蔽］的接合。从这三个方面的特征，显示出古希腊中设置的本源性现象：统一性、两个方面及其接合关系。我们原来提到的Φύσις（自然）与θέσις（置立）或ποίησις（制作）的统一关系，实质上同这里的Λήθη（遮蔽、遗忘）与Ἀ-λήθεια（真—理、无—蔽）的关系是一致的。

Λήθη与Ἀ-λήθεια恰恰显示出古希腊的Φύσις（自然）之经验，海德格尔多次在不同文本中解读了赫拉克利特残篇中的“自然喜欢遮蔽”：“φύσις［自然］乃是ἀλήθεια，即解蔽，因而κρύπτεσθαι φιλεῖ［喜欢遮蔽］。”② 这恰恰是第一开端中Φύσις与Ἀλήθεια的经验。在第一开端中，“φύσις［涌现、自然］进入ἀλήθεια［无蔽、真理］之中并且作为这种ἀλήθεια［无蔽、真理］而闪亮”（511/484）。这也是古希腊思想中的存在之经验。“存在乃是自行遮蔽着的解蔽——这就是原初意义上的φύσις［自然］。自行解蔽乃是入于无蔽状态的显露，即首先把无蔽状态本身庇护入本质中：无蔽状态就是ἀλήθεια［去—蔽、真理］，我们译之为真理。”③ 这样，通过存在与真理以及自行遮蔽的经验，揭示出φύσις的双重性。“存在之本质乃是自行解蔽、涌现、显露入无蔽域中——即φύσις。”④ 并且从这种φύσις之双重性而来，形成对自然之统一性的要求与任务。“唯有按其本质自行解蔽而且必然解蔽的东西，才可能喜欢自行遮蔽。唯解蔽才能是遮蔽。因此就无需去克服并且剥夺φύσις的κρύπτεσθαι［遮蔽］，相反，远为重大的任务倒是，把归属于φύσις的κρύπτεσθαι［遮蔽］留给在其全部本质统一性中的φύσις”⑤。“在其全部本质统一性中的φύσις”，实际上是将真理与存在的本质结合起来的统一性。“因为希腊文的真理的本质只有与希腊文的存在的

① Heidegge，*Bremer und Freiburger Vorträge*，Hrsg. P. Jaeger，Frankfurt a.M：Vittorio Klostermann，2005，S.64.

② ［德］海德格尔：《路标》，孙周兴译，北京，商务印书馆，2001，第351页。Heidegger，*Wegmarken*，Hrsg. F.-W. von Herrmann，Frankfurt a.M：Vittorio Klostermann，1976，S.301.

③ ［德］海德格尔：《路标》，孙周兴译，北京，商务印书馆，2001，第351页。

④ ［德］海德格尔：《路标》，孙周兴译，北京，商务印书馆，2001，第351页。

⑤ ［德］海德格尔：《路标》，孙周兴译，北京，商务印书馆，2001，第351页。

本质合而为一才可能成为φύσις。”①

这种自然的经验是存有本身在第一开端的闪现，也与诸神之在场相关联②。“自然曾经是什么呢？是诸神之到达和逗留的时机处所，其时自然——还是φύσις［涌现、自然］——落在存有本身之本现中。”（293/277）存有本身在第一开端的闪现，也是存有之真理的闪现，这种闪现显示出深渊的特征。“离—基深渊乃是原初本质性的澄明着的遮蔽，是真理之本现。”（406/380）所以，“离—基深渊在前—形而上学的思想中得以短暂闪现”。③ 但就在离—基深渊的闪现中，依然可见出其内部包含的接合或爱的关联。

古希腊经验中的设置之“带上—前—来”的统一性相应于φύσις的统一性，而自然之统一性可以分开为κρύπτεσθαι（遮蔽）与ἀλήθεια（解蔽、无蔽状态），两者通过φιλεῖ（喜欢、爱）而相统一。而在设置的本源性统一现象中，Ἀ-λήθεια（真—理、无—蔽）与Λήθη（遮蔽）是一种接合（fügen）关系。实际上，赫拉克利特所经验到的φιλεῖ（喜欢、爱）即是一种接合。“在赫拉克利特意义上，φιλειν，即热爱（lieben），意味着：ὁμολογειν［协调、一致］，以Λόγος［逻各斯］的方式去说话，即应合于Λόγος［逻各斯］。这种应合（Entsprechen）是与σοφόν［智慧］相协调。协调（Einklang）就是ἁρμονία［连接、和谐］。一物与另一物相互结合（fügen）起来，因其相互支配（verfügt）而原始地相互结合起来——这种ἁρμονία［连接、和谐］就是赫拉克利特所思的Φύσις，即‘热爱’的特征。”④

由此，本源性的设置或“带上—前—来”在第一开端中便可经验为：“带上—前—来（Her-vor-bringen）在古希腊的Φύσις［涌现、自然］意义上被思，意味着：从遮蔽状态带出来（her），带到前面（vor）到无蔽状

① ［德］海德格尔：《形而上学导论》，熊伟、王庆节译，北京，商务印书馆，1996，第103页。译文略异。

② 在《艺术作品的本源》中，通过一座古希腊神庙揭示出了古希腊的神与φύσις（自然、涌现）的关联。参见［德］海德格尔：《路标》，孙周兴译，北京，商务印书馆，2001，第23—25页。

③ Paola-Ludovica Coriando, *Der letzte Gott als Anfang. Zur ab-gründigen Zeit-Räumlichkeit des Übergangs in Heideggers „Beiträgen zur Philosophie (Vom Ereignis)"*, München, 1998, S.94.

④ ［德］海德格尔：《同一与差异》，孙周兴、陈小文、余明锋译，北京，商务印书馆，2011，第10页。有改动。GA11, S.14.

态中。”① 设置的这种“带上—前—来”也是一种“带向持立”②，也就是将“喜欢遮蔽”的Φύσις（自然）带向持立。“φύω，涌现，起作用，由其自身来站立并停留。这个 bhû 迄今一直被按照通用的外形的看法用φύσις和φύειν来解释为自然与‘生’。这个较原始的解释是从与希腊哲学的开端的争辩中得出来的，这个‘生’也就从这种较原始的解释中表明为涌现，这个涌现又是从在场与显现来规定的。”③“喜欢遮蔽”的Φύσις（自然）的这种持立也就是在遮蔽中涌现，所以Φύσις（自然）也是一种涌现。

本源性意义上的设置或“带上—前—来”所揭示的统一性，在Λήθη（遮蔽）与Ἀ-λήθεια（真—理、无—蔽）之间，或者在κρύπτεσθαι（遮蔽）与ἀλήθεια（解蔽、无蔽状态）之间，无论构成其统一性的是接合还是φιλειν（爱、喜欢），均可作为西方思想或哲学的共同财产，而这种共同财产要在分—割（Aus-einander-setzung）中才成为不同继承者的共同财产。争辩（auseinandersetzen）也可指通过法律途径来“分割”（共同财产）。这种“共同财产”即同一个开端。“‘另一开端’不是第二开端，而是第一的并且唯一的开端，以另一方式（的开端）。”④ 这样，第一开端与另一开端争—辩也是对共同财产的一种分割，这种分割是以不同方式来占有与继承共同财产。“但在与第一开端的争辩中，遗产才会**变成**遗产，将来者才会**变成**继承者。人们绝不只是由于偶然成为一个**晚来者**才变成这样一个继承者的。”（207/198）这种在分—割中对共同财产的继承方式，用略显生硬的表达来说，是以无蔽为界，对作为遮蔽与无蔽状态的“统一的维度”的共同财产进行分—割。随着第一开端的第一终结，形而上学从无蔽中转向对存在者的占有，从而遗忘了无蔽本身与遮蔽状态。形而上学未分—割到的这一财产，在另一开端中随着对无蔽本身或无蔽状态的居有，而得以继承。

这种共同财产的分—割亦即争—辩，第一开端通过分割而占有了属于

① Heidegger，*Bremer und Freiburger Vorträge*，Hrsg. P. Jaeger，Frankfurt a.M：Vittorio Klostermann，2005. S.64.

② ［德］海德格尔：《林中路》，孙周兴译，上海，上海译文出版社，2004，第 18 页。Heidegger，*Holzwege*，Hrsg. F.-W. von Herrmann，Frankfurt a.M：Vittorio Klostermann，2003，S.21.

③ ［德］海德格尔：《形而上学导论》，熊伟、王庆节译，北京，商务印书馆，1996，第 72 页。译文有改动。引文中的三个古希腊语单词φύω、φύειν与φύσις实际上有共同的词根，其中φύω是现在时直陈式主动态第一人称单数，φύειν是该词的不定式，φύσις是名词。Heidegger，*Einführung in die Metaphysik*，Hrsg. P. Jaeger，Frankfurt a.M：Vittorio Klostermann，1983，S.76.

④ Hannah Arendt，Marthin Heidegger，*Briefe（1925-1975）*，Frankfurt a.M：Vittorio Klostermann，1998，S.234.

它的财产，而“未”被其占有的财产在存有历史中得以保藏并“传送”给了另一开端。“未”被占有者作为遮蔽状态要被居有，首先需要其本现，需要让其本现的无蔽本身。所以，另一开端的分割或争辩，必然需要存有之真理的追问与无蔽本身的思。“开端性的思想把自己对存有之真理的追问远远地置回到作为哲学之本源的第一开端中。它因此保证自己在其另一开端中远远地到来，并且在被掌握的遗产中找到它最高的将来的持存状态(Beständigkeit)，因此在一种转变了的（相对于第一开端）必然性中回到它自身。”(64-65/59) 从争—辩之事情本身来说，这样的传送亦即“第一开端与另一开端之彼此通达”的传送。为此，要了解这一传送，我们首先要在本源性的设置的基础上，了解第一开端所分—割而得的财产，以及在占有财产过后的“挥霍”①。

第二节　第一开端

一、存在之拒绝与第一开端的第一终结

我们已经从在存在之离弃状态中的存有之“回响”经验到了存有之拒予，回响是拒予之回响。同样，我们也澄清了第一开端中本源性设置的统一现象，即在ἀλήθεια（真—理、无—蔽）与Λήθη（遮蔽）之间的接合，或者在φύσις（自然）之ἀλήθεια（真理、无蔽）与κρύπτεσθαι（遮蔽）之间的φιλειν（爱、喜欢）。其中的拒予、Λήθη（遮蔽）与κρύπτεσθαι（遮蔽）均指向一种遮蔽或隐匿的维度。“如此这般地，存在便随其真理而抑制自身。这种自行抑制乃是存在之解蔽的早期方式。自行抑制的早期标志乃是Ἀ-λήθεια［无蔽］。由于它带来存在者之非遮蔽状态（Un-Verborgenheit），它才引发存在之遮蔽状态。而遮蔽却保持在自行抑制之拒予（Verweigern）的特性中。”② ἀλήθεια（真理、无蔽）中的Λήθη（遮蔽、遗忘），古希腊存在之遮蔽状态亦即自然之κρύπτεσθαι（遮蔽），均保存在拒予中。

拒予也作为拒绝，存有总是“在本—有过程中”的“拒绝者”（ver-

---

① “这种存有之真理，即拒予，却包含着对非存在者本身的掩饰，也包含着存有的被释放状态和挥霍。”(430/406)

② ［德］海德格尔：《林中路》，孙周兴译，上海，上海译文出版社，2004，第 355—356 页。个别词语有改动。

sagende）（502/475）。所以，海德格尔追问："跟随第一开端的东西被置于一种踌躇之中，并且必须忍受一种存在之拒绝直至存在之离弃状态？"（205/196）"跟随第一开端的东西"即第一开端中的自行遮蔽者，这种遮蔽保存在拒予中，进而经历了"存在之拒绝直至存在之离弃状态"的演变过程。"回响"中所经验到的存在之离弃状态乃是从第一开端的经验而来，这种"直至"从Λήθη（遮蔽）经拒予及其拒绝而到存在之离弃状态。而回响是从存有之无与存在之离弃状态的经验而来的。通过第一开端中的设置的本源性经验，存有之无乃是拒予的一种本现，而如果我们从存在之离弃状态中经验到存有之无，则从拒予而来的拒绝"直至"存在之离弃状态的过程，也是"直至"存有之无的经验的过程。"无作为拒予之澄明的离—基深渊。出自拒予之基础（Grundes）的离去因素（Abhafte）。"[①] 基础之"离去因素"也是离—基深渊中发生的基础之离去（Ab-），后者也是一种拒绝。"离—基深渊〈即〉离失（Ausbleiben），作为自行遮蔽中的基础，它是一种以基础之拒绝（Versagung）为方式的自行遮蔽。"（405/379）

这种拒绝何以"直至"存在之离弃状态，是由于第一开端中作为Φύσις（自然）的存在自身显现为存在状态。"存有之历史——真理之本—有过程作为Lichtung（林中空地/澄明）；一种拒绝必定随第一开端中的馈赠而来，因为存在自身作为存在状态对存在者的优先地位而言已成为可利用的。"[②] 从拒予、拒绝到存在之离弃状态再到形而上学这个过程与拒绝在真理中的发生是一致的。"拒绝作为真理之本质的倒转（Verkehrung）展开入ὁμοίωσις（肖似）—正确性—确定性—公正—在作为谋制的存在状态中的真理的平整过程——存在者的谋制性的敞开状态作为'公众状态'。与真理之本质相对立的冷漠无殊状态"[③]。

这里，我们从第一开端的本源性设置的经验而来，无论是ἀλήθεια（真理、无蔽）中的Λήθη（遮蔽），还是古希腊存在之遮蔽状态亦即自然之κρύπτεσθαι（遮蔽），均通过其在拒予中的保存与拒予所赠予的拒绝而起作用。而这种拒绝发生为两条路径，一条是直至存在之离弃状态，另一条是

① Heidegger, *Besinnung*, Hrsg. F.-W. von Herrmann, Frankfurt a. M: Vittorio Klostermann, 1997, S.312. Abhafte为海德格尔生造的词，-haft作为后缀用于构成形容词，表示像……似的、……式的、爱……的、有……倾向的。ab-作为动词前缀有"离开—、离去—、去掉—"等意思，与离—基深渊（Ab-grund）之"离开（Ab-）"一致，试译为"离去因素"。

② Heidegger, *Besinnung*, Hrsg. F.-W. von Herrmann, Frankfurt a. M: Vittorio Klostermann, 1997, S.318.

③ Heidegger, *Besinnung*, Hrsg. F.-W. von Herrmann, Frankfurt a. M: Vittorio Klostermann, 1997, S.318-319.

在真理中倒转的发生而进入现代技术之本质的谋制中。由这一拒绝而延伸出的两条路径分别与“回响”中存在之离弃状态的两条路径——存在之遗忘状态与真理之崩塌——可以对接了。

从存有历史来看，从遮蔽、拒予到拒绝之经验显示出第一开端的本源性设置，那么从拒绝直至存在之离弃状态则显示出了“第一开端的第一终结”（222/211），这后一个“第一”被强调，不仅仅是通常意义上的第一次终结，也突出这个“第一”是第一开端中的“第一”，终结的是第一开端的本源性设置。这种终结是“借柏拉图—亚里士多德哲学”来完成的。（222/211）第一开端中本源性设置的统一现象，无论是Ἀ-λήθεια（真—理、无—蔽）与Λήθη（遮蔽）之间的接合，还是在φύσις（自然）的ἀλήθεια（真理、无蔽）与κρύπτεσθαι（遮蔽）之间的φιλειν（爱、喜欢），随着φύσις（自然）与ἀλήθεια（真理、无蔽）被ιδέα（相、理念）与τέχνη（技艺）取代，作为表—象的思想与存在状态之间的关联得以形成。这种思想在柏拉图与亚里士多德那里形成了一个领域。“这种思想一度——在第一开端中——在柏拉图和亚里士多德那里还是创造性的。不过，它恰恰创造了这样一个领域，此后关于存在者之为存在者的表象就保持在这个领域中，进而存在之离弃状态越来越隐蔽地展开于这个领域中。”（70/64）

在上一段的“柏拉图—亚里士多德哲学”这个表述中，海德格尔特意将柏拉图与亚里士多德用连字符连为一体，不仅仅显示出柏拉图与亚里士多德的师徒关系之纽带，更重要的是将两者的哲学作为一个整体来把握。尽管在海德格尔的思想道路中，亚里士多德曾扮演领路人的角色，而且海德格尔在对柏拉图与亚里士多德的专门阐发中两者也有着差异，但从第一开端的第一终结来说，两者有着一致性，虽然两者的思想在“第一终结”中仍然保留了第一开端的余音或余味。① 两者的一致性建立了被称为“柏拉图主义”的传统，且贯通到了现代。“根据‘理念’和对理想的测量，对一种ιδέα（相、理念）的构成，对存在者整体的直观，即世界观。凡在‘世界观’起支配作用并且规定存在者的地方，柏拉图主义就在起作用，未弱化也未经认识。”（222-223/211）甚至连“柏拉图主义的颠倒”，也“重新陷入了柏拉图主义中了”。（230/218）因而将柏拉图主义置于从拒绝再到存在之离弃状态的历史脉络中把握，“带有从第一开端向另一开端的传送的任务”（227/216）。

---

① 分别参《柏拉图的真理学说》与《论φύσις（自然、涌现）的本质与概念》，载于［德］海德格尔：《路标》，孙周兴译，北京，商务印书馆，2001，第234—274、275—352页。

二、主导问题与传送

海德格尔通过主导问题来对第一开端以来的柏拉图主义进行了整体把握。第一开端可以通过主导问题而得到标识。“第一开端及其终结包括了自阿那克西曼德至尼采的主导问题的整个历史。”（242/232）“从第一开端中，思想开始首先隐含地把自己固定起来，进而特别地被把握为‘存在者是什么？’这样一个问题（由此开始的西方形而上学的这个主导问题）。不过，那种想要找到在第一开端中并且作为开端的主导问题的想法，或许是错误的。只是为了大致和初步的指导，第一开端才能借助于在其思想中的‘主导问题’而得到标识。”（186-187/179-180）“一旦主导问题对于思想来说成为决定性的，这个开端性因素就隐退到开端的未经追根究底的东西（Unergründete）中了。”（187/180）从问题来说，“未经追根究底的东西”也是在主导问题中“未经追问的”基础问题。（244/233）

主导问题在两方面展开，一方面是存在状态作为存在者的本质，另一方面是神作为最高的存在者而规定了所有其他存在者。这样，也形成了对于神的新解释。存在者与存在状态的分离也演变为或意味着与神的“在场之彼岸”的分离。（222/211）由于主导问题将存在状态作为存在者的本质，思想试图将存在把握为“持续者”（Beständige）或持续的在场状态，“神被确保为最为持续不变的（beständigste）在场者”，所以，在亚里士多德那里，“神已经被杀死了”，“神已经在第一开端的终结中被杀死了”。[①] 由存在的这种持续的在场状态而来，神立身为“最为持续不断的、最先的与最终的根据”。[②] 同神成为最高存在者与最终的根据相一致，“对存在者之为存在者的追问（在主导问题意义上），即存在学因此必然地是神—学”（222/211）。而一种神的发生事件、神之发生的“运动因素”与神的“出自遮蔽之急难”的显现，在神的这种“持续”之“站立”（Stand）中，不再成为可思的，而是成为与这种站立“相反”（gegen）的东西了[③]，是

---

① Christian Müller, *Der Tod als Wandlungsmitte. Zur Frage nach Entscheidung, Tod und letztem Gott in Heideggers „Beiträgen zur Philosophie“*, Berlin: Duncker & Humblot, 1999, S.314.

② Christian Müller, *Der Tod als Wandlungsmitte. Zur Frage nach Entscheidung, Tod und letztem Gott in Heideggers „Beiträgen zur Philosophie“*, Berlin: Duncker & Humblot, 1999, S.314.

③ Christian Müller, *Der Tod als Wandlungsmitte. Zur Frage nach Entscheidung, Tod und letztem Gott in Heideggers „Beiträgen zur Philosophie“*, Berlin: Duncker & Humblot, 1999, S.313-314.

“在存在之离弃状态中的神之离弃状态”①。神的这种最具持续性的站立已不同于第一开端中诸神之在场的立身与φύσις（自然）之作为涌现的“带向持立”。这不同的站立与立身方式见证了第一开端的第一终结。

这种“相反”与“反对”（gegen）实质上来自存在作为持续的在场状态对于第一开端中的φύσις（涌现、自然）与ἀλήθεια（无蔽、真理）中的遮蔽维度的反对。就问题来说，这种“反对态度”或“对立态度”影响到了柏拉图—亚里士多德哲学的追问方向。“柏拉图能够把存在者之存在状态解释为ιδέα［相、理念］”，这“包含着以那种由φύσις［涌现、自然］所强制的τέχνη［技艺］之对立态度为引线的问题的展开；这种对立态度进而尤其在亚里士多德那里，为关于作为μορφή［形式］和ὕλη［质料］之σύνολον［全体］的存在状态的解释提供出一种先行把握，由此已经设定了那种区分（即forma［形式］、materia［质料］、形式与内容），这种区分在出发点上以及在支配性的主导问题意义上贯穿并支配着全部形而上学思想”（199-200/191）。主导问题的展开中贯穿着一种对立态度或反对态度，实质上是对在无蔽中“喜欢遮蔽”的φύσις（自然、涌现）的反对态度。随着这种“反对”态度的实行，作为诸神曾在场的φύσις（自然、涌现）被拒斥，在φύσις（自然、涌现）中在场的诸神逃遁了，这与我们在对神的解释中经验到的对立（gegen）是一致的。在第一开端中，“存在者被经验和命名为φύσις（自然、涌现）”（204/195），由于φύσις（自然、涌现）之强大与起着支配作用，“以至于νοεῖν［理解］与λόγος［逻各斯］被经验为归属于φύσις［自然、涌现］的东西”（198/190），② 但随着这种经验作为原始知识而展开为追问，形成了从归属关系向表象关系的转变。在对存在者的追问中，出现追问本身与存在者的区分，形成了追问对存在者的新表象性的摆置（stellen）关系。“在把自身摆置到存在者之为存在者面前（*vor*）之际把存在者置放出来（*her*-stellen）。”（198/190）对存在者的追问就变成了一种“摆置到面前”的表象（Vorstellung），即从归属关系转变到表象关系了；存在者的显现就变成了被置放出来的，即从涌现转变到被置放了。由此，第一开端中作为本源性设置的“带—上前—来”变成了一种被“摆到—前面—来”了。

存在者在表象或摆置关联中的出场又促成了新的问题视角。“作为追

① Christian Müller, *Der Tod als Wandlungsmitte. Zur Frage nach Entscheidung, Tod und letztem Gott in Heideggers „Beiträgen zur Philosophie"*, Berlin: Duncker & Humblot, 1999, S.309.

② 中译本将这里的不定式νοεῖν误写为其名词形式 νους。

问必须抓住一个问题视角（Fragehinsicht）。不过，这个问题视角是只能从所探问者本身那里获得的。”（198/190）[①] 所探问者即被追问的存在者。“因为φύσις［涌现、自然］并不是τέχνη［技艺］，其实是使τέχνη［技艺］首先作为这样一个东西变成可经验的和可见的，所以，这个问题越是变得具有追问作用，它越是把自身带到存在者之为存在者面前，由此来探问存在状态，进入τί τό ὄν；［什么是存在者？］表达式中凝固起来，则τέχνη［技艺］就越是作为规定着视角（Hinsicht）[②] 的东西而发挥作用。”（199/190-191）“φύσις［涌现、自然］并不是τέχνη［技艺］”这句话中的否定被强调了，否定在于，φύσις使τέχνη首先成为“可经验的和可见的”。这里的“可经验的和可见的”是一体的，对φύσις（涌现、自然）的“经验作为关于存在者本身的本源性知道（Wissen）展开自身为（*zum*）对（*nach*）存在者的追问”。[③]（198/190）本源性知晓（Wissen）恰恰是从τέχνη（技艺）来理解的，“希腊文的τέχνη（技艺）这个词毋宁说是知道（Wissen）的一种方式。知道意味着：已经看到”。[④] 故而，τέχνη（技艺）的这种“可经验的”也是“可见的”，而且是在φύσις（涌现、自然）的作用下发生的。从古希腊经验来说，艺术作品生产作为τέχνη（技艺）便是“带—上前—来（Her-vor-bringen）”，“发生在自然而然地展开的存在者中间，也即是在φύσις［涌现、自然］中间发生的。”[⑤] τέχνη（技艺）一方面作为知道的一种方式，另一方面作为生产即“带—上前—来”，后者也是知道的一种方式，从这个角度，知道也是一种生产，“知道是能—设置—入—作品中”，[⑥] 也就是在作品中让“起支配作用的涌现，即φύσις（涌现、自然）闪耀出来。”[⑦] 这也显示出古希腊的“知道”的本质。“对希腊思想来说，知道的本质在于ἀλήθεια（无蔽），亦即存在者之解蔽。”[⑧] 所以，“本源性的知道”显示出的是φύσις（涌现、自然）与ἀλήθεια（无蔽）的关联，亦

---

① Fragehinsicht 一词的 Hinsicht 指“视角、观点、角度”，这里为了突出其与 Sicht（视界、观点）的联系，译为“问题视角”，中译为“问题方向”。

② Hinsicht（视角）中译本为“方向”。

③ 译文略异。

④ ［德］海德格尔：《林中路》，孙周兴译，上海，上海译文出版社，2004，第 40 页。Heidegger, *Holzwege*, Hrsg. F.-W. von Herrmann, Frankfurt a.M: Vittorio Klostermann, 2003, S.46

⑤ ［德］海德格尔：《林中路》，孙周兴译，上海，上海译文出版社，2004，第 47 页。

⑥ Heidegger, *Einführung in die Metaphysik*, Hrsg. P. Jaeger, Frankfurt a. M: Vittorio Klostermann, 1983, S.168.

⑦ Heidegger, *Einführung in die Metaphysik*, Hrsg. P. Jaeger, Frankfurt a. M: Vittorio Klostermann, 1983, S.168.

⑧ ［德］海德格尔：《林中路》，孙周兴译，上海，上海译文出版社，2004，第 40 页。Heidegger, *Holzwege*, Hrsg. F.-W. von Herrmann, Frankfurt a.M: Vittorio Klostermann, 2003, S.47.

即“本源性的设置”的经验。而φύσις（涌现、自然）作为古希腊的存在，其“闪耀”，也就是存在者之存在的显现。

在古希腊，τέχνη（技艺）可作为“知道”来经验，而“这个知道之热情就是追问”。[①] 这种作为“知道之热情”的追问从苏格拉底到亚里士多德，采用了“这是什么？”的问题形式。古希腊的“τί έστιν［这是什么？］，这是由苏格拉底、柏拉图、亚里士多德所发展出来的问题形式”。[②] “关于τί έστιν［什么存在］的问题始终是一个κοινόν［共相、普遍者］问题，而且因此已经给定了关于存在者之为存在者的总体深思的框架，即由至高的种类、最高的普遍者和特殊化组成的框架。”（217/206）从而出现了本源性的知道向追问的转变。“关于存在者本身的本源性知道（Wissen）展开自身为（*zum*）对（*nach*）存在者的追问。”[③]（198/190）这里出现的“对存在者的追问”实际上是对存在者的一种接近，也是与存在者之关联的一种转变。“对（*nach*）”在这里被强调，fragen nach在德语中作为一个词组，表示“对某某的追问”。海德格尔在这里所强调的介词nach，有“向、往、接着、按照”等意思，这个介词来源于形容词nah（临近的、即将发生的）[④]，表示以某种方式打开一个“维度”，在那里最终将能发生出一种“对人们所力求去认识的东西的接近（approche）”。[⑤] 这种“对（nach）存在者的追问”中的“接近”即对存在者的接近，“τί έστιν（这是什么？）”的问题形式通过对存在者的接近，转化为τί τό ὄν（什么是存在者）的主导问题形式了。

这并不是一种单纯的问题形式的转变，而是与之相关的“维度”之变化。通过τέχνη（技艺）的这种规定方向而使φύσις（涌现、自然）成为“可见的”了，这个方向也就是前面提到的“问题视角”（Fragehinsicht）。由此，这里便形成了从τέχνη（技艺）而来的对φύσις（涌现、自然）的规定。而随着作为本源性知道的技艺“通向（zum）”“对存在者的追问”，从τέχνη（技艺）而来的“问题视角”也就是在“对存在者的接近”中把

---

① ［德］海德格尔：《形而上学导论》，熊伟、王庆节译，北京，商务印书馆，1996，第163页。译文略异。Heidegger, *Einführung in die Metaphysik*, Hrsg. P. Jaeger, Frankfurt a.M: Vittorio Klostermann, 1983, S.169.

② ［德］海德格尔：《同一与差异》，孙周兴、陈小文、余明锋译，北京，商务印书馆，2011，第7页。GA11.S.11.

③ 译文略异。

④ Dudenredaktion（Hrsg.），*Duden-Das Herkunftswörterbuch. Etymologe der deutschen Sprache*, Bd.7, Berlin · Mannheim · Zürich: Dudenverlag, 2014, S.581.

⑤ 对nach与nah之关联与解释，参见François Fédier, *Entendre Heidegger. et autres exercices d'écoute*, Paris: éditions Pocket, 2013, p.61.

“视点（-sicht）”从让存在者在场的无蔽移到存在者“那边去”（hin-）了，从而形成聚焦于存在者的视—角（Hin-sicht）。随着对存在者的追问及其影响的强化，τέχνη（技艺）便从其“问题视角”出发而把自身带到“存在者之为存在者”面前（199/191），之所以要强调存在者的“之为存在者”，是因为“问题视角”的观看之发生对存在者具有某种规定作用。所以，随着主导问题τί τό ὄν（什么是存在者）的确立与凝固，“τέχνη（技艺）就越是作为规定着视角（Hinsicht）的东西而发挥作用”。（199/191）τέχνη（技艺）成为“问题视角”而规定φύσις（涌现、自然）以及存在者的本质之转变，这种视角所看到的东西，已不同于本源性的知道的“已经看到”。因为这种在主导问题中起作用的“τέχνη（技艺）”已不同于作为让存在者“涌现”的本源性知道的技艺了。随着本源性的知道与设置的“带—上前—来”转变为表象性的“摆到—前面—来”，τέχνη（技艺）规定“问题视角”的看便相关于εἶδος（爱多斯、形式）与ἰδέα（相、理念）了。这一过程也见证了柏拉图的ἰδέα（相、理念）之形成中所发生的原初本质的丧失。自从在柏拉图的ἰδέα（相、理念）中发生了最初的本质之丧失，“存有在其本现中自行拒绝”。①

由此，前面所强调的“φύσις（涌现、自然）并不是τέχνη（技艺）”中的“不”（nicht）之关联（199/190），方可澄清。这一过程，也显示出τέχνη（技艺）的“对立态度”是在φύσις（涌现、自然）中发生的，恰恰来自φύσις（涌现、自然）与τέχνη（技艺）之间的“不”之关联。但“不”是怎么一回事呢？就“φύσις（涌现、自然）不是τέχνη（技艺）”这个句子来说，“不”表达了一种否定，故而对“不”的经验也是与否定的经验结合在一起的。而在通常的陈述中，“否定是补充性地和过于肤浅地得到把握的”②，以至于海德格尔忍不住感叹：“能够理解‘否定’的人是多么少，而在这些理解者中能够把握‘否定’的人又是多么稀罕。”（185/178）否定又如何在自身中具有这个“不”呢？除非思想“已先行洞见这个不了”③。而“不”又是从何而来？“只有当这个不的本源，即一般的无之无化（das Nichten des Nichts），从而亦即无本身，已经从遮蔽状态中被取出来时，这个不才能成为可敞开的。不过‘不’并非由否定而产生，相

① Heidegger, *Überlegungen VII-XI* (*Schwarze Hefte 1938/1939*), Hrsg. Peter Trawny, Frankfurt a.M: Vittorio Klostermann, 2014, S.66.

② [德]海德格尔:《路标》,孙周兴译,北京,商务印书馆,2001,第 135 页。

③ [德]海德格尔:《路标》,孙周兴译,北京,商务印书馆,2001,第 135 页。

反，否定倒是植根于从无之无化作用中产生的这个不（Nicht）。”[1] 这样，在“否定”“不”“无”三者之间，后者构成前者的本源。φύσις（涌现、自然）与τέχνη（技艺）之间的“不”，在本源意义上恰恰源自存有之遮蔽、拒予、自行拒绝，从存有历史来说，也是前面提到的从拒绝到存在之离弃状态的过程。这也显示出存有之本现为本有的运动状态。“本有最本己的运动状态（Bewegtheit）——就是隐逸（Entzug）中的馈赠（Zuwendung）——首先向思想才显示为有待思的东西。”[2]“这种馈—赠（Zuwendung），（赠送的）敞开状态，包含着向反面转变（sich wenden）的运动，因此对于遮蔽能采取不同的方向：它能够是反对（contre）遮蔽的（像在第一开端与自此以后那样）或者是 *pour*（赞同、为了）遮蔽（像在另一开端那样）。”[3] τέχνη（技艺）这种的对立态度便是对遮蔽维度的反对，因为其“接近”存在者的问题视角将目光投向了只有光亮而无遮蔽的ἰδέα（相、理念）了。所以，这种“对立态度”也就是对“遮蔽”的“反对（*contre*）”，这恰恰是“在第一开端与自此以后”所发生的。

对遮蔽状态或遮蔽者的对立与反对（contre，gegen），这种“对立态度”随着柏拉图将存在者之存在状态把握为ἰδέα（相、理念）而在柏拉图主义中贯穿于主导问题。这种对立作为“不”，也是对存有之遮蔽维度的反对与否定。“一旦主导问题对于思想来说成为决定性的，这个开端性因素就隐退到开端的未经追根究底的东西（Unergründete）中了。”（187/180）这里的“未经追根究底的东西”也可指离—基深渊。“离—基深渊——几乎未经探根究底——就已经被无—基（Un-grund）掩盖起来了（可参照第一开端）。”（414/387）而从存有历史来说，主导问题中的对立与否定，也是对存有之拒予、拒绝直至存在之离弃状态的发生过程的否定与掩盖，即对存有历史中的“拒绝过的”东西的反对与否定。而拒绝作为离—基深渊之离开（Ab-），从基础来说，上述掩盖也是无—基之无（Un-）对离—基深渊之离开（Ab-）的掩盖。“离—基深渊完全被无—基（Un-grund）伪装起来

---

① ［德］海德格尔：《路标》，孙周兴译，北京，商务印书馆，2001，第 135 页。译文略异。Heidegger, *Holzwege*, Hrsg. F.-W. von Herrmann. Vittorio Klostermann, Frankfurt a.M: Vittorio Klostermann, 2003, S.116-117.

② ［德］海德格尔：《面向思的事情》，陈小文、孙周兴译，北京，商务印书馆，1999，第 2 页。Heidegger, *Zur Sache des Denkens*, Hrsg. F.-W. von Herrmann, Frankfurt a.M: Vittorio Klostermann, 2007, S.50.

③ Ingeborg Schüßler, *Le système et la fugue: deux modes de penser. Les Apports à la Philosophie de Heidegger*, Édité par Emmanuel Mejía et Ingeborg Schüßler, Frankfurt a.M: Vittorio Klostermann, 2009, p.85.

了。”（406/380）而正是在离—基深渊的隐匿与拒绝中，形而上学中的存在者之根据才有出现的可能，这种情况说的也是离—基深渊的“前缀 Ab-（离开）”[①]。于是，随着在主导问题之无—基中作为对立、否定与不的无—（Un-）溯源到离基深渊之离开（Ab-）[②]，被无—基所掩盖与伪装的基础（-grund）也相应地作为离—基深渊之基础(-grund)被经验到了[③]。而离—基深渊之基础已涉及存有之建基了。第一开端自身也就“从另一开端而来得到把握”（183/176）了。

第三节　另一开端

传送是“第一开端与另一开端之间的交互”传送。在对第一开端之终结的把握中，已经奏响了另一开端的旋律。“要完成这个终结，现在亦即说，必须首先要把握这个终结，让这个终结经过转变后深深奏入（einspielen）存有之真理中。”（179/173）第一开端的历史已经显示出存有之离基深渊到无基的演变，当无基被从主导问题来把握时，另一开端则显示为对存有之真理进行追问的基础问题，这是不同于主导问题的“另类”或“另一种”问题。“这另一种追问规定一个另一开端的时代。”[④]“‘另一开端’不是第二开端，而是第一的并且唯一的开端，以另一方式（的开端）。”[⑤]这另一方式也就是重演。“在这里‘重演’（*Wiederholung*）意味着：让同一东西，即存有的唯一性，重又变成急难，而且因此从一种更为原始的真理而来变成急难。‘重又’在这里恰恰是说：完全不同地”（80/73）。可以说，第一开端的终结在存有历史中作为从存有之自行遮蔽的对立与否定，“另一方式”“重演”“完全不同”恰恰让存有之自行遮蔽得以本现。“这另一种追问（问及存有之真理）被对存有本身的归属性所规定，这种存有相对存在状态

---

① Philippe Arjakovsky，François Fédier，Hadrien France-Lanord，*Le Dictionnaire Martin Heidegger*，Paris：Cerf，2013，p.1131.

② “更原始地来理解，在踌躇着的拒绝中当然有一种‘不’（Nicht）本质性地现身。不过，这乃是一种原始的‘不’，它属于存有本身，因而归属于本有。”（415/388）

③ 离—基深渊之基础与踌躇的关联，参见［德］海德格尔：《哲学论稿（从本有而来）》，孙周兴译，北京，商务印书馆，2012，第 405 页。

④ Heidegger，*Grundfragen der Philosophie. Ausgewählte „Probleme“ der „Logik“*，Hrsg. F.-W. von Herrmann，Frankfurt a.M：Vittorio Klostermann，1984，S.197.

⑤ Hannah Arendt，Marthin Heidegger，*Briefe*（*1925-1975*），Frankfurt a.M：Vittorio Klostermann，1998，S.234.

本身而言意指一个完全的另一者（Anderes）。”①

这另一种问题也是相对于主导问题而言的基础问题。存有在基础问题中成为最值得追问者是由抑制情调来调谐的。“抑制是与存有相关联的基本情调，在那一关联中存有之本质现身的遮蔽状态成为最值得追问者。”② 但抑制情调也有着“回响”中的惊恐之引发。一方面，存在者的有基础状态在惊恐中得到揭示，“另一种追问来自对存在者之有基础状态（Grundlosigkeit）的惊恐”。③ 另一方面，这种存在者的有基础状态本身也被从存有历史维度把握为存有之非—本质，也即是存有的一种被揭示方式了，“存有在其经受过程中的值得—追问状态之自由是惊恐”④。这种在惊恐中开启出来的存有之自行遮蔽在抑制的情调中得到了保持。“因为在这种惊恐中恰恰开启出存有之自行遮蔽，因为存在者本身以及与存在者的关联想要得到保存，所以与这种从其本身而来的惊恐相伴的，乃是它最本己的‘意志’，而且这就是我们在这里所谓的抑制了。”（17/15）存有在惊恐中作为自行遮蔽之涌迫而发生出来，而抑制作为惊恐的中心，保存了这种自行遮蔽之涌迫，并保持到传送之中。

所以，“在抑制中——并没有消除那种回行——起支配作用的乃是转向（Zukehr）作为存有之本现的有所踌躇的自行拒绝”（17/15）。“回行”所返回到的自行遮蔽之敞开状态在抑制中并没有被消除，反而被保持，而且转向也在其中起支配作用。这种 Zukehr（转向）的前缀 Zu-，与 Zugang（通道、进入）的前缀一样，表示“敞开的道路”（voie ouverte）⑤，即“回行”中所发生的敞开状态，通过“敞开的道路”而能转向“作为存有之本现的有所踌躇的自行拒绝”。在传送与第一开端的关联中，我们已经揭示出了从第一开端到第一终结的反向路径。而通过惊恐返回到存在之离弃状态，抑制不仅保存了这种回行，而且进一步转向了“有所踌躇的自行拒绝”，等于更本源地形成了与存有之自行拒绝的关联，因为在这里的自行拒绝已

---

① Heidegger, *Besinnung*, Hrsg. F.-W. von Herrmann, Frankfurt a.M: Vittorio Klostermann, 1997, S.212.

② Heidegger, *Grundfragen der Philosophie. Ausgewählte „Probleme“ der „Logik“*, Hrsg. F.-W. von Herrmann, Frankfurt a.M: Vittorio Klostermann, 1984, S.2.

③ Heidegger, *Grundfragen der Philosophie. Ausgewählte „Probleme“ der „Logik“*, Hrsg. F.-W. von Herrmann, Frankfurt a.M: Vittorio Klostermann, 1984, S.198.

④ Heidegger, *Das Ereignis*, Hrsg. F.-W. von Herrmann, Vittorio Klostermann, Frankfurt a.M: Vittorio Klostermann, 2009, S.280.

⑤ Ingeborg Schüßler, *Le système et la fugue: deux modes de penser. Les Apports à la Philosophie de Heidegger*, Édité par Emmanuel Mejía et Ingeborg Schüßler, Frankfurt a.M: Vittorio Klostermann, 2009, p.85.

经是“有所踌躇的自行拒绝”了。这里的“踌躇”对应于离—基深渊中的迷移①，而迷移在惊恐情调中发生，“惊恐作为最高的与最纯粹的惊异”是“迷移者（Berückende）——通过它一切变得不同于以往——惯常状态与通常状态中的往常之物被动摇”。② 所以，由惊恐而来的回行在抑制之保存中能转向于向着“有所踌躇的自行拒绝”。拒予也突出地被经验到了，“抑制（die Verhaltenheit），乃是对作为赠予的拒予的期备状态的先行—情调（Vor-stimmung）”（17/15）。这里的先行—情调，是对作为赠予的拒予而言的一种准备。③ 而在传送中，拒予还未赠予出一个新的基础，故而是“先行”的情调。尽管如此，抑制作为“先行—情调”，虽说是先行，但却已是与“踌躇着”的要到来者有着关联了。故而抑制能够贯通在自行遮蔽、拒—绝与踌躇中。“所谓在其敞开中持续地置身于自行遮蔽、拒—绝过程，踌躇过程面前，这意味着什么呢？〈意味着〉抑制，因而〈意味着〉基本—情调（Grund-stimmung）：惊恐、抑制、畏怯。此类东西只是‘被赠送’给人的——无论何时与如何。”④（363/341）

由此，由抑制来调谐的基础问题之追问便是对存有之拒予的切近。在基础问题的“探问中为存有开放出场所——也许是一个为存有所要求的场所，假如存有之本质现身当是一种拒予，而对于这种拒予来说，不充分的追问也还是唯一适合的切近”（103-104/95）。基础问题的追问既是对形而上学的克服，也是对存有之拒予的切近，还是一种解放。“追问乃是向着隐蔽的强制者的解放。”（11/10）在这种切近与解放中发生着第一开端与另一开端之间的传送之架桥。

---

① “作为踌躇着的自行拒绝，它同时也是最原始的迷移（Berückung）。”（410/384）

② Heidegger, *Zum Ereignis-Denken*, Frankfurt a.M.: Vittorio Klostermann, 2013, S.74.

③ Ingeborg Schüßler, “Le ‘dernier dieu’ et le délaissement de l’être selon les Apports *à* la philosophie de M. Heidegger (Secondre partie)”, *Etudes Heideggeriennes*, Vol. 26, Berlin: Duncker & Humblot, 2010, p.132.

④ 译文略异。

第四节　传送与架桥

一、交互传送

第一开端与另一开端的这种传送是一种“相互传送”（Wechselzuspiel）。（10/11）这种相互传送的关系，海德格尔也使用 zueinander（彼此、相互）一词，这个词比起通常的“相互”（einander）一词，在前面多了个介词 zu（到、通向），所以，从字面意思可以指“通向彼此”，这里尝试用“交互”来译之。所以，传送是“第一开端与另一开端之间的交互”传送。对于这种交互或通向彼此的关系，海德格尔多次提及。“向另一开端的跃入，就是回归到第一开端之中，反之亦然。”（193/185）“对第一开端（而且也就是它的历史）的原始归本意味着在另一开端中扎根。”（177/171）第一开端与另一开端在争—辩/分—割中的“相互分离”与“相互归属”已体现了这种交互关系。[①] 而在抑制的基本情调中，能更清晰地经验到这种交互传送的关联。由抑制情调所经验到“作为存有之本现的有所踌躇的自行拒绝”，一方面是返回存有之自行拒绝直至拒予的经验，作为“对第一开端（而且也就是它的历史）的原始归本”；另一方面，这种自行拒绝是“有所踌躇的自行拒绝”，指的是“在另一开端中扎根”。这两方面也对应于在抑制中的拒予的两个特征：（1）比遮蔽更明显地呈现；（2）具有保护着存有之赠予的能力。[②] 在抑制中，第一开端的原始归本经历了从自行拒绝、拒予到遮蔽的溯源；而这一过程也是拒予之赠予能力的保存，即是“有所踌躇的自行拒绝”，拒予在抑制中不断得到加强，且具有向赠予转化的可能，能以踌躇方式在过渡中向另一开端架桥。海德格尔也将踌躇着的自行拒绝解释为离—基深渊（Ab-grund）的结构。自行拒绝乃是离—基深渊之离开（Ab-）的发生，而踌躇方式乃是离—基深渊之基础（-grund）的展开。所以，恰恰是在抑制情调中，离—基深渊作为离—基深渊具体展开，自行拒绝与踌躇进入传送的游戏之中。

① Holger Granz，*Die Metapher des Daseins-Das Dasein der Metapher*，Frankfurt a.M.：Vittorio Klostermann，2007，S.200.

② 对这两个特征的分析参见 Ingeborg Schüßler，“Le ‘dernier dieu’ et le délaissement de l’être selon les Apports à la philosophie de M. Heidegger(Secondre partie)”，*Etudes Heideggeriennes*，Berlin：Duncker & Humblot，2010，pp.130-131.

二、深渊

由此，传送与离—基深渊便有着密不可分的关联。传送作为“过渡的第一次架桥”（175/169），实际上是在离—基深渊上架桥，因为过渡是离—基深渊自身从离—基深渊到离—基深渊之间的过渡。[1] 第一开端与另一开端之间在多重维度中显现为深渊或离—基深渊。从第一开端的主导问题与另一开端的基础问题来说，两者也显现为存在者与存有之间的深渊。“尽管存在者作为这样一个存在者唯一地在本有过程中回荡，但存有却以离基深渊的方式远离于一切存在者。”（504/477）由此，主导问题不能直接通达基础问题。而从存有历史来把握，这样一个过渡时代本身，在第一开端之终结与另一开端之间，乃是一个离—基深渊。“作为终结是向离—基深渊之边缘的前—移（Vor-rücken），是这一边缘化（*Randung*）的准备”[2]。作为第一开端之终结的形而上学之完成也以此是一种历史性的发生，“完成，历史性地来思，是将来的”[3]。“一个另一者（存有之真理）作为形而上学的离—基深渊接—替形而上学。”[4] 海德格尔甚至直接将这个时代标示为“离—基深渊”。“将存有之本质，即其自身的真理纳入基础之中的时代（Zeit），是离—基深渊。”[5] 而处于第一开端之终结位置的尼采，与在另一开端中的荷尔德林以此便在存有历史中有深渊般的距离。尼采这个名字代表的是形而上学之完成，而荷尔德林从1800年即在形而上学之外并创建另一者，“他们通过时代的一个深渊而分开”[6]。

从过渡时代的深渊特征而来，具有这一时代特征的哲学乃是深渊的哲学。“关于形而上学的终结的说法不可误导人们，以为哲学与‘形而上学’一道完蛋了，相反：在其本质之不可能性中，形而上学必定现在才被传送给哲学，而哲学本身必定现在才被传入它的另一开端之中。”（180/173）

---

① 过渡与离—基深渊的关联参 Paola-Ludovica Coriando，*Der letzte Gott als Anfang. Zur abgründigen Zeit-Räumlichkeit des Übergangs in Heideggers „Beiträgen zur Philosophie (Vom Ereignis)“*，München，1998，S.107,112-113.

② Heidegger，*Metaphysik und Nihilismus*，Hrsg. H.-J. Friedrich，Frankfurt a.M：Vittorio Klostermann，1999，S.100.

③ Heidegger，*Metaphysik und Nihilismus*，Hrsg. H.-J. Friedrich，Frankfurt a.M：Vittorio Klostermann，1999，S.100.

④ Heidegger，*Metaphysik und Nihilismus*，Hrsg. H.-J. Friedrich，Frankfurt a.M：Vittorio Klostermann，1999，S.100.

⑤ Heidegger，*Metaphysik und Nihilismus*，Hrsg. H.-J. Friedrich，Frankfurt a.M：Vittorio Klostermann，1999，S.8.

⑥ Heidegger，*Überlegungen XII-XV Schwarze Hefte 1939-1941*，Hrsg. Peter Trawny，Frankfurt a.M：Vittorio Klostermann，2014，S.199.

从离—基深渊的时代特征而来，海德格尔的哲学获得了其存有历史中的位置，即在第一开端的终结与另一开端的建基之间的位置。这种位置把终结与建基聚集于自身。“‘终结’一词的古老意义与‘位置’（Ort）相同：‘从此一终结到彼一终结’，意思是从此一位置到彼一位置。”① 以至于海德格尔以追问的方式表达了将两者统一的可能。“但一个人是否能够掌握两者，即对作为拒予的本有之回响的经受与对向存在者之为存在者的自由的建基的过渡的实行，以达到那种基于大地之拯救而进行对世界的更新——谁能决定和知道这一点呢?”（437/412）这“两者”的经验分别指向尼采与荷尔德林，对“拒予”的经验在尼采的虚无主义中有所体现，“自由的建基”则是指“创建持存者”的荷尔德林。② 而过渡之传送本身已经是这“两者”的实行了，是海德格尔自身作为“思意此在”来实行这“两者”。于是将尼采与荷尔德林分开的深渊恰恰由海德格尔的哲学来接合了，由此形成“深渊的哲学”。一方面从“作为拒予的本有之回响”而来，另一方面“作为存有之真理的建基，哲学在它自身中有其本源；它必须把自身置回到它所建基的东西中，并且唯一地从中把自己建造起来”。（43/39）这种哲学也是对基础问题的追问。“哲学应该是什么，通过基础问题的追问才规定自身。”③ 这是由形而上学之终结“传送”而来并且“传入”另一开端的“深渊的哲学”。所以，“深渊的哲学”自身也是在“第一开端与另一开端的交互传送”之中的，其本身便是过渡时代的一种“架桥”④。

三、架桥

“〈传送〉具有历史性的本质，乃是对过渡的第一次架桥，却是一座向那首先要决断的河岸摆动着伸展（ausschwingt）的桥梁。”⑤ （175/169）海德格尔对道路的情有独钟也体现在对桥的关注中，而在这里，是在“本—有之河流”（503/476）上的架桥。传送是作为深渊的过渡时代之架桥，实际上也是深渊之架桥。“桥‘轻松而有力地’飞架于河流之上。它不只

① [德]海德格尔：《面向思的事情》，陈小文、孙周兴译，北京，商务印书馆，2015，第 82 页。Heidegger, *Zur Sache des Denkens*, Hrsg. F.-W. von Herrmann, Frankfurt a.M: Vittorio Klostermann, 2007, S.70.

② Ingeborg Schüßler, "Le 'dernier dieu' et le délaissement de l'être selon les Apports *à* la philosophie de M. Heidegger (Secondre partie)", *Etudes Heideggeriennes*, Vol. 26, Berlin: Duncker & Humblot, 2010, p.147, note 60.

③ Heidegger, *Grundfragen der Philosophie. Ausgewählte „Probleme“ der „Logik“*, Hrsg. F.-W. von Herrmann, Frankfurt a.M: Vittorio Klostermann, 1984, S.1.

④ 也可以视为在尼采与荷尔德林之间的“架桥”。

⑤ 译文略异。

是把已经现成的河岸连接起来了。在桥的横越中，河岸才作为河岸而出现。桥特别地让河岸相互贯通。通过桥，河岸的一方与另一方相互对峙。”① 这种对峙犹如传送中第一开端与另一开端的争辩。

“第一次架桥”，指的是首次以思想之追问方式来实行的架桥，或者说是尼采与荷尔德林之间的深渊距离通过“深渊的哲学”首次架桥而被纳入存有历史之中，跨越“本—有之河流”。

这种向另一开端之河岸伸展的桥梁是“首先要决断的”，这里的“决断”并非作为主体的人之选择，而是存有之本现的发生。决断与急难是同步发生的。“被抛状态同时以存在之离弃状态的急难性和决断的必要性发生和产生出来。”（321/304）急难在“回响”中得到经验，而决断与急难同时发生也是由于急难“迫使决断”。（51/46）在过渡之架桥中需要决断，也是由于处于过渡中的人们“不能把握什么东西向他走来”。（57-58/52）“在此所谓的决—断就移置入存有本身最内在的本质中心中，从而与我们所讲的做出一个选择以及诸如此类的东西毫无共同之处；相反地，它说的是：分道扬镳（Auseinandertreten）本身，这种分道扬镳起着分离作用，在分离中才让分化中的敞开域的本—有过程进入游戏中——这个敞开者乃作为对自行遮蔽者和未经决断者而言的澄明。”（96/88）决断作为分道扬镳，让彼此分离发生，而本有过程发生于在分离中的敞开域，从而进入游戏中。也就是说，通过分道扬镳、分离，才让敞开域进入游戏之中，由此才有传送中的游戏之运作，方能有传送之架桥到另一开端。“敞开域”一词在这句话中被强调了，这种敞开域通过决断而进入游戏之中，即发生为自行遮蔽者和未经决断者的澄明，澄明与遮蔽的关系是游戏关系。“光可以涌入澄明之中并且在澄明中让光亮与黑暗游戏运作。”② 而敞开状态或澄明与自行遮蔽者之间的关联，即是一种赋格式的关系。这也是决断在比尼采所洞见的更为“本质性意义上”“与‘体系’的对立”（97/88）。形而上学体系对存有之遮蔽有着对立与否定，而决断与体系的对立，并不是一种辩证法的否定之否定，“另一开端并不是第一开端的反方向，倒不如说，作为另一个，它处于‘反’（das Gegen）之外，处于直接的可比较性之外”（194/187）。这种带有形而上学色彩的反运动“并没有释放出一个创造性的基础，而倒是把它当作不必要的东西来加以否定了”（194/186）。

---

① ［德］海德格尔：《演讲与论文集》，孙周兴译，北京，三联书店，2011，第160页。Heidegger, *Vorträge und Aufsätze*, Hrsg. F.-W. von Herrmann. Frankfurt a.M: Vittorio Klostermann, 2000, S.154.

② ［德］海德格尔：《面向思的事情》，陈小文、孙周兴译，北京，商务印书馆，2015，第93页。

而“本质性意义上”的对立，指一种本源性的关系，即通过决断中的敞开域，而让存有之自行遮蔽得以本现，恰恰“释放出一个创造性的基础”，后者构成了形而上学的基础与本源。在决断中发生的澄明与遮蔽之游戏乃是从存有之本现而言的，也显示为作为离—基深渊的踌躇着的自行拒绝。而从历史性来说，仍然也是一个深渊，“在这种决断状态中，过渡之敞开域得到了坚持和建基——那是第一开端及其历史的‘不再’与另一开端之实现的‘尚未’之间的深渊般的中心”(25/23)。

在架桥中的“决断”得到澄清后，再来看这样“一座向那首先要决断的河岸成弧形摆动着伸展(ausschwingt)的桥梁”。[1](175/169)河岸作为河流对岸，指的是另一开端，桥梁要架到另一开端的河岸实际上是在敞开域中的自行遮蔽者，这在决断中发生，所以架桥是“首先要决断的”。而自行遮蔽在敞开域或澄明中发生，作为过渡之架桥，也是从离—基深渊到离—基深渊的过渡，即离—基深渊自身的踌躇着的自行拒绝的发生。离—基深渊之基础才让向另一开端的架桥有立足之地。而这个基础在传送之架桥中是“成弧形摆动着伸展”出来的，导致了这座桥是“一座向那首先要决断的河岸成弧形摆动着伸展的桥梁”。这里的“成弧形摆动着伸展”便成了这一基础的给出方式。为了突出这种架桥中的摆动特征，法译本特意用“踌躇与摆动”来翻译该词。[2] 这种存有历史中的传送之成弧形摆动与踌躇，也就是存有之自行遮蔽在敞开域中的发生，而这一敞开域又是在决断中发生的。这便是架桥之决断与“成弧形摆动着伸展”的内在关联。

传送的这种“成弧形摆动”本身便是存有的运动。弧形，也可以看作是存有抛投出来的抛物线，是“被本有过程中的存有所抛出来”的。(516/488)而存有的这种抛投本身也是摆动或震动着的抛投，是从“存有本身之颤动(Schwingung)”而来的。(396/372)。存有本身之“颤动”的抛出来(auswerfen)，也就是成弧形摆动着的伸展。

只是，存有之自行遮蔽的“成弧形摆动着的伸展”还是首先在决断之中、在向另一开端的架桥之中，而未真正在另一开端建基。如果形而上学是对存有之遮蔽维度的否定与反对的话，决断便是为(für)其遮蔽维度而发生的。其中的摆动与踌躇要得到进一步经验，需要“为”存有之遮蔽而“跳跃到存有之中”。

---

① 译文略异。ausschwingen 指“渐渐停止摆动，渐渐消失，成大弧形转动，[体]向外大弧形摆动”，这里试译为“成弧形摆动着伸展”或“以摆动方式伸展”。

② Heidegger, *Apports à la philosophie. de l'avenance*, traduction française par François Fédier, Gallimard, 2013, p.197.

第三章　跳　跃

传送作为第二个接缝，已经显示为从离—基深渊之离开向离—基深渊之基础的过渡，这一过渡，也是存有之自行遮蔽从拒予向拒予中的赠予的转化过程。形而上学被经验为从拒予到拒绝到存在之离弃状态再到被遗忘状态的过程，即对存有之遮蔽维度的反对与否定，而在传送中已经出现了存有之自行遮蔽的“成弧形摆动着的伸展”，但要让这种作为自行遮蔽者的存有完全本现，还需要“跳跃到存有之中”。由此，可以说，“所道说者，乃是在第一开端与另一开端的交互‘传送’中的被追问者和被思想者——出自存在离弃状态之急难中的存有之‘回响’以便‘跳跃’到存有之中”。“为了跳跃到存有之中”在根本上是 für（为了、赞成、适合于）存有之遮蔽的本现。这是完全不同于形而上学的反对与否定的另一种姿态。

跳跃这个接缝在长句中是“为了‘跳跃’到存有之中”。我们可以分成三个环节：（1）为了，（2）跳跃，（3）在存有之中。

第一节　“为了”

Für（为了）在德语中是一个介词，在这个句子中，取其通常的含义，指“为了”或“以便”。但是从该词的英文翻译可看出有复杂的一面，目前的两个英译本分别将其译为 according to① 与 for②。According to 在英语中表示“依照、根据、视某某而定”。确实，für 在德语中有“原因”的意思，从因果角度，目的也可以作为原因。这个译法似乎突出跳跃与建基的关联，长句中第三与第四个接缝便可译为“依照向存有之中的跳跃而

① Heidegger, *Comtributions to Philosophy*(*From Enowning*), translated by Parvis Emad and Kenneth Maly, Bloomington: Indiana University Press, 1999, p.6.

② Heidegger, *Comtributions to Philosophy*(*of the Event*), translated by Richard Rojcewicz and Daniela Vallega-Neu, Bloomington: Indiana University Press, 2012, p.8.

为存有之真理建基”。在《哲学论稿》中，跳跃与建基两个接缝相对更密切，但这样来译的话，跳跃与前面的传送之间的关联便理不顺了。故而，后一个英译本将其译为 for，这个词与法译本中的 pour① 一样，大致可以看作英语和法语中与德语 für 大致对应的词。介词 für 用法较为复杂，在这句话中也不是那么简单。这里的相关含义大概有以下四种：（1）表目的，意思是“为了、以便”；（2）表示用途与对象等，意思是“适合于”；（3）表示“赞同”；（4）表示跟某一标准相比较，意思是“按照、就某某来说”。②

就句中的位置来说，介词 für（为了、适合于、赞同）连接着回响与跳跃，是“出自存在离弃状态之急难中的存有之‘回响’为了‘跳跃’到存有之中”；但就整个接缝整体来说，它应该是在作为第二个接缝的传送与第三个接缝的跳跃的中间，für 显示出回响和传送与跳跃之间的关联。

在通常意义上，就其表示目的而言，为了某个目的自然要做准备，准备总是“为”某某做准备。这种“为某某做准备”，显示出一种意愿。但却并不是一种主体的意愿，不是在主体对客体的计算与安排等活动中体现的意愿，如此意愿是表象式的意愿。“流俗的、最广意义上技术性的表象始终意愿一味前行，吞噬一切”③。“为了”一词，就其关涉目的与准备而言，确实也关乎意愿，涉及意愿的本质。意愿指“实存着的人绽出地让进入存在之无蔽状态中”④。本质的意愿指的是“实存着的人”的意愿，“实存着的人”已不同于西方传统对人的本质的看法，既不是“理性的动物”（animal rationale），也不是由上帝创造的“被造物”（ens creatum）。海德格尔在《存在与时间》中对人的两个规定之一的“去存在”便是针对传统的人之本质的看法。“实存着的人”已经意味着人的不同本质规定，指人在实存中被触动、人的本质被带入了存在之本现的运动之中。“当我们从最宽广之轨道那里被触动时，这种触动关涉到我们的本质。‘触动’意味着：带入运动之中。我们的本质被带入运动之中。在触及中，意愿受到动摇，以至于只有意愿的本质才能显现出来并且进入运动之中。于是

---

① Heidegger, *Apports à la philosophie. De l'avenance*, traduction française par François Fédier, Gallimard, 2013, p.21.

② 对 für 一词含义的解释，参见赵登荣、周祖生主编：《杜登德汉大词典》，北京，北京大学出版社，2013，第 833 页。

③ [德]海德格尔：《演讲与论文集》，孙周兴译，北京，三联书店，2011，第 2 页。

④ [德]海德格尔：《林中路》，孙周兴译，上海，上海译文出版社，2004，第 55、72 页。译文略异。Heidegger, *Holzwege*, Hrsg. F.-W. von Herrmann, Vittorio Klostermann, Frankfurt a.M: Vittorio Klostermann, 2003, SS.55, 71.

乎，意愿才是一种有意志的意愿”。[1] 这种意愿在存在之敞开的发生中生成为本质的意愿，意愿即“让进入”到存在之敞开状态中。这种“让进入”乃是存在之真理的“让发生”，即“澄明与遮蔽的运动”。一方面，“实存着的人”被带入此种运动中才能意愿；另一方面，这种意愿的“让进入”之“让”并不是一种消极的东西，一种“非意愿”，而是一种“让真理之到达发生”，是“在θέσις［置立］意义上的最高的能动”，“是一种‘活动’和‘意愿’。”[2]

凭借这种双重意义上的意愿，才能在《哲学论稿》中，着眼于存有之历史，谈论一种存有之回响的“意愿”。“存有之回响通过对存在之离弃状态的揭示，意愿召回在其作为本有的完全本现中的存有。这一点只有这样来发生，即：存在者通过此一在之建基而被置回到在跳跃中得到开启的存有之中。”[3]（123/116）这句话中的“完全本现”被强调了，指的是存有在其完全本现中，这种完全本现作为本有。存有之完全本现要在其真理中发生，故而，这种完全本现即是让存有之真理发生。存有之回响通过存在之离弃状态而揭示出急难，急难虽然是存有之本现，但并非完全本现，却已经是一种“让真理发生”的运动，即“急难之真理（遮蔽之澄明）”（87/80）。在“急难之真理”这个表达式后用括号注明“遮蔽之澄明”，表示此种真理已是澄明与遮蔽的运动了，已经是一种在让真理发生意义上的意愿了。只是这种真理在急难中被经验，以急难方式发生是不充分的，存有不能完全本现，遮蔽之澄明还未能最广最深的显现，故而“意愿”召唤完全本现中的存有。“这一点只有这样来发生，即：存在者通过此一在之建基而被置回到在跳跃中得到开启的存有之中。”这种发生，需要跳跃的实行，存有之完全本现要“在跳跃中得到开启”。

从这种意愿而来，“为了”作为目的，也不同于主体意愿的目的，而是为存有之故。“必须把存有之真理庇护在存在者中，从而再度赋予历史性的人以一个目标，那就是：成为存有之真理的建基者和保存者，成为那个‘此’（das Da）。后者乃作为存有本身之本质现身所使用的基础：即成为这样一种烦忧，并非作为对某个任意之物的小小忧虑，也不是作为对欢腾和力量的否定，而倒是比所有这一切都更原始，因为这种烦忧乃唯一地‘为存有的缘故’并非只为人之存有，而是为存在者整体之存有。”（18/9）

---

① ［德］海德格尔：《林中路》，孙周兴译，上海，上海译文出版社，2004，第318页。

② 关于意愿问题的解释，参见［德］海德格尔：《林中路》，孙周兴译，上海，上海译文出版社，2004，第70—72页。

③ 译文略异。

“但某个为之故（Umwillen）本质上只有在有某种意愿（Willen）的时候才是可能的。”①

由此，存有之回响便对跳跃有一种意愿，这种意愿可用“为了”来表述，即“出自存在离弃状态之急难中的存有之‘回响’为了‘跳跃’到存有之中”。这种“为了”也显示出回响对于跳跃的准备。急难揭示出存在之离弃状态，也是人的被抛状态，即人的曾在维度。“这种急难是那样一个东西，它把人在存在者中赶来赶去，把人首先带向存在者整体，带入存在者之中心，从而把人带向自身，并且因此总是让历史发端或者让历史没落。”（50/45）这使人的绽出着的开抛有了最初的基地。“这种赶来赶去就是人进入存在者之中的被抛状态，后者把人规定为存在（存有之真理）的抛者。”（50/45）这为人之开抛着的跳跃做了准备。“开抛意在成为开端性思想的一个赋格，也即成为那个唯在开端性思想的尝试中——这种思想对自身也知道一丁点儿——才能被意愿的东西。”②（88/81）此种意愿也可视为对存有之要求（Anspruch）③的回应。存有之本现的指引经过回响中的存有之急难与传送中的决断，而能“要求”着人。“唯当我们既忍受存在之离弃状态的急难，同时又置自身于有关诸神之悬缺与到达的决断面前，上述那些指引方能招呼我们。”（264-265/252）这里的 ansprechen（招呼）即 Anspruch（要求）的动词形式。本真的意愿也就是顺应存有之本现的要求，是赞同与适合于（für）存有之自行遮蔽的本现。这种态度根本上源自“本有最本己的运动状态——就是隐逸（Entzug）中的馈赠（Zuwendung）——首先向思想才显示为有待思的东西”④。“这种馈—赠，（赠送的）敞开状态，包含着向反面转变（sich wenden）的运动，因此对于遮蔽能采取不同的方向：它能够是反对（contre）遮蔽的（像在第一开端与自此以后那样）或者是 pour（赞同、为了）遮蔽（像在另一开端那样）。”⑤

---

① ［德］海德格尔：《从莱布尼茨出发的逻辑学的形而上学始基》，赵卫国译，西安，西北大学出版社，2015，第 259 页。

② Fuge 中译本译为“关节”，这里译为“赋格”。

③ “人原始地和不同地被存有之真理（因为这就是这种被指派的澄明）所要求。”（251/240）

④ ［德］海德格尔：《面向思的事情》，陈小文、孙周兴译，北京，商务印书馆，1999，第 50 页。Heidegger，*Zur Sache des Denkens*，Hrsg. F.-W. von Herrmann，Frankfurt a.M.：Vittorio Klostermann，2007，S.50.

⑤ Ingeborg Schüßler，*Le système et la fugue：deux modes de penser. Les Apports à la Philosophie de Heidegger*，Édité par Emmanuel Mejía et Ingeborg Schüßler，Frankfurt a.M.：Vittorio Klostermann，2009，p.85. 对存有之自行遮蔽的不同态度的分析，也可参见第三章第二节中的“主导问题与传送”。

第二节 跳跃

赞同与适合于（für）存有之自行遮蔽，作为完全不同于形而上学对遮蔽维度的反对与否定的姿态，要在跳跃中得以实行，即“跳跃到存有之中”。确切地说，作为“思想作品”的《哲学论稿》是以思想方式进行的跳跃，即思想的跳跃。Sprung 在德语中有“跳跃、突变、裂缝（Riss）”等意思。[①] 就形而上学对存有之遮蔽的反对态度来说，这里的 für（为了、赞同）是一种“突变”（Sprung）。而从 Sprung 作为“裂缝”的含义来说，“跳跃使 Verklüftung（裂缝、开裂）之离基深渊跳动起来”（11/10），跳跃算得上是存有之裂缝的发生了。Sprung 的基本含义是“跳跃”。

海德格尔在“跳跃”这个接缝的开头，对其做了纲领式的解释：“跳跃，乃原初思想的行为中所冒最大之险，〈它〉摒弃一切流俗之物，对于存在者全无直接期待，而是先于一切地，使那种归属于存有的状态跳起来而入乎作为本有的存有之全幅本现中。跳跃因此就在最肆无忌惮者的假象中显现出来，而实际上，它恰恰是由那种畏怯来定调的，在此种畏怯情调之中，抑制之意志超逾自身，达乎那种忍受之内立状态，即对有所踌躇的拒绝的最遥远之切近的忍受。”[②] （237/227）跳跃作为冒险是一种游戏，“冒险（wagen）乃是投入游戏”[③]。它也是回响与传送之中展开的游戏之扩展，故而是“冒最大之险”。从存在以游戏方式发生来说，作为“投入游戏”的冒险便是投入存在之中，这里所言的“冒最大之险”便是通过跳跃而投入到“存有之全幅本现中”。跳跃之冒险不仅是传送之游戏的扩展，同时也承续了传送之架桥的“成弧形摆动”，冒险之行为本身也与摇摆相关。“在中世纪，‘天平’（Wage）一词还差不多是‘危险’的意思。那是某物在其中能够这样或那样出现的位置。因此，那个以这样或那样倾斜的方式移动的仪器被称为‘天平’。它游戏并且渐趋平衡。在‘危险’的含义上，并作为这种仪器的名称，Wage 一词源出于 wägen（权衡、称量）、wegen，后者的意思是‘上路’，也即‘行走’、‘处于活动中’。所谓 Be-

① 对 Sprung 的解释可参看以下词典：*Duden-Das große Wörterbuch der deutschen Sprache in 10 Bänden*，Dudenverlag，1999，S.806；叶本度主编译：《朗氏德汉双解大词典（修订版）》，北京，外语教学与研究出版社，2010，第 1667—1668 页；赵登荣、周祖生主编：《杜登德汉大词典》，北京：北京大学出版社，2013，第 2193 页。

② 译文有改动。

③ [德]海德格尔：《林中路》，孙周兴译，上海，上海译文出版社，2004，第 293 页。

wägen，就是‘使上路并因而带入活动中’，即：‘摇摆’（wiegen）。某物摇摆，这可说是因为它能够使天平这样或那样地进入运动游戏。摇摆的东西具有重量。‘衡量’（wagen）意味着：带入游戏活动中，放到天平上去，放纵于危险之中。”[①] 所以，在《哲学论稿》的第 121 节“存有与存在者”中，将存在者与存有置于天平的两端，而存有那一端包括作为跳跃的“存有之开抛”（248/237）。这样，“天平、衡量、冒险”便在存有与存在者的关联中得到了把握。存有与存在者分别置于天平两端也使得跳跃之冒险能“摒弃一切流俗之物，对于存在者全无直接期待，而是先于一切地，使那种归属于存有的状态跳起来而入乎作为本有的存有之全幅本现中”。（237/227）同时，冒险之摇摆也显示在“对有所踌躇的拒绝的最遥远之切近”中，因为 zögern（踌躇）又可指“犹豫、动摇”，在特定意义上也是一种摇摆，“最遥远之切近”本身便是一种摆动。[②]

从海德格尔所揭示的词源之关联来说，跳跃之冒险也与“行走”“活动”相关，即跳跃是一种“思想的行为”，德国的《格林兄弟词典》将“跳舞与跳跃”作为重言式表达，所以，跳跃有跳舞的含义，可以视为与“存在之来临的韵律”相协调的“思想之行为”。[③] 思想之跳跃要与畏怯情调相一致。跳跃“是由那种畏怯来定调的，在此种畏怯情调之中，抑制之意志超逾自身，达乎那种忍受之内立状态，即对有所踌躇的拒绝的最遥远之切近的忍受”[④]（238/227）。为此，要了解思想之跳跃，先要了解调谐着跳跃的畏怯情调。

一、畏怯

畏怯是跳跃的主导情调。在畏怯之情调的音调中，传送中的抑制情调也得到保持。“对惊恐和畏怯而言，抑制乃是中心。”（17/15）而且，这三种情调是一个统一体。[⑤] 所以，畏怯的生成与惊恐和抑制相关联。

惊恐是一种“回行”，是返回到“自行遮蔽者之涌迫的敞开状态”中，从而经验到存在之离弃状态，即存在已经在存在者中隐匿了。（17/15）这种在惊恐中开启出来的存有之自行遮蔽在抑制的情调中得到了保持。“因

① ［德］海德格尔：《林中路》，孙周兴译，上海，上海译文出版社，2004，第 294 页。

② “遥远之切近”作为摆动或颤动的发生，可参本书第六章第三节。

③ Philippe Arjakovsky，François Fédier，Hadrien France-Lanord，*Le Dictionnaire Martin Heidegger*，Paris：Cerf，2013，p.1183.

④ 译文有改动。Scheu 中译为“畏惧”，本书统一改译为“畏怯”，不再注明。

⑤ Ingeborg Schüßler，*La question de la vérité. Thomas d'Aquin-Nietzsche-Kant-Aristote-Heidegger*，Nadir s.a：Editions Payot Lausanne，2001，p.234.

为在这种惊恐中恰恰开启出存有之自行遮蔽，因为存在者本身以及与存在者的关联想要得到保存，所以与这种从其本身而来的惊恐相伴的，乃是它最本己的‘意志’，而且这就是我们在这里所谓的抑制了。”（17/15）抑制作为惊恐的中心，不但保存了惊恐中的自行遮蔽之涌迫，而且将其带到传送之中。存在者以及与存在者的关联之保存使得传送之中的打击力（Einschlagskraft）得以在此保存的冲击力中发生。抑制还将惊恐之“回行”深化为一种“转向”，“在抑制中——并没有消除那种回行——起支配作用的乃是转向（Zukehr）作为存有之本现的有所踌躇的自行拒绝”（17/15）。“回行”所返回到的自行遮蔽的敞开状态在抑制中没有被消除，反而被保持，且其中有转向在起支配作用。这里的 Zukehr（转向）一词的前缀 Zu-，与 Zugang（通道、进入）的前缀一样，表示“敞开的道路”①，即“回行”中所发生的敞开状态，由此“敞开的道路”而能转向“作为存有之本现的有所踌躇的自行拒绝”，有所踌躇的自行拒绝作为存有之本现，故而抑制能转向存有之本现并保持之。抑制经验到这种自行拒绝进而经验到其由之而来的拒予。但在抑制情调中，拒予还未能转化为赠予而提供出一个新的基础。“抑制，乃是对作为赠予的拒予的期备状态的先行—情调（Vor-stimmung）。”（17/15）这里的“先行—情调”，是对作为赠予的拒予而言的。而在传送中，拒予还未赠予出一个新的基础，故而是“先行”的情调。

尽管如此，抑制作为“先行—情调”，虽说是先行，却已与“踌躇着”的要到来者有着关联了。而畏怯（Scheu）保存了在抑制情调中所敞开的存有之拒予，经验到“作为赠予的拒予”，并且使这种拒予转化为自行遮蔽。

畏怯与遮蔽者的关联在第一开端中便有所显现。海德格尔在奥德赛蒙头哭泣中看到了αἰδώς（羞怯、尊敬）的经验。在《奥德赛》中，奥德赛蒙着头在法亚西亚人面前哭泣的例子中，害怕被法亚西亚人认出而自己隐藏起来了。在这里，一种遮蔽状态起着支配作用，这为从遮蔽状态来思这种αἰδώς（羞怯、尊敬）提供了可能。“这时候，‘害怕’（sich scheuen）的意思就会是：在警觉、克制中保持隐匿和遮蔽。”② 在这里，海德格尔将

① Ingeborg Schüßler, *Le système et la fugue: deux modes de penser. Les Apports à la Philosophie de Heidegger*, Édité par Emmanuel Mejía et Ingeborg Schüßler, Frankfurt a.M: Vittorio Klostermann, 2009, p.85.

② [德]海德格尔：《演讲与论文集》，孙周兴译，北京，三联书店，2011，第 287 页。Heidegger, *Vorträge und Aufsätze*, Hrsg. F.-W. von Herrmann, Frankfurt a. M: Vittorio Klostermann, 2000, S.271.

ἐλάνθανε翻译为“他保持遮蔽”[①]。ἐλάνθανε来自λανθάνω（遮蔽、遗忘）。[②]古希腊词Ἀ-λήθεια（真理、无—蔽）的词干Λήθη（遮蔽、遗忘）即来自动词λανθάνω（遮蔽、遗忘）。海德格尔用“遮蔽”来翻译λανθάνω。

畏怯在第一开端经验到的λανθάνω（遮蔽、遗忘），在另一开端中重演为存有之自行遮蔽以及作为真理之本现的澄明着的自行遮蔽。这也是对离—基深渊的经验，因为“离—基深渊乃是原初本质性的澄明着的遮蔽，是真理之本现。”（406/380）而离—基深渊又是踌躇着的拒绝。所以，畏怯所开启的自行遮蔽也对应于踌躇着的拒绝。“在畏怯情调中，抑制之意志超逾自身，达乎（zu）那种忍受之内立状态，即对有所踌躇的拒绝的最遥远之切近的忍受。”[③] 从惊恐到抑制到畏怯，可以看到自行遮蔽之敞开状态不断得到更大呈现。惊恐之回行而返回到的自行遮蔽的敞开状态在抑制中没有被消除，反而被保持，并且“转向（Zukehr）作为存有之本现的有所踌躇的自行拒绝”（17/15）。与惊恐并没有在抑制中消失一样，在畏怯中，抑制也并没有消失，而是“超逾自身”，“达乎”（zu）“对有所踌躇的拒绝的最遥远之切近的忍受”的“内立状态”之中。这里的“达乎”（zu）与抑制之转向（Zukehr）的前缀Zu-（到、通向）一致。两者均在本源意义上表示“敞开的道路”[④]。在这条“敞开的道路”上，思想在惊恐之“回行”中通向自行遮蔽之敞开状态，接着在抑制中“转向”“作为存有之本现的有所踌躇的自行拒绝”，进而在畏怯中“达乎”“对有所踌躇的拒绝的最遥远之切近的忍受”的“内立状态”。如果说，抑制所通向的“有所踌躇的自行拒绝”已经是“作为存有之本现”了，那么畏怯所通向的“有所踌躇的拒绝的最遥远之切近”就是“作为本有的存有之全幅本现”。（238/227）这也显示出惊恐、抑制与畏怯三种情调的统一性。[⑤] 由于畏怯对惊恐与抑制情调的保持，保存了惊恐与抑制对存有之遮蔽维度的开启，故而能统一为“最遥远的切近”。

这里使用了作为离基深渊的“有所踌躇的拒绝”来修饰“最遥远的切近”，是因为“遥远”与“切近”均是一种深渊的发生。“切近是遥远之深

---

① ［德］海德格尔：《演讲与论文集》，孙周兴译，北京，三联书店，2011，286页。

② 古希腊词λανθάνω为直陈式现在时第一人称单数，ἐλάνθανε为其中动态与被动态形式之一。

③ ［德］海德格尔：《哲学论稿》，孙周兴译，北京，商务印书馆，2011，第238、227页。译文略异。

④ Ingeborg Schüßler, *Le système et la fugue: deux modes de penser. Les Apports à la Philosophie de Heidegger*, Édité par Emmanuel Mejía et Ingeborg Schüßler, Frankfurt a.M: Vittorio Klostermann, 2009, p.85.

⑤ Ingeborg Schüßler, *La question de la vérité. Thomas d'Aquin-Nietzsche-Kant-Aristote-Heidegger*, Nadir s.a: Editions Payot Lausanne, 2001, p.234.

渊，这种遥远是切近之深渊——两者是同一的，存有的澄明之境的深渊。”① 这种“遥远的切近”一方面是深渊之显示，另一方面又是作为存有之本现来被把握的。确切来说，“切近和遥远在其本质中仅仅以离—基深渊方式（*ab-gründig*）出自存有之本质”②。所以，切近与遥远的关联能够用作为离—基深渊的“有所踌躇着的拒绝”来修饰，即“有所踌躇的拒绝的最遥远之切近”。而且这种切近与遥远可以被思为一种从离—基深渊自身展开的“游戏”。③ 在游戏中，切近与遥远是同时发生的统一体，而畏怯情调能敞开这种统一性，源于畏怯情调对存有的开启是与惊恐和抑制一脉相承的，可形成复调效果，故能将遥远与切近集于一身，使敞开域最大限度开启为“最遥远的切近”。

畏怯中的“最遥远的切近”可以在存有与神的双重维度来展开。畏怯情调本身便包含了神的敬畏。畏怯（Scheu）的古希腊语词根为αἰδώς（羞怯、尊敬）④，德语的 Ehre（尊敬、尊严）与法语中来自拉丁语的 aestimare（评价、值得）⑤ 的 estime（尊重、看法）均与之“相关”，表示一种尊敬、崇拜，“首先是对诸神（dieux）”的敬畏。⑥ 从存有来说，存有在存在之被遗忘状态与无急难状态的“最遥远”中而突发出来，即切近，也就是形成“有所踌躇的拒绝”之发生空间。从神的角度来说，诸神随着存有之“遥远”而逃遁到远处，随着存有之突发的切近而有着到达之切近。所以，“最遥远的切近”作为暗示也可以描述作为“诸神之神”的最后之神。“畏怯乃是接近于最遥远者本身并且保持这种切近的方式（参看本书‘最后之神’部分的，而这个最遥远者在其暗示中——如若它被保持在畏怯中——仍然会变成最切近者，并且于自身中把一切与存有的关联聚集起来。”（18/16）畏怯中所经验到的最后之神的遥远之切近的暗示⑦，也是存有之本现的一个维度，因为“作为本有的存有之全幅本现”包含着

---

① Heidegger, *Besinnung*, Hrsg. F.-W. von Herrmann, Frankfurt a.M: Vittorio Klostermann, 1997, S.116.

② Heidegger, *Besinnung*, Hrsg. F.-W. von Herrmann, Frankfurt a.M: Vittorio Klostermann, 1997, S.166.

③ Philippe Arjakovsky, François Fédier, Hadrien France-Lanord, *Le Dictionnaire Martin Heidegger*, Paris: Cerf, 2013, p.1092.

④ 罗念生、水建馥编：《古希腊语汉语词典》，北京，商务印书馆，2005，第 24 页。

⑤ Gerhard Löwe(Hrsg.), *Schüler-Duden.Lateinisch-Deutsch*, Dudenverlag, 1986, S.21. 亦参谢大任主编：《拉丁语汉语词典》，北京，商务印书馆，1988，第 20 页。

⑥ Ingeborg Schüßler, “Le ‘dernier dieu’ et le délaissement de l’être selon les Apports *à* la philosophie de M. Heidegger (Secondre partie)”, *Etudes Heideggeriennes*, Berlin: Duncker & Humblot, 2010, p.138.

⑦ “遥远的切近”与暗示的关联，参本书第六章第三节。

神对存有的需要。

畏怯使拒予成为自行遮蔽，而调谐着思想之跳跃，思想之跳跃与之相协调，也在思想中开启出自行遮蔽。自行遮蔽之本现需要“最广大的澄明”，即世、地、神、人四元的敞开域。故而被调谐的思想要打开这一最广大的敞开域。同样，调谐着思想的畏怯与回响和传送中的情调相关，思想之跳跃也与回响和传送相关联，回响与传送为跳跃做准备。

惊恐通过抑制而并未在畏怯中消失，所以，在惊恐中所发生的回响也并未消失，而是在畏怯所调谐的思想中得到实行。“惊恐与畏怯一体地，首先让回响思意地（denkerisch）得到实行。”[①]（422/396）情调之调谐开辟出了思想的道路。海德格尔也将本源意义上的调谐等同于开辟道路与强制上路。[②] 由此，这条思想之跳跃的道路不仅仅是在畏怯之调谐中才开启，而是从惊恐情调中的“回行”就已是一种道路之开辟了。惊恐与抑制在畏怯中所起的作用，使前两者各自调谐的回响与传送可作为跳跃的准备，是为思想之跳跃而准备的起跳。

二、起跳

从一次跳跃的完整行动来说，也包含了“进入存有的跳跃而做的助跑”（539/509）。问题是，从第一开端而来的形而上学所主宰的表象道路，是否适合于（für）这种思想的起跳。“以现代方式来思索，我们便从我们自己出发来思考，当我们撇开我们自己时，我们始终只是碰到种种对象。我们来来回回地去赶这条通常的表象道路，在表象范围内对一切做出说明，而从不思量，这条道路在途中是否允许一种起跳（Absprung），通过这种起跳，我们才跳跃到存有的‘空间’之中，才向决—断跳起来。”[③]（97/88）表象道路不适合于跳跃，我们已经在对“为了”（für）的分析中澄清了这一点。[④] 所以存有之思想的跳跃要求放弃存在者的表象思维。“在表象存在状态的意义上的存在之思想的自我克服无非意味着在向另一个完全不同的东西的跃入（Einsprung）中放弃这种思想。”[⑤]

而思想从表象到开抛或存在理解的转变可以看作在“一个长长的跳板上”助跑的第一步。“在关于存有之真理的追问范围内向此—在的过渡当

---

① 译文略异。

② “开辟道路，强制上路——在本质性意义上讲就是调谐（stimmen）。”（94/86）

③ 译文有改动。

④ 本书第二章第二节“（二、主导问题与传送）”第三章第一节。

⑤ Heidegger，*Besinnung*，Hrsg. F.-W. von Herrmann，Frankfurt a. M：Vittorio Klostermann，1997，S.212.

中，没有其他任何可能性，而只能首先转换表象活动，使得与存在的关联被确定为开抛，从而被确定为理解的唯一特征（此—在的存在理解）。不过，这样一些规定，不管它们对于有关存在问题的完全不同的追问的初次澄清来说多么具有决定性意义，但从存有及其本现的值得追问性（Fragwürdigkeit）角度来看，却只不过是最初的一步，有如在一个长长的跳板上所做的探索性的最初一步——在这个步子里，在跳板尾端为起跳所必需的要求几乎没有被觉察到。”（493/468）就《存在与时间》对存在问题的重演来说，“《存在与时间》乃是向跳跃的过渡（对基础问题的追问）”（244/234）。

基础问题作为准备性的跳跃在“传送”中得以显明。基础问题“直接地起源于（entspringt）存在之离弃状态的急难的必然性”，并且“跳回到存有之真理的思想的原始基本经验之中”。（243/233）基础问题的跳跃特征也在于从主导问题向基础问题没有直接的过渡，而是“向基础问题的跳跃的过渡”。（244/234）这种过渡，也具有存有历史之过渡的时代特征，而存有历史第一开端向另一开端的“过渡同时也是跳跃的启动”（239/228-229）。传送为跳跃所做的准备也通过其游戏运作来进行，因为跳跃作为一种冒险乃是游戏。“传送首先是第一开端的传送，以便这第一开端把另一开端带入游戏之中，并且根据这种相互传送而形成跳跃之准备。”（10/9）所以，回响与传送中所发生的跳跃可以视为对作为第三个接缝的“跳跃”之准备，是准备性的跳跃。“因为开端只在跳跃中发生，所以连这种准备也必定已经是一种跳跃，而且作为准备性的跳跃，这种跳跃必定同时来自和发源于与第一开端及其历史的争辩（传送）。”（239/229）不但“第一开端与另一开端的相互‘传送’”是一种准备性的跳跃，而且“出自存在离弃状态之急难中的存有之‘回响’”也是一种准备性的跳跃，是“为了‘跳跃’到存有之中”。回响与传送也以此从跳跃角度被把握为起跳。“回响与传送乃是开端性思想的第一次起跳的基地和领域——这第一次起跳是要达到向存有之本现的跳跃。”（90/82）

起跳揭示出本源意义上的“不”。“‘不’是那种伟大的起—跳（*Ab*-sprung），在其中此—在（Da-*sein*）中的‘此—’（das *Da*-）得以跃起。”（185/178）就“不”作为起—跳（Ab-sprung）中的离开（Ab-）以及“此”之跃起而言，它与离—基深渊之离开（Ab-）一致；而就离—基深渊展开为踌躇着的自行拒绝而言，这种一致性更加明显。“不”在本源意义上作为存有之无化具有“指示存有之离—基状态的力量”（257/245）。并且，本源意义上的“不”与自行拒绝都和拒予有关。“这种原始的否定具有那种拒予的特性”（185/178）。事实上，在对回响与传送的分析中，我们也已经看到了离—基深渊之离开，或者自行拒绝的发生。如果起—跳（Ab-sprung）重在离—基深渊之离开（Ab-）维度的发生，那么，跳跃则重在让离—基深渊之基础跳起来。从整体上来说，包含起跳环节的跳跃“使开裂之离基深渊跳动起来”（11/10）。

由此，回响、传送与跳跃便可以把握为开裂之离—基深渊发生的过程。在惊恐中，发生着拒予之回响，深渊得以从无基的掩盖中被经验到。而在抑制中，一方面，在回响中发生的拒予，经由自行拒绝而直至存在之离弃状态，贯穿到形而上学的主导问题中；另一方面，存有的无之无化在拒予中得以“积聚”①，这种积聚犹如河道筑坝蓄水②，放开时更有冲击力。拒予在传送中能进行便是通过这种“积聚”，为拒予从拒绝转向赠予提供可能，而赠予乃是赠予出一个新的基础，故而能在踌躇的自行拒绝中显现，而以踌躇方式在过渡中向另一开端架桥。海德格尔也将踌躇着的自行拒绝解释为离—基深渊（Ab-grund）的结构。自行拒绝乃是离—基深渊之离开（Ab-）的发生，而踌躇方式乃是离—基深渊之基础（-grund）的展开。而畏怯情调，开启出了“此”之最广大的敞开域，由此，才有自行遮蔽者的本现，因为“自行遮蔽为了能够本现出来就需要最广大的澄明”（262/249）。当自行拒绝让踌躇得以本现时，“踌躇着的自行拒绝恰恰是为遮蔽的澄明”（407/381）。

三、跳跃与“此”

由畏怯所调谐的思想要“思入这个‘此’之中，以致存有之真理原始地闪耀起来”（261/248-249）。存有之真理作为遮蔽着的澄明，其闪耀是让自行遮蔽本现。而自行遮蔽需要最广大的“此”之发生，这也是跳跃到存有之全幅本现中。虽然在“建基”第190节中，海德格尔才专门列出来世界、大地、诸神、人类这四元的图表，这个图表指的是“此”之最广大的显现。而实际上，这四元在跳跃中已经发生出来，作为存有之全幅本现。海德格尔也用“开抛”或存在“理解”来表示“跳跃”，理解是“使自身进入敞开域中”。（272-273/259）这个敞开域包含了世界与大地的发

① Ingeborg Schüßler, “Le ‘dernier dieu’ et le délaissement de l'être selon les Apports *à* la philosophie de M. Heidegger (Secondre partie)”, *Etudes Heideggeriennes*, Berlin: Duncker & Humblot, 2010, p.130.

② 弗朗索瓦·费迪耶教授于2016年4月5日回笔者的邮件中，在解释“拒绝”与“拒予”的关系时用了筑坝蓄水的例子。

生。“作为开抛的理解乃是一种被抛的开抛，是进入敞开域（真理）之中，这个敞开域已然出现在被揭示的存在者中间，植根于大地之中，耸立于一个世界之上。”（273/259）这是在思想之开抛中揭示世界与大地的关联。思想之开抛的敞开域，既能使世界与大地之本现得到经验，同时，又能经验到它们的沦落，从“此”之被掩蔽来经验“幽暗化与无世界状态”（293/277）。曾经作为“诸神之到达和逗留的时机场所”与“落在存有本身之本现中”的φύσις（涌现、自然）（293/278），却在存在之离弃状态中被谋制所强迫。而在思想的跳跃中，大地与世界的争执被点燃，“在其中大地找到自己的敞开域”，而“被允许存有之真理”。（294/278）

构筑“此”之最大敞开域的人与诸神也在思想的跳跃中发生。“跳跃使开裂之离基深渊跳起来。”（11/9）“向作为本有的存有的跳跃；而且唯从这里，那种开裂才开启自身。但恰恰这种跳跃需要最长久的准备。”（294/278）这里的存有是“作为本有的存有”，指的是在存有之完全本现中的存有了。因为存有之自行遮蔽恰恰要在最广大的“此”或敞开域中才本现，在其本现中自行遮蔽之澄明的开裂才发生。而如果这种从本有而来的开裂被经验为开裂之离基深渊的话，意味着“必须把离基深渊经验为归属于本有的”（294/278）。海德格尔把开裂与形而上学中的样态进行对比，后者对应于存在状态、主导问题，而开裂既“是本—有过程之内在的、不可计算的脱落状态（Ausfälligkeit）”（296/279-280），也在基础问题之追问中。[①]

开裂也在神与人两个方向展开。“在一个方向上，开裂在神之需要方面有其原初的和最广的尺幅（Ausmessung）；而在另一个方向上则处于人（对于存有）的归属状态中。”（296/279）在“神之需要方面”，指的是神对存有之本现的需要，需要存有之本现的“原初的和最广的尺幅”，实际上也就是“存有之全幅本现”。在存有历史第一开端中，φύσις（涌现、自然）已经显示出了诸神的这种需要。“自然曾经是什么呢？是诸神之到达和逗留的时机场所，其时自然——还是φύσις［涌现、自然］——落在存有本身之本现中。”（293/278）第一开端中的φύσις（涌现、自然）仍然“落在存有本身之本现中”，这意味着诸神之到达与逗留也需要存有之本现。而φύσις（涌现、自然）的原初经验随着第一开端的第一终结而被掩盖，发生了诸神之逃遁。在对“跳跃”一词进行解释时，已经提到，跳跃即是跳跃到“存有之全幅本现”中。这也显示出开裂的“另一方向”，即人对存有的

① “唯有基础问题才有权进行关于开裂的追问。”（295-296/279）

归属状态。在通常意义上，“在某某之中”即可表示一种归属关系。所以，“跳跃到存有之中”，也就是对存有的归属状态。由此，对开裂的阐发，依然可以遵循“跳跃到存有之中”自身的路径，先从“人（对于存有）的归属状态”这个方向入手，通过人“在存有之中”的揭示，再澄清开裂的“神之需要”的方面。

第三节 在存有之中

“跳跃到存有之中”的“在之中”可指一种归属关系。而从《哲学论稿》的赋格之接缝整体来说，跳跃与“回响”构成一种特有的关联。至此，可以对前三个接缝做一种把握，即“在第一开端与另一开端的交互传送中”，“出自（aus）存有在存在之离弃状态中的急难之回响为了跳跃到存有之中（in）”。从“出自”（aus）到“在之中”（in），显示出存有之道说的“基本形式”。“存有是从（aus）‘存在’（ist）而来被道说的，可以说是被置回到‘存在’（ist）之中（in）被道说的。但这同时也就描绘了一切‘从’存有‘而来’的道说——更准确地说：一切存有之道说——必须采取的基本形式。”（500/473）这种存有之道说“起源于存有，以之为自己的本源”，也要“回到本源中来说话”。（500/474）尽管出自存有之回响与跳跃到存有之中，都指向存有，但跳跃所跃入的已经是“存有之全幅本现”了，是在跳跃中让本源作为“源始—跳跃”（Ur-sprung）而跳出来，即作为本源的存有之突发。① 在存有之突发中，才有对存有的归属状态。

一、“在之中”

“跳跃到存有之中”所显示的归属状态在畏怯情调中就已出现。畏怯情调可通向“对有所踌躇的拒绝的最遥远之切近的忍受”的“内立状态”。（238/227）“忍受”（Ausstehen）一词，字面意思是“站到外面”。所以，海德格尔将“忍受”视为“绽出（Ekstasis）的本质”，而“绽出者之持立依据于那种在无蔽状态之‘外’（Aus）和‘此’（Da）中的内立（In-

① 跳跃(Sprung)与本源(Ursprung)是同词根的。两者的关联参见 Christian Müller, *Der Tod als Wandlungsmitte. Zur Frage nach Entscheidung, Tod und letztem Gott in Heideggers „Beiträgen zur Philosophie“*, Berlin: Duncker & Humblot, 1999, S.50.

nestehen)，而存在本身即是作为无蔽状态而成其本质的”。[①] 忍受所指的站到外面即是站到存在之无蔽状态的“‘外’和‘此’中”，而站到某某之中已经是一种“内立”了。在这种忍受与内立中，存在本身作为无蔽状态而本现。就畏怯中的忍受与内立状态而言，它指向“有所踌躇的拒绝的最遥远之切近”。“有所踌躇的拒绝的最遥远之切近”作为存有之全幅本现，亦即在“此”中本现。而忍受是在“此”中的绽出，同时也是在其中的内立状态，即归属于存有之本现的“此”了。由畏怯情调所调谐的思想之跳跃，也就是跳跃到存有之本现的“此”中了。

我们在“回响”中，已经将两种“此”的关联揭示为一种Fuge（赋格、接缝）。[②] 这在跳跃中通过思想之开抛而实行。“开抛意在成为开端性思想的一个赋格。”（88/81）这种开抛的赋格也是此在之开抛，所以有“此—在之开抛的整个赋格”的说法。而思想之跳跃的开抛，是思意此在的开抛。同时，思想也是存有之本现的一种方式，以思想方式形成此在之“此”与存有之“此”的Fuge（赋格、接缝）。“在存有之中”，即是开抛者通过开抛来开启出“此”并经受这一“此”，从而在“此”之中。同时，存有通过被抛状态而在“此”之中本现，故而能够让开抛者“在存有之中”。从跳跃作为开抛来说，其领域与道路的开启也通过开抛与被抛的关联来实行。在开抛与被抛之间有着转向的发生。“依照此在之本源，在作为被抛的开抛中必然地包含着转向（Kehre）；开抛之抛者乃是一个被抛的抛者——但只是在抛投中并且通过抛投。”（273/259）在转向中，发生着存有或存在本身的本质现身。“有一种转向，实即这一种转向，它恰恰显示着作为在自身中反冲着的本有的存在本身之本质现身。”（275/261）这种转向也被描述为需要与归属之间的转向。

转向中的反冲也是需要与归属的反冲。“这种需要与归属的反冲构成作为本有的存有，而且把这种反冲的摆动提升入知晓之质朴性中，并在其真理中为这种反冲建基，这乃是我们在思想上要承担的第一要务。”（264/251）由于跳跃所要跃入的存有之全幅本现，是“作为本有的存有之全幅本现”（237/227），而这里的“需要与归属的反冲构成作为本有的存有”，故而跳跃是要跃入这种“需要与归属的反冲”中。而前面解释开裂时是从需要与归属两方面入手的。

在转向中，人对于存有的归属状态，通过人之开抛而被挪移到存有之

---

① ［德］海德格尔：《路标》，孙周兴译，北京，商务印书馆，2001，第441页。

② 有关论述见本书第一章第二节的“存有之赋格”。

本现中。“我们愈原始地成为我们自身，我们就愈深远地被挪移出来，进入存有之本现中了，而且被倒转了。”（280/265）这种挪移也使人进入此—在之中。但真正要实现对存有之归属状态，要在作为极端开抛的向死而在中进行。“此—在于自身中包含着向死而在，而且唯凭借这种包含，它才是完全的、朝向离—基深渊的此—在，也就是那种‘之间’（Zwischen），后者为‘本有’提供时机和场所，并且因此才能够成为归属于存在的。”（302/285）无论是“我们自身”还是此—在之自身，均是本—有过程所需要的自身。“本—有过程首先需要一个自身—本己，需要一个自身（Selbtst），人必须经受这个自身的自身性——在那种内立状态中”（257/245）。人也以此转变成作为“此”之最大敞开域的“世界、大地、诸神、人”这四元中的一元。死亡使此在归属于存有，也使此在具有离基深渊般的广度。“把死亡拉进此在之中，为的是掌握在其离基深渊般的广度中的此在，因而对存有之真理的现实性的基础做出完全的测定。”（301/285）所以，向死而在作为“‘此’之极端”（344/325），能够成为“最高的和极端的存有之见证”（301/284）。

二、存有

《哲学论稿》引入死亡的阐释，与其作为“思想作品”的任务有关。向死而有的“这种实行唯在那种为存有问题奠定—基础的任务范围内才是必然的”（301-302/285）。思想家实行这种向死而有，即在思想之跳跃中为存有问题奠定—基础时引入向死而在，是必然的。“向死而在的实行唯对于另一开端的思想家来说才是一种义务，但置身于这些未来的创造者中间的每一个本质性的人都能对此有所知晓。”（302/285）相较于《存在与时间》，《哲学论稿》对死亡的把握立足于存有之本现。“这种先行向死却不是为了达到单纯的‘虚无’，而倒是相反，是为了使敞开状态完全地并且从其极致而来为存有开启自身。”（300/283）在《存在与时间》中，先行到死作为时间性的本真将来而展开。在《哲学论稿》中，向死而在或向死而有也显示出时间维度。“死亡与被设定为存有本身之真理的开抛领域的‘时间’联系在一起。”（300/284）敞开状态“从其极致”开启自身也在时间维度中体现出来。死亡作为时间维度的发生，指向了此在之将来的一种极限，“是对时间性的极端估量，以及与此相应地，对于存有之真理的空间的获取，即对时间—空间的指引”（301/284）。“为存有的丰富而根本性的可肯定性创建一个基础。”（301/284）从时间维度而开启出空间，也被海德格尔表述为“游戏空间”的生成。“‘时间’应当可以被经验为存

有之真理的‘绽出的’（ekstatische）游戏空间。”（253/242）

从跳跃的游戏内涵来说，跳跃到存有之全幅本现中，也就是跳跃到游戏空间中。这个游戏空间也就是在解释“跳跃”一词时提到的“遥远的切近”。而从作为极端之开抛的向死而在中所揭示的从时间之绽出而来的游戏空间，亦源于向死而在能够“于自身中庇护着开裂的两个基本规定”（299/282）。[①] 一方面，“向死而在”经验到“在这里自行遮蔽的乃是‘不’对于存在之为存在的本质归属状态”（299/282），实际上是经验到了“不”是归属于存在本身的，并且“不”对于存在的归属状态也是自行遮蔽的。甚至，这种自行遮蔽本身也能别样地“昭示”于向死而在的此—在中。如果我们将流俗意义上的作为否定的“不”视为对存有之无化的掩盖，在此掩盖中，存有或存在本身隐匿而远遁，那么，在向死而在中，“不”作为对存在之为存在的归属状态而让存在“昭示”出来，这一过程则是存有或存在本身的一种遥远之切近的发生，是死亡“庇护着存有”[②]。另一方面，向死而在“遮蔽着‘必然性’的深不可测的本质丰富性，重又作为存在本身的这一道鸿沟；向死而在又是此在式的”（299/282）。“深不可测的”（unergründliche）这个词，与探基有词源上的关联，这里指的是存在本身作为基础有着深不可测的本质丰富性，而不像形而上学中的根据，要么作为最高的存在者，要么作为最普遍性，而是深渊那样的“深不可测”，是离基深渊般的基础。故而在向死而在中敞开的存在本身的“深不可测”的“不”仍然具有遮蔽特征，显示出存在的“被弯回状态”（298/281），从而“重又作为存在本身的一道鸿沟”（299/282），在向此在的切近之中又拉开出一道鸿沟的距离。毕竟，“向死而在又是此在式的”（299/282）。由此，在此在的向死而在中，有着存有之无化或自行遮蔽之遥远的切近，且在切近中又有着远离而成的“鸿沟”，即在畏怯情调中敞开的“踌躇着的自行拒绝之最遥远的切近”也在思想之跳跃中发生了。而这种切近与遥远也可以被思为一种从离—基深渊自身展开的“游戏”。[③] 由此，跳跃使开裂之离基深渊跳起来。

“遥远的切近”作为离基深渊的游戏之发生，可以在神之需要的方面

---

① Coriando从可能性与必然性的角度来分析这两个方面。Paola-Ludovica Coriando，*Der letzte Gott als Anfang. Zur ab-gründigen Zeit-Räumlichkeit des Übergangs in Heideggers „Beiträgen zur Philosophie (Vom Ereignis)“*，München，1998，SS.130-131.

② Ingeborg Schüßler，*La question de la vérité. Thomas d'Aquin-Nietzsche-Kant-Aristote-Heidegger*，Nadir s.a：Editions Payot Lausanne，2001，p.195.

③ Philippe Arjakovsky，François Fédier，Hadrien France-Lanord，*Le Dictionnaire Martin Heidegger*，Paris：Cerf，2013，p.1092.

进一步揭示出开裂之离基深渊。就诸神而言，诸神之逃遁与到达，以及其突发与悬缺，均是遥远与切近的游戏运作，即“诸神的近化与远化”。(329/311) 至于作为诸神之神的最后之神，在前面阐发畏怯情调时便点明了其与遥远和切近的关联。故而，神之需要落实到了离基深渊的发生中。

“思想作品”中的离基深渊之发生是以思想的追问来进行的，而随着开裂之离基深渊为神所需要，思想也是被神所需要的，神得以在其中本现。“神向来只有在作品和牺牲、行为和思想中才把存有贯通并神化(*durchgottet*)。”(276/262) 存有之思想在神对存有的贯通并神化中可以与神相关联。“作为另一开端的开端性思想，思想也能够进入最后之神的遥远的切近之中。”(276/262)

由此，思想之跳跃的开抛抵达了聚集世界、大地、诸神与人这四元的“此”或澄明，也即“游戏空间”，而空间也是离—基深渊之基础的发生，既是作为赠予的拒予之发生①，也是作为本有之动荡状态的“隐匿中的馈赠”②。“在这种有所赠予的自行隐匿中，本有过程往往具有自行遮蔽的本质现身，而这种自行遮蔽为了能够本现出来就需要最广大的澄明。”(262/249)自行遮蔽在最广大的澄明或“此”中的本现也就是切近。“但在这种自行隐匿（自行遮蔽）中，存有由于居—有此—在而有了它在‘此’之澄明中的最切近的切近。”(261/249) “自行隐匿（自行遮蔽）”这个表达式是以加括号做解释的形式将自行遮蔽与这种自行隐匿等同。

由此，思想的跳跃使最广大的澄明或“此”开启出来，也使存有之自行遮蔽得以本现，从而具有建基的可能。从这个角度，思想的跳跃作为开端性的思想，也是“存有之真理的启—思，因而是基础之探基。由于坐落在基础之上，这种思想才首先启示出它建基、聚集和保持的力量”(62/56-57)。思想的跳跃所坐落的基础实际上是存有之自行遮蔽。而“坐落意味着，这种追问找到了进入极端的回荡领域之中的道路，找到了进入那种归属于极端发生事件（此即本有中的转向）的状态之中的道路”(62-63/57)。毕竟，对存有历史之赋格的接缝也有其自身的领域与道路。“这种接

---

① “在这里，如何还能为那种预感赢得一丁点儿空间，也即这样一种预感：拒予乃是存有的第一个最高的赠予，实即存有之开端性本现本身的第一个最高的赠予？它作为隐匿居有自身，这种隐匿进入那种寂静之中，在其中，真理根据其本质重新获得决断：它是否能够作为自行遮蔽的澄明而得到建基。这种自行遮蔽乃是拒予之解蔽，是一种让归属——让归属于另一开端的奇异性。”(252/241)

② [德]海德格尔：《面向思的事情》，陈小文、孙周兴译，北京，商务印书馆，2015，第59页。Heidegger, *Zur Sache des Denkens*, Hrsg. F.-W. von Herrmann, Frankfurt a.M: Vittorio Klostermann, 2007, S.50.

缝本身就能够——实为必须——具有一个领域和一条道路。”（290/274-275）而思想之跳跃在开启其敞开域的同时，也找到了道路。“这种‘找到道路’是在跳跃中发生的，而跳跃乃作为此—在之建基而展开自身。”（63/57）跳跃所找到的这条道路也就是“通向存有之真理的建基”。同样，在思想的跳跃中，死亡作为思想之极端的开抛，找到了“最短之轨道”。“在其极其隐蔽的形态中，向死而在乃是最高的历史性的芒刺①，以及对于最短之轨道的决心的隐秘基础。”（299/282）“最短之轨道”无论是作为向死而在还是作为时机，② 实质上均是“通向存有之真理的建基”。

① Cristian Ciocan 认为，这里使用的“芒刺”一词，受到了马丁·路德翻译《圣经》的用词之影响。Cristian Ciocan, *Heidegger et le problème de la mort. existentialité, authenticité, temporalité*, Springer, 2014, p.237.

② 对“最短之轨道”的分析，参见本书第六章第一节结尾部分。

第四章　建　基

“回响”“传送”到“跳跃”之中，而《哲学论稿》中的跳跃是思想的跳跃。从回响到跳跃均是在思想中的实行。“回响之主导情绪乃是自行揭示的存有之离弃状态方面的惊恐，同时也是对回响着的本有的畏怯。惊恐与畏怯一体地，首先让回响在思想中得到实行。”(422/396) 所以，“在第一开端与另一开端的交互‘传送’中”，“出自存在离弃状态之急难中的存有之‘回响’为了‘跳跃’到存有之中”，通过跳跃，存有完全本现，而能够“通向存有之真理的‘建基’”。(8/7) 从跳跃到建基的运行，海德格尔在对六个接缝进行第二次整体道说时也表述为：“进入存有的跳跃。跳跃使开裂之离基深渊跳动起来，并且因而才有对从存有而来被指定的此—在的建基的必然性。对真理（作为存有之真理）的建基（此—在）。”(10/11) 跳跃是进入存有的跳跃，也就是通过思想的跳跃进入 Fuge（赋格、接合）之中，从而有建基的必然性，而建基是“存有之真理的建基”，建基于此—在。

“建基”这个接缝是《哲学论稿》中最长的一个接缝，以至于海德格尔将其又分成五个组成部分：(1) 此—在与存在之开抛，(2) 此—在，(3) 真理的本质现身，(4) 作为离—基深渊的时间—空间，(5) 庇护。此外，海德格尔在“建基”的标题下也垂直排列出三个词组：“此—在/真理/时间—空间。”(308/291) 这三个词组与前面提到的五个部分均是建基结构的一种把握，实际上，这两种划分是一致的。五个部分可以归入三个词组之中，第一、二部分均是围绕此—在展开的，对应于“此—在”；第三部分的“真理的本质现身”对应于“真理”；第四、五部分的“作为离—基深渊的时间—空间”与“庇护”两者均是存有之真理的建基与保存，可以对应于“时间—空间”。因此，“建基”这一接缝的内部构架大致可简化为此—在、真理、时间—空间三环节。

这三个环节的内在次序在《存在与时间》中便已成形，但对其理解却随着《存在与时间》所受的误解而被误导。“有一种危险是在这个‘实存论的’‘人类学的’方向上误解《存在与时间》，从伦理学上所指的决心的角度来看待决心—真理—此在的联系，而不是反过来从此—在的支配性基础出发，把真理把握为敞开状态，把决—心把握为存有之时间—游戏—空间的到时和空间设置——这种危险显而易见，并且由于《存在与时间》中多重未完成的东西而得到了加强。但如果关于‘存有之意义’的基本问题从一开始就被固定为这个唯一的问题，那么，这种误解就从根本上被祛除了——尽管还不至于详尽的克服。”（96/88）《哲学论稿》是围绕“存有之意义”的基础问题来展开的，已经足以“祛除”这种误解，做到正本清源，反过来从“此—在—真理—决心”（时间—游戏—空间）的路径来展开。这条路径中的三个路标实际上便是“建基”中的三个环节：“此—在”—真理—“时间—空间”。由此，《存在与时间》同《哲学论稿》的这种一致性，来自唯一的问题，即“存有之意义”的基本问题。在这里，也不难看出“一种思想的勤谨”。[①]

而在贯通整部作品的长句中，对“建基”的描述是“存有之真理的建基”。就凭“建基”这个接缝的名称也可知，“建基”说的便是“存有之真理的建基”。前面已经将建基的内部构架简化为“此—在、真理、时间—空间”三环节，“存有之真理的建基”自然与这三环节相关。“存有之真理的建基”在汉语中是定语加名词的偏正结构，而从德语词序来说，“存有之真理”作为定语置于“建基”之后。“存有之真理的建基”同样可以分解出三个环节：建基、存有之真理、存有之真理的建基。并且，可与此—在、真理、时间—空间三环节按先后次序一一对应。所以，海德格尔可以说：“唯有在此—在中，那种真理才为着存有而被建基，而在此真理中，一切存在者只为存有之故而存在——这种存有乃作为最后之神的踪迹而闪现。”（241/230）这句话显示的也是“此—在、真理、时间—空间”三环节的关联。此—在是真理为着存有而被建基所需的，而真理的本现在“为着存有”中才发生，真理之“被建基”即作为离基深渊，也就是时间—游戏—空间。

在此，我们将根据“通向存有之真理的建基”而将“通向”与“存有之真理的建基”的三个环节及其路径具体展示出来。

① “对这种本质的建基要求一种思想的勤谨（Anstrengun）。”（21/18）Anstrengun 中译为“用力”。

第一节“通向”与现象学道路

思想的跳跃虽然开启了最广大的澄明而让存有之自行遮蔽得以本现，但却只是“一种建基之尝试的形态”①。从跳跃向建基的过渡，海德格尔在长句中使用了介词 zu，“‘跳跃’到存有之中以通向（zu）存有之真理的‘建基’”。介词 zu② 在德语有“通向、为了、到、以、成为”等意思，在这里，至少包含了“通向”与“为了”两种意思。两个英译本各执一端，这种分歧恰恰显示出介词 zu 在这里的多义性。③ 从“跳跃”所促成的必然性来说，这里的 zu 是“为了”；而从“跳跃”到存有之中、让离—基深渊跳起、并使存有完全本现而言，这里的 zu 可指通过跳跃来开启存有之完全本现而通向存有之真理的建基，其突出含义又是“通向”。这种通向恰恰是《哲学论稿》中从第一个接缝的回响直到最后一个接缝的“最后之神”的“思想—进程（gang）”中的通向（zu），这种“进程”之“通向”形成一种通行（Zugang），也是一条现象学的通道。④ 在《哲学论稿》中，这种“思想—进程”或思想的通道是受到情调调谐的通道，即从惊恐情调中的“回行”之返回步伐，到抑制中的“转向（Zukehr）作为存有之本现的有所踌躇的自行拒绝”，再到在畏怯中通向（zu）“对有所踌躇的拒绝的最遥远之切近的忍受”的“内立状态”。⑤（17/15）这里的 zu 显示出 Zugang（通道、进入、通行）的前缀 Zu-的含义，表示“敞开的道路”⑥。而在畏怯中，“敞开的道路”已经通达最广大的澄明或“此”之

① “跳跃首先具有一种建基之尝试的形态，从而也具备存有之真理的唯一可能的规定的形态。”Heidegger, *Besinnung*, Hrsg. F.-W. von Herrmann, Frankfurt a.M: Vittorio Klostermann, 1997, S.213.

② 对介词 zu 的解释亦可参本书第五章第三节“‘将—来者’的含义”。

③ 前一个译本译为“为了”(in order to)，参见 Heidegger, *Comtributions to Philosophy* (*From Enowning*), translated by Parvis Emad and Kenneth Maly, Bloomington: Indiana University Press, 1999, p.6。后一个译本译为“通向”(toward)，参见 Heidegger, *Comtributions to Philosophy* (*of the Event*), translated by Richard Rojcewicz and Daniela Vallega-Neu, Bloomington: Indiana University Press, 2012, p.8。

④ Heidegger, *Sein und Zeit*, Hrsg. F.-W. von Herrmann, Frankfurt a.M: Vittorio Klostermann, 1977, S.49.

⑤ 亦可参本书第三章第二节对“畏怯”的阐发。

⑥ Ingeborg Schüßler, *Le système et la fugue: deux modes de penser. Les Apports à la Philosophie de Heidegger*, Édité par Emmanuel Mejía et Ingeborg Schüßler, Frankfurt a.M: Vittorio Klostermann, 2009, p.85.

中，从而让自行遮蔽本现。这等于又开启了新的敞开之路，即通向自行遮蔽之路，而存有之建基是其自行遮蔽的建基，所以，这种“通向”便是通向建基的“敞开的道路”了，也就是从跳跃通向建基的通道。从回响、传送、跳跃到建基的通行，一方面揭示出这四个接缝本身所具有的“领域”和“道路”（290/274-275）特征；另一方面，也显示出这条由情调来调谐的思想之路的现象学特征。

海德格尔在《存在与时间》中，将现象学描绘为出发点（Ausgang）、穿行（Durchgang）与通行（Zugang）三环节，而在《现象学之基本问题》中又提出还原、解构与建构三环节，两种说法之间有着对应关系。①本书并没有刻意提炼出《哲学论稿》中的现象学方法，考虑到现象学作为一种“思想的可能性”② 有其灵活性，海德格尔甚至也认为：“没有一门（*die*）现象学，即令其所有，它也决不会变成哲学技术之类的东西。因为在一切（作为展现对象之路的）真正方法的本质中，都包含着这一点，按照那种（通过该方法自身）得到展现的东西自身建立自己。”③但并不因此就可认为现象学的道路在《哲学论稿》中可有可无，实际上，“通向深渊的幽径”的整体道说依然具有现象学特征，在此才点明，恰恰是从“得到展现的东西自身建立自己”。《哲学论稿》的“思想—进程（gang）”是“从”（aus）回响出发的，即以回响为出发点（Ausgang），在不断敞开的通行（Zugang）中，使“迄今为止的完全隐而不显的存有之本现的领域得以穿行（durchgangen）”。（2/3）考虑到这些因素，这里将 zu 译为“以通向”，即“以通向存有之真理的建基”。

“跳跃”这一接缝的最后一节的结尾，可以看作是从“跳跃”向“建基”的过渡之转折。“本现〈乃是〉我们必须驶入其中的那个东西。在这里，这意思就是‘经验’；驶入〈其中〉，为的是在本现中立身并且忍受本现——而这是作为此—在及其建基而发生的。”（307/289）“驶入”本现中也就是“跳跃到存有之中”，而“为的是在本现中立身并且忍受本现”，这种在存有之本现中的立身与忍受又“是作为此—在及其建基而发生的”。所以，“建基”的第一个环节便是“此—在”，其建基首先也是此—在的建基。“建基”接缝中的第一句话便点出了此—在的位置与作用，“此—在意

① Friedrich-Wilhelm von Herrmann, *Heideggers Philosophie der Kunst. Eine systematische Interpretation der Holzwege-Abhandlung „Der Ursprung des Kunstwerkes“*, Frankfurt a. M: Vittorio Klostermann, 1980, SS.38-40.

② ［德］海德格尔：《面向思的事情》，陈小文、孙周兴译，北京，商务印书馆，2002，第 98 页。

③ ［德］海德格尔：《现象学之基本问题》，丁耘译，上海，上海译文出版社，2008，第 449 页。

味着在作为存有之本质现身的本有中的本—有过程。而唯基于此—在，存有才达乎真理。”（308/293）要在此—在的基础上，“存有才达乎真理”，因此方有“存有之真理”及其建基。故而，此—在在“建基”接缝中占据第一个位置，但这里的此—在并不是一种预设的基点，以此才发展出一个体系，此—在反而“意味着在作为存有之本质现身的本有中的本—有过程”。这需要跳跃所跃入的“作为本有的存有之全幅本现”做准备。

第二节 此—在与探基

一、开抛与“此”

“建基”是从“跳跃”而来的，是“跳跃到存有之中以通向存有之真理的建基”。这种“通向”“建基”主要通过此—在这个环节来实行。海德格尔曾在给让·波弗勒的一封信中写道：“‘此—在’是我思想的一个主要词语”①。此—在在海德格尔思想中有相当复杂的内涵，在此无法做系统的阐发，仅仅展开与本书相关的含义。

“〈此—在〉并非这样一个可以在现成的人身上简单地找到的东西，而倒是基于作为本有的存有的基本经验所必需的存有之真理的基础。”（309/294）所以，是从存有之本现而来才有此—在的经验。而随着此—在的出现，“唯现在才有了 animal rationale［理性动物］的崩塌”（309/294）。“〈此—在〉是未来人之存在于建基中本质性地现身的基础。”（310/294）海德格尔对于此—在的写法有多种形式，常见的是通过强调其中的一部分来显示差异，在中文里是以加重点号的方式来表示的。② 其中此—在与此—在的两种写法既显明了跳跃所开启的作为敞开状态的“此”向建基之此—在的过渡，也展示了此—在的内在结构。“此—在——即烦忧（Sorge）。”（310/294）此在的烦忧在《存在与时间》中被揭示为此在的时间性整体，而《哲学论稿》中的此—在之烦忧被置于时间状态与存有之真理的维度。“时间性系于时间状态：作为存有之真理。与作为自行遮蔽之敞开状态的真理相关联的是此—在，是通过存在理解而得到设定的。”（310/295）存在理解便成了对与存有之真理相关的此—在之设定。而此—

① 这封信写于1945年11月23日。Philippe Arjakovsky，François Fédier，Hadrien France-Lanord，*Le Dictionnaire Martin Heidegger*，Paris：Cerf，2013，p.454.

② 在德文版中是用斜体写法标示出来的。

在之开抛，便是对“此”的开抛。“在开抛之际，〈此—在乃是〉存在的敞开性。此—在作为存有之真理（‘此’）的开抛。”（310/295）由此，此—在与此—在形成了存有之真理（此—）及其开抛（—在）的双向运作，也是从存有之真理的被抛状态而来的开抛之关联。在这一点上，“建基”接缝中的开抛是以思想之“跳跃”所开启的存有之本现为被抛状态而进行的开抛。而在“跳跃”接缝中作为开抛的存在理解也进一步被把握为与存有之自行遮蔽的关联了。“〈存在理解意味着〉与在敞开状态中开启自身者（自行遮蔽者）相关联。”（320/303）由此，自行遮蔽者方能以思想方式得以建基，也以此重审作为跳跃的开抛，跳跃到存有之中也是“进入”此—在之中。“〈跳跃〉乃是‘进入’此—在之中的有所开启的自行抛投。”（320/303）而“此—在建基于跳跃。它在开启之际跃入其中的东西，唯通过跳跃才能自行建基”[①]（320-321/303）。“在开启之际跃入其中的东西”即存有之本现，而存有之本现要建基是通过跳跃来实行的。这一过程亦即“跳跃到存有之中以通向”建基。

另一开端的此—在意味着“未来人之存在的可能性的基础”（313/297）。这种“可能性的基础”“却是根据朝向离基深渊的—内立性的归属状态来思考的”（313/297）。[②] 跳跃让“开裂之离基深渊跳起来”，而在跳跃中，作为极端之开抛的向死而在也已揭示出离基深渊之开裂的两个基本规定，从而让“存有之全幅本现”作为“此”敞开。所以，此—在作为内立状态，是在“朝向离—基深渊的”内立之中的。离—基深渊作为自行澄明着的遮蔽，未来的人的内立状态或置身于其中，“才能使之保持敞开”（313/297）。而在思想之跳跃中开启的最广大之“此”也是存有之自行遮蔽的本现。由此，“作为自行遮蔽之澄明的本现，此—在属于这种作为本—有而本现的自行遮蔽本身。”（313/297）这种“属于”也就是前面提到的“归属状态”。故而，存有之自行遮蔽才得以在此—在中建基。“建基本身澄明着那种自行遮蔽，即本有。”（260/247）

存有之自行遮蔽也通过此—在之“在”对此—在之“此”的接合而成为此—在之自身的基础。“这个‘此—’就必须在其被接合的（gefügten）澄明权力中得到展开。此—在本身作为被居—有的此—在而变成更本己的，成为自身的自行开启的基础。”（316/300）这种接合本身也是澄明的

① 译文略异。

② 归属状态，中译本为“共属状态”。

发生，“‘此’自行澄明于此—在中”①。由此，存有之自行遮蔽在此—在之中也有澄明与否的情况。海德格尔在此用了一个怪异的写法：“它是与西方历史上迄今为止的思想方式和言说方式的各种角度相抵触的：此 在(das Da sein)。”(316/300)“此在”被拆分为两部分，却没有用连字符连接。类似这样的写法在《同一与差异》中也出现过几次。② 而在“此 在”这个表达中，sein(存在、是)等于做“及物”动词，“此—在乃是一种存在方式，由于它‘是’ (ist)(差不多是主动—及物的这个‘此’)”(312/296)。“此 在”意味着让“此”存在，表示“保持开启一个维度”，其自身趋势总是“不停地重新自行闭合”。③ 由此，通过在跳跃中发生的存有之本现，也是存有之自行遮蔽在最广大的澄明或“此”中的本现，对存有之自行遮蔽的关联便转换为对“此”的关联。所以，“存有之隐匿(拒予)”也会导致此—在之隐匿，隐匿乃是“此—在的隐匿”。(308/293)

“此”自身的这种隐匿特征，导致了此—在与离开之在的区分，即对作为建基的“此”是接受，还是离开。“此—在：经受自行遮蔽之敞开状态。离开之在：使神秘和存在的锁闭状态得以运行，存在之被遗忘状态。”④ (318/301) 而正是在“此”自身被经验到的基础上，才有由之而来的离开之在的经验。“这个意义上的离开之在首先乃在此—在的所在。离开：对存有的消除、排挤，表面看来只是对自为‘存在者’的消除、排挤。”(318/301) 将“离开”理解为“对存有的消除、排挤”体现为对作为存有之自行遮蔽的本现的“此”的消解和排除。由此，第一开端中发生的对自行遮蔽之反对与消除⑤，已从建基角度落实到作为存有之自行遮蔽的本现的“此”中。而在此—在中，“此”得到经受，而且是以多种方式来经受。“这种此—在中，‘此’之被经受，各以某种真理之庇护方式(以思想的、诗歌的、建造的、领导的、牺牲的、受苦的、欢呼的方式)。”(318-319/302) 作为“思想作品”的《哲学论稿》是以思想的方式来经受作为存有之本现的“此”。而在此—在中，存有本现的“此”得到经受与

① Heidegger, *Besinnung*, Hrsg. F.-W. von Herrmann, Frankfurt a. M: Vittorio Klostermann, 1997, S.321.

② 如“弃 言”(das Ent sagen)、“觉 醒”(ent wachen)，见[德]海德格尔：《同一与差异》，孙周兴、陈小文、余明锋译，北京，商务印书馆，2011，第 83 页。

③ Heidegger, *Apports à la philosophie. De l'avenance*, traduction par François Fédier, Gallimard, 2013, p.343, la note 1.

④ 译文略异。

⑤ 参本书第一章第二节“主导问题与传送”。

接纳，此—在也成为对存有的探—基。

二、此—在与探基

从此—在与建基的关联而言，此—在被把握为基础之探—基。“建基”这个接缝的第二部分的标题是“此—在”，所阐发的却是建基。正是从“此”之通达的可能与否，即此—在或离开之在，才揭示出建基的模棱两可特征：“1. 根据具有建基作用，作为根据而本现。2. 这个具有建基作用的根据作为这样一个根据而被达到和接纳。”（324/307）这里的Grund（根据）在德语中也指基础。从建基之基础或根据而来，此—在作为此种基础的探—基。海德格尔从上述“建基”的两方面来把握探—基。“探—基：(a) 让根据作为具有建基作用的根据而本现；(b) 信赖根据之为根据，把某物带向根据。”（324/307）这种对存有之真理的基础的探—基，是通过此—在来实行的。“存有之真理的根据的探—基，因而也即对存有本身的探—基：通过此—在的持存，让这个根据（本有）是（sein）根据。”（325/307）随着此—在之探—基的发生，探—基也为此—在建基，这与此—在之开抛作为被抛的开抛如出一辙。“相应地，探—基便成为作为根据之探—基的此—在之建基，即：存有之真理。”（325/307）此—在之探—基一方面使“这个具有建基作用的根据作为这样一个根据而被达到和接纳”，另一方面，“具有建基作用的”根据或基础在“被达到和接纳”中成为此—在之建基。而存有之开抛即是此—在向这种基础的通达（zu）。这种基础在此—在之探基中成为离—基深渊，而在存在之被遗忘状态意义上的离开之在的否定中成为无基。①

“如若此—在仅仅在归属于本有之际才本现，那么，实际上以第一次命名，就必定已经实行了那种指引，借助于这种指引，此—在根本上不同于仅仅对与我们毫不相干的人之存在的基础的形式规定。”②（326/308-309）此—在并不是形而上学中普遍化的空洞定义，而是“形式”规定，这里的“形式”与海德格尔早期思想中的形式显示的现象学相关③。这表明此—在是一个“形式显示着的概念”，这种概念包含着实行义，故而“此—在必须充实地被经验”，即“作为此—在通过一种有所移离的进驻而得到实行和忍受”。（326/309）实际上，《哲学论稿》作为“思想作品”来

---

① 可参《哲学论稿》第325页的列表。

② 译文略异。

③ 关于海德格尔早期的形式显示的现象学，可参[德]海德格尔：《形式显示的现象学：海德格尔早期弗莱堡文选》，孙周兴编译，上海，同济大学出版社，2004，第17—21页。

自海德格尔的思意此在的实行与忍受。“思想家在思之中是单纯的此—在。”① 作为思想家的海德格尔经受抑制情调的接合之顺从，方有其六个接缝的整体结构。“此—在的开抛唯有作为向此—在的进驻才是可能的。不过，进驻着的开抛仅仅源起于那种顺从，即对我们的历史在抑制这种基本情调中的最隐蔽 Fügung（接合、接缝）的顺从。尤其是在存在之离弃状态的急难渐渐降临，同时决断被寻求之际，那个本质性的瞬间，其广度和深度不可估量的本质性瞬间，就已经开始了。”（327/309）这里的思想之 Fügsamkeit（顺从）与 Fügung（接缝、接合）是同词根的，这意味着《哲学论稿》的内在结构便是从思之顺从而来的赋形。这种“顺从”也是“一种有所抑制的场所之创造的温顺（Fügsamkeit）”（8/7-8），这个场所也即作为时机之所的“此”。而“此”作为最广大的敞开域，由抑制情调所调谐。“所谓在其敞开中持续地置身于自行遮蔽、拒—绝，犹豫面前，这意味着什么呢？〈意味着〉抑制，因而〈意味着〉基本情调：惊恐、抑制、畏怯。”（363/341）抑制是敞开域的发生，而且“持续地置身于自行遮蔽、拒—绝，犹豫面前”，作为基本情调的抑制显示出与遮蔽维度之关联的“持续”的保持与聚集。故而能够贯通回响、传送到跳跃这三个接缝，从而在其聚集中调谐着此—在之建基。“抑制之所以是基本情调，是因为它调谐着此—在之基础的探基、本有的探基，因而也调谐着此—在的建基。”（38/34）

这种由基本情调所调谐的接缝尤其发生于“本质性的瞬间”。而急难与决断的同时性之聚集，构成了瞬间的发生。这意味着急难与决断也均是在瞬间的发生范围内。由思想之顺从而来的接合或接缝，“作为对极端决断的时机之所的有所接合的准备，乃是另一开端的思想行为的法则”②（327/310）。在德语中，瞬间（Augenblick）也有“时机”的意思。而“真理的历史，真理之本质现身的闪现、转变和建基的历史，只具有一些稀罕的和相互远离的时机”（363/342）。这也可以澄清海德格尔在 1949 年为《关于人道主义的书信》所做的注释中的回顾：“这里所道说的东西不只是记录成文字时才臆想出来的，而是基于一条道路的行进，这条道路在 1936 年就开始了，在一种尝试的‘瞬间’中去质朴性地道说存在之真

---

① Heidegger, *Anmerkungen I-V (Schwarze Hefte 1942-1948)*, Hrsg. Peter Trawny, Frankfurt a.M.: Vittorio Klostermann, 2015, S.19.

② 译文略异。

理。"① 这里提到的"道路"即1936年开始写作的《哲学论稿》所开辟的本有之路，是"在一种尝试的'瞬间'中"去道说"存在之真理"。一方面，是因为真理的历史及其本质现身是在"瞬间"或时机之中的；另一方面，"在瞬间中"（im Augenblick）表示一种内立，内立于瞬间中而经验到存在于"瞬间"中的本质现身，由此方能去道说。我们也可以看到，恰恰是在"建基"这个接缝中，随着瞬间或时机的发生，道说也形成"转向"，"再也不必抑制关于存有之本质现身的道说了"。（374/351）

而在时机中，随着存有在"此"中的本现与建基，对"此—在"之道说的建基方式也呈现出来。"关于此—在，我们只还能以有所建基的方式加以道说，在回响、传送和跳跃的思想实行中加以道说。"（327/310）《哲学论稿》直到"建基"这个接缝才专门集中阐发此—在，恰恰是经历了回响、传送、跳跃三个接缝中的"敞开的道路"之通行，抵达让存有之自行遮蔽得以本现的最广大的"此"。我们前面已经从惊恐、抑制与畏怯的分析中显明了这条思想道路，这本身便是《哲学论稿》的思想之实行。而直到最广大的"此"能开启存有之自行遮蔽的本现，并为之提供建基的可能时，此—在之道说再集中展开。故而，"关于此—在，我们只还能以有所建基的方式加以道说"。《哲学论稿》恰恰以思想的方式充实地经验到了此—在之发生，以"有所建基的方式"实行了这种发生。"有所建基的方式"也是一种历史的建基。"'有所建基的'同时也意味着：在我们的未来历史中以及对我们的未来历史而言是历史性的，我们的未来历史的最内在急难（存在之离弃状态）以及从中起源的必然性（基础问题）乃是自行接合的。"②（327/310）

在"以有所建基的方式"道说此—在的"思想实行"中，存有也在思想上得以探基。而就思想家的思意此在而言，向死而在的实行"对于另一开端的思想家来说才是一种义务"（302/285）。所以，《哲学论稿》中对存有进行探基的此—在仍然离不开死亡问题。这使得与"此"相关联的"离开之在"在双重维度上得到了进一步的阐发。

就此—在之在的内立状态是"此"之持存与对"此"的接纳而言，离开之在则是从这种"此"之持存中离开。"此—在只不过是时机与历史，那么，通常的人之存在就必定由此出发而被规定为离开之在。它从'此'

---

① [德]海德格尔：《林中路》，孙周兴译，北京，商务印书馆，2001，第366页。译文有改动。Heidegger, *Wegmarken*, Hrsg. F.-W. von Herrmann, Frankfurt a.M.: Vittorio Klostermann, 1976, S.313.

② 译文略异。

之持存性那里‘离开’了，并且完全只寓于作为现成之物的存在者（存在之被遗忘状态）。人就是这种离开。”（343/323）这里的存在之被遗忘状态等于从“此”的角度得到了阐发。《存在与时间》中的常人之非本真状态被从存在历史经验为存在之被遗忘状态。“非本真状态”的用词保留到了《哲学论稿》中，尽管后者中的此—在与《存在与时间》中的此在已经大不相同。“离开之在乃是表示此—在之非本真状态的更原始的名称。”（343/324）

而本源意义上的离开之在乃是对于存有之探基，探到作为基础的自行遮蔽本身的“离开”倾向。“这个‘此’包含着那种在其最本己的敞开者中的遮蔽状态，以之为其极端，也即包含着那种离开，作为持久可能性的离开之在；人在各种不同的死亡形态中认识这种离开之在。”（343/324）这种在死亡形态中呈现出来的离开之在，让“敞开者中的遮蔽状态”作为“离开”显露，实际上便是在敞开中本现的同时也保持为其遮蔽状态，也是让“遮蔽状态进入‘此’之中而持立”（344/325）。遮蔽状态的这种“持立”，《哲学论稿》中也表述为“拒予之暴动”（Aufruhr）①，而这是由作为死亡的离开之在所探基到的，所以也有一种“死亡的 Aufstand（暴动、起义）”②。死亡因此可以“庇护着存有”③，庇护着存有的死亡也是一种“好死（guter Tod）”④，“好死”是“有所赠予的”⑤，即赠予出作为基础的存有之自行遮蔽。这种死亡在“庇护着存有”的同时也开启了真理之本质现身。（344/325）“先行进入死亡并不是通常意义上的求虚无的意志，而相反地倒是至高的此—在，它把‘此’之遮蔽状态一道引入真理之经受的内立性之中。”（345/325）将遮蔽状态引入真理之中，而使存有

① 可参见本书第二章第一节“‘在传送中’的三重含义”。

② Ingeborg Schüßler, *La question de la vérité. Thomas d'Aquin-Nietzsche-Kant-Aristote-Heidegger*, Nadir s.a: Editions Payot Lausanne, 2001, p.196.

③ Ingeborg Schüßler, *La question de la vérité. Thomas d'Aquin-Nietzsche-Kant-Aristote-Heidegger*, Nadir s.a: Editions Payot Lausanne, 2001, p.195.

④ [德]海德格尔:《演讲与论文集》,孙周兴译,北京,三联书店,2011,第158页。Heidegger, *Vorträge und Aufsätze*, Hrsg. F.-W. von Herrmann, Frankfurt a. M: Vittorio Klostermann, 2000, S.152. Ingeborg Schüßler根据这种“好死”的提法,在海德格尔那里也提出了一种 mort méchante(坏的死亡、恶死),并两相比较进行了富有启发的阐释。Ingeborg Schüßler, “Le ‘dernier dieu’ et le délaissement de l'être selon les Apports *à* la philosophie de M. Heidegger (Première partie)”, *Etudes Heideggeriennes*, Vol.25, Berlin: Duncker & Humblot, 2009, pp.66-70.

⑤ Ingeborg Schüßler, “Le ‘dernier dieu’ et le délaissement de l'être selon les Apports *à* la philosophie de M. Heidegger (Première partie)”, *Etudes Heideggeriennes*, Vol. 25, Berlin: Duncker & Humblot, 2009, p.67.

之自行遮蔽能在真理中“原始地得到经验”（344/325）。这种真理以此成为存有之真理。

第三节　存有之真理

在此—在之探基中，存有之真理本现。此—在既是“此”之持存，也是存有之真理的持存。“两者共属一体：返回到此—在之中的建基与作为本有的存有之真理。”（337/318）海德格尔对建基这一接缝的叙述是“通向存有之真理的建基”，从德语词序来说，“存有之真理的”这一表述作为定语置后，先阐明此—在之探—基的建基，这一过程也是对存有之真理的探明，方有存有之真理的建基。这里的“存有之真理”也对应于建基三环节中的第二个环节“真理”，也是“建基”这个接缝中的第三部分内容“真理之本质现身”。

真理的本质现身“乃是自行遮蔽的澄明，亦即说，真理乃是原始的存有之真理（本有）”（349/329）。而在《哲学论稿》的“前瞻”中，海德格尔在澄清人们对“存有之真理”的诸多误解后，指出了其真正的含义：“存有之真理根本不是什么与存有不同的东西，而是存有最本己的本质现身。”（101/93）所以，此—在作为对存有之本现的探基，其实也就是对存有之真理的探基。“此—在原初地处于本有之建基中，探存在之真理的基础。”（341/322）

此—在对存有之探—基，已经揭示出了作为此—在之极端形态的离开之在，离开之在在双重意义上对存有探基。一方面，作为“此—在之非本真状态的更原始的名称”（343/324），所探到的是在存在之被遗忘状态中的存有之无基；另一方面，作为在死亡形态中可以显示的离开之在，指向“此”之中的“最本己的遮蔽状态”，从而探到存有之自行遮蔽的维度。随着存有之探基被揭示为对存有之真理的探基，双重意义上的“离开之在”也探明存有之真理在双重意义上作为“非真理”的发生。在流俗意义上的离开之在，探到存在之被遗忘状态中的存有，而存在之被遗忘状态是“存有之非真理的形式”（252/241），也可以说是真理之变—质（Verwesung）的形式。作为“此”之极端遮蔽状态的“离开之在”，能揭示出存有之自行遮蔽，作为“此之极端”的向死而在，触及了存有之真理与离基深渊的原始经验。所以，本真意义上的离开之在恰恰能庇护存有之自行遮蔽，即本源意义上的非—真理。真理是非真理，“这个命题被故意做了自相矛盾的表述，它要表达的是，真理包含着不性（das Nichthafte），但绝非仅仅作为一种缺陷，而是作为阻力，是那种进入澄明本身之中的自行遮蔽”（379/356）。本源意义上的非—真理也是真理的本质现身。

这种真理之本现，作为存有之本质现身，也随着存有之历史而具有自身的历史。“存有是赠送这种真理和自身，还是拒予这种真理和自身，因而首先本真地进入其历史中而带来离基深渊般的东西，这一点取决于存有之历史。”（101/93）存有历史之传送也在真理的维度进行。“存有本身必须通过另一开端把第一开端带入自由之境，并且因此克服第一开端。”（347/328）自由也可指离—基深渊。[①] 而随着此—在对存有之真理的探基，第一开端中的ἀλήθεια（无蔽、真理）与Λήθη（遮蔽）的本源关系及其离—基深渊特征得到了“回忆”（365/344）。随着第一开端中的无蔽之真理变成了光与光明，“关于遮蔽状态和遮蔽、它们的起源和根据的问题，并没有被提出来。因为仿佛只是估计到了无蔽状态的‘肯定方面’，即那个自由地可通达和保证通达的东西，所以，ἀλήθεια［无蔽、真理］也在这个方面失去了它原始的深度和离基深渊状态”（352/332）。

ἀλήθεια（无蔽、真理）的前缀 α-（反），意味着它对λήθη（遗忘）的去蔽是一种反（α-）对，这种去蔽以此被囿于光的角度。“光明是从存在者角度来看的，只要存在者〈乃是〉作为ιδέα［相、理念］（同时来自前缀 α- 这一‘反’）。”（355-356/335）这导致后来的存在者解释被从光的角度来理解。而ιδέα（相、理念）作为“被视见者”，亦被当作枷锁。随着枷锁被当作联结者本身，成为正确性真理的先行形式，ἀλήθεια（无蔽、真理）便真正失落了。“把ζυγόν［枷锁］解释为ἀλήθεια［无蔽、真理］，这是正确的，但人们必须知道，这样一来，ἀλήθεια［无蔽、真理］本身就是在特定的角度上被解释的，对于ἀλήθεια［无蔽、真理］的真正追问于是就被截断了。”（356/335）我们在“传送”中，从存有之历史的发生来把握φύσις（涌现、自然）是如何被切断的，虽然也涉及ἀλήθεια（无蔽、真理），而现在才是专门来把握第一开端中的ἀλήθεια（无蔽、真理）是如何被截断的。解释ἀλήθεια（无蔽、真理）的特定角度进而被限定在持续的在场状态上面。“ἀλήθεια［无蔽、真理］在地道的希腊意义上，始终只是从存在者及其持续的在场状态角度〈得到解释的〉。”（356/335）在这一历史演变过程中，ἀλήθεια（无蔽、真理）之前缀 α-（反）恰恰是对Λήθη（遮蔽）的消除与对立。“ἀλήθεια［无—蔽、真—理］意指无蔽状态和无蔽者

---

① “作为这种基础，自由是此在的离—基深渊。” Heidegger, *Wegmarken*, Hrsg. F.-W. von Herrmann, Frankfurt a.M.: Vittorio Klostermann, 1976, S.174.

本身。这一点即已表明，遮蔽本身仅仅被经验为有待消除者，必须被取消的东西（α-）。”（372-373/350）[①] 在光的主导下，敞开者与敞开状态本身没有得到把握，亦即“澄明”与“被澄明者”（即在澄明中本现的自行遮蔽者）“没有得到把握”（361/340）。并且，自行遮蔽者据此沦为了“不在场者”，其建基的必然性也随着真理的失落而失落了。“地道希腊式地，被遮蔽者也变成了不在场者，而且遮蔽之生发失落了，因而也失落了那种必然性，即：必然要特别地为这种生发建基，尤其是要在其与敞开状态之本现的内在联系中把握这种生发，最后而且首要地，也把这种单一性当作原本的本质现身来加以建基。”（361-362/340）

由此，在真理的维度揭示出第一开端中的自行遮蔽者何以未得到建基。而“追问也并不朝向遮蔽本身及其基础”（373/350）。这点也能解答基础问题的追问何以未发生，也能从真理的演变史揭示出“无基的支配地位”（373/351）。第一开端中ἀλήθεια（无蔽、真理）的演变过程也揭示了在真理自身内部中包含着对其遮蔽维度的反对与对立的可能。在“传送”接缝中，在描述第一开端的第一终结时，已经澄清了柏拉图—亚里士多德所奠定的形而上学对遮蔽维度的反对与对立态度。[②] 这里深入真理维度而澄清了这种反对与对立的发生。这种真理自身态度的转变使“存有的可遗忘性成了定则，而且原初地发生的存在之被遗忘状态扩展开来，笼罩于人类一切行为之上”（358/336）。这已经是流俗意义上的“离开之在”所探明的非—真理了。

此种真理无法揭示无蔽状态本身，以及敞开状态与敞开状态中的自行遮蔽者。“无蔽状态必须作为存在者整体的敞开状态而得到探基和建基，敞开状态必须作为（存在的）自行遮蔽的敞开状态而得到探基和建基，（存在的）自行遮蔽必须作为此—在而得到探基和建基。”（356-357/335）与未被追问的遮蔽状态和遮蔽一样，敞开状态本身也“一直未受追问”（353/333）。这种敞开状态意味着一种对第一开端中真理的反对态度完全不一样的立场。“作为为遮蔽的澄明，真理乃是一种根本上不同于ἀλήθεια［无蔽、真理］的开抛”（373/350）。这种不一样的立场体现在“为遮蔽的澄明”中，作为敞开状态的澄明是“为了”（für）遮蔽的澄明。用来表示澄明与遮蔽之关联的für，我们已经在“跳跃”接缝中进行了描述，[③] 将之置于“跳跃”的道说中，即“为了”“跳跃到存有之中”，是完全不同于

---

① “ἀλήθεια（无—蔽、真—理）”中译本为“ἀλήθεια（无蔽、真理）”。

② 可参本书第二章第二节“主导问题与传送”。

③ 可参本书第三章第一节对für（为了、赞同、适合于）的解释。

形而上学对存有之自行遮蔽的姿态。因为这种姿态的转变让存有之本现在跳跃中发生为“最遥远的切近”。（237/227）从根本上说，für 是“为了”作为存有之本现的自行遮蔽，也是“赞同”与“适合于”存有之自行遮蔽。在畏怯情调所敞开的“此”或澄明中，存有之自行遮蔽得以本现，并显示为“有所踌躇的拒绝的最遥远的切近”（237/227）。这里已经出现了澄明与遮蔽的内在关联。在建基中，存有之自行遮蔽与澄明或“此”的关联从基础来揭示。“‘此’（为自行遮蔽的澄明）之本现，是只能根据它本身来规定的，此—在唯根据‘此’与自行遮蔽（作为存有的自行遮蔽）的有所澄明的关联才可能得到建基。”[①]（350/330）而从“跳跃”中，已经明确展现了一种“赞同”或“适合于”存有之自行遮蔽的态度，这种态度完全不同于形而上学及其真理对自行遮蔽的反对或对立。存有之真理作为存有之本现，真理自身也要本现。“真理绝不‘存在’，而是本质性地现身。”（364/342）存有之真理让存有之自行遮蔽本现出来，故而，存有之真理作为“为自行遮蔽的澄明”也就不难理解了。

要理解“为自行遮蔽的澄明”，关键是要了解澄明与遮蔽之间的“für”（为了、赞同、适合于）的蕴含。“真理并非简单地〈是〉澄明，而恰是为自行遮蔽的澄明。”（368/346）这种为自行遮蔽的澄明也是本源意义上的非—真理，[②] 可以由本源意义上的离开之在来探基。“这个‘此’包含着那种在其最本己的敞开者中的遮蔽状态，以之为其极端，也即包含着那种离开，作为持久可能性的离开之在；人在各种不同的死亡形态中认识这种离开之在。”（343/324）这种离开之在揭示出了遮蔽状态在敞开者中的本现与离开，其遮蔽展开为在作为敞开者的澄明中的来临与离去，也可以表述为切近与离开，即切近与远离之间的游戏。所以，“为自行遮蔽的澄明”之“为了”，便是让自行遮蔽在切近与远离的双重意义上本现，澄明不但被“有所切近的维度”，而且也被“远离（l'absence）的维度”所“赋予尺度（dimensionnée）与穿过”。[③] 其中，“有所切近的维度”发生为澄明，而“远离的维度”使遮蔽保持为遮蔽。[④] 这显示出德语中“真

① 译文略异。

② “为遮蔽的澄明(作为非—真理的真理)。”(367/345)

③ Ingeborg Schüssler, *La question de la vérité. Thomas d'Aquin-Nietzsche-Kant-Aristote-Heidegger*, Nadir s.a: Editions Payot Lausanne, 2001, p.251.

④ Ingeborg Schüssler, *La question de la vérité. Thomas d'Aquin-Nietzsche-Kant-Aristote-Heidegger*, Nadir s.a: Editions Payot Lausanne, 2001, p.251.

理”（Wahrheit）一词自身的含义：其后缀-heit 表示 Heiternde（明朗化）①，即澄明的发生，而词干 Wahr-与其动词 wahren（保持、维持）相关，这里表示“让自行遮蔽保持其遮蔽”。② 而从远与近的关联来说，“为自行遮蔽的澄明”也发生为切近与远离的双重游戏运作，可描述为一种遥远的切近和切近中的遥远。这也是“为了跳跃到存有中”的“为了”与存有之本现的多重关系在存有之真理内部的运作。这种“为了”及其所蕴含的“赞同”与“适于”的姿态完全不同于形而上学及其真理对自行遮蔽的反对与消除。“真理是回收着和高耸着的基础，它耸立于被遮蔽者之上，而又没有消除之，作为这个基础而起调谐作用的情调。因为这个基础乃是作为存有之本现的本有本身。”(368/346)

“为自行遮蔽的澄明”也被海德格尔表述为“有所澄明的遮蔽（参照‘离—基深渊’），这种说法的意思就是：一种澄明为自行遮蔽者而自行建基”(364/342)。这句话以加括号的形式将“有所澄明的遮蔽”解释为离—基深渊。海德格尔也更明确地将这种关系界定为：“离—基深渊乃是原初本质性的**澄明着的遮蔽**，是真理之本现。”(406/380) 而离—基深渊本现为时间—空间，所以，这已经是从作为“建基”接缝第二个环节的“真理”，进入其第三个环节“时间—空间”了。但这种“有所澄明的遮蔽”也是“一种澄明为自行遮蔽者而自行建基”，是存有之真理的建基，即建基为离—基深渊。“通向存有之真理的建基”也就是通向“离—基深渊”。为此，我们接下来一节的标题为“建基与离—基深渊”。

第四节　建基与离—基深渊

离—基深渊是真理之本现，也是“基础的原始本现。基础乃是真理之本质”(404/379)。这个基础便是存有之自行遮蔽。“基础〈乃是〉：在有所承荷的贯通和耸立中的自行遮蔽。”(405/379) 我们已经在抑制的情调中一再经验到这个基础，并且澄清了抑制情调所敞开的“此”，让这个基

① 海德格尔将真—理(Wahr-heit)的“后缀-heit”解释为“明朗(die Heitere)，即朗照者(das Heiternde)，照亮者(das Lichtende)”。确定了其“后缀-heit”与澄明(Lichtung)的一致性。参见[德]海德格尔：《路标》，孙周兴译，北京，商务印书馆，2001，第 207 页。Ingeborg Schüssler，*La question de la vérité. Thomas d'Aquin-Nietzsche-Kant-Aristote-Heidegger*，Nadir s.a：Editions Payot Lausanne，2001，p.251，la note 146.

② Ingeborg Schüssler，*La question de la vérité. Thomas d'Aquin-Nietzsche-Kant-Aristote-Heidegger*，Nadir s.a：Editions Payot Lausanne，2001，p.251.

础本现。[1] 这个“此”之敞开域也指“澄明”，“‘置身’于遮蔽之澄明中并且经受这种澄明，这话意味着什么呢？〈意味着〉抑制的基本—情调”（375/352）。基本—情调（Grund-stimmung）从字面意思来说也是基础—情调，基础作为这一情调的调谐者。在“建基”这一接缝中，基础得以建基，抑制让基础在情调之调谐中作为基础本现。

一、离—基深渊的建基

这个基础也被视为迷移的发生。“澄明使自行遮蔽者进入敞开者之中，并且让由此而来的迷移（Berückung）——作为决定性的东西——贯通开抛者之自身存在而起调谐作用。”（380/357）起调谐作用的迷移也是离—基深渊之基础的发生。[2] 而在这里所经验到的基本—情调真正显示出了其作为惊恐与畏怯的“中心”位置。[3] 因为作为基础之迷移的调谐，也可以涵括惊恐与畏怯，就惊恐而言，“惊恐作为最高的与最纯粹的惊异”是“迷移者（Berückende）——通过它一切变得不同于以往——惯常状态与通常状态中的往常之物被动摇”[4]。惊恐情调的迷移运作中所经验到的存有之拒予也是“存有之遥远的第一次切近”（500/474）。而在畏怯中，我们也经验到了“有所踌躇的拒绝的最遥远的切近”（237/227）。就抑制的中心位置与基础地位而言，能将其他情调聚集起来，“所谓在其敞开（Offen）中持续地置身于自行遮蔽、拒—绝，犹豫面前，这意味着什么呢？〈意味着〉抑制，因而〈意味着〉基本情调：惊恐、抑制、畏怯。”（363/341）这里，一方面将惊恐、抑制与畏怯三者并列，我们从前三个接缝可以看出三者的并列关系；另一方面也单独将抑制列出，恰恰表明其基础性的位置，有聚集作用。这种聚集从赋格曲的角度，乃是前面三个接缝中的情调之音调的一种谐奏与合唱，其复调曲在回荡与“环绕”之中而开启出自身的“空间”。这也是作为调谐者的迷移在空间维度的显现，迷移作为“环绕支撑”（Umhalt），能够设置“空间”。（410/384）

这种迷移与空间之设置的经验，是我们在此—在之探基与存有之真理

---

① 可参本书第四章第二节“此—在与探基”。

② 在这里显示出海德格尔对存有与真理之本质现身的多样命名。“在我迄今为止对于这种真理之本质现身的开抛的尝试中，力求明白可解的努力始终首先是要揭示出澄明的方式、遮蔽的变式及其本质性的共属一体性。”（375/352）在这里，可以粗略列出这些“共属一体”的“变式”：澄明与遮蔽，拒绝与踌躇，离基深渊（Ab-grund）中的离开（Ab-）与基础（-grund），移离与迷移，时间与空间。

③ “对惊恐和畏怯而言，抑制乃是中心（die Mitte）。”（17/15）

④ Heidegger，*Zum Ereignis-Denken*，Frankfurt a.M：Vittorio Klostermann，2013，S.74.

所经验到的存有之自行遮蔽的扩展，均可归入离基深渊之基础的运作之中。而且，“迷移者”的这种“动摇”[①]（erschüttert）也是一种震动，erschüttern在德语中可指“动摇、震动、震撼”，这与离基深渊之基础的zögern（踌躇、动摇）[②] 有着一致性。经受这种踌躇或震动，便已经立身于离—基深渊中了，正如“唯当我们置身于澄明中，我们方才能经验到自行遮蔽”（368/346）。由此，我们可以进入对离—基深渊的阐发了。

海德格尔将德语中的“深渊”（Abgrund）一词用连字符分成两部分，即离—基深渊（Ab-grund）。对其阐释也从两个维度来展开：一方面，“离—基深渊乃是基础之缺—席（Weg-bleiben）”[③]；（405/379）另一方面，“离—基深渊〈即〉离席（Ausbleiben）”[④]。（405/379）Wegbleiben（缺席）与Ausbleiben（离席）这两个词在日常德语中意思相近，均有“缺席”的意思。Wegbleiben指“离开到更远处”，而Ausbleiben表示“离开到远处”是“为了缺席”，从人类学意义上来理解的话，“这种缺席可感觉到”。[⑤] 汉语中很难找到贴切的词来翻译，这里尝试分别译为“缺席”与“离席”[⑥]。海德格尔在此处用这两个词是为了阐释离—基深渊的，所以，两者均是离—基深渊之道说。就离—基深渊而言，两者的区别在于，缺席指向作为离—基深渊之“离开”的自行拒绝，而离席指向作为离

---

① “迷移者——通过它一切变得不同于以往——惯常状态与通常状态中的往常之物被动摇。”Heidegger，*Zum Ereignis-Denken*，Frankfurt a.M：Vittorio Klostermann，2013，S. 74.

② “基础处于踌躇（Zögerung）中。”（405/380）

③ “缺—席”（Weg-bleiben）中译本译为“离失”。wegbleiben在德语中指“不出席、不来，突然失灵”。海德格尔以缺席之人为例来解释缺席（Wegbleiben）及其经受的关联，那缺—席（bleibt weg）的人，其逗留必然已经得到“经受，没有这种逗留他决不能成为那缺席者”［Heidegger，*Anmerkungen I-V*（*Schwarze Hefte 1942-1948*），Hrsg. Peter Trawny，Frankfurt a.M：Vittorio Klostermann，2015，S.344］。而切近“缺席的困难之处在于，缺席保持在不可显露者中”［Heidegger，*Anmerkungen I-V*（*Schwarze Hefte 1942-1948*），Hrsg. Peter Trawny，Frankfurt a.M：Vittorio Klostermann，2015，SS.344-345］。所以，这里将Wegbleiben翻译为“缺席”。这一改动在下文中不再注明。

④ “离席”（Ausbleiben）中译本译为“离失”。Ausbleiben在德语中指“未到、缺席，外出，停止”。这一改动在下文中不再注明。

⑤ 弗朗索瓦·费迪耶教授于2015年8月14日给笔者的信。

⑥ “离席”（Ausbleiben）指的是存有之自行遮蔽作为基础在澄明中到来却没有“真正”建基，实际上是仍处在“拒绝”中而又拉开了距离，可以说是一种“离席”。如果要以日常方式用某种距离来衡量的话，缺席比离席更遥远。在《哲学论稿》中有一段话可以体现这种差别。存有之真理的“问题的悬缺（Ausbleiben）对于形而上学的基本立场来说乃是一种持续的推动力，后者本身对于这种历史来说不仅是晦暗不明的，而且甚至于一直是离失（weg bleibt）的”（473/449）。这句话中的“悬缺”（Ausbleiben）亦可译为离席，因为存有之真理曾在第一开端闪现过，故而可以说在形而上学中离席了。这两个词的具体所指要在下文对离—基深渊的具体阐发中显示出来。

—基深渊之基础的踌躇。①

“离—基深渊〈即〉离席（Ausbleiben）；作为自行遮蔽中的基础，它是一种以基础之拒绝为方式的自行遮蔽。”（405/379）这里点明了离席“作为自行遮蔽中的基础”，即离—基深渊之基础。拒绝作为其发生方式，指的是缺席，“‘缺—席’作为基础的（踌躇着的）自行拒绝”（407/381）。拒绝并非通常意义上的拒绝，而是一种独特的开启方式。“所谓拒绝并非一无所有，而倒是一种别具一格的、原始的‘让未充满’、‘让空虚’的方式；因而是一种别具一格的开启方式。”（405/379）这种“让空虚”的开启方式，也指缺席，作为“基础之缺—席，离—基深渊乃是作为‘空虚’的敞开者的首次澄明”（406/380）。拒绝是离基深渊之离开，而在其开启中，离—基深渊之基础“以一种别具一格的方式带入敞开者中，也就是带入那种空虚的首次敞开中心”，所以，“离—基深渊乃是离—基深渊”。（405/380-381）尽管这样，这种基础虽然“植根于离基深渊，但并非真正地植根于离基深渊，就此而言，基础处于踌躇中”（405/381）。但这种没有真正建基的踌躇仍然显示为一种拒绝，即“真正的建基在离基深渊中仍然是拒绝着的”②。从拒绝作为离开（Ab-）来说，离—基深渊之基础这种踌躇乃是从其自行遮蔽而进入“空虚”或澄明之中，而后又在拒绝中保持“离开”倾向。在这个意义上，可以将 Ausbleiben 译为“离席”。由此，离—基深渊之缺席与离席便在其各自对应的自行拒绝与踌躇中展开。离—基深渊也就是“基础的有所踌躇的拒绝”（405/380）。

而当踌躇中隐含的拒绝也被经验时，“基础的有所踌躇的拒绝”便在双重意义上显示出来。这双重含义也可从存有历史来把握。我们将《哲学论稿》中的思想道路描述为通向深渊（离—基深渊）的幽径，而今已经进入离—基深渊的内在结构中，也可从离—基深渊来反观走过的思想道路。从拒绝的第一重含义来说，“拒绝使离—基深渊之离开（Ab-）得以敞开”③，从而经验到作为存在之隐匿的虚无。在“回响”接缝中，存在之离弃状态中发生的体验可以视为存有之开—设的拒绝。“只要我们仍然热

① Paula-Ludovika Coriando, *Der Abgrund und die Suche nach der Zone. Heideggers Beiträge zur Philosophie*, Édité par Emmanuel Mejía et Ingeborg Schüßler, Frankfurt a.M: Vittorio Klostermann, 2009, S.273-274.

② Christian Müller, *Der Tod als Wandlungsmitte. Zur Frage nach Entscheidung, Tod und letztem Gott in Heideggers „Beiträgen zur Philosophie“*, Berlin: Duncker & Humblot, 1999, S.145.

③ Christian Müller, *Der Tod als Wandlungsmitte. Zur Frage nach Entscheidung, Tod und letztem Gott in Heideggers „Beiträgen zur Philosophie“*, Berlin: Duncker & Humblot, 1999, S.145.

衷于‘体—验’”，真理中的开—设过程就“拒绝”着我们。[1] 而在“传送”接缝中，基础问题之追问也是对拒绝的经验。“对于知晓者—追问者而言，拒绝是最高的赠礼。”[2]“传送”中经验到的形而上学对遮蔽维度的反对与否定，在其本源意义上，源自作为离基深渊之拒绝的“不”。“在踌躇着的拒绝中当然有一种‘不’（Nicht）本质性地现身。不过，这乃是一种原始的‘不’，它属于存有本身，因而归属于本有。”（415/388）思想之“跳跃”的开抛让开裂之离基深渊跳起来，让存有之自行遮蔽在最广大的澄明中被经验到，实际上也将开抛与被抛状态纳入离—基深渊之中。“自行抛投和抛投者的被抛状态通过归于深渊而开启自身”（321/304）。直到目前所处的“建基”接缝中，经验到“基础的有所踌躇的拒绝”（405/380）。这个基础即存有之自行遮蔽。这第二重意义上的“拒绝作为被澄明的本—有自身的赠礼”[3]。在通向离—基深渊的幽径中所呈现的接缝之道路也是存有本现出来并且建基的过程。可以说，“离—基深渊被本有过程中的存有所抛出来、却又为存有所承荷”（516/488）。

这种为存有所抛出来并承荷的离—基深渊，其双重意义上的拒绝使基础踌躇着本现，也显示为一种接缝的发生。“踌躇着的拒绝本身具有这种原始地起着统一作用的接缝，即对自行拒绝与来自暗示的踌躇的接缝。这种暗示乃是自行遮蔽者本身的自行开启，而且是为了本—有过程和作为本—有过程的自行开启，作为呼唤进入对本有本身的归属状态中，亦即对于作为存有之决断领域的此—在的建基的归属状态。”[4]（411-412/385）这里的踌躇来自暗示，而暗示作为存有之自行遮蔽的开启，所以，“踌躇着的拒绝本身具有这种原始地起着统一作用的接缝”，也是对作为基础的存有之本现的接缝，在这一接缝中，存有之真理得到建基，故而这个接缝即是“建基”。

由此，也可以重审离—基深渊与存有之真理的关联。离—基深渊的双重意义上的拒绝让基础开启而又踌躇着保持其离开或遮蔽倾向，显示为一种澄明着的遮蔽的发生。第一重意义上的拒绝之开启让自行遮蔽的基础进入敞开者之中，即遮蔽之澄明；而第二重意义上的拒绝让未真正建基的基

① Heidegger, *Überlegungen II-VI（Schwarze Hefte 1931-1938）*, Hrsg. Peter Trawny, Frankfurt a.M: Vittorio Klostermann, 2014, S.463.

② Heidegger, *Überlegungen II-VI（Schwarze Hefte 1931-1938）*, Hrsg. Peter Trawny, Frankfurt a.M: Vittorio Klostermann, 2014, S.462.

③ Heidegger, *Überlegungen II-VI（Schwarze Hefte 1931-1938）*, Hrsg. Peter Trawny, Frankfurt a.M: Vittorio Klostermann, 2014, S.464.

④ 译文略异。

础保持在踌躇中，即自行遮蔽在澄明中保持其为自行遮蔽。由此可以说："踌躇着的自行拒绝其实恰恰是为遮蔽的澄明，因而是真理的在场现身。"(407/381) 作为真理的在场，澄明着的遮蔽所蕴含的远离与切近的双重游戏运作也发生在离—基深渊中。在澄明着的遮蔽中，"有所切近的维度"发生为澄明，而"远离的维度"使遮蔽保持为遮蔽。① 而在离—基深渊中，第一重意义上的拒绝之开启即发生为澄明的"有所切近的维度"，亦即遥远的切近；第二重意义上使踌躇得以保持的拒绝表示"远离的维度"，即切近之远离或远化。这种切近与远离的游戏运作构成一种摆动或颤动。这种摆动也与暗示（Wink）相关，德语中"暗示"一词的词源即 wanken（晃动、摇摆）②。所以，存有之自行遮蔽无论是在存有之真理还是在离—基深渊中，均有着此种切近与远离之双重游戏运作的摆动，即遥远之切近与切近之遥远发生的摆动或颤动。而暗示在其词源意义上作为晃动、摇摆，所以，"暗示乃是自行遮蔽者本身的自行开启"。而 zögern（踌躇、犹豫）从其词源来说表示"从一个位置向另一个位置运动"③。zögern 在词源意义上的空间运动含义恰恰能表示存有之自行遮蔽的切近与远离的双重游戏运作，这就是"来自暗示的踌躇"在空间维度的发生。在此，我们可以回顾这一节开头所提到的在抑制情调中作为调谐者的迷移，迷移作为设置空间，其实便是作为踌躇着的拒绝的离—基深渊在空间维度的发生。

踌躇着的拒绝亦可在时间状态中发生出来，即作为拒绝的澄明以时机的方式敞开。"暗示乃踌躇着的自行拒绝。这种自行拒绝不仅创造出匮乏和期待之空虚，而且与这些东西一道，也提供出那样一种空虚，后者乃是一种在自身中移离着的，移离入未来状态中、因此同时打开一个曾在者——这个曾在者与将来者一起出现，构成那种当前，即移置入离弃状态之中、但却有所回忆和有所期待的当前。"(410/383) 所回忆的是存有之曾在，存有在曾在中遮蔽但却并未像过去那样消失，回忆构成曾在的一种开启。所期待的是存有之将来，将来在来临之中却仍未来到，仍然显示出遮蔽的一面，而期待构成了将来之开启。在回忆与期待之聚集中开启当前之离弃状态的经验。这种作为移离的拒绝之当前是"决断"的时机，也是

---

① Ingeborg Schüssler, *La question de la vérité . Thomas d'Aquin- Nietzsche- Kant- Aristote- Heidegger*, Nadir s.a: Editions Payot Lausanne, 2001, p.251.

② Dudenredaktion(Hrsg.), *Duden-Das Herkunftswörterbuch. Etymologe der deutschen Sprache*, Bd. 7, Berlin · Mannheim · Zürich: Dudenverlag, 2014, S.929. 对"暗示"的分析也可参见本书第六章第三节。

③ Dudenredaktion(Hrsg.), *Duden-Das Herkunftswörterbuch. Etymologe der deutschen Sprache*, Bd.7, Berlin · Mannheim · Zürich: Dudenverlag, 2014, S.948.

瞬间时机。“移离被移置入这个瞬间时机中，而且，这个瞬间时机本身仅仅作为移离之聚集而本质性地现身。”（410/384）

离—基深渊作为“此”而发生，而就拒绝之移离作为时机来说，显示出“〈此—在〉乃是第一开端与另一开端之间的危机（Krisis）”（311/295）。这里的 Krisis（危机）并不是从胡塞尔意义上而言的，而是从其古希腊词源κρίσις意义上来理解的，κρίσις有“决定”的意思①，表示“决断的时机”②。而“所谓的决—断就移置入存有本身最内在的本质中心中”（96/88），此—在作为具有决断特征的“危机”，恰恰是移置入存有最内在的本质即其自行遮蔽中。由此，“此—在是存有历史性的本现之此—在”③，也是“另一开端意义上的此—在”。（312/296）

故而，也可以看到，无论是离—基深渊发生为空间维度的踌躇，还是发生为时间状态中的自行拒绝，均是从踌躇着的拒绝即澄明着的遮蔽之发生而来的。所以，作为踌躇着的拒绝的“离—基深渊乃是时间与空间的原始统一性”（404/379）。这种统一性也是“踌躇着的拒绝本身具有这种原始地起着统一作用的接合（Fügung）”（411/385）。这种 Fügung（接缝、接合）又是作为自行拒绝的“时间化以离—基深渊方式为决断领域建基”而进行的接合④，接合成时机之所。而离—基深渊方式本身也包含游戏运作，这种时机之所也就是“时间—游戏—空间”，即“作为离—基深渊的时间—空间”。（395/371）这实际上也是离基深渊作为“此”的发生。

二、深—渊形象之可能

正是在“此”之敞开状态与深—渊的关联中，显示出深渊的形象，尽管海德格尔为了区分于表象性的对象，而认为存有是无形象的。但实际上，海德格尔又不能离开比喻性的形象，最著名的是提出了 Lichtung（林中空地/澄明）的形象，作为存有或存在本身发生的林中空地（Lichtung），也是一个形象的说法：森林中开辟出一块空地，有光线照进来，四周是林木环绕形成的遮蔽。为了让这种比喻性的形象能契合存在，海德格尔也在批评形

---

① κρίσις在古希腊语中指分开、决定、结局、争论，也可指转好或转坏。参见罗念生、水建馥编：《古希腊语汉语词典》，北京，商务印书馆，2005，第 482 页。

② 危机（Krisis）与其古希腊词源的关联，参见 Heidegger, *Apports à la philosophie. De l'avenance*, traduction par François Fédier, Gallimard, 2013, p.343, la note 1。

③ Heidegger, *Besinnung*, Hrsg. F.-W. von Herrmann, Frankfurt a.M: Vittorio Klostermann, 1997, S.321.

④ “作为（踌躇着的）自行拒绝的这样一种接合。时间化以离—基深渊的方式为决断领域建基。”（410/384）

而上学式的比喻的基础上，提出了存在论的比喻概念。形而上学区分具象与抽象，比喻也以此为依据，用感性的语言与形象来说明非感性的东西；而这种所谓的感性的东西只不过是日常世界中我们最先接触或最熟悉的东西。“其实最感性的语言和形象恰恰从来不是‘感性的’而是首先得到了理解的——一种不只‘添加了什么’的理解。”（361/339）这为我们理解深渊的形象提供了帮助。

实际上，深渊可以看作是与 Lichtung 相并列的形象，不仅仅是深—渊也作为“为了自行遮蔽的 Lichtung（林中空地/澄明）”，与后者的含义有一致性，而且也在于，《哲学论稿》中对深—渊之具体发生的描述也带有形象性，让人“首先”感受到大地上的深渊形象——一种虚空，由内壁包围，深不见底。

深渊的这种形象，由深—渊自身的发生来赋形。如前所述，深—渊作为踌躇着的拒绝，也作为移离过程与迷移过程，而移离过程指时间的发生。“时间视域可能以多种我们还完全不熟悉的方式参与，说明我们甚至连时间之本质的深渊都没有预感到。”① “时间之本质的深渊”在这里指的是不以存在者作为根据而形成的深渊特征，而这是通过时间视域的发生进行的。“视域——就像容器的壁，与内容物毫无关系，不能也不想给内容物带来任何影响，只不过就是包围或包含着它们。这个时间视域的情况是怎样的呢？时间如何去获取一个视域？是撞上了，就像撞上一个盖着它的外壳，还是说，视域属于时间本身？而这个围绕着（ὁρίζειν）它如何或为何给予自己或为自己建立那样一个界域？而如果视域不是固定的，它凭借什么保持其变化？这是核心的问题”②。时间视域如同容器的壁，海德格尔在这里使用比喻了。这种与内容物无关的容器壁，亦即时间视域的围绕要脱离于存在者。“被时间所吸引，此在无法发现存在者，它们恰恰就在这种吸引着的时间视域中，作为自行拒绝着的整体宣告出来。”③ 这种自行拒绝的发生，在《哲学论稿》中就是虚空的发生，时间维度的移离也是曾在者与将来者双重意义上的虚无，并聚集为虚空。而迷移乃是空间的发生，形成一种环绕支撑。两者之间是原始统一的，海德格尔对此总结为：

空间乃是对环绕支撑（Umhalt）的迷移着的离—基深渊化。

时间乃是对聚集（Sammlung）的移离着的离—基深渊化。

迷移乃是朝向离基深渊的聚集之环绕支撑。

---

① ［德］海德格尔：《形而上学的基本概念》，赵卫国译，北京，商务印书馆，2017，第 218—219 页。
② ［德］海德格尔：《形而上学的基本概念》，赵卫国译，北京，商务印书馆，2017，第 219 页。
③ ［德］海德格尔：《形而上学的基本概念》，赵卫国译，北京，商务印书馆，2017，第 220 页。

移离乃是朝向离基深渊的向环绕支撑的聚集。(412/385)

移离的虚空与迷移的环绕支撑在本源意义上统一为离—基深渊化，或发生为深渊式的建基过程，以此形成深—渊。深—渊的形象得以赋形——虚空在环绕支撑中，环绕支撑环绕着虚空，虚空与环绕支撑统一为深渊的形象。如果说从移离与迷移的原始统一性来看深—渊形象还有某种模糊的话，那么，通过海德格尔对“此”之敞开状态的揭示，深渊的形象便变得清晰。“此”也是深—渊作为时间—空间的发生，“此”之敞开状态，也是深—渊的显现。海德格尔以一个敞开者为例子来谈论，这也是《哲学论稿》中极少数例子之一。海德格尔选取敞开者来谈论敞开状态的理由在于，敞开者之敞开状态是“对那种更本质地被规定为自行遮蔽之澄明的本质现身的初步显明”(360/338)。这实际上也是深—渊的初步显现。

海德格尔选择作为例子的敞开者，是一把“壶”①。深渊与壶在基本结构上有类似之处，都是虚空被内壁包围，也都有底；区别在于壶的基底浅又清晰可见，而深渊的基底深不可见。“敞开者，在自行遮蔽之际向来有存在者站立到其中的敞开者——而且不只是最切近的手边的事物——实际上就是像一个空洞中心之类的东西，例如一把壶的空洞中心。不过在这里，我们却要认识到，并不是一种任意的空洞仅仅被墙壁所包围，并且任由自己未为‘事物’所充满，而倒是相反，这个空洞中心乃是墙的内壁及其边缘的决定性的赋形者和承受者。墙壁和边缘只不过是那个原始的敞开者的扩散，这个敞开者通过要求这样一种围绕自身和朝向自身的内壁（容器形式）而让自己的敞开状态本质性地现身。于是，这个敞开者的本现反射到包围者中。”(360/338-339)敞开者的空洞空心与内壁的关联，作为基本的结构，在“此”之敞开状态的形象中也继续沿用，显示出比喻的一种相似性。“我们必须以类似方式来理解‘此’的敞开状态之本现，只不过要理解得更加本质性些和更加丰富些。诚然，这个‘此’的有所围绕的内壁并不是什么物性的现成之物，其实根本就不是一个存在者，本身并不是存在者，而是属于存在本身的，是自行遮蔽之暗示中的本有的颤动。”(360-361/339)以壶的空洞中心来类比“此”之敞开状态，实际上也是“此”之初步显明为空无或虚无。但这个虚无却是具有“有所围绕的内壁”，即“自行遮蔽之暗示中的本有的颤动”，具体展开为在暗示中本现的最遥远之切近——在最遥远中切近，在切近中保持遥远——这样的发生是一种颤动。故而，这种“此”之敞开状态是这种颤动的“赋形者”与“承

① 海德格尔对壶的阐释见证了世、地、神、人四元到二战后的天、地、神、人四重整体的演变，参见本书第八章第一节“深—渊与四重整体世界的形成”。

受者”，是适合于如此的暗示之“颤动”的。

而“此”又是深—渊的发生，因此对作为敞开者的壶与“此”的敞开状态的形象比喻，也可以用于深—渊。深—渊之离开维度通过时间上的自行拒绝与移离形成虚空，类似于壶的空洞中心，而深—渊之基础在迷移中发生为空间性的环绕支撑，类似于壶的内壁，亦即“此”之“有所围绕的内壁”，这也是本有之设置空间，即“自行遮蔽之暗示中的本有的颤动”。这样，深—渊（Ab-grund）之离开（Ab-）即虚空，其基础(-grund)即作为环绕支撑的内壁。由此，深—渊类似于壶那般得以形象地显现。深—渊虽与壶相似，但也有区别，因为深—渊的地基深不可见，是深渊般的。这个区别也可以从作为深—渊内壁的本有之颤动来理解，亦即存有之本现作为空间的环绕支撑，深渊中的虚空被环绕实为被存有之遮蔽环绕。壶的例子中，其内壁包含了壁底，深—渊亦是如此。深渊的虚空虽然深不见底，但终究有底，如果把作为深—渊之内壁所包含的壁与底分开，则可对环绕支撑（Umhalt）进行拆分，环绕（Um-）指壁身，而支撑（-halt）指基底，壁身在切近与疏远中发生颤动，深渊的基础即基底在踌躇中本现，即深—渊之基础的初次本质性的显现。

尽管与作为敞开者的壶相类比，深渊与“此”均是在存有真理的维度展开的。深渊并非大地上某个具体的深渊，也非存在者意义上的深渊，而是存有的深渊，是深渊的深渊性。如同 Lichtung（林中空地/澄明）并不是某一个具体地方的林中空地，而是使地方能够发生为地方，亦即地方性(Ortschaft)。因此，深渊的形象与 Lichtung（林中空地/澄明）的形象在海德格尔思想中可以相提并论，两者的差异在于，林中空地重在显现与否，而深—渊重在建基与否；其一致之处在于都是“此”之展开，实质上是同一的。

“这个‘此’乃为存有本身所居有，而且相应地，人作为存有之真理的看护者而被居有，因而以一种别具一格的唯一方式归属于此—在。”(315/299) 存有之自行遮蔽作为基础发生为离—基深渊，并在此—在之经受中得到了接纳。从这一角度，存有之真理建基于离—基深渊，也是建基于此—在。这也是作为庇护的此—在之保存，即存有之真理的保存者。“庇护从何处获得它的急难和必然性呢？从自行遮蔽中。为了不排除这种自行遮蔽，而是把这种自行遮蔽保存下来，就需要对这个发生事件的庇护。”(418/390-391) 至此，我们可以看到，《哲学论稿》便是以思想方式对这个自行遮蔽之发生事件的庇护，也让存有进入游戏之中。“所以，一旦对此—在的首次提示得到了成功，那就必得同意在此提示中昭示出来的要义，即：此—在为存有所居有，作为本有本身的存有构成一切思想的中心。”（315-316/299）“唯有这样，作为本有的存有才完全进入游戏之中”（316/299）。

所以，《哲学论稿》中离—基深渊的发生，也可以看作是此—在之发生事件。“开端性的思想乃是对由回响、传送、跳跃与建基组成的统一体的原始实行。在这里，所谓‘实行’是想说，这些东西——在统一体中的回响、传送、跳跃与建基——向来只能为人所采纳和忍受，以至于它们本身本质上始终是另一个东西，归属于此—在之发生事件（Geschehnis）。”（70/64）以思想方式来经验此—在之发生事件，显示出《哲学论稿》的“意愿”：“无人能理解‘我’在这里所思的东西，那就是：从存有之真理而来（而且也即从真理之本现而来）让此—在跃出，为的是把存在者整体以及存在者之为存在者建基于其中，而把人建基于存在者整体中间。”①（9/8）海德格尔在这里提到的“我”是打引号的，表示并非日常意义上的主体之我，而是入于此—在中的人。“思想家在思之中是单纯的此—在。”② 此—在的发生事件即存有之真理建基于此—在的发生。“有所澄明的遮蔽必须作为此—在而得到建基。”（384/360）这一过程也就是存有之真理建基为离—基深渊。所以，作为此—在的思想家也是“归属于离—基深渊的建基者”③。

而正是在离—基深渊的时间—空间中，发生着“守护岗位的首次进入，即对在那种决断中最后之神的掠过之寂静的守护”（326/309）。这是为将来者进入守护岗位而经受最后之神的掠过做准备。所以，由存有之真理建基而来的离基深渊可以“作为一种对‘最后之神’的‘将来者’的准备”。

---

① 译文略异。

② Heidegger，*Anmerkungen* Ⅰ-Ⅴ（*Schwarze Hefte 1942-1948*），Hrsg. Peter Trawny，Frankfurt a.M：Vittorio Klostermann，2015，S.19.

③ Heidegger，*Überlegungen* Ⅱ-Ⅵ（*Schwarze Hefte 1931-1938*），Hrsg. Peter Trawny，Frankfurt a.M：Vittorio Klostermann，2014，S.474.

第五章　将—来者

至此，我们初步获得了《哲学论稿》道说的整体性："所道说者，乃是在第一开端与另一开端的交互'传送'中——出自存在离弃状态之急难中的存有之'回响'为了'跳跃'到存有之中以通向存有之真理的'建基'而作为一种对'最后之神'的'将来者'的准备——被追问的与被思想的。"我们已经澄清了前面四个接缝，依次是回响、传送、跳跃与建基，亦即"出自存在离弃状态之急难中的存有之'回响'为了'跳跃'到存有之中以通向存有之真理的'建基'"。一方面，这四个接缝具有一种整体性，《哲学论稿》中数次提到前四个接缝的统一性。我们在"建基"的结尾，已经点明了这个统一性就是"此—在的发生事件"，也是作为基础的离—基深渊之发生。另一方面，六个接缝形成一个更大的接缝整体。于是，整个接缝整体的内部出现了一个小整体，这个小整体与后两个接缝又一起构成接缝整体。就前四个接缝构成小整体来说，与后两个接缝有某种疏离；而从它们共同构成接缝整体来说，又是融为一体的。前四个接缝与后两个接缝之间便有一种亲密的区分，两个部分之间形成一种特殊的关联。这种区分与关联被表述为"作为准备"——"出自存在离弃状态之急难中的存有之'回响'为了'跳跃'到存有之中以通向存有之真理的'建基'而作为一种对'最后之神'的'将来者'的准备"。为此，首先要了解"作为准备"是怎么回事。

第一节　作为

"作为（als）准备"这个表述由"作为"与"准备"组成。我们如何能够判断某某作为某某，或者把某某"当作"某某，"作为"到底又是怎么一回事？"作为"一词，德语为 als，含义也较复杂，但在前面提到的道说接缝整体的句子中，意思却是能确定的，也就是常用的含义"作为"。

但就其“作为”的含义来说，“‘作为’是多种多样的”①。同时，“作为”也是一个不显眼的词，“作为”乃缄默的“言词之深渊”。② 道说离—基深渊的“作为”一词，本身也具有深渊特征。

海德格尔在其思想道路的不同阶段都有对“作为”现象的思考。③ 这里的存有之真理建基为此—在或离—基深渊而“作为”准备，是从存有之道说而来的“作为”现象，不同于形而上学中的作为。在1925年冬季学期关于真理问题的讲座中，海德格尔便指出，“‘作为’具有对某物进行揭示的功能”。④ 在《存在与时间》中，作为—结构被基于存在论差异来展开，但在其私下写的对《存在与时间》的“持续评注”中，对“作为”的阐释得到深化，更切近《哲学论稿》中的存有之思。“‘作为’不是从解释（Auslegung）而来的！而是从存在之本现重新把握——赋格与开裂。”⑤ 这意味着，存有历史性的赋格与存有之开裂也是一种“作为”的发生。

晚年海德格尔则更清晰更明确地区分了本有之“作为”与形而上学中的“作为”。“我们这个演讲的唯一目的在于，把作为本有的存在本身带入眼帘。只不过，我们用‘本有’（Ereignis）一词所命名的东西说的是完全不同的东西。相应地，也必须思考那个毫不起眼的、因为多义而总是令人棘手的‘作为本有的存在’中的‘作为’。”⑥ 这个“作为”的两种解释，一是形而上学式的，“如此来理解，本有就意味着一种改变了的存在解释；这种解释如果是有道理的话，那就是一种形而上学的继续。在这种情况下，‘作为’就意味着：本有作为一种存在，隶属于那种构成被固定的主导概念的存在”⑦。第二种解释是从本有而来的。“只要我们深思存在本身并且追踪存在的本己因素，存在就表明自身为由时间的端呈提供出来的在场状态之天命的赠礼。在场之赠礼乃是居有的本己性（Eigentum des Ereignens）。存在消失在本有之中。现在，在‘作为本有的存在’这一短语

① Heidegger, *Über den Anfang*, Hrsg. Paola-Ludovika Coriando, Frankfurt a.M: Vittorio Klostermann, 2005, S.82.

② Heidegger, *Vom Wesen der Sprache*, Hrsg. I. Schüssler, Frankfurt a.M: Vittorio Klostermann, 1999, S.55.

③ 对“作为”的分析也可参见[美]波尔特:《存在的急迫——论海德格尔的“对哲学的献文”》，张志和译，上海，上海书店出版社，2009，第98—100页。

④ Heidegger, *Logik. Die Frage nach der Wahrheit*, Hrsg. W. Biemel, Frankfurt a.M: Vittorio Klostermann, 1995, S.150.

⑤ Heidegger, *Zu eigenen Veröffentlichungen*, Frankfurt a.M: Vittorio Klostermann, 2017, S.81.

⑥ [德]海德格尔:《面向思的事情》，陈小文、孙周兴译，北京，商务印书馆，2014，第31页。

⑦ [德]海德格尔:《面向思的事情》，陈小文、孙周兴译，北京，商务印书馆，2014，第32页。

中，‘作为’就意味着：存在，在居有中被发送的让在场，在居有中被端呈的时间。时间与存在在本有中被居有。”①

从赋格、开裂、本有等维度对“作为”的阐发，适合于离—基深渊或此—在之“作为准备”中的“作为”，因为后者本来便是“从本有而来”的。离—基深渊通过为“‘最后之神’的‘将来者’”做准备而本现在时机与场所、移离与迷移、拒绝与踌躇中。离—基深渊能够作为准备，在于其自身包含了这种可能性。“基础之离基深渊在其本质上并没有被耗竭，而只是作为‘此’之建基而得到了廓清。”（413/386）“此”的建基也是“此”之移置，移置由迷移过程与移离过程具体发生出来，而贯通这种发生的离—基深渊恰恰使迷移与移离具有更大的开放性，使遮蔽维度具有更大开放的可能。“迷移之环绕支撑具有那种暗示之隐蔽可能性的未锁闭的广度。”（414/387）迷移之环绕支撑中的这种暗示之隐蔽可能性显示出一种“广度”，但这种广度并未随着“环绕”而被限制住，而是“未锁闭”的。“移离之聚集具有那种被指派的共同被给予和委托者的未经测度的、与尺度格格不入的遥远性。”（414/387）移离之聚集具有的指派作用也不是一种限死，而是一种“未经测度的、与尺度格格不入的遥远性”。这恰恰在于离—基深渊“对基础的隐蔽广度和遥远性的肯定”（415/387）。离—基深渊作为拒绝着的踌躇所开启的遮蔽广度与遥远性，具有“取之不尽的可能性”②，也为其在敞开状态中重新发生为意义之所在提供了可能。

离—基深渊在这种“作为”中，并不是分裂为不相干的时机与场所、移离与迷移、拒绝与踌躇，而是其统一整体的发生。这倒契合 als（作为）的词源义。als 是从 all so 演化而来的，其本源意义为“整体如此”，即所有的东西是如此的，简化为 also，而 also 演化为弱形式 als（e），“新高地德语连词 als 便由其产生”③。“作为”的词源义，涉及所有的存在者，而存有维度的“作为”仍然也不能脱离存在者，正是在存有与存在者的区分或分解中，海德格尔揭示出了“作为”之神秘。“作为之本源与神秘——某物作为某物——出自作为分解（Austrag）的本有。”④ 在这里，离—基深渊的“整体如此”，也可以视为“作为分解的本有”，在《哲学论稿》

---

① ［德］海德格尔：《面向思的事情》，陈小文、孙周兴译，北京，商务印书馆，2014，第 32 页。

② Philippe Arjakovsky，François Fédier，Hadrien France-Lanord，*Le Dictionnaire Martin Heidegger*，Paris：Cerf，2013，p.493.

③ Dudenredaktion（Hrsg.），*Duden-Das Herkunftswörterbuch. Etymologe der deutschen Sprache*，Bd.7，Berlin・Mannheim・Zürich：Dudenverlag，2014，S.112-113.

④ Heidegger，*Vom Wesen der Sprache*，Hrsg. I. Schüssler，Frankfurt a.M：Vittorio Klostermann，1999，S.55.

中，“分解”乃是“争执与对峙之分解”[①]（33/30），其中的争执指世界和大地的争执，对峙即将来者和最后之神的对峙，这四者通过分解而聚集为一个整体。而构成分解的四元之整体需要借助离—基深渊而本现，反之，离—基深渊之整体也需要这四元整体的充实。因此，离—基深渊之建基既为“‘最后之神’的‘将来者’做准备”，也需要从这种准备中获得其整体的呈现。由此，也应了解“准备”一词在《哲学论稿》中的含义。

第二节　准备

“准备”几乎算得上是整部《哲学论稿》的一种姿态，《哲学论稿》这部思想作品是一部“准备”之作。“‘本有’或许是表示‘作品’的适当标题，这部‘作品’在这里只能是有所准备的。”（85/77）标题的选择便体现了准备特征，“本有”这个标题也只能从“有所准备”的角度才可能是适当的。如果副标题“从本有而来”作为实质性的标题的话，那么，这种实质性也恰恰是在“有所准备”中才成为实质性的，即为本有而做准备。可以说，这种准备性的姿态几乎在海德格尔思想道路中是一以贯之的。作为其“基础作品”[②]的前期代表作《存在与时间》实际完成的内容也是在“准备性的此在基础分析”范围内，直到作为第二部“主要作品”的《哲学论稿（从本有而来）》，其副标题实质上也显示出一种准备姿态。因此，从准备的姿态也能显示出从《存在与时间》到《哲学论稿》中的“独一问题”[③]所具有的一贯性。正是考虑到这种准备特征，“我们未用‘本有’而须把书名立为：《哲学论稿》”（85/77）。

这种准备姿态贯通了《哲学论稿》的内在结构，在对前四个接缝的分析中，我们已经发现了这种接缝之间的准备关联。海德格尔在这部作品中对六个接缝做了三次概述，第二次概述在该书第3节，可看出其中的准备关联。这一节十分简短，开头竖排列出六个接缝（回响、传送、跳跃、建基、将来者、最后之神），接下来四小段共六句话。首先是“存有之回响之为拒予之回响”（10/9）。“存有之回响”揭示出存有历史的第一开端，

① 译文略异。

② Friedrich-Wilhelm von Herrmann, *Wege ins Ereignis. Zu Heideggers „Beiträgen zur Philosophie“*, Frankfurt a.M: Vittorio Klostermann, 1994, S.6.

③ “关于‘意义’的问题，根据《存在与时间》的解说，亦即关于开抛之领域的建基问题，简言之就是关于存有之真理的问题，依然是我的问题，而且是我的独一问题，因为这个问题其实关乎那个最独一无二者。”（12/10）

“拒予之回响”揭示出存有之急难，后者为传送提供了必然性，均是对传送的准备。“传送首先是第一开端的传送，以便这第一开端把另一开端带入游戏之中，并且根据这种相互传送而形成跳跃之准备。”（10/9）而跳跃的发生又为建基准备了必然性，“跳跃使开裂之离基深渊跳动起来，并且因而才有对从存有而来被指定的此—在的建基的必然性”（11/9）。由此，方有“对真理（作为存有之真理）的建基（此—在）”（11/9）。这第二次对六个接缝整体的概述以“建基”结束，并没有述及最后两个接缝（将来者与最后之神），尽管在竖排列举时包含后两者。由此可知，海德格尔将前四个接缝作为一个整体来概说。“对真理（作为存有之真理）的建基（此—在）”指的就是“存有之真理的建基”，这与我们在这一章描述的“存有之真理的建基作为最后之神的将来者之准备”刚好对接。

正是在前四个接缝与后两个接缝之间，海德格尔点明了“作为准备”的关联。这里的“准备”（Vorbereitung）一词，在德语中还可指“预备、准备工作”等，从其表示“行为过程”的后缀（-ung）来说，也可译为“准备过程”。该词的动词是 vorbereiten，后者做及物动词指“准备、预备、为某某做准备”，做反身动词指“即将发生、酝酿”等。《哲学论稿》的准备姿态，也是为另一开端的酝酿而准备的。“如若另一开端还在酝酿（sich vorbereitet）中，那么，这种酝酿作为一种伟大的转变就是隐蔽的，而且事件愈是伟大，它就愈加隐蔽。”（31/28）酝酿也可以在这种准备中得以揭示。所以，这里的准备并不是某个主体为了实行某个目的而做的准备，也不是某个机构为了某个目的而做的计划与安排，而是在与酝酿的关联之中的准备，甚至准备本身也有一个酝酿的过程。“这个完全无疑问状态的时代只能由一个简单孤独的时代来经受和克服，而在这种简单的孤独中，酝酿着那种对于存有本身之真理的期备（Bereitschaft）。”（117/110）期备也是一种准备，与“准备”一词是同词根的。期备状态不是一种“被动状态”，而是包含着“准备”（bereiten），表示我们的此—在在通向并为了（pour）赠予而为拒予做准备。[①]

不仅如此，海德格尔还进一步用连字符将“准备”写成“准—备”，并赋予其特殊含义。“这种准—备不在于搞到一些暂时的认识，然后可以根据这些认识把真正的知晓推断出来；而不如说，准—备在这里乃是：开辟道路，强制上路——在本质性意义上讲就是：调谐。”（94/86）准备不

① Ingeborg Schüßler, “Le ‘dernier dieu’ et le délaissement de l’être selon les Apports à la philosophie de M. Heidegger (Secondre partie)”, *Etudes Heideggeriennes*, Berlin: Duncker & Humblot, 2010, p.132.

是为了某种认识结果而被推断出来的，并不以形而上学的表象思维的推理论证在理论体系中展开一条道路，而是通过情调之调谐来开辟道路并强制上路。而且，这种开辟道路也是强制上路，即是在调谐之强制中上路，而从调谐来说，是由某种情调之调谐而作为准备。

而这种情调之发生，在《存在与时间》中也是作为被抛状态的实际性之展开。“现身情态在此在的被抛状态中开展此在。”① 存有之真理建基于此一在，也就是建基于作为“此”的时间—空间，并在此一在之内立状态中得以保存，这也涉及其实际性。“时间—空间与此在的‘实际性’（参看关于《存在与时间》第一部第5章的持续评注!）。”（395/371）时间—空间被把握为此在的“实际性”。尽管《哲学论稿》中的“此”被阐发为时间—空间，此一在也已不同于《存在与时间》中的此在，但这里的“此在的‘实际性’”仍然采用了《存在与时间》中的“实际性”一词。此在的实际性在《存在与时间》中即此在的被抛状态。“被抛状态这个术语指的是托付的实际性。”② 此外，括号中注明的对《存在与时间》的“持续评注”，包含在2017年才出版的《海德格尔全集》第82卷《论自己的问世之作》（*Zu eigenen Veröffentlichungen*）中。该书中对《存在与时间》第一部第5章的评注，明显与《哲学论稿》的思想有关，把“实际性”理解为“在之间中”（Inzwischen），实际性在情调中敞开，而情调“作为存有之本现”，因此，存有乃是“最本源的调谐者”以及“作为开裂是调谐者”。③ 而存有之开裂也是“此”之时间—空间的发生，时间—空间也就成了此在的“实际性”。

《哲学论稿》以“抛投”（zuwerfen）一词展开作为此在“实际性”的时间—空间，将《存在与时间》中的“托付的实际性”深化为“具有抛投作用的托付”。“这样一种使被抛状态得以产生的具有抛投作用的（zuwerfende）托付，把那种进入存有的移离带入此一在之中，而这种移离作为存有之真理的开抛，在前景中向我们显现出来，在最前面和最容易的依然转向形而上学的前景中，乃作为存在理解向我们显现出来。”（516/488）

---

① Heidegger, *Sein und Zeit*, Hrsg. F.-W. von Herrmann, Frankfurt a.M: Vittorio Klostermann, 1977, S.181. 中译参见[德]海德格尔:《存在与时间》,陈嘉映、王庆节译,北京,三联书店,1999,第159页。

② Heidegger, *Sein und Zeit*, Hrsg. F.-W. von Herrmann, Frankfurt a.M: Vittorio Klostermann, 1977, S.180. 中译参见[德]海德格尔:《存在与时间》,陈嘉映、王庆节译,北京,三联书店,1999,第158页。

③ Heidegger, *Zu eigenen Veröffentlichungen*, Frankfurt a.M: Vittorio Klostermann, 2017, pp.74,75,78,79.

《存在与时间》中的存在理解与开抛，以及其作为托付之实际性的被抛状态，在《哲学论稿》中通过抛投与开抛的关联来阐发了。[①] 实际上，这也是作为实际性的时间—空间在情调中的展开，通过这种展开，时间—空间亦即离—基深渊便成其为实际性，即“此”之发生事件。

同样，在《存在与时间》中，此在的实际性从作为 Sorge（烦忧、操心、烦）的此在整体结构而来被把握是时间性中的曾在。一方面，实际性作为此在结构整体中的一个构成环节；另一方面，这个环节从时间性上被把握为曾在。而在《哲学论稿》中，时间—空间的实际性仍然从作为此—在整体结构的烦忧中得到把握。“通过此—在之建基，人发生了转变（寻求者、保存者、守护者）。”（241/230）“成为寻求者、保存者、守护者——此即作为此在之基本特征的烦忧的意思。在这些名称中聚集了人的规定性，只要人是从其基础中、亦即从此—在而来被把握的”（20/17）。在这一整体结构中的此—在仍然具有时间特征，“这个此—在在转向中为作为存有之本质现身的本有所居有，而且唯有借助于这个作为时间—空间（时间状态）之建基的本源才能成为内立的”（20/17-18）。这句话可浓缩为表达式：“此—在——即烦忧（Sorge）。”（310/294）只不过这里的时间上的把握已经是基于时间状态而非《存在与时间》中此在的时间性了。“时间性系于时间状态：作为存有之真理。”（310/295）时间状态已经是从存有之真理的维度而言的了，即存有之历史的发生。由此，作为存有之真理的建基的此—在，就其与建基的关联而言，是作为存有之真理的保存者；从时间状态而言，保存者对应于“曾在”维度[②]。

因而，“存有之真理的建基作为准备”的“准备”，可以在两个方面得到揭示：一方面，存有之真理建基于此—在，这一此—在作为存有之真理的保存者，在作为其整体结构的烦忧中，乃是保存者，在时间状态的整体中对应于曾在，能为将来与眼下之时机作为准备。另一方面，从曾在与情调的关联来说，这种曾在的实际性在情调中展开。这种情调乃是本真的情调，如同在《存在与时间》中，与实际性相关的是作为本真情调的畏，故

---

① 冯·海尔曼富有启发性地将此种抛投(Zuwurf)与开抛(Entwurf)从本有而来阐发为居有着的抛投(Zuwurf)与被居有的开抛(Entwurf)之间的结构，并以此重构了《哲学论稿》。Friedrich-Wilhelm von Herrmann, *Wege ins Ereignis. Zu Heideggers „Beiträgen zur Philosophie“*, Frankfurt a.M: Vittorio Klostermann, 1994, pp.19,25,56,57,59,92,93,95,241,384. 这种解读也影响到了冯·海尔曼所指导 Paola-Ludovica Coriando 等人研究《哲学论稿》的博士论文。

② Daniela Vallega-Neu, *Heidegger's Contributions to Philosophy, An Introdution*, Bloomington & Indianapolis: Indiana University Press, 2003, p.43.

而作为实际性的曾在是本真的曾在，是人之生存的一种“最高的可能性”[①]。在此—在之建基中发生的情调是作为基本情调的抑制。“‘空虚’也不是一种期望和一种愿望的单纯不满足。它仅仅作为此—在，也即作为抑制状态而存在，也就是面对踌躇着的拒绝的克制，由此，时间—空间就作为决断的时机之所而得以自行建基。”（408/382）[②] 句中三个加重点号的词，表示一致的含义，此—在之在，即人在此—在中的存在，也就是在抑制状态的基本情调中，所以是“作为抑制状态而存在”。抑制作为Grund-stimmung（基础—情调、基本—情调），实际上是从作为基础的离—基深渊而来的调谐，具体说来，其调谐者即离—基深渊之基础[③]。

由此，离—基深渊便在双重意义上（实际性与调谐）作为“‘最后之神’的‘将来者’”的准备了。而“作为准备”的真正澄清却也要在“‘最后之神’的‘将来者’”的揭示中才能实现。由此，我们先要面对这些“需要得到准备的”将来者。（421/395）

第三节　将来者

将来者是紧接建基而来的第五个接缝。海德格尔特意将这个接缝的标题写成“将—来者”（die Zu-künftigen），并用连字符分开，突出两个部分的含义。其前缀 zu-，不仅可以表示去、到，也可以表示“能够”、“存在意义”上的“能在”的“能”；“‘将来者’，不仅表现在将来时上，更重要的是‘唯有他们才能来’的‘能在意义’[④]”。zu-与能在的关联，可追溯到《存在与时间》中对此在的两个“本质”规定之首的“Zu-sein（去—存在、能—存在）”。[⑤] 这个规定实际上针对的是西方传统中由亚里士多德所表述出来而在拉丁语翻译中被狭隘化了的人之本质观，即人是“理性的动物”（animal rationale）（2/3）。人由这种不变的理性规定转入了动态的去—存在或能—存在之中了。《哲学论稿》开篇便提出了这种转

① Philippe Arjakovsky, François Fédier, Hadrien France-Lanord, *Le Dictionnaire Martin Heidegger*, Paris: Cerf, 2013, p.478.

② 中译本里的“抑制状态”忘了加重点号。

③ 这个基础也表述为“起调谐作用的迷移”。参见本书第四章第四节。

④ 对前缀 zu-的分析参张志扬：《海德格尔〈哲学论稿〉“最后之神”的校、释、译》，《现象学与神学》（《中国现象学与哲学评论》第十三辑），上海，上海译文出版社，2014，第 88 页。

⑤ Heidegger, *Sein und Zeit*, Hrsg. F.-W. von Herrmann, Frankfurt a.M: Vittorio Klostermann, 1977, S.56.

变的关键性，“人的一种本质转变，即从‘理性动物’（animal rationale）向此—在的转变”（2/3）。这种转变在此—在的内立状态中得以实现。“站立于存在之真理中的人将其作为动物性的本质转变到此—在的内立状态之中”①。将来者已是以此—在为基础的人了，将—来者这个词的前缀（Zu-）便揭示出了这种转变。

“将—来者”（die Zu-künftigen）的词干 künftigen 即 künftig 的复数形式，该词作为形容词表示“将来的、未来的”。其形容词用法来自由动词 kommen 派生出来的已过时的抽象名词 Kunft。② 而在《存在与时间》中，作为此在的另一个“本质”规定的“向来我属性”，从存有之道说而来，可纳入到追问存有之真理的轨道上。③ 此—在的自身性，“这种‘自身’是到存有之离基深渊中的跳跃”④。本源意义上的自身是在离基深渊中发生出来的，“自身之振幅（Schwingungsweite）取决于本己性的本源性，因而取决于存有之真理”（340/321）。所以，将—来者之“来者”，既是其自身—存在的到来，也是存有之自行遮蔽的到来，因为后者构成了“自身之振幅”。在此，将—来者（die Zu-künftigen）的行将（Zu-）也在本源意义上得到揭示，也是 Zugang（通道、进入、通行）的前缀（Zu-）的含义，表示“敞开的道路”⑤。在这“敞开的道路”中，让在遮蔽中的“来者”到来，这一到来乃是“真正的将来”。⑥ 这种敞开中的遮蔽之本现，亦即澄明着的遮蔽与踌躇着的拒绝。由此，不难看出作为踌躇着的拒绝的离—基深渊的“准备”，即通过抑制这种基本—情调的调谐，而为将来者做准备。

一、将来者的情调

在《哲学论稿》的六个接缝整体中，只有将来者这个接缝专门讨论情

① Heidegger, *Überlegungen Ⅶ-Ⅺ (Schwarze Hefte 1938/39)*, Hrsg. Peter Trawny, Frankfurt a.M: Vittorio Klostermann, 2014, S.367.

② Duden, *Das Herkunftswörterbuch. Etymologe der deutschen Sprache*, Bd.7, Berlin · Mannheim · Zürich: Dudenverlag, 2014, S.495.

③ Heidegger, *Überlegungen Ⅻ-ⅩⅤ (Schwarze Hefte 1939-1941)*, Hrsg. Peter Trawny, Frankfurt a.M: Vittorio Klostermann, 2014, S.32.

④ Heidegger, *Überlegungen Ⅻ-ⅩⅤ (Schwarze Hefte 1939-1941)*, Hrsg. Peter Trawny, Frankfurt a.M: Vittorio Klostermann, 2014, S.32.

⑤ Ingeborg Schüßler, *Le système et la fugue: deux modes de penser. Les Apports à la Philosophie de Heidegger*, Édité par Emmanuel Mejía et Ingeborg Schüßler, Frankfurt a.M: Vittorio Klostermann, 2009, p.85.

⑥ Heidegger, *Apports à la philosophie. De l'avenance*, traduction par François Fédier, Gallimard, 2013, p.451.

调，并且是对前面几类情调的一种集中与汇聚。这一方面显示出“作为准备”的离—基深渊之基础在情调维度的调谐之运作；另一方面，从情调作为音调的角度，这种集中或聚集便是“众声合唱”[①]，亦即起调谐作用的基础在合唱与谐奏中的本现。“回响与传送，跳跃与建基，都各有自身的从基本情调而来原始地共同起着调谐作用的主导情调。”（422/395）各个接缝中的主导情调在思想的应合中获取，而基本情调作为贯通四种主导情调的基调，是这四个“声部”的聚集，是“要在整个开端性思想中获取的”（422/395）。“开端性的思想乃是对由回响、传送、跳跃与建基组成的统一体的原始实行。”（70/64）正是从思想之应合与获取中显示出抑制的丰富性。“这种基本情调几乎不能用一个词语来加以命名，除非是用抑制这个名称。但这时候，〈抑制〉这个词语就必须在整个原始丰富性中被看待，后者历史性地落在它来自本有之启思的意蕴上了。”（422/395-396）

从赋格曲的角度，这是对前几个声部的汇聚而形成的合唱。每个声部在后续声部中并没有完全消失，而是遁入背景中起调谐作用，最终在“多声部的合唱”中相互调谐。“在合奏（Einklang）中，各种主导情调是相互被调谐的和起调谐作用的。”（422/396）[②] 存有之回响以这种方式融贯各个接缝的情调，并在合唱或合奏之中“复调”地响起。[③]“回响之主导情调乃是自行揭示的存有之离弃状态方面的惊恐，同时也是对回响着的本有的畏怯。惊恐与畏怯一体地，首先让回响在思想中得到实行。”（422/396）[④] 回响之声音在各个主导情调中贯通，而主导情调与基本情调调谐着思想，故而回响得以在思想中实行。海德格尔以设问的方式表明，将来者要能够聆听回响之音调。“我们将来者是否能倾听那种声音，那种必定在对另一开端的准备中发声的回响的声音（Klang）呢？”（119/112）这是在过渡时代的存有之回响的声音，而“过渡也必须在其整个广度和多重裂缝中被经验”（119/112），回响之声音回荡在整个过渡之中，“回响必须包

---

① ［苏联］巴赫金：《巴赫金全集》第4卷，白春仁等译，石家庄，河北教育出版社，1998，第416页。

② der Einklang 在德语中指“齐唱，齐奏，协调、一致”。这句话在中译本中为“各种主导情绪乃是在相互协调中被调谐的和起调谐作用的”。

③ 复调是音乐术语。《哲学论稿》以赋格为形式，自然是一种复调，即存有之回响的复调。海德格尔思想与复调的关联，已引起学界关注，Philippe Arjakovsky、François Fédier 与 Hadrien France-Lanord 主编的法文版《马丁·海德格尔词典——他的思想的复调（polyphonique）词汇》，副标题便显示了对海德格尔思想的复调色彩的理解。此外，巴赫金曾开创性地用复调来解读陀思妥耶夫斯基的作品，视其为复调艺术的集大成者。“陀思妥耶夫斯基是多声部复调长篇小说的创造者，这种小说就终极问题组织起了紧张而热烈的对话。”（［苏联］巴赫金：《巴赫金全集》第4卷，白春仁等译，石家庄，河北教育出版社，1998，第416页）

④ “主导情绪”改为“主导情调”。

涵整个裂隙（Riß）”（113/107）。由于“存在自身是裂隙”①。这种存在的裂隙，乃是其遮蔽与澄明之间的裂隙。而“被接缝了的裂隙乃是真理之闪现的Fuge（缝隙、赋格）”②，所以，“包涵整个裂隙”的回响，也就是存有之自行遮蔽在其澄明中响起来。

“主导情调的本源性合奏唯有通过基本情调才能得以完全谐奏起来（angestimmt）。”③ 基本情调之调谐（stimmen）使主导情调的本源性合奏得以开始（an-）并充分谐奏。这种谐奏起来的合奏之交响，形成共鸣之复调。在这种合奏之交响中，原来的各个主导情调之音调并没有消失或被完全掩盖，而是得以保存，在合奏中重新发声。“相信有可能把不同的声音结合在一起，但不是汇成一个声音，而是汇成一种众声合唱”④。而其中的“每个声音”“在这里都能得到完全的保留”。⑤“完全的保留”与“完全谐奏起来”的完全特征是一致的，每个声音或音调在其中获得自己的完整界限而呈现。“每一个接缝每每于自身中独立，但却有一种隐蔽的交互回荡（Ineinanderschwingen）和一种开启性的建基，即对于那种向西方历史依然可能的转变的本质性过渡来说的决断场所的一种隐蔽的交互回荡和一种开启性建基。”（90/82）

这种开启性的建基便是存有之真理的建基，“这些情调的内在关联要得到经验，只有通过彻底地思考具体的赋格，即对存有之真理和真理之本现的建基必须顺应的那些赋格”⑥（16/14）。“存有之真理和真理之本现”的建基作为离—基深渊发生，而且基础—情调的基础便是离—基深渊之基础。所以，要通过“思考具体的赋格”来澄清“这些情调的内在关联”，可以从在抑制情调中起调谐作用的离—基深渊之基础来展开。这个基础能

---

① Heidegger, *Zum Ereignis-Denken*, Frankfurt a.M: Vittorio Klostermann, 2013, S.74.

② Heidegger, *Holzwege*, Hrsg. F.-W. von Herrmann, Frankfurt a. M: Vittorio Klostermann, 2003, S.51.

③ Heidegger, *Beiträge zur Philosophie* (*Vom Ereignis*), Hrsg. F.-W. von Herrmann, Frankfurt a.M: Vittorio Klostermann, 1989, S.396. 德语词 anstimmen 表示“开始唱歌、开始演奏、发出声音”，前缀 an-表示“开始”，词干 stimmen 指“调音、相称，使具有某某心情”。所以 anstimmen 在这里应该指通过基本情调之调谐（stimmen）而使主导情调的本源性合奏得以开始（an-）并充分谐奏。谐奏可以表示不同音和谐地演奏。所以，可以将 anstimmen 译为“谐奏起来”。

④ [苏联]巴赫金：《巴赫金全集》第 4 卷，白春仁等译，石家庄，河北教育出版社，1998，第 356 页。

⑤ [苏联]巴赫金：《巴赫金全集》第 4 卷，白春仁等译，石家庄，河北教育出版社，1998，第 356 页。巴赫金在这里所描述的多声合唱虽然是从小说人物的个性而言的，一个声音代表一种个性，但从复调音乐的角度，倒也说明了每个声音是如何在复调中得到完全保留的。这里借用的是其对每个声音与复调合唱之关联的阐释。

⑥ 译文略异。

够以自行遮蔽、迷移、踌躇、设置空间等多样的方式显示出来。迷移者在惊恐中便已得到了经验，又在抑制中得以保存而向另一开端“传送”，并在畏怯中呈现为“最遥远的切近”，且在建基中作为离—基深渊之基础而起调谐作用，[①] 而在将来者的“有所牺牲的抑制中”发生为复调。（421/395）这一复调即存有之回响的复调，是其“最独一无二者和最伟大者的回响”（425/398），也是存有之自行遮蔽或离—基深渊之基础以复调方式的发生。这种交互回荡由基本情调所调谐而谐奏起来，形成一种和谐。在古希腊，harmonia便是用来“表示和谐（协和）的术语”之一，“用于对旋律的描述”。[②] 而在第一开端的赫拉克利特那里，这种ἁρμονία（连接、和谐）也就是fügen（接合、接缝），“协调（Einklang）就是ἁρμονία［和谐、连接］。一物与另一物相互结合（fügen）起来，因其相互支配（verfügt）而原始地相互结合起来——这种ἁρμονία［连接、和谐］就是赫拉克利特所思的φιλειν，即‘热爱’的特征”[③]。所以，在抑制情调中，将来者与存有之本现的复调之间也是一种接缝。

海德格尔也把将来者的抑制称为“有所牺牲的抑制”。“牺牲”同样也是存在之道说的语词。“牺牲乃是为存在者而把人之本质挥霍到对存在之真理的维护（Wahrung）中，这种挥霍由于起于自由之深渊而解除了一切强制。”[④] Wahrung在德语中指“维护、保持”，这里指对真理之本现中的自行遮蔽的保持。[⑤] 这种牺牲中的真理之保持的“实行来自那种内立状态”[⑥]。所以，牺牲在“对存在者的告别”[⑦] 中以本有为家园，以存有之本现的本有为家园，也就是以存有之自行遮蔽为基础，在这里指的便是离—基深渊之基础。这也是将来者的Untergang（下行/没落）。

---

① 参本书第四章第四节。

② 姚亚平：《复调的产生》，北京，中央音乐学院出版社，2009，第2页。

③ ［德］海德格尔：《同一与差异》，孙周兴、陈小文、余明锋译，北京，商务印书馆，2011，第10页。译文有改动。Heidegger，*Identität und Differenz*，Hrsg. F.-W. von Herrmann，Frankfurt a.M：Vittorio Klostermann，2006，S.14.

④ ［德］海德格尔：《路标》，孙周兴译，北京，商务印书馆，2001，第361页。

⑤ Ingeborg Schüssler，*La question de la vérité. Thomas d'Aquin- Nietzsche- Kant- Aristote- Heidegger*，Nadir s.a：Editions Payot Lausanne，2001，p.251.

⑥ ［德］海德格尔：《路标》，孙周兴译，北京，商务印书馆，2001，第362页。“迫切性”（Inständigkeit）一词根据《哲学论稿》的译法改为“内立状态”。Heidegger，*Wegmarken*，Hrsg. F.-W. von Herrmann，Frankfurt a.M：Vittorio Klostermann，1976，S.310.

⑦ ［德］海德格尔：《路标》，孙周兴译，北京，商务印书馆，2001，第362页。

二、将来者的自身存在

Untergang（下行/没落）在海德格尔的阐释中至少有两方面的含义。其一，这种下行是一种历史性的轨道的行走，是由基础情调调校的，在前面将“准—备”解释为“开辟道路”时，已经蕴含了情调与道路之开辟的关联，而“开辟”（bahnen）一词，其名字形式即轨道（Bahn），所开辟出路的轨道即存有历史性的轨道，也就是走向另一开端的轨道。其二，下行是向着存有之遮蔽或真理之遮蔽维度的行进。海德格尔在赫拉克利特讲座中解释了古希腊语的δύνειν（下行、沉入），乃是“行至一种遮蔽中”，在“δύνω［下行、沉入］与λάθω［遗忘、不被看见］之间存在一种本质关联”。[①] 更进一步说，在古希腊，遗忘即某个东西“自行隐匿到遮蔽状态中”。[②] 而就 ἀλήθεια（真理/无蔽）而言，下行与λάθω（遗忘、不被看见）的关联，也就是与真理中的遮蔽维度的关联。“ἀλήθεια（真理）：λήθη（遗忘），λάθω（隐瞒、不被看见），λανθάνω ＝我存在，我保持遮蔽。”[③]按照存有之本现与真理之本质的内在关联，可以说，下行也就是向存有真理的迈进，即向离—基深渊深处的行走。

故而，从下行的历史性轨道来看，它显然也不是通常意义上的堕落、中止或完蛋等，而是作为期—待者的将来者的一种行进与准备。“从根本意义上来看，没—落（Unter-gang）乃是行向一种默而不宣的准备，亦即对于在其中做出关于诸神之到达和缺席的决断的到来者、时机和场所的准备。”（423/397）并且，“我们的时辰是没落时代”（423/397）。“时辰”（Stunde）一词包含着时间与逗留的统一，即是时机与场所的统一，但这种时机与场所还不是“诸神之到达和缺席的决断”的时机与场所，而是为之做准备，也是为到来者做准备。“根本意义上的没—落者乃是那些人，他们遇到（unter-laufen）了来者（到来者），为后者（作为它未来的不可见的基础）牺牲自己，他们是不停地使自己遭受追问的内立者。”（423-424/397）这里的“来者”作为“未来的不可见的基础”即离—基深渊之基础，没落者的牺牲带有勇敢情绪，依然在“有所牺牲的抑制”之基本情

① Heidegger, *Heraklit*, Hrsg. M. S. Frings, Frankfurt a.M: Vittorio Klostermann, 1979, S.68-69.

② Heidegger, *Zollikoner Seminare*, Hrsg. Medard Boss, Frankfurt a.M: Vittorio Klostermann, 1994, S.216.

③ Heidegger, *Sein und Wahrheit*, Hrsg. H. Tietjen, Frankfurt a.M: Vittorio Klostermann, 2001, S.228.

调中没—落，走向离—基深渊之基础，所以，法译本将没落翻译为“走向深渊”①，为之而牺牲。海德格尔是在像太阳西落那样的意义上，表达一种“不可抗拒地下降着地行进”，一种“向深渊的行进”。②“在这里说的‘在之下’（Unter）并不是‘往下’，而倒不如说是往上到庇护过程中去（‘在’其威严的弧形摆动‘之下’）”③，作为遮蔽者的基础在没落中到来，亦即赠送出来。“赠送过程是在没落的亲密性中的纯粹的遮蔽过程。”④

向着离—基深渊之更深基础的没落⑤也是一种寻求。没落者作为“不断遭受追问的内立者”，内立者也就是归属者。这种“追问着的内立”在归属中依然保持着追问，“没—落者乃是不断追问者”。（424/397）没落者的“追问乃是那种寻求的抑制状态”（424/398）。“寻求乃是前—行（Vor-gehen）到真理自行开启或者自行拒绝的那个领域之中。寻求于自身中就是将来的，是一种向存在的临—近。”（424-425/398）从没落者的追问或者追问中的没落（Untergang）到寻求之前—行，均是在一种“思想—进程”（Gedanken-*gang*）中。这种先—行类似于《存在与时间》中此在的

---

① Heidegger, *Apports à la philosophie. De l'avenance*, traduction par François Fédier, Gallimard, 2013, p.453.

② Heidegger, *Apports à la philosophie. De l'avenance*, traduction par François Fédier, Gallimard, 2013, p.50.“没落”一词也为尼采所重视。“没落者这一名称无疑唤起了对尼采《查拉图斯特拉如是说》的记忆。”（[美]瓦莱加-诺伊：《海德格尔〈哲学献文〉导论》，李强译，上海，华东师范大学出版社，2010，第128页）译文有改动。Daniela Vallega-Neu, *Heidegger's Contributions to Philosophy*, *An Introdution*, Bloomington & Indianapolis: Indiana University Press, 2003, p.100. 尼采《查拉图斯特拉如是说》序言第一节以查拉图斯特拉的Untergang（下行、没落）结尾，参见Friedrich Nietzsche, *Also sprach Zarathustra*, Hrsg. Giorgio Colli und Mazzino Montinari, Deutscher Taschenbuch Verlag de Gruyter, 1988, S.12。值得注意的是，尽管海德格尔对Untergang的阐释可能受到尼采的引发，但海德格尔是在存有之道说的维度中来解释Untergang，并且也追溯其词源，在古希腊意义上来考察。

③ Heidegger, *Über den Anfang*, Hrsg. Paola-Ludovika Coriando, Frankfurt a.M: Vittorio Klostermann, 2005, S.84.

④ Heidegger, *Über den Anfang*, Hrsg. Paola-Ludovika Coriando, Frankfurt a.M: Vittorio Klostermann, 2005, S.84.

⑤ 将来者向基础之深处的下行或没落过程，可以参海德格尔在对史蒂夫特尔《冰雪故事》的阐释中所揭示的“不显眼者”或“未被道说者”对此在之基础的深处之建基。就越来越指向遮蔽维度的建基而言，两者有相似之处。参见[德]海德格尔：《思的经验》，陈春文译，北京，人民出版社，2008，第172页。尽管史蒂夫特尔“柔和的规则”不能完全等同于本有之“柔和的规则”，而且海德格尔也未明言史蒂夫特尔的“未被道说者”或“未曾被说出的东西”到底是什么。Klaus Neugebauer, “Heidegger liest Adalbert Stifter. Ereignet sich ein sanftes Gesetz?”, *Heidegger Studies*, Vol.34, 2018, S.142-145.

"先行于自身"①，能将寻求者带向自身。"这种寻求首先把寻求者带向他自身，也就是把寻求者带入存在者之澄明与遮蔽得以在其中发生的此—在的自身性之中。"（424-425/398）

寻求者的自身存在与离基深渊是内在相关的，因为"寻求（原始地）作为与有所踌躇的拒绝的基本关联"（87/79）。有所踌躇的拒绝即是离—基深渊，寻求者与离—基深渊的"基本关联"通过离基深渊之移离与迷移来展开。作为寻求者的将—来者之将来的维度显示出移离之运作，将—来者在"存在之临—近"中有着迷移的运作，这两者统一于寻求中，"寻求于自身中就是将来的，是一种向存在的临—近"②（424-425/398）。将—来者在寻求中的自身—存在是迷移与移离的统一。"移离为自身性之本质建立基础，这就是说：只要人把自身建基于此—在中，人就具有自己的本质（即存有之守护）以之为自己的本己—领地（Eigen-tum）。"③（517/488-489）移离所建立的基础即离—基深渊之基础，也就是迷移的发生。从移离而来的本己—领地即是迷移之环绕支撑（Umhalt）的发生。这是在此—在中发生的，在此—在中才有"自身生成"（329/311）。"不过，所谓以本质为自己的本己—领地却意味着：必须内立地去实行那种占有和遗失，亦即对人是这个被居有者（被移离入存有中）这样一种'如此'和'如何'情况的占有和遗失。成为本真的（*eigentlich*），特别地成为本质的拥有者，向来按照本有过程之离—基状态内立地经受或者不经受这种本真性——这构成了自身性的本质现身（Wesen）。"④（517/489）将来者之本真性的经受与否基于离—基深渊状态来把握，即是从离—基深渊的踌躇着的拒绝亦即迷移与移离来展开。在这里，"'自身'是到存有之离基深渊中的跳跃"⑤这一说法得到了见证。

而这种自身或自身性，就其作为本己—领地（Eigen-tum）来说，也是一种"回荡范围"。"自身之振幅（Schwingungsweite）取决于本己性的本源性，因而取决于存有之真理。"（340/321）Schwingungsweite（振幅）

① "'先行于自身'奠基在将来中。"（[德]海德格尔：《存在与时间》，陈嘉映、王庆节译，北京，三联书店，1999，第373页）

② 译文略异。

③ 译文略异。"本己—领地"（Eigen-tum），中译为"本己性"。Eigen-tum中的连字符将其词干本己（Eigen-）与后缀（-tum）分开，用来构成名词的后缀-tum在德语中可以表示状态、集合概念与领地，海德格尔挑明了是在领地意义上理解Eigen-tum的。"要像王侯—领地（Fürsten-tum）那样来理解Eigen-tum（本己—领地）。"（329/311）

④ 译文略异。

⑤ Heidegger, *Überlegungen XII-XV* (*Schwarze Hefte 1939-1941*), Hrsg. Peter Trawny, Frankfurt a.M.: Vittorio Klostermann, 2014, S.32.

由 Schwingung（回荡）与 Weite（广阔）[①] 构成，从字面意思来说可以译为“回荡范围”。从自身存在的基础来说，这也是前面几个接缝之间的一种“隐蔽的交互回荡（Ineinanderschwingen）”的“回荡范围”。在这个回荡范围中，我们“向最独一无二者和最伟大者的回响开放”（425/398）。

“最独一无二者和最伟大者的回响”乃是存有之回响的“交互回荡”，也是复调之合奏，发生于回荡范围中。而这个合奏也是“神之邻近的齐奏（Einklang）[②]”（442/416）。由此，寻求者自身的回荡范围便成为神的“回荡空间”。“神之邻近的齐奏即通过这个此—在而回荡；而神之邻近既不会拔高自身，也不会逐渐地消失，而是已经把最亲密的畏怯的稳固性（Festigkeit）当作了最独一无二的回荡空间（Schwingungsraum）了。”（427/400）神在齐奏或谐奏中临近，这种谐奏本身便是神之临近。将来者之自身—存在乃是迷移与移离之统一的发生，而从其空间维度来说，乃是离—基深渊之基础的发生。因为“神唯一地只显现于存有本身的离基深渊般的‘空间’中”（442/416）。这里的“回荡空间”即是离—基深渊般的“空间”。神在“空间”中的这种显现并非一个东西在某个空间里面，而是“把最亲密的畏怯的稳固性当作了最独一无二的回荡空间”。在“跳跃”之接缝中，我们已经在畏怯中经验到最遥远的切近，这亦是空间维度的显露。随着神的切近，这种“畏怯”也稳定下来，形成其“稳固性”。Festigkeit（稳固性）在德语中的词干 Fest 做形容词有“固定的、牢固的、稳定的”等含义。这种稳定与牢固可以用于空间方面，也可用于赋形之发生。这种“固”或“固定”（fest）并不是一种刻板与静止，海德格尔在《艺术作品的本源》“附录”中专门做了解释：“这个‘固’的意思是：‘勾勒轮廓（umrißen）’、‘允许进入界限中’（πέρας）、‘带入轮廓中’。”[③] 在合奏中发生的神之切近，这本身便是将畏怯中所敞开的“踌躇着的拒绝的最遥远的切近”带入轮廓中，即让其赋形，亦即设置空间。

这一离—基深渊之空间的设置过程同时也是神的“显现”，可以视为“建基”接缝中的离—基深渊之基础或迷移在将来者的自身存在中的扩展。而离—基深渊之基础或迷移乃是抑制情调的调谐者，随着神通过合奏而在这“离基深渊般的空间”显现并为其赋形，神也以此能起调谐作用了。“抑制作为对于存有之本现的隐秘切近的敞开状态，调谐于那种从不可决断者之遥远而来居有自己的暗示的最远之颤动。”（40/35）这种暗示也就

① die Weite 在德语中有“广阔、距离、宽度”等意思。

② Einklang 在德语中可指合奏、齐奏、协调。这几个含义在《哲学论稿》中均有体现。

③ [德]海德格尔：《林中路》，孙周兴译，上海，上海译文出版社，2004，第 62 页。

是最后之神的暗示。所以，将来者“在有所牺牲的抑制中”，“获得了最后之神的远去和临近的暗示和突发”。(421/395) 因此才可以说，“作为如此这般被调谐的东西，将来者乃为最后之神所定—调①”(422/396)。

而神在暗示中的本现带有隐瞒特征，所以“抑制和隐瞒将成为最后之神最亲密的庆典”(426/399)。抑制与隐瞒的庆典，也显示出神之临近的“合奏”(Einklang) 的本源意义：作为“άρμονία［连接、和谐］”与“接合”②。在这种神之合奏的接合中，将来者成为“‘最后之神’的‘将来者’”，从而“得以站立到最后之神的暗示面前”。(90/82)

① 为了突出这里的音乐意味，be-stimmen 由中译的“规—定”改为“定—调”。

② ［德］海德格尔：《同一与差异》，孙周兴、陈小文、余明锋译，北京，商务印书馆，2011，第 10 页。有改动。海德格尔认为，Einklang“就是άρμονία［连接、和谐］”与“接合”。Heidegger, *Identität und Differenz*, Hrsg. F.-W. von Herrmann, Frankfurt a.M: Vittorio Klostermann, 2006, S.14.

第六章　最后之神

在将来者的接缝中，已经可以从将来者而来经验到最后之神的暗示亦即将来者保存这种暗示的可能性，并且已出现“最后之神的将来者”这一表述。由此，构成《哲学论稿》之内在结构的长句显示出其完整性：“所道说者，乃是在第一开端与另一开端的交互‘传送’中——出自存在离弃状态之急难中的存有之‘回响’为了‘跳跃’到存有之中以通向存有之真理的‘建基’而作为一种对‘最后之神’的‘将来者’的准备——被追问的与被思想的。”

在最后之神这个接缝中，不仅仅是将来者，而且前面几个接缝均从最后之神而来显示为一种“准备”。并且，《哲学论稿》的赋格整体真正成其为整体，存有之有限性也得以经验。在这种有限性中，作为存有之本现的离—基深渊深化为原始—基础。“通向深渊的幽径”也抵达原始—基础，从而获得其自身的整体性。

而最后之神在回荡空间中的齐奏之临近，已经显示其“另类”特征。所以，“最后之神”的题记写道：“此完全不同的神对立于/曾在的诸神/尤其对立于基督教的上帝。”（427/403）

第一节　最后者

从接缝位置来说，最后之神是最后一个接缝。在赋格曲中，通常最后一个声部是齐奏，也是前面的声部的聚集，前面的声部并没有消失，反而在齐奏中重新响起。这在《哲学论稿》的赋格整体中就是最后之神的出场。从这个角度，最后之神也是最后者，修饰它的形容词 letzt，在德语中表示“最后的、上次的、以前的、临终的、最后剩余的”。[①] 这在汉语中几乎找不到对应的词来翻译，因为海德格尔不是在单一含义上用这个词的。在同为“秘密手稿”的《全集》第71卷中，海德格尔写道：“最后的(letzten)神的思想仍然是不可思的。”[②] 海德格尔以注释方式把这句话中的letzt解释为einstig，后者在德语中表示“过去的、以前的、将来的”。[③] 形容词einstig来自副词einst(从前、当时、将来)。[④] 从这一角度，作为“诸神之神”的最后之神既与诸神在曾在的第一开端中的发生相关，也与其在将来的另一开端中的“隐匿转变”的发生相关。(434/410)所以，这种由曾在到将来的“长久”使“最后”成为一种最长久的先—行。“〈最后者〉乃是那个东西，它不仅需要最长久的先—行，而且本身就是(*ist*)〈这种先—行〉：不是终止，而是最深的开端，此开端伸展最广，最难被超过。”(429/405)这一最后者隐藏在存有之本现中，故而是“最深的”开端。这一开端从曾在到将来，故而“伸展最广”，也“最难被超过”。

其最难被超越也是由于其不可计算的特征，“所以，最后者逃避一切计算，并且因此就必定能够忍受那最嘈杂和最常见的误解之重负。要不然，这个最后者又如何可能保持为赶超者呢?”(429/405)这种在量上的不可计算性也是对测度的“自行隐匿”，这一特征被海德格尔命名为“过—度”。[⑤] 而letzt就其作为“最后剩余的”而言，从存有之道说的角度，指的是存有之开裂中的“过—度”(Über-maß)，这种“过—度”也就是一种多余或剩余。“过—度”指的是其不可测量的特性，是相对开抛而言的，在抛投(Zuwurf)中剩余之“过—度”一方面是“作为自行遮蔽的无”，另一方面是“作为在此之澄明中的被澄明者的存在”。[⑥] 在存有之开

① 参见赵登荣、周祖生主编：《杜登德汉大词典》，北京，北京大学出版社，2013，第1463页。Dudenredaktion(Hrsg.), *Duden-Das große Wörterbuch der deutschen Sprache in 10 Bänden*, Dudenverlag, 1999, S.2414.

② Heidegger, *Das Ereignis*, Hrsg. F.-W. von Herrmann, Frankfurt a.M: Vittorio Klostermann, 2009, S.5.

③ Heidegger, *Das Ereignis*, Hrsg. F.-W. von Herrmann, Frankfurt a.M: Vittorio Klostermann, 2009, S.5.

④ 对letzt与einstig的关联的分析可参Philippe Arjakovsky, François Fédier, Hadrien France-Lanord, *Le Dictionnaire Martin Heidegger*, Paris: Cerf, 2013, pp.342-343.

⑤ “过—度(Über-maß)并非单纯的量方面的过多，而是对一切评估和测度的自行隐匿。”(261/249)

⑥ Christian Müller, *Der Tod als Wandlungsmitte. Zur Frage nach Entscheidung, Tod und letztem Gott in Heideggers „Beiträgen zur Philosophie“*, Berlin: Duncker & Humblot, 1999, S.109.

裂中出现的过—度使最后之神的过—度得以显现。“作为本—有的存有，它出于它本身的这样一种转向性的过度（Übermaß）而发生，并且因而成为神与人之间的争执的本源，神之掠过与人之历史之间的争执的本源。”（439/413）剩余的双重含义也在最后之神的掠过中有某种显现。“所以，最后者逃避一切计算”（429/405）而保持为赶超者。

更重要的是，海德格尔也是从极端性来思最后之神的。“最后之神，如果我们在此进行计算思维，并且仅仅把这个‘最后的’看作终止和终结，而不是把它看做关于至高者的极端的和最简短的[①]决断，那么，无疑地，一切关于最后之神的知识就是不可能的了。”（431/406-407）

所以，最后者由其“最长久”与“最广大”而来的最终特征，恰恰是从这个存有之赋格整体的接缝而来的，即从回响到将来者的行进而来的。这种行进的进程在思想作品中也是一种“思想—行进”（2/3），具体体现于“在第一开端与另一开端的交互传送中”，“出自存在离弃状态之急难中的存有之‘回响’为了‘跳跃’到存有之中以通向存有之真理的‘建基’而作为一种对‘最后之神’的‘将来者’的准备”。这种准备打开了最后者之“最长久”与“最广大”的维度。通过暗示，最长久与最广大的“与”得以生成而成为一个最久最广的整体。“在暗示之本质现身中，含有最极端之疏远中的最亲密之切近的统一性的奥秘，对存有之最广大的时间—游戏—空间的测定。存有之本现的这种极端境地要求存在之离弃状态的最内在的急难。”（433/408）“在暗示中包含有测定，这意味着一种彻查，一次存有之真理在其时机和场所之极端状态中的开启。”[②] 实际上这是对作为时机之所的离—基深渊的决断之开启。

在建基中，离—基深渊作为时机之所的展开而使存在之离弃状态的急难充实地被经验，而在将来者之自身存在的移离与迷移结构中，存有之回响的复调得以经受并在其回荡空间中发生着最后之神的齐奏之临近。而在“最后之神”这一接缝中，发生了“存有之最广大的时间—游戏—空间的测定”，使神之急需得到了经验。

将来者的自身—存在，通过离—基深渊之移离的运作使此—在之曾在与将来聚集于自身，这种聚集形成新的当前或时机（Augenblick）。将来者在这一时机中的内立使最后之神的“最后”之经验得以可能。在前面，

① kürzeste（最简短的）中译本为“最简明的”。

② Daniela Vallega-Neu, *Heidegger's Contributions to Philosophy, An Introdution*, Bloomington & Indianapolis: Indiana University Press, 2003, p.103. 中译本见［美］瓦莱加-诺伊：《海德格尔〈哲学献文〉导论》，李强译，上海，华东师范大学出版社，2010，第132页。

海德格尔用 einst 来解释 letzt（最后的），而 einst（从前、当时、将来）便包含着一种本己的当前或时机的方式，这种当前在将来与曾在之间“围拢起一个极端之弧形”①。这种时机的对接乃是“最亲密的庆典”②，也能使“最后”的极端特征得以通达。所以有“极端的和最简短的决断”的说法，其中的“最简短的”亦多次被用来形容“最短之轨道”，后者亦作为时机发生。“最短之轨道是时机。”③ 而当这种时机在向死而在中生成时，向死而在也可作为最短之轨道。④ 向死而在乃是“对于最短之轨道的决心的隐秘基础”（299/282）。所以，要在死亡的“极端要义”中去“对付最后之神的罕有暗示”（429/405）。而暗示这种显示方式本身便包含了一种拒予。

第二节　拒予

这种作为最短之轨道的时机之所已经与最后之神相关了。在最后之神的暗示中，诸神之逃遁与到达得以发生。所以，拒予这一节的开头第一句便是：“我们进入到关于诸神之逃遁和到达的决断的时间—空间之中。”（429/405）这种逃遁和到达“是一个原始的东西，是在拒予中的存有之允诺的丰富性”（430/405）。暗示也是从拒予而来显示的。这种拒予也构成了“在存有之真理中的抑制状态的本源”（430/405）。所以，整部思想作品的基本情调均是从拒予中的存有而来的。这里用的是“在拒予中的存有”，整部《哲学论稿》可以看作是“拒予之暴动”⑤ 的过程，也是拒予在“暴动”中通过抑制情调的调谐过程。从第一个接缝的回响开始，回响是拒予之回响，显示出存有的“在之中”是在拒予之中，直到最后一个接

---

① Christian Müller, *Der Tod als Wandlungsmitte. Zur Frage nach Entscheidung, Tod und letztem Gott in Heideggers „Beiträgen zur Philosophie“*, Berlin: Duncker & Humblot, 1999, S.36.

② “抑制和隐瞒将成为最后之神最亲密的庆典。”（426/399）

③ Paola-Ludovica Coriando, *Der letzte Gott als Anfang. Zur ab-gründigen Zeit-Räumlichkeit des Übergangs in Heideggers „Beiträgen zur Philosophie (Vom Ereignis)“*, München, 1998, S. 188.

④ Christian Müller, *Der Tod als Wandlungsmitte. Zur Frage nach Entscheidung, Tod und letztem Gott in Heideggers „Beiträgen zur Philosophie“*, Berlin: Duncker & Humblot, 1999, S.185-186.

⑤ Aufruhr 一词指“暴动、动荡、骚乱、震动”。这里为了显明赋格结构的暴动的（aufständisch）特性，译为“暴动”，中译本为“动荡”。

缝的“最后之神”仍作为拒予发生。只有进入诸神之决断的时间—空间中，才能经验到最后之神的拒予。这足以显示出“在拒予中的存有之允诺的丰富性”，丰富性也体现于赠予与拒予的双重性，“存有之允诺的丰富性”是一种赠予，而这种赠予是在拒予中的。在抑制情调中的将来者能够把这种赠予与拒予一体化，因为将来者“对于已经被赐予给他们的赠予和拒予是同样坚决的”（421/395）。

在将来者的“同样坚决”中，拒予甚至显示为“一种赠予的最高贵之处（Adel）和自行遮蔽，这种自行遮蔽的敞开状态构成存有之真理的原始本质现身。唯有这样，存有才成为奇异化（Befremdung）本身，即最后之神的掠过的寂静”[①]（430/406）。与《哲学论稿》的许多用词的奇异化一样，这里的高贵（Adel）也是令人奇怪的。Adel 在德语中指“高贵、高尚、贵族”。而海德格尔也用这个词指存有之高贵。作为将来者的稀罕者，“他们携带着那种对于孤独的最高勇气，要去思考存有的高贵，要去道说存有的唯一性”（13/11）。罕有者的这些作为无疑也是《哲学论稿》所实行的，这意味着海德格尔便是这种将来者，切身经验到了存有的高贵、尊重。Adel 的本源意义是“家园、故乡、祖国”[②]。这里将 Adel 译为“高贵之处”，兼顾了其词根具有处所的含义。家乡、故乡等也可以表示一个人的出身与来源。拒予作为赠予的最高贵之处，亦即赠予的来源，赠予是从拒予而来的。而这种拒予在赠予中自行遮蔽。“拒予自行回转到遮蔽状态之中。”[③] 拒予是存有之自行遮蔽的拒予。

在德语中，“拒予”一词，相当于旧体 weigern（拒予、拒绝）[④]，来自中高地德语形容词 weiger，指“反抗的、抗拒的”，演化成中高地德语动词 wigen，指“斗争、争执”，与拉丁语的 vincere（战胜、克服）有关联。[⑤] 由此，拒予之暴动或动荡也是拒予自身所包含的反抗、斗争的发生

---

① 译文略异。

② Ingeborg Schüßler, *Le système et la fugue: deux modes de penser. Les Apports à la Philosophie de Heidegger*, Édité par Emmanuel Mejía et Ingeborg Schüßler, Frankfurt a.M: Vittorio Klostermann, 2009, p.97. Dudenredaktion (Hrsg.), *Duden-Das Herkunftswörterbuch. Etymologe der deutschen Sprache*, Bd.7, Berlin · Mannheim · Zürich: Dudenverlag, 2014, S.104.

③ Ingeborg Schüßler, *Le système et la fugue :deux modes de penser. Les Apports à la Philosophie de Heidegger*, Édité par Emmanuel Mejía et Ingeborg Schüßler, Frankfurt a.M: Vittorio Klostermann, 2009, p.97.原文中括号里的德语词保持不变。

④ 海德格尔也将两词并举，参见 Heidegger, *Beiträge zur Philosophie (Vom Ereignis)*, Hrsg. F.-W. von Herrmann, Frankfurt a.M: Vittorio Klostermann, 1989, S.8。

⑤ Dudenredaktion (Hrsg.), *Duden-Das Herkunftswörterbuch. Etymologe der deutschen Sprache*, Bd.7, Berlin · Mannheim · Zürich: Dudenverlag, 2014, S.919.

过程。而存有之拒予回转到遮蔽状态，实际上便是存有之自行遮蔽通过反抗与斗争而本现的过程，即“存有之真理的原始本质现身”。从拒予暗含的争执含义来说，也是存有之真理的原始—争执的发生。[①] 存有在这种本质现身中成为“奇异化本身”。Befremdung（奇异化）这个词在德语中与经验到它的时刻或时机有关，指“那触及我们的奇异者之本现”[②]。这个时刻发生在将来者的时机之所中，在这个时刻，经验到作为奇异化本身的“最后之神掠过的寂静”。而这个时机的场所是作为“赠予的最高贵之处”的拒予。所以，在时机之所中，发生出最后之神的拒予。

这个时刻也指向特定的“现在”。“现在（jetzt），诸神之逃遁与到达一道进入曾在者之中，并且抽离于（entzogen）过去之物。”“但将来之物，作为拒予的存有之真理，于自身中具有伟大性之保证，并非空洞的和巨大的永恒性的本质，而是最短之轨道的保证。”（430/406）这两句话显示出时间的三个维度：现在、曾在、将来。这里的“现在”一词，与这一节开头提到的“时间—空间”有着对应，在“建基”接缝中我们从时间—空间中揭示出 Augenblick（时机、当前）。这里的“现在”，仍然在曾在者与将来者之间。曾在者是“诸神之逃遁与到达一道进入”的曾在者，与“过去之物”相区别，对于这种过去之物，诸神已“隐匿”起来。这种隐匿在“回响”接缝中用来描述存在之离弃状态。过去之物，可以从作为存在之隐匿的离弃状态来把握，也可以从诸神之隐匿来把握。这种隐匿便是一种拒予的发生。所以，“回响”中也发生了诸神之拒予。同样，将来之物也是一种拒予的发生[③]，是“作为拒予的存有之真理”，它在自身中具有“最短之轨道的保证”。

“唯到现在，存在之离弃状态才必定保持下来。”（430/406）这里出现了“现在”与存在之离弃状态在其中得以保持的对应。整部《哲学论稿》从存在之离弃状态中的回响开始，而直到第六个接缝亦即最后一个接缝中，存在之离弃状态才“必定保持下来”。因为在这个接缝中，存在之离弃状态已经从诸神与存有的关联来经验，并与诸神的逃遁与到达“一道”进入作为曾在者的存有之中了，且向“过去之物”隐匿。这也是“拒予的

---

① 海德格尔在《艺术作品的本源》中将自行遮蔽的澄明命名为“原始—争执”。

② Ingeborg Schüßler，“Le ‘dernier dieu’ et le délaissement de l’être selon les Apports *à* la philosophie de M. Heidegger（Secondre partie）”，*Etudes Heideggeriennes*，Berlin：Duncker & Humblot，2010，p.152.

③ 拒予在将来维度的发生也被命名为“扣留”。“拒予作为存有自身之本现（存在者之失—本过程—本己领域的扣留）。” Heidegger，*Besinnung*，Hrsg. F.-W. von Herrmann，Frankfurt a.M：Vittorio Klostermann，1997，S.311.

存有之真理”的过程，“这种存有之真理，即拒予，却包含着对非存在者本身的掩饰，也包含着存有的被释放状态和挥霍”（430/406）。“被释放状态”指非存在者被纳入谋制的控制之中。“挥霍”指存在者被存在所离弃，故能被挥霍。在其中，从“过去之物”而来的谋制与体验便成了存在之离弃状态的“保持”。

而在“建基”接缝中，出现了对存在之离弃状态之当前的充实经验。“暗示乃踌躇着的自行拒绝。这种自行拒绝不仅创造出匮乏和期待之空虚，而且与这些东西一道，也提供出那样一种空虚，后者乃是一种在自身中移离着的，移离入未来状态中、因此同时打开一个曾在者——这个曾在者与将来者一起出现，构成那种当前，即移置入离弃状态之中、但却有所回忆和有所期待的当前。”（410/383）存在之离弃状态的当前使存有之急难被充实的经验。这种急难是存有之急难，故而也是回响中的“在存在之离弃状态的急难中的存有”被充实地经验。“存有之离弃状态的急难”的“‘空虚’乃是存在之离弃状态的已充实的急难，但存在之离弃状态已然移置入敞开者之中了，因而与存有及其不可穷尽性的唯一性相关联”（408/382）。“建基”接缝中的当前与存在之离弃状态的被充实的经验是从存有之离—基深渊而来的。而在最后之神这一接缝中，虽然仍然是从离—基深渊而来，因为暗示是在离—基深渊中发生出来的，但却扩展到最后之神的维度。使离弃状态得以保持的现在（Jetzt），“为最后之神所厌恶[①]”（431/406）。因为作为离弃状态的谋制与体验中，存有之开裂被“掩埋”了，而这种开裂是最后之神的本现所需要的。“只有当作为本有的存有之真理闪耀起来，亦即作为神所需要（由于人归属于神）的那个东西，这时候，上面这种开裂才成为问题。”（295/278）存有之开裂也被表述为“开裂之离基深渊”，（11/9）这种“掩埋”从基础的角度便是无基（Ungrund）对离—基深渊的掩盖。神对存有之开裂的需要也就成了对离基深渊的需要，即“存有之急需的离—基深渊”[②]。

“保持”着存在之离弃状态的“现在”也是对离—基深渊的掩盖，也

① hassen在德语中指“仇恨、厌恶、讨厌、反感”等。海德格尔使用这个词是受到荷尔德林的影响。Heidegger，*Apports à la philosophie. De l'avenance*，traduction par François Fédier，Gallimard，2013，p.463，la note 1. 中译本将该词译为“仇视”，这个译法“太重了”，参见张志扬：《海德格尔〈哲学论稿〉“最后之神”的校、释、译》，《现象学与神学》（《中国现象学与哲学评论》第十三辑），上海，上海译文出版社，2014，第107—108页。

② “从诸神而来，存有历史性的思想被规定为那种存有之思想，这种思想把存有之急需的离基深渊把握为首要之物，并且绝不在作为据说最具存在性者的神性本身中寻找存有之本质现身。”（462/439）

可视为离—基深渊之离开（Ab-）的一种极端发生，因为无基乃是从离—基深渊而来的发生。[1] 由此可知，这个“现在”是从最后之神的掠过之需要来解释的，故而作为最后之神所“厌恶”的现在。但这种“厌恶”却使最后之神被充实地经验了。而最后之神也是“诸神之神”（3/4），从存有与神的关系来说，“存有是诸神之急难”（462/438），在这里已被充实地经验了。“建基”中被充实地经验到的存有，深化扩展为在最后之神的暗示中被充实地经验。因为这两种离弃状态均是在“暗示”中发生的，即存有之暗示与最后之神的暗示，可以说，在存有之暗示中发出最后之神的暗示，后者是一种“极端暗示”（433/408）。

在存在之离弃状态的“现在”所经验到的最后之神的“厌恶”，也是时机之所中的最后之神的拒予的一种样态，同时又是最后之神的一种切近，是其在极端的离弃状态中被经验的一种方式。最后之神的“厌恶”是一种极端的遥远，“这种遥远就是：最宽广的、对我们来说第一位的对于神的切近，不过也是存在之离弃状态的急难”（27/24）。最后之神的这种厌恶之切近本身意味着一种转向的可能性，一种在其暗示领域从离—基深渊向离—基深渊的转变。这种转向需要依托于“本有中的转向”而发生。

第三节　本有中的转向

存在之离弃状态也被视为存有的内在发生，这也是我们在“拒予”这一节中所经验到的。而在“最后者”一节中，也经验到了一种最长久最广阔的发生。这两种发生是本有中的转向所包含的。所以，“本有中的转向”这一节第一句话便是“本有在转向（Kehre）中有其最内在的发生和最广阔的伸展”（431/407）。这可视为对前两节的概括。

“在本有中本质性地现身的转向”也是“最后者”的转向的“隐蔽基础”（431/407）。所以，在“拒予”中的作为诸神之急难的极端的存在之离弃状态，为最后之神所厌恶的离弃状态，也是离—基深渊在最后之神的厌恶中的极端发生而促成的转向，乃是“最后者”的转向，由此，在本有中的转向方能最深地发生。这与最后之神的本现需要存有之开裂是一致的。这种为神所需要的转向，被以设问方式提出来。“这种原始的本有中的转向是什么呢？唯有存有之突发作为‘此’之本有过程，才能把此—在

① 可参本书第二章第二节。

带向它本身，并且因而把此—在带向那种内立地被建基的真理的实行（即庇护）——这种真理被建基于存在者之中，而这个存在者在‘此’之被澄明的遮蔽中找到了自己的场所。”① （432/407）这里的场所也是拒予的高贵之处。“本有中的转向”是从“存有之突发”而来的。这种“突发”过程可分为五个环节：第一个环节，存有之突发作为“此”之本有过程；第二个环节，“此”之中的突发将此—在带向自身即其内立状态。而“把此—在带向那种内立地被建基的真理的实行（即庇护）”，其重点是“被建基的真理”及其“实行（即庇护）”。这一被建基的真理即存有之真理，在存有之真理中真理的本质得以现身，而被建基的真理作为基础则是离—基深渊，这一真理的实行是庇护。据此可分解出后三个环节：第三个环节指的是作为“被建基的真理”，第四个环节是离—基深渊，第五个环节是实行（即庇护）。这五个环节对应的是“建基”接缝中的五部分内容。

这等于明确将“建基”接缝中的存有之真理建基于此—在作为“本有中的转向”。而且，这个转向乃是一种准备。“在转向中：唯有此—在之建基，亦即准备那种对于进入存有之真理中的迷移着的移离的期备状态，方能带来倾听和归属于突发的本有过程之暗示的东西。”（432/407）准备也可以看成是为某种需要而准备，所以，存有之突发的转向也是需要与归属之间的转向。前面提到的最后之神对离—基深渊的需要，也可以说是离—基深渊对最后之神的掠过之准备。在这里，也见证了“存有之真理建基”为“离—基深渊”而“作为对一种‘最后之神’的‘将来者’”的准备。在这种转向中，此在能在呼唤中直面最后之神的掠过。“在转向中：本有必定需要此在，在需要此在之际，本有把此在置入呼唤中，并且因而使此在直面最后之神的掠过。”（432/407）呼唤也是暗示的发生②，本有之呼唤作为本有之暗示而发生。而最后之神的暗示“嵌入”到存有之暗示中③。所以，此在在本有之呼唤中，能够“倾听和归属于突发的本有过程之暗示的东西”，从而也能聆听存有中发生的最后之神的呼唤，经受最后之神的暗示，以至于“直面最后之神的掠过”。

相较于本有中的需要与归属之间的转向，此在与神之间的呼唤与归属

---

① 对这段话的分析也可参张志扬：《海德格尔〈哲学论稿〉“最后之神”的校、释、译》，《现象学与神学》（《中国现象学与哲学评论》第十三辑），上海，上海译文出版社，2014，第 110—112 页。

② “呼声作为暗示发生的一种方式。”Ingeborg Schüßler，“Le ‘dernier dieu’ et le délaissement de l'être selon les Apports à la philosophie de M. Heidegger（Secondre partie）”，*Etudes Heideggeriennes*，vol.26，Berlin：Duncker & Humblot，2010，p.145.

③ Paola-Ludovica Coriando，*Der letzte Gott als Anfang. Zur ab-gründigen Zeit-Räumlichkeit des Übergangs in Heideggers „Beiträgen zur Philosophie (Vom Ereignis)“*，München，1998，S.60.

的转向乃是一种更深层更广阔的发生，如此这般的转向是一种反—转（Wider-kehre）。“转向在呼唤（归属者）与（被召唤者的）归属之间本质性地现身。转向乃是反—转。对向本有过程的跳—跃（Zu-sprung）的召唤（Anruf），乃是最隐蔽之自识的伟大寂静。”（432/407-408）“反—转”指的是在归属与呼唤之间的带有循环特征的回转，此在越深地归属于神之呼唤，则呼唤越能起着呼唤的作用，而呼唤越深越广地呼唤出来，则越能得以听闻并让此在归属。① 反—转是在本有中的转向之深化。这样一个不断深化的反—转之循环，直至伟大的寂静，这在最后之神的接缝中才能被经验。这种伟大的寂静作为“对向本有过程的跳—跃的召唤（*Anruf*）”，其中，“跳跃”用的是 Zu-sprung②，即向这种本有过程的跳跃，是向着本有中发生的呼—唤（Zu-ruf）的跳跃，这种呼—唤在存有之突发（Anfall）中发生为召唤（An-ruf）。An-ruf（召唤）的前缀 An-可以表示“开始”与“接近”，与 Anfang（开端）和 Anfall（突发）的前缀相同，这恰恰表明这种突发的召唤“是开端性的”。③

这里的召唤（Anruf）与呼唤（Zuruf）词根一致，均是 Ruf（呼声）。“呼声作为暗示发生的一种方式”④，并非某个人的呼叫，也不是日常的嘈杂声。呼声乃是通过在远处的声音而发出来，并且“长久地与深远地在它—自身中回响”⑤。这种呼声“首先是一种召—唤”⑥。当我们聆听一种呼声时，我们实际上是在这种意义上来听，呼声从远处到来并响起来；于

① Ingeborg Schüßler, “Le ‘dernier dieu’ et le délaissement de l’être selon les Apports *à* la philosophie de M. Heidegger(Secondre partie)”, *Etudes Heideggeriennes*, vol.26, Berlin: Duncker & Humblot, 2010, p.149.

② Zu-sprung 来自动词 zuspringen，后者指向……跳上前去，快步上前帮忙。

③ Ingeborg Schüßler, “Le ‘dernier dieu’ et le délaissement de l’être selon les Apports *à* la philosophie de M. Heidegger(Secondre partie)”, *Etudes Heideggeriennes*, vol.26, Berlin: Duncker & Humblot, 2010, p.146.

④ Ingeborg Schüßler, “Le ‘dernier dieu’ et le délaissement de l’être selon les Apports *à* la philosophie de M. Heidegger(Secondre partie)”, *Etudes Heideggeriennes*, vol.26, Berlin: Duncker & Humblot, 2010, p.145.

⑤ Ingeborg Schüßler, “Le ‘dernier dieu’ et le délaissement de l’être selon les Apports *à* la philosophie de M. Heidegger(Secondre partie)”, *Etudes Heideggeriennes*, vol.26, Berlin: Duncker & Humblot, 2010, p.145.

⑥ Ingeborg Schüßler, “Le ‘dernier dieu’ et le délaissement de l’être selon les Apports *à* la philosophie de M. Heidegger(Secondre partie)”, *Etudes Heideggeriennes*, vol.26, Berlin: Duncker & Humblot, 2010, p.146.

是，呼声意味着一种在远离中自行切近与在切近之中自行远离的“运动本身”①。呼声被远离与切近之间亲密的震颤“所萦绕”②。呼声显示出“来临”与“离开”之间的维度之游戏。③ 于是呼声之游戏打开了一个空间—时间的维度。呼声在空间维度的震颤中游戏，这种远化与切近的游戏运作也是一种颤动，即在切近中远离与在远离中切近的颤动。呼声又作为暗示的一种发生方式，显示出“暗示”（Wink）一词的本源含义，德语中的名词 Wink（暗示），来自动词 wanken，后者有“晃动、摇摆”等意思。④ 所以，呼声中发生的颤动也是暗示之颤动。而最后之神在呼声中的暗示“嵌入”在存有之暗示中⑤，所以，其颤动也促动了存有之颤动。“存有乃是神性化之颤动。”（250/239）由此，最后之神不仅仅需要存有之开裂，也需要存有之反—转。“作为反—转，本有因而‘是’对于曾在诸神之朝转和逃遁的至高主宰。这个极端之神需要存有。”（432-433/408）最后之神的呼唤与暗示由此才发出来。

最后之神的呼声也发生在一种寂静之中，于是有一种“寂静的呼声”。⑥ 而在反—转中的召唤乃是“伟大的寂静”。伟大的寂静即反—转达到最高的程度，从而有神人的自识。⑦ 存有之“寂静”⑧ 扩展为最后之神

① Ingeborg Schüßler, “Le ‘dernier dieu’ et le délaissement de l’être selon les Apports *à* la philosophie de M. Heidegger(Secondre partie)”, *Etudes Heideggeriennes*, vol.26, Berlin: Duncker & Humblot, 2010, p.146.

② Ingeborg Schüßler, “Le ‘dernier dieu’ et le délaissement de l’être selon les Apports *à* la philosophie de M. Heidegger(Secondre partie)”, *Etudes Heideggeriennes*, vol.26, Berlin: Duncker & Humblot, 2010, p.146.

③ Ingeborg Schüßler, “Le ‘dernier dieu’ et le délaissement de l’être selon les Apports *à* la philosophie de M. Heidegger(Secondre partie)”, *Etudes Heideggeriennes*, vol.26, Berlin: Duncker & Humblot, 2010, p.146.

④ Dudenredaktion (Hrsg.), *Duden-Das Herkunftswörterbuch. Etymologe der deutschen Sprache*, Bd.7, Berlin · Mannheim · Zürich: Dudenverlag, 2014, S.929.

⑤ Paola-Ludovica Coriando, *Der letzte Gott als Anfang. Zur ab-gründigen Zeit-Räumlichkeit des Übergangs in Heideggers „Beiträgen zur Philosophie (Vom Ereignis)“*, München, 1998, S.60.

⑥ 这里的寂静的呼声与《存在与时间》中的良知的沉默的呼声相关。对此关联的解释参见 Ingeborg Schüßler, “Le ‘dernier dieu’ et le délaissement de l’être selon les Apports *à* la philosophie de M. Heidegger(Secondre partie)”, *Etudes Heideggeriennes*, vol.26, Berlin: Duncker & Humblot, 2010, p.146, la note 57。对良知的呼声的解释也可参 Daniela Vallega-Neu, *Heidegger's Contributions to Philosophy*, *An Introdution*, Bloomington: Indiana University Press, 2003, pp.16-19, 46-47, 49, 51。

⑦ Ingeborg Schüßler, “Le ‘dernier dieu’ et le délaissement de l’être selon les Apports *à* la philosophie de M. Heidegger(Secondre partie)”, *Etudes Heideggeriennes*, vol.26, Berlin: Duncker & Humblot, 2010, p.149.

⑧ “存有之真理为存在者的本质力量开放出那种寂静，由此寂静而来，存有（作为本有）才成为可觉知的。”（26/23）

掠过的“伟大的寂静”。而呼唤作为语言的发生，如此的寂静也就是语言之发生。所以“此—在之全部语言即由此获得其本源，并且因此在本质上就是沉默”（432/408）。这等于也交代了《哲学论稿》中的思想之道说的本源。这里的“巨大的寂静”，在作为语言的呼唤中开启出时间—空间，而它作为场所，也是离—基深渊之空间。“在转向中运作的乃是最后之神的暗示，作为诸神之到达与逃遁及其主宰场所的突发和缺失。”（433/408）以此，最后之神能在离—基深渊的“空间”中，这个“空间”也必定是寂静的，是“本—有过程的离—基深渊的寂静”①。而寂静又被海德格尔解释为“离—基深渊之过—剩（Über-fluß）”②。

在暗示中，“最后之神的法则得到了暗示”（433/408）。这也就是最后之神在暗示中的本现。

第四节　最后之神

我们已经在将来者的接缝中提到了将来者的归属，以及站在最后之神的暗示面前，此处是从最后之神的呼唤作为暗示之发生而言的。在本有之转向的情况下，“最后之神对这些孤独者发出暗示，因为它在自己的掠过中正是通过这种人而得到召唤的”（441/416）。这也是归属与呼唤之反—转的发生。由此形成暗示领域。

这种暗示领域也拓展了作为离—基深渊的时间—游戏—空间。神性化的“颤动拓展时间—游戏—空间，在其中，它本身作为拒予进入敞开域之中”（250-251/239）。这种拒予也是一种切近。“在拒予中的最后之神的极端遥远，乃是一种独一无二的切近。”（437/412）这种切近我们已经在将来者的“回荡空间”中经验为神之齐奏的临近。而在最后之神的接缝中，通过本有中的转向，已经让最后之神的呼唤与暗示之颤动得以经验。神的这种齐奏之临近深化着拒予之切近，用海德格尔在这里的新词来说，即“在自身中回荡进来”。“最后之神不是一种终结，而是开端于自身中回荡进来（Insicheinschwingen），因此是拒予的最高形态”。③（442/416）而最

---

① Heidegger, *Zum Wesen der Sprache*, Hrsg. T. Regehly, Frankfurt a.M: Vittorio Klostermann, 2010, S.152.

② Heidegger, *Zum Wesen der Sprache*, Hrsg. T. Regehly, Frankfurt a.M: Vittorio Klostermann, 2010, S.153.

③ 译文略异。

后之神也可被视为开端。① 所以，开端的“在自身中回荡进来”也可用于道说最后之神。最后之神在齐奏（Einklang）中进入回荡空间，这种进入一方面是从自身而来的，在这种进入过程中，最后之神也是“在自身之中”的。同时，最后之神在自身中的齐奏进来，也是通过暗示来实行的，暗示来自 wanken（晃动、摇摆），亦即 schwingen（回荡、摇摆），最后之神回荡着进入存有之本现中，进入将来者的自身—存在的回荡空间中。这样一种在自身中（从自身而来）回荡着的进入，亦即最后之神的“在自身中回荡进来”。

由于将来者自身存在的回荡空间是对存有之回响的交互回荡的接纳，这种交互回荡是存有之回响的复调。最后之神的“在自身中回荡进来”也是在存有之回响的复调中发生，最后之神之拒予的切近也是在“存有之回响中”。（437/412）而在回响之复调中，最后之神仍保持拒予，作为最大的寂静，最后之神是拒予的最高形态。从最后之神的呼唤的语言维度来说，这种回响之复调中的寂静，也就是海德格尔后来在《通向语言的途中》所提出的“宁静的排钟”②。最后之神的暗示之呼唤与召唤的领域，乃是寂静之呼声的领域，亦即本源性的语言领域。

暗示在呼唤与语言中本现，而“在这样一种暗示之本现中，存有本身达乎其成熟”（435/410）。存有之成熟显示出其原始—基础。“有所建基的原始—基础乃是存有，但向来在其真理中本现。”（406/380）存有之本现作为本有，故而本有也被称为原始—基础，所以有这样的表述“原始—基础（即本有）”（407/381）。从原始—基础来说，暗示领域中的存有之成熟也是“最隐蔽的”本有过程，“极端暗示的这种呼唤，最隐蔽的本有过程”（433/408）。

由于原始—基础是从基础的角度来把握的，而离—基深渊也作为基础，所以“这个原始—基础唯在离—基深渊中作为自行遮蔽者而开启自身”（406/380）。我们在前面已经将拒予经验为自行遮蔽了，故而有“拒予的存有之真理”的提法。而离—基深渊作为踌躇着的拒绝，“离—基深渊乃是原初本质性的（erstwesentliche）澄明着的遮蔽，是真理之本现”（406/380）。这里“原初本质性的”一词蕴含了离—基深渊的位置与拓展空间，“本质性的”（wesentlich）已指向存有之真理了，而原初的（erst-）表明了仍然在初级阶段，还不成熟。尽管如此，离—基深渊可通过暗示领

---

① “最后之神乃是那种处于其最短轨道中的最长久历史的开端。”（439-440/414）

② Friedrich-Wilhelm von Herrmann, *Wege ins Ereignis. Zu Heideggers „Beiträgen zur Philosophie“*, Frankfurt a.M: Vittorio Klostermann, 1994, S.381.

域的扩展深化，得以最深地呈现为原始—基础，这是存有之成熟过程。从离—基深渊的内部运作来说，也就是从踌躇着的拒绝上升为作为自行遮蔽的拒予。如果说存有在最后之神的暗示中亦即其切近中成熟，那么这个成熟过程自然也是最后之神的切近过程。两种运动是同一过程。“当本有作为踌躇着的自行拒绝提升为拒予时，最后之神的最伟大的切近才得以发生。这种拒予乃是与单纯的不在场根本不同的东西。对于归属于本有的拒予，我们只能根据更为原始的存有之本质现身来加以经验，情形恰如在另一开端的思想中所闪现出来的那样。”（437/411）这种拒予“根据更为原始的存有之本质现身来加以经验”，等于说比离—基深渊的“初次本质性的”真理要更本源更成熟。这实际上也就是另一开端中的存有之真理，或者拒予的存有之真理，亦即存有之成熟的本现，这与最后之神的“在自身中回荡进来”作为另一开端也是一致的。

存有之成熟作为原始—基础要得以建基仍然要通过存有之真理，但由于其与最后之神的拒予之切近的关联，其建基乃是真理的极端冒险。“对于最后之神的显现的准备，乃是那种存有之真理的极端冒险，而唯借助于存有之真理，人才能成功地使存在者复原。”（437/411）这里的极端冒险与最后之神的极端特征是一致的，最后之神也被海德格尔命名为“极端之神”。而通过存有之真理使存在者复原，也是将最后之神庇护到存在者中去。这种庇护也是“最后庇护”。“在最后之神的暗示中，存在本身、亦即本有之为本有，首次成为可见的，而且，这种闪耀需要对作为澄明与遮蔽的真理之本质现身的建基，需要真理在改变了的存在者形态中的最后庇护。”（77/70）这里的“最后”被强调，是为了突出这种庇护与最后之神的关联。

同样，在最后之神的暗示的“主宰状态中，亦即作为开端和对这一事件的主宰中，这种开端性的大地之主宰状态将作为最后之神显示自身”（77/70）。这意味着，将最后之神庇护到存在者之中，要通过世界与大地的争执来实行。“在暗示之主宰领域，大地与世界重新会面而成最质朴的争执：最纯粹的锁闭与最高的美化，最明媚的迷移与最可怕的移离。”[①]“最可怕的移离”指的是，这种“移离”自行离开，直到抵达大地之最极端的“深渊之基底”（profondeur）。[②] 由此，这也显示出另一方面的“最

① “大地与世界”在中译本中为“大地与天空”，有误。

② Ingeborg Schüßler, “Le ‘dernier dieu’ et le délaissement de l’être selon les Apports à la philosophie de M. Heidegger (Secondre partie)”, *Etudes Heideggeriennes*, Vol. 26, Berlin: Duncker &Humbiot, 2010, p.162.

明媚的迷移”之发生，迷移乃是移离之“离—开中的赠予”。[①] 在离开而抵达深渊的最极端之深处，即深渊之基底得以显形而发生出一种反转。因为，与移离相反，“最明媚的迷移发生为神化过程”[②]。迷—移是 holdeste（最仁慈的、最优美的），因为它通过最深的、“正在来—临之中的缺—席”（l'ab-sence a-venante）而实现。[③] 相反，移离（fascination）通过谋制之挥霍，察觉到大地之沦陷，重新生出一种“迷人着的赠予”，即迷—移（Berückung），这种迷移是“关于大地来源于何处”的“恩惠”（Huld）。[④] 这里的迷移指向大地，移离指向世界，迷移与移离的接合使“大地与世界重新会面”，两者之间的关系不再是敌对状态，而是“最质朴的”和“最亲密的”，是大地为了世界而世界也为了大地的关系。[⑤] 而暗示，在其自身维度的游戏里，不停地“辐射”着世界与大地的整个空间。[⑥]（435/410）“最纯粹的锁闭与最高的美化”分别指大地之锁闭与世界之美化[⑦]。由此，通过离—基深渊之最深的显现，原始—基础得到经验，并在世界与大地的“最亲密的”争执中实现对最后之神的“最后庇护”。并且，最后之神通过庇护得以遮蔽自身。“在存有之真理的本现中，在本有中并且作为本有，最后之神得以遮蔽自身。”（27/24）而最后之神的这种遮蔽自身的本现也

---

① Ingeborg Schüßler, “Le ‘dernier dieu’ et le délaissement de l'être selon les Apports *à* la philosophie de M. Heidegger (Secondre partie)”, *Etudes Heideggeriennes*, Vol. 26, Berlin: Duncker & Humbiot, 2010, p.133, la note 28.

② Christian Müller, *Der Tod als Wandlungsmitte. Zur Frage nach Entscheidung, Tod und letztem Gott in Heideggers „Beiträgen zur Philosophie“*, Berlin: Duncker & Humblot, 1999, S.351.

③ Ingeborg Schüßler, “Le ‘dernier dieu’ et le délaissement de l'être selon les Apports *à* la philosophie de M. Heidegger (Secondre partie)”, *Etudes Heideggeriennes*, Vol. 26, Berlin: Duncker & Humbiot, 2010, p.133, la note 28.

④ Ingeborg Schüßler, “Le ‘dernier dieu’ et le délaissement de l'être selon les Apports *à* la philosophie de M. Heidegger(Secondre partie)”, *Etudes Heideggeriennes*, Vol.26, Berlin: Duncker & Humbiot, 2010, p.162.

⑤ Ingeborg Schüßler, “Le ‘dernier dieu’ et le délaissement de l'être selon les Apports *à* la philosophie de M. Heidegger (Secondre partie)”, *Etudes Heideggeriennes*, Vol. 26, Berlin: Duncker & Humbiot, 2010, p.162.

⑥ Ingeborg Schüßler, “Le ‘dernier dieu’ et le délaissement de l'être selon les Apports *à* la philosophie de M. Heidegger (Secondre partie)”, *Etudes Heideggeriennes*, Vol. 26, Berlin: Duncker & Humbiot, 2010, p.162.

⑦ Verklärung 在德语中指容光焕发、神情幸福，该词来自动词 verklären，有神化、美化、显得美好等意思。就 Verklärung 作为“神化”的含义来说，也与神相关。海德格尔用这个词应该有着尼采的影响。尼采用该词来描绘与神有关的世界。“为我唱一支新歌吧：世界如此美化(verklaert ist)，天国喜气洋洋。十字架上的受难者。”Heidegger, *Nietzsche* 1, Hrsg. B. Schillbach, Frankfurt a.M: Vittorio Klostermann, 1996, S.23.中译参见[德]海德格尔：《尼采》上卷，孙周兴译，北京，商务印书馆，2003，第 15 页。

让本有，亦即原始—基础，“首次成为可见”（77/70）了。

《哲学论稿》中的“通向深渊的幽径”在其最深处抵达了原始基础，也获得了其自身的整体性，即以无基的本源性经验为“出发点”，而“通达”了原始—基础，离—基深渊也在这种“贯通”中获得了自身的轮廓，得到了赋形。① 作为“深渊的哲学”的思想作品在“通向深渊的幽径”中获得了自身的结构。“这部‘著作’乃是：在向耸立着的基础回转中自行展开的结构（Bau）。”（85/77）“耸立着的基础”即离—基深渊的发生，并最终在暗示的主宰领域通达原始—基础。

离—基深渊在赋格整体中的贯通，可以通过聆听而真正经验到其整体性，尤其那种能“一道听到一切的统听”②。具有这一能力的莫扎特是“最能倾听的人”③，故能创作出复调音乐。无疑，写作存有之回响的赋格曲的海德格尔也是最能倾听的人，能倾听存在本身，倾听“那种隐蔽的统一性”④。其思想以此成为一种听写，“思想？——将存有之 Diktat（听写、口授、强制）写进语言中”⑤。

所以，我们不仅仅是读《哲学论稿》这本书，更要聆听这部“从本有而来”的具有复调结构的“思想作品”，要像莫扎特那样进行整体的“统听”，方能听闻那由海德格尔所听写的、包含于这整体道说中的“隐蔽的统一性”：“所道说者，乃是在第一开端与另一开端的交互‘传送’中——出自存在离弃状态之急难中的存有之‘回响’为了‘跳跃’到存有之中以通向存有之真理的‘建基’而作为一种对‘最后之神’的‘将来者’的准备——被追问的与被思想的。”⑥

---

① 这句话中的出发点、通达与贯通也构成海德格尔思想中的现象学三环节，参第五章第一节“‘通向’与现象学道路”。

② Heidegger, *Der Satz vom Grund*, Hrsg. P. Jaeger, Frankfurt a. M: Vittorio Klostermann, 1997, S.100.

③ Heidegger, *Der Satz vom Grund*, Hrsg. P. Jaeger, Frankfurt a. M: Vittorio Klostermann, 1997, S.100.

④ Heidegger, *Der Satz vom Grund*, Hrsg. P. Jaeger, Frankfurt a. M: Vittorio Klostermann, 1997, S.100.

⑤ Heidegger, *Anmerkungen I-V* (*Schwarze Hefte 1942-1948*), Hrsg. Peter Trawny, Frankfurt a.M: Vittorio Klostermann, 2015, S.86.

⑥ Heidegger, *Beiträge zur Philosophie* (*Vom Ereignis*), Hrsg. F.-W. von Herrmann, Frankfurt a.M: Vittorio Klostermann, 1989, S.7.

上编小结　深—渊与转向：《哲学论稿》六个接缝的整体把握

作为对存有历史之Fuge（赋格、裂隙）的首次完整道说，《哲学论稿》六个接缝的整体性是个必须面临的问题，与之相关的是，如果六个接缝构成整体的话，这个整体的接缝何以正好是六个？时间因素对存在问题的开启与作用，为这个问题的解答提供了可能。“由于展开状态以绽出的—时间性的与视域的—时间状态的方式被公开出来，存在自身的真理从时间要素方面（zeithaft）被述写。”[①] 这也表示，时间要素对存有真理的阐述具有某种约束作用，这种约束不同于形而上学式的“可能性的条件”，而是本身就是存有或存在本身的发生，是从存有本现而来的。简言之，回响、传送与跳跃这前三个接缝体现了时间状态的三个维度（曾在、过渡、未来），而建基、将来者与最后之神则是建基为深—渊的时间—空间的三个维度（此在的时间性：曾在、将来与当前）。前、后三个接缝之间的关联，由跳跃与建基在开抛与被抛的关系中得以贯通。

这种时间要素与深—渊关联的揭示，也有助于重审海德格尔思想的转向问题，正是通过深渊哲学，可以发现海德格尔的转向恰恰是深渊哲学自身的运作，统摄了对海德格尔转向的三种主要看法：（1）从“存在与时间”到“时间与存在”；（2）从此在的时间性到存在的时间状态；（3）从存在的被遗忘状态到四重整体的世界，或者用黑色笔记中所描述的从区分之被遗忘状态到被遗忘状态之区分。这三种转向的看法都统一于深—渊。反过来，通过深—渊也澄清了众说纷纭的海德格尔转向问题，即海德格尔的转向在其深—渊中发生，是深—渊自身的转向，是从事情本身而来的深渊哲学自身的运动。在此意义上，可以说，只有一个海德格尔。

---

① Friedrich-Wilhelm von Herrmann，*Heideggers „Grundprobleme der Phänomenologie“: Zur „zweiten Hälfte“ von „Sein und Zeit“*，Frankfurt a.M.: Vittorio Klostermann，1991，S.52.

一、回响、传送、跳跃与时间状态

从时间状态来把握《哲学论稿》中的六个接缝整体，必定会生出疑虑，那就是《哲学论稿》对时间状态的直接论述并不多，如果时间状态有如此重要的作用，为何探讨得如此之少？实际上，海德格尔将时间状态与时间—空间等同，后者是《哲学论稿》重点阐述的，就两者的等同来说，时间状态也可以说通过时间—空间而在《哲学论稿》中赢得其重要性。在这里，时间状态与时间—空间一方面被视为等同，另一方面在阐述中却区别对待。这一定程度上在于，时间—空间这个表述具有明显的四维特征，但用连字符将空间与时间并列反而让时间的三维被淡化了；而时间状态作为存有之真理，尤其在其得到建基后，空间性的内涵也是明显的，可时间状态这个概念从字面意思上只突出时间维度，让人易忽略其在空间方面的含义。在这里可以看到，时间状态与时间—空间各有侧重。

《哲学论稿》并不能舍弃时间状态，而只是在阐释中保持“克制”。“在这个关键地方，要紧的是克服必然首先具有如此这般性质的存在问题的危机，而且首要地，要避免一种对存有的对象化，一方面是通过克制[①]对存有的‘时间状态上的’解释，同时是通过尝试使存有之真理独立于此而成为‘可见的’。”(475/451) 这段话对理解《哲学论稿》甚至海德格尔思想中的时间状态问题很关键，可以分三步展开，一是这种克制如何理解；二是克制与存有及其真理的关系；三是这段话的缘起，即时间与存在的关系。

要理解这里的“克制”，可以与《哲学论稿》言说上的“克制”进行比较。《哲学论稿》由于受到作为基本情调的抑制（Verhaltenheit）之调谐，在表述上有着克制的特征，一方面，道说存有之本现而要克制对象化的表述，另一方面，要依据存有之本现的现象学经验而相应地道说，这种相应，也需要克制。所以，该书在“建基”接缝中才发生道说之转向，不再“克制”对存有之本现的道说。而该书对“存有的‘时间状态上的’解释”之克制却是一贯的，这同时也表明，时间状态上的阐释可能导致存有的对象化，即可能掩盖存有之真理。

前文已经揭示出了时间状态作为时间—空间，也作为存有之真理，但在这里何以突然又与存有之真理有着矛盾了？要理清这一矛盾，需要回到上面这句话的语境，在时间与存在的关联中展开，也以此追溯“时间状

① Zurückhalten 由“抑制”改译为“克制”，为了区分作为基础情调的 Verhaltenheit（抑制）。

态”（Temporalität）一词在海德格尔思想中的独特之处。

对存有从时间状态上阐释的克制，是从存在问题引出来的，即在形而上学的统治地位并未完全中断，所谓的存在学因素也仍然带有形而上学之残余的境况下，如何提出存在问题。海德格尔回顾了《存在与时间》的用意，“意在把‘时间’证明为存有之开抛领域。确实如此。但倘若不能坚持这一点，则存在问题就绝不会作为问题、因而作为最值得追问者的启思而得到展开了”（475/451）。时间作为存有之开抛领域，为存在问题的提出做了贡献，使存在问题得以提出并得到追问，这表明，时间进入海德格尔的存在问题有其必然性。时间状态乃是从《存在与时间》中的时间问题引发出来的。该书“阐释存在之为存在的基础存在论任务中就包含有清理存在的时间状态的工作”，但并没有完成这个任务，其第一部分第三编“时间与存在”，以及第二部分“依时间状态问题为指导线索对存在论历史进行现象学解析”都没有写出来。[①] 但这也提示了从时间状态阐释存在历史的方向。这个方向在《哲学论稿》中以“克制”的方式零星地显示，以时间—空间的形式替代性地承担了。即使这样，时间状态也有其不可替代之处。海德格尔在这里对时间状态的“阐释”之克制，也体现了引入时间状态的必然性与不可替代性；如果他觉得没必要，则可抛弃这个概念，但又不能抛弃，故而只能“克制”其阐释。

海德格尔对“时间状态”不能舍弃却又要克制的矛盾状态，也揭示了《存在与时间》未完成的一个重要理由，即在该书中时间实际上是起规定作用的，而在《哲学论稿》中，时间状态与时间—空间乃是从存有之本现而被规定的，两者之间有一种需要跳跃的鸿沟。晚年海德格尔论及时间状态对此在之时间性的超越时点明了这一点：“《存在与时间》还在向此努力的途中，它通过一条超越此在之时间性的通路，在作为时间状态的存在之阐释中来寻找一个时间概念，寻找‘存在’之为在场由之而来才自行给出的‘时间’的本己因素。”[②] 从存在之在场来寻求时间的本己因素，在《哲学论稿》中主要从存有之本现来经验时间—空间与时间状态，故而从时间状态来解释存有面临对象化的危险。“时间—空间之起源于和归属于真理之本质现身，作为‘此’的如此这般被建基的移离—迷移构造（即接合）。”（395/371）但在《哲学论稿》中，时间—空间也能反过来限制存有之本现，这体现在存有之有限性中，“若如存有被设定为有限的，那么，它的离—基深渊状态就得到了肯定”（283/269）。“有限性，在《哲学论

① ［德］海德格尔：《存在与时间》，陈嘉映、王庆节译，北京，三联书店，1999，第22、46页。

② ［德］海德格尔：《面向思的事情》，陈小文、孙周兴译，北京，商务印书馆，2015，第45页。

稿》中作为离—基深渊状态。”[①] 离—基深渊状态也是时间—空间即时间状态之发生，由此，存有之本现从离基深渊、时间—空间、时间状态显示为有限的，亦即，时间状态可以对存有之本现形成一定的约束。可以说，《哲学论稿》中就出现了后来《时间与存在》中时间与存在相互规定之关系的雏形。以此可以重审人作为守护者经受到最后之神的暗示的当前维度，使“存有最内在的有限性得到了揭示”(435/410)。

从存有的有限性与时间状态的约束作用之关联，能更深地理解对时间状态的“克制”态度——并不是弃之不用，而是具有使用的必要性，这种必要性就是时间状态的约束作用，并且也提示了从时间状态阐释存在历史的方向。尽管海德格尔也将时间状态理解为存有之真理，但也要看到两者在表述中的侧重点不一样，真理是从澄明与遮蔽而言的，时间状态带有其自身的三维特征。而要展开《哲学论稿》中对时间状态的有所克制的解释，需要适当地将这种克制所隐含的内容释放出来。对于前三个接缝（回响、传送、跳跃）而言，时间状态要借助移离这一概念来解除克制，勾连出克制而未明言的时间状态的阐释，在对后三个接缝（建基、将来者、最后之神）的时间状态的解释中，可借助于时间状态与时间—空间的等同，而从时间—空间来阐释时间状态，这实际上是一种解除克制的方式。这也是应对海德格尔的克制态度——以其他概念代替时间状态——的一种策略。

《存在与时间》中未展开的“时间状态”经过在“康德书”与“后存在论”(Metontologie)中的运用而拓展到与存在者整体的关联，并在《哲学论稿》中被置于存有历史的维度。时间状态作为移离的发生，切入到存有历史的第一开端与另一开端之间。“未曾明言的本有之预感，表层地同时也在历史性的回忆中（οὐσία［在场］=παρουσία［在场、到场］），把自身呈现为‘时间状态’(Temporalität)：保存着曾在者和预备着的将来者的移离之发生，亦即‘此’之开启和建基，因而也就是真理之本质现身的开启和建基。”(81/74-75)

时间状态由“本有之预感”与“历史性的回忆”共同构成，前者指向另一开端的存有之本现，而后者乃是第一开端的在场之经验。这种由另一开端的预感与第一开端的回忆所呈现的时间状态，也就是移离之发生，在移离中，时间维度的曾在与将来得以显明，移离“保存着曾在者和预备着

① Christian Müller, *Der Tod als Wandlungsmitte. Zur Frage nach Entscheidung, Tod und letztem Gott in Heideggers „Beiträgen zur Philosophie“*, Berlin: Duncker & Humblot, 1999.

将来者”。其中，曾在者并未消失，而是在过渡时代发出存有之拒予的“回响”，这对应于第一个接缝“回响”，而预备着的将来要在第三个接缝“跳跃”中得到实行。这种跳跃作为开抛，按照海德格尔在《存在与时间》的“持续评注”中的理解，已经是“向着时间状态开抛”①。保存与预备在时间状态上并不是如两个现成存在者一样的关系，而是有一种相互的关联与时间上的牵引，即曾在与将来之间在游戏中的通达，也就是《哲学论稿》中的第二个接缝“传送”。传送揭示出过渡时代中的当下之境遇。

至此，可以发现，《哲学论稿》前三个接缝通过时间状态大致获得了一个相对的整体形式：回响、传送与跳跃分别指向存有历史的第一开端、过渡时代与另一开端，而在时间状态分别对应于曾在、现今与将来维度。

如果前三个接缝有一种整体感，那么，接下来就面临一个问题，即前三个接缝与后三个接缝（建基、将来者、最后之神）之间的关联。这里要探讨第三个接缝的“跳跃”与第四个接缝的“建基”之关系。在《哲学论稿》中，跳跃与建基之间构成了开抛与被抛的关系。“在开抛之际，〈此—在乃是〉存在的敞开性。此—在作为存有之真理（‘此’）的开抛。”(310/295) 这种开抛使此—在之此得以建基，这也体现在海德格尔描述时间的用词之变化上，“‘时间’作为时间状态——时间—空间——此—性”②。海德格尔在“建基”中，虽然也将时间状态与时间—空间等同，但具体阐发却围绕时间—空间展开，并且视后者为真理的本质。从真理之建基的角度也能显示出前三个接缝的时间状态与第四个接缝“建基”中的时间—空间的一个区别：时间状态是未得到建基的，而时间—空间是一种建基，即建基为深—渊，而未建基的时间状态显示为拒绝过程，归属于深—渊。

正是在得到建基的时间—空间即深—渊中，建基、将来者、最后之神这后面三个接缝也形成了一种时间上的整体关联。

二、时间—空间与建基、将来者、最后之神

前文在论述“建基”这一接缝时，已经就此—在之烦忧的整体性，对建基、将来者与最后之神这后三个接缝的整体性与时间状态的关联做了部分的揭示。人在存有真理中的建基，也是人的本质之转变。“通过此—在

---

① Martin Heidegger，*Zu eigenen Veröffentlichungen*，Frankfurt a. M：Vittorio Klostermann，2017，S.81.

② Martin Heidegger，*Zu eigenen Veröffentlichungen*，Frankfurt a. M：Vittorio Klostermann，2017，S.149.

之建基，人发生了转变（寻求者、保存者、守护者）。”（241/230）这种转变也就是人入于此一在之中，这在“建基”这个接缝中得到实行。自此，人变成了保存者、寻求者与守护者，这三者分别对应于人在建基、将来者与最后之神这三个接缝中的角色。

而且，这三种角色有其统一性。“成为寻求者、保存者、守护者——此即作为此在之基本特征的烦忧（Sorge）的意思。在这些名称中聚集了人的规定性，只要人是从其基础中、亦即从此一在而来被把握的；这个此一在在转向中为作为存有之本质现身的本有所居有，而且唯有借助于这个作为时间—空间（时间状态）之建基的本源才能成为内立的，为的是把存在之离弃状态的急难转变为那种创造（作为存在者之带回）的必然性。”（20/17-18）这句话中的烦忧明显与《存在与时间》中作为此在之整体的烦忧相关。在谈“此在”之烦忧时，海德格尔并没有用连字符写出“此一在”形式，更能显示出与《存在与时间》中的此在之烦忧的某种对应关系。

《存在与时间》的此在之烦忧在时间性中获得其整体性。操心作为此在的整体性，可以分解为三个环节：“先行于自身的—已经在（一世界）中的—作为寓于（世内照面的存在者）的存在。”[①] 这三个环节指向时间的三个维度，由此，时间性构成了此在之烦忧的整体性。海德格尔的时间性不同于流俗的线性时间，而是时间三维的共生，“我们把如此这般作为曾在着的有所当前化的将来而统一起来的现象称作时间性”[②]。而把“寻求者、保存者、守护者”作为此在之烦忧，也与此在的时间性有着某种对应。在《哲学论稿》中，寻求者作为将来者指向将来维度，存有之真理的保存者指向曾在维度，而最后之神掠过之寂静的守护者指向当前维度。[③]

虽然有着大致的对应关系，但区别也很明显。首先，《存在与时间》中此在之烦忧在《哲学论稿》中已经从此一在与时间—空间（时间状态）来把握了。其次，《存在与时间》中此在之烦忧是为了此在自身之故的烦忧，而《哲学论稿》中的此一在之烦忧是为了存有的缘故。“这种烦忧乃唯一地‘为存有的缘故’，并非只为人之存有，而是为存在者整体之存有。”（18/19）因为在建基中，人在存有之真理中经受存有之本现，受到

① ［德］海德格尔：《存在与时间》，陈嘉映、王庆节译，北京，三联书店，1999，第 372 页。

② ［德］海德格尔：《存在与时间》，陈嘉映、王庆节译，北京，三联书店，1999，第 372 页。

③ Daniela Vallega-Neu 指出了这种对应的关系，但也提醒，这三个环节之间有着圆环的关系，每一个绽出维度织入到其他维度中。Daniela Vallega-Neu，*Heidegger's Contributions to Philosophy*，*An Introdution*，Bloomington & Indianapolis：Indiana University Press，2003，pp.22，86-87.

存有之调谐与定调，故而是“为存有的缘故”。最后，《存在与时间》中的此在之烦忧包含对其他存在者的揭蔽，是存在者层次上的真理之发生；而《哲学论稿》中是通过存有之真理而将“存在者之带回”，即存在者基于存有之真理而回归自身。

弄清楚两种烦忧之区别，可以清楚地显明时间性与时间状态的差异，因为此在之烦忧的整体来自时间性，而此—在之烦忧的整体由时间状态贯通。“时间性系于时间状态：作为存有之真理。”（310/295）时间状态对时间性具有奠基作用，如海德格尔晚年所回顾的：“《存在与时间》还在向此努力的途中，它通过一条超越此在之时间性的通路，在作为时间状态的存在之阐释中来寻找一个时间概念，寻找‘存在’之为在场由之而来才自行给出的‘时间’的本己因素。”[①] 这里已经不同于《存在与时间》中由时间性派生出空间性的做法，更强调时间与空间即存在之在场的统一性，《哲学论稿》中的时间—空间便体现了这种统一性。实际上，在《沉思》中，海德格尔时间—空间的移离与迷移改造为“移离—轨道与移离—范围”[②]，也是为了突出空间维度。

海德格尔后来引入了 Zeit-tum（时—域、时间—领域）的概念，仍然在这种时间—空间的原始统一性的脉络中阐发，也打通了此—在与时间状态和时间—空间的关联。使“此—在之时间性”变得可见，“为了从其出发抵达存在（不只是‘此在’）的时间状态。‘时间状态’本现于‘时间’的时—域中，那种时—域是此—在之时间性的基础。”[③] 这里点明了此—在之时间性是为了抵达存在的时间状态，后者在此—在之时间性的“基础”中本现，也以此具有建基意义。虽然在这段对《存在与时间》“持续评注”的文字中，海德格尔没有明言此处的此—在与《哲学论稿》中的此—在之关联，但就时间状态对它的建基意义而言应该是一致的。

《哲学论稿》的表达比上述“持续评注”更直接。“‘时间’作为时间状态，指的是自行澄明着又遮蔽着的移离的原始统一性，它为此—在之建基提供出最切近的基础。”（244/234）时间状态的这种“统一性”即是存

---

① ［德］海德格尔：《面向思的事情》，陈小文、孙周兴译，北京，商务印书馆，2015，第 45 页。

② Heidegger, *Besinnung*, Hrsg. F.-W. von Herrmann, Frankfurt a. M: Vittorio Klostermann, 1997, S.300.

③ 德语中的后缀-tum 有三个含义：状态、集合与领地。在《哲学论稿》中，海德格尔在解释本己—领地（Eigen-tum）时突出-tum 作为领地的含义。在 Zeit-tum（时—域，时间—领域）中-tum 作为领地的含义也是被突出的，领地乃是空间维度，故而时—域与时间—空间同义。Martin Heidegger, *Zu eigenen Veröffentlichungen*, Frankfurt a.M: Vittorio Klostermann, 2017, S.395.

有之真理的发生，也是时间—空间的形成，为此—在之建基提供基础。因此，时间状态也对建基起基础作用。

而在此—在得以建基后，已建基为深—渊的时间—空间比时间状态，如同“时—域”概念一样，更能显明时间与空间的原始统一性。人作为保存者突出其被抛于时间—空间之“此”中，凸显这种被抛的曾在维度，但也具有将来性，因为存有之真理建基为离—基深渊，存有之遮蔽仍然在踌躇之中，显示为踌躇着的拒绝，仍在将来有真正建基的可能。在这里，也要注意到，基于时间—空间展开的此在的时间性，如前三个接缝中的时间状态三个维度一样，并不是一种线性关系，而是每一个维度都交织着其他的维度，只是各有侧重，显示为一种“弯回状态”①的弧度或圆环。

寻求者的下行或没落（Unter-gang）乃是走向存有之遮蔽维度，是为到来者做准备，也是“对于在其中做出关于诸神之到达和缺席的决断的到来者、时机和场所的准备”（423/397）。故而寻求者主要指向将来维度，而“时机和场所”实际上也是时间—空间即时间状态的一种表达，故而寻求者指向的将来已不同于时间性的将来。但寻求者又受到时间—空间即存有之开裂的调谐，故而也离不开时间状态的曾在维度。可以说也在被抛状态与开抛之环形中。

而守护者在对最后之神的暗示之经验中，进入“诸神之逃遁和到达的决断的时间—空间”中，测定“存有之最广大的时间—游戏—空间”，在作为最短之轨道的时机中②，将来与曾在之间“围拢起一个极端之弧形”③。这种时间—游戏—空间的拓展与最大的显现，是时间状态在Augenblick（当前、时机）中的扩大，凸显了时间的当前维度，并且比保存者与寻求者更清晰地显示出时间状态三维的交织以及形成的“弧形”，呈现了一种圆环式的时间状态，也将时间状态的三个维度即曾在、将来与当前之整体贯通起来。

由此，依据得到建基的时间—空间，《哲学论稿》中建基、将来者与最后之神这后三个接缝的一种整体关联得以呈现，加上前述的回响、传送、跳跃这三个接缝在时间状态中的整体性，显示出从时间（时间状态与时间—空间）对《哲学论稿》中六个接缝整体形成的收束作用。这也为何

① 参本书第三章第三节与第六章第一节。

② Paola-Ludovica Coriando, *Der letzte Gott als Anfang. Zur ab-gründigen Zeit-Räumlichkeit des Übergangs in Heideggers „Beiträgen zur Philosophie (Vom Ereignis)“*, München, 1998, S.188.

③ Christian Müller, *Der Tod als Wandlungsmitte. Zur Frage nach Entscheidung, Tod und letztem Gott in Heideggers „Beiträgen zur Philosophie“*, Berlin: Duncker & Humblot, 1999, S.36.

以《哲学论稿》的接缝整体刚好是六个提供了一种解释。

尽管分别描述了前三个与后三个接缝各自的整体形式，而且也从第三个接缝“跳跃”与第四个接缝“建基”之关联做了揭示，但前三个与后三个接缝整体之间的关联还要得到进一步澄清，方能更深入地显露六个接缝的整体性。实际上，本书主体部分对《哲学论稿》六个接缝的分别阐释中，已经显示了六个接缝整体在深—渊中的统一。但从前三个接缝与后三个接缝的关联来说，还隐含了前文已有所涉及但未集中阐发的深—渊中的转向问题，并可以贯通到海德格尔思想整体中。如果海德格尔的哲学是深渊的哲学，后者自然也要回应海德格尔哲学中的转向问题。

三、作为时间—空间的深—渊与转向

在对前面六个接缝的贯通式阐发中，实际上已经对深—渊与转向的问题有所涉及，尤其是“本有中的转向”的具体阐释，但本有中的转向也要通过深—渊的转向发生出来。通过对《哲学论稿》前三个接缝与后三个接缝之关联的澄清，可以更清楚地揭示深—渊与转向的关联，并以此审视海德格尔思想整体中的转向问题。关于海德格尔的转向，大致形成的三种看法，实际上都可以统一到深—渊自身的转向中，在此意义上，深渊的哲学也能统一海德格尔的转向问题，以此也表明只有一个海德格尔。

《哲学论稿》中深—渊之发生，即从深—渊（Ab-grund）之离开（Ab-）到其基础（-grund），实际上也是一种转向的发生，亦即此—在之发生事件。这个事件也使回响、传送、跳跃与建基形成一种统一性。“开端性的思想乃是对由回响、传送、跳跃与建基组成的统一体的原始实行。在这里，所谓‘实行’是想说，这些东西——在统一体中的回响、传送、跳跃与建基——向来只能为人所采纳和忍受，以至于它们本身本质上始终是另一个东西，归属于此—在之发生事件。”（70/64）此—在之发生事件实际上也是作为时间—空间的深—渊之发生，而在此—在发生事件中有着转向的发生。“这个此—在在转向中为作为存有之本质现身的本有所居有，而且唯有借助于这个作为时间—空间（时间状态）之建基的本源才能成为内立的。”（20/18）此—在的转向要借助时间—空间即深—渊的建基，亦即深—渊中的移离与迷移的运作，迷移中有某种空间的发生，这也就是本有的“设置空间”，此—在在本有的设置空间中，为本有所居有。这实际上也是深—渊自身从“离开”到其“基础”的转向之发生。

对于转向问题，海德格尔直到20世纪40年代中期才公开提到，在不同时期大致形成值得注意的三种情况[①]：（1）从“存在与时间”到“时间与存在”；（2）从此在的时间性到存在的时间状态，或存有的历史性；（3）存在的被遗忘状态与世界之四重整体，或者用“黑色笔记”中所描述的“区分之被遗忘状态转向到被遗忘状态之区分”[②]。

第一种关于转向的情况是由《存在与时间》所引发，该书第一部分第三编的“时间与存在”未写出来，这一转向又被表述为从“存在与时间”到“时间与存在”。实际上可以看到，《存在与时间》从时间来阐释存在，而《存在与时间》之后这个思路在对时间状态的分析中有所推进，直到《哲学论稿》中的时间状态与时间—空间的复杂关联，揭示出了存在与时间在深—渊自身中形成了时间—空间，后者又是本有的显现之所在。而本有作为存有之本现，这又相当于从时间—空间到存有之本现，后者体现为深渊中的踌躇。可以看到这一转向在深—渊中得到了实行。而20世纪60年代的《时间与存在》也揭示出本有在时间之四维中的显现，这与《哲学论稿》中本有从相当于四维的时间—空间中的出场有一致性。而且，海德格尔在世界之四重整体思想的形成中，也强调时间之四维中的宁静，“时间的本质在其第四维度中。第四维度出自世界之四重整体及其宁静”[③]，这与作为时间—空间的深—渊中的宁静也是一致的。故而，可以说，从存在与时间到时间与存在这种转向在《哲学论稿》中已经得到了预先实行，虽然不同时期的本有之具体内容有差异，但基本结构有着一致性。

第二种转向是从此在的时间性到存在的时间状态，这也被冯·海尔曼表述为“从此在的先验时间性转向到视域性的时间（时间状态）”[④]。这仍然涉及时间状态与时间—空间的关联。但就深—渊来对《存在与时间》进行重审，便会发现，时间性与时间状态的差异并没有那么巨大。在《存在与时间》中，此在的时间性的深渊状态可通过畏之情调与此在的向死而在来揭示，这两者也对应于曾在与未来，使此在本真的时间性得到经验。

---

① Dieter Thomä 提到，由于海德格尔前两种转向的说法没有真正实现，也相应地生出一种看法，认为海德格尔没有转向。而本书认为海德格尔是有一种转向的，即深—渊自身中的转向，并得到了实行。这里对海德格尔转向的描述借助于迪特尔·托梅（Dieter Thomä）的总结，但并不完全依赖其总结，而是整合了其他的研究以及海德格尔的自述。Dieter Thomä, *Heidegger-Handbuch*: *Leben - Werk - Wirkung*, J.B. Metzler, 2013, SS.102-108.

② Martin Heidegger, *Vier Hefte I und II*:（*Schwarze Hefte 1947-1950*）, Frankfurt a.M.: Vittorio Klostermann, 2019, S.57.

③ Heidegger, *Anmerkungen I-V*（*Schwarze Hefte 1942-1948*）, Hrsg. Peter Trawny, Frankfurt a.M.: Vittorio Klostermann, 2015, S.479.

④ Friedrich-Wilhelm von Herrmann, *Transzendenz und Ereignis*: *Heideggers „Beiträge zur Philosophie (Vom Ereignis)"*, *Ein Kommentar*, Königshausen & Neumann, 2019, S.157.

而作为此在生存之基础的“存在的意义”，也具有深渊特征。“‘根据’只是作为意义才能为我们所了解，即使意义本身是一个无意义的深渊（Abgrund）。”① 存在的意义如果要从时间状态来揭示的话，就常人的沉沦样式来说，沉沦中经验到的意义在存有历史上是从存在之被遗忘状态，即深渊被无基掩盖境况中的存在的意义。存在的意义在《哲学论稿》也以此归属于“深—渊”，即存有的真理在过渡时代所建基的深—渊。前面已经发现了《哲学论稿》前三个接缝与时间状态的关系，通过从移离向迷移或从拒绝向踌躇的转向而形成深—渊，这个过程也是此—在之发生事件，亦即此—在的转向。深渊之基础在此—在的向死而有（Seyn）中也得到探基。从此在的时间性到存在/存有的时间状态的转向在《哲学论稿》的深—渊自身中得到实现。

第三种转向在黑色笔记中被描述为从区分之被遗忘状态到被遗忘状态之区分的转向，而在公开的演讲《转向》中，海德格尔谈论存在的被遗忘状态与存有的真理或四重整体的世界之转向。两者实际上并不矛盾，前者在海德格尔的秘密写作中与深渊相关联，是在深—渊中的转向，而后者也在这种深—渊中发生，与《哲学论稿》中本有要从深—渊中本现如出一辙。

在《转向》中，转向从“危险”开始。“作为危险，存在远离存在之本质而转身进入存在之本质的被遗忘状态中，并且因此同时转身背向存在之本质的真理。这一尚未被思考的转身在危险中起支配作用。因此，在危险的本质中，隐藏着一种转向（Kehre）的可能性，在此转向中，存在之本质的被遗忘状态如此这般地转变了，以至于存在之本质的真理随着这种转向而特别地投身于存在者之中了。”② 句中的“危险”大致对应于《哲学论稿》时期的“谋制”一词。危险是“存在之本质的被遗忘状态”，在转向中，存在之本质的被遗忘状态与存在之本质的真理和存在者之关联也指向存在与存在者的区分，存在之本质的真理是存在的本现，而此种真理投身于存在者中，存在者因此在真理中存在。所以，存在之本质的被遗忘状态不但在转向中转入了存在之本质的真理，而且也转入了存在与存在者的区分，这可以概括为转入了被遗忘状态的区分，而在前面提到的存在之本质的被遗忘状态中，连同存在之本质的被遗忘，存在与存在者的区分也一同被遗忘了。从区分的角度，这种转向也可以被描述为区分的被遗忘状

---

① 转引自张汝伦：《〈存在与时间〉释义》，上海，上海人民出版社，2012，第 501 页。

② ［德］海德格尔：《同一与差异》，孙周兴、陈小文、余明锋译，北京，商务印书馆，2011，第 112—113 页。

态与被遗忘状态的区分。

这在差不多写于同时期的秘密手稿中便被描述为："从事情出发到事情之中：区分之被遗忘状态（四个笔记本）转向到被遗忘状态之区分。"① 这里强调从事情到事情，与《转向》的内容有着一致性。"转向在事态本身中运作。这种转向既不是我发明的，也不是仅仅涉及我的思想。"② 而危险与存在之本质的关联，也与存有和谋制的关联一致。"存有是分解之被遗忘状态的谋制。"③ 并且，转向与"转投"的关系也相同，"转向作为世界之转投"④。从区分之被遗忘状态来说，被遗忘状态与第一开端中的ἀλήθεια（无—蔽、真—理）中的λήθη（遗忘）有关，由于真理作为ἀλήθεια（无蔽）发生，其中的λήθη（遗忘）未得到经验，存有之遮蔽亦在没落之中，存有之本现与存在者之存在的区分也没有得到揭示。而随着的ἀλήθεια（无蔽）的崩塌与形而上学的兴起，存在状态成为存在者的尺度，区分之被遗忘状态愈加被掩盖，而在形而上学完成阶段的谋制中达到顶峰。这个过程也是第一开端的深渊经验被无基掩盖的过程，而随着转向的发生，即λήθη（遗忘）重又生成深—渊的基础，亦在深—渊中运作，"被遗忘状态在其自身的深渊中仍然弄出漩涡"⑤。当被遗忘状态在深—渊中建基，即作为存有的真理发生，并为存在者提供基础，形成存有的本现与存在者存在的区分，或者从作为四重整体的世界来说，即世界世界化与物物化的区分，也就是"被遗忘状态的区分"。从"区分的被遗忘状态"向"被遗忘状态的区分"之转向以此得以实现。而这个转向也仍然是在深—渊中进行的。

由此可见，对海德格尔转向的三种重要的看法都统一于深—渊，从深—渊中的基础之离开转到基础之建基。从深—渊出发，可以聆听到海德格尔就这一问题发出的警告。"我们始终要注意：首先只有从海德格尔Ⅰ名下所思的东西出发，才能通达在海德格尔Ⅱ名下要思的东西。但海德格尔

① Heidegger, *Vier Hefte Ⅰ und Ⅱ*:(*Schwarze Hefte 1947-1950*), Frankfurt a.M: Vittorio Klostermann, 2019, S.57.

② ［德］海德格尔:《同一与差异》，孙周兴、陈小文、余明锋译，北京，商务印书馆，2011，第112—113页。

③ Heidegger, *Anmerkungen Ⅰ-Ⅴ*(*Schwarze Hefte 1942-1948*), Hrsg. Peter Trawny, Frankfurt a.M: Vittorio Klostermann, 2015, S.254.

④ Heidegger, *Vier Hefte Ⅰ und Ⅱ*:(*Schwarze Hefte 1947-1950*), Frankfurt a.M: Vittorio Klostermann, 2019, S.20.

⑤ Heidegger, *Das Ereignis*, Hrsg. F.-W. von Herrmann, Frankfurt a.M: Vittorio Klostermann, 2009, S.100.

Ⅰ又只有当它包含在海德格尔Ⅱ之中时才是可能的。”[①] “始终要注意”，即对谈论海德格尔转向始终有效，对深渊来说，这个“始终”意味着转向“始终”在深—渊中发生。海德格尔Ⅰ与海德格尔Ⅱ之间的区别与统一，与深—渊的写法异曲同工，深—渊被连字符分开同时又被连成一个词。海德格尔的转向统一于深—渊自身，统一于其深渊哲学，故而只有一个海德格尔——其哲学是深渊的哲学，其思想也是“深渊般的思想”[②]。

① [德]海德格尔:《同一与差异》，孙周兴、陈小文、余明锋译，北京，商务印书馆，2011，第147页。

② 海德格尔的“哲学”与“思想”之间关系比较复杂：有混用的情况，有相通的用法，也有突出差异而强调思想对哲学进行“克服”的情况。深渊的哲学，如果用思想来表达，海德格尔也提出过“深渊般的思想”，参见 Heidegger, *Das Ereignis*, Hrsg. F.-W. von Herrmann, Frankfurt a.M: Vittorio Klostermann, 2009, S.240。

下编 《哲学论稿》之后：深渊哲学的拓展

《哲学论稿》中对深渊哲学的整体揭示与阐发，显示出了成熟的形态。无论是从深渊与本有的内在关联，还是从深渊与转向的关系，均可以见出深渊的哲学在海德格尔作品中的强大辐射力。总的来说，在《哲学论稿》中，深渊的哲学虽然在其基本机制与实质结构等方面得到了确立，但在《哲学论稿》之后，随着某些具体问题的深化、言说方式的调整，以及本有与世界等核心词的内涵之变化，深渊的哲学也得到了相应的拓展。这具体表现了两个方面：一是《哲学论稿》之后的秘密手稿中深渊问题的深化，这构成了下编第七章；二是二战之后深渊哲学的拓展，这构成了下编第八章。

第七章“后续‘秘密手稿’中的深渊问题”，以深渊为论题对《哲学论稿》之后的、已出版的秘密手稿（《全集》第66、67、69、70、71卷）进行贯通性的阐释。一是揭示出后续各卷在深渊问题上的独特之处：《沉思》揭示了深渊的本有，《形而上学之克服》实行了深渊的跃过，《存有的历史》显明了历史的深渊，《论开端》阐释了深渊的开端，《本有》描述了深渊的烦忧。二是基本上贯通作为世界、大地、神与人四元之分解与深渊的关联，《本有》中对俄狄浦斯悲剧的分析所隐含的天、地、神、人四元，显示了新的动向。

第八章“二战后深渊哲学的拓展”，主要在两个方面展开。第一个方面是深渊与四重整体世界的形成，最先在《哲学论稿》中提出的世界、大地、神与人四元与深—渊的关联，经过后续秘密手稿，最终在二战后拓展到了天、地、神、人四重整体的世界与深—渊的关联；这也是深渊哲学之拓展的主要方面。第二个方面是20世纪50年代中后期的《根据律》讲座与《思想的基本原则》演讲中的深渊问题，尤其是后者，揭示出作为语言本质的离基深渊，把深渊哲学拓展到了语言维度中。就《根据律》与深渊的关联而言，在海德格尔思想中，隐含了一条从过渡问题到根据律的道路；过渡问题与根据律在海德格尔的阐释中，两者无论在历史定位、基本结构以及阐释方式上都有一致性；在过渡问题通向“根据律”的途中，《哲学论稿》对过渡问题的简要分析构成了这条道路中的重要一环，《哲学论稿》中作为时间—游戏—空间的离—基深渊，成为《根据律》中的离—基深渊之经验的框架与隐蔽视野。就《思想的基本原则》与深渊的关联而言，思想的“基本原则”（Grund-satz）被海德格尔从根本上阐释为向深渊的跳跃（Abgrund-satz）。《思想的基本原则》所包含的五个演讲，未明言地以离—基深渊为枢纽而建立起整体关联，这也是海德格尔深渊哲学首次相对完整地向公众公开。《思想的基本原则》揭示出了离基深渊的五个向度：离弃形而上学中存在者层次上的根据、向深渊的跳跃、作为本有的深渊、传统哲学的可论证性与逻辑学等方面的无基或深渊特征、作为语言之本质的离—基深渊。尤其是语言本质与深渊之关联的阐发，既有海德格尔晚年语言思想的影响，也在一定程度上拓展了《哲学论稿》中深渊哲学的语言之维。

第七章　后续“秘密手稿”中的深渊哲学

海德格尔的“秘密手稿”写于1936年到1944年之间，除了作为秘密手稿之框架的《哲学论稿》（第65卷）外，还有五卷半的秘密手稿，分别是：《沉思》（第66卷）、《形而上学之克服》（收入第67卷）、《存有的历史》（第69卷）、《论开端》（第70卷）、《本有》（第71卷）与《开端的小路》（第72卷）。这些手稿中目前只有最后一卷《开端的小路》还未出版。

海德格尔的秘密手稿系列与黑色笔记系列算得上是其《全集》中最晦涩难懂的两个系列，而且这两个系列也有交叉重复之处。这里对已出版的后续秘密手稿的探讨，以出版时间的先后次序进行，围绕深渊问题，每卷一节，依次展开。秘密手稿中各卷之间的关联也较复杂，论题交错，甚至呈现相互交织的态势，但基于深渊问题来展开，还是能揭示某些大致脉络。本书围绕深渊问题，大致从三个方面来展开对后续秘密手稿的解读：一是作为秘密手稿框架的《哲学论稿》与后续各卷的关系；二是揭示出后续各卷在深渊问题上的独特之处，可以看到，《沉思》揭示了深渊的本有，《形而上学之克服》实行了深渊的跃过，《存有的历史》显明了历史的深渊，《论开端》阐释了深渊的开端，《本有》描述了深渊的烦忧；三是深渊问题贯穿于从世、地、神、人四元到天、地、神、人四重整体的转变之中。

《本有》中对俄狄浦斯悲剧的分析所隐含的天、地、神、人四元之分解，显示了新的动向，也预示了向20世纪40年代中后期四重整体的世界之过渡，深渊哲学也因此进入与四重整体的世界和本有的关联中。

第一节　《沉思》：深渊的本有

在海德格尔的“秘密手稿”系列中，紧接着《哲学论稿》的是写于

1938—1939 年的《沉思》[①]，作为《全集》第 66 卷出版。在《沉思》中，海德格尔提出了“深渊的澄明”，哲学的自我沉思也以此获得规定，归属于“深渊的澄明”。深渊问题围绕本有这一中心而得到深化，形成了“深渊的本有”，后者在世界、大地、诸神、人这四重整体的分解（Austrag）中得到进一步展开。“深渊的本有”也传达了一种“尊重”深渊的姿态，即“深渊的尊重”。

一、沉思与深渊

海德格尔将《沉思》视为秘密手稿系列中的“中心”[②]。在《哲学论稿》中，对于“中心”有多种描述，但其核心仍然与该书的实质性标题“从本有而来”相关，仍然指向本有。“本有乃是自行提供和自行中介化的中心，存有之真理的一切本现都必须先行进入这个中心之中而得到回思。这种先行进入其中的回思乃是存有之启—思。而且，一切存有概念都必须由此而来得到言说。”（80）《沉思》一方面围绕本有这一中心来展开；另一方面，也延续并深化了《哲学论稿》中本有与深渊的关系，并运行于深渊中。从 Besinnung（沉思）与 Sinn（意义）在词源学上的关联来说，沉思通向意义，这也是该词被翻译成“思义”的原因。而在海德格尔思想中，意义又与深渊内在相关联。在《存在与时间》中，海德格尔便揭示了意义本身的深渊特征。[③]《哲学论稿》更进一步，用存有的真理取代了存在或存有的意义，而存有的真理在过渡时代建基为深—渊。故而，沉思无论是就其通向存有的意义还是思入存有的真理，都是通向深渊的，或者是在深渊中沉思。

沉思的这两个方面——本有与深渊——又是相互关联的，在《哲学论稿》中，总的说来，深渊归属于本有，从现象学的经验来说，本有要在深渊中显现，本有作为原始—基础，出自深—渊；而从本源性来说，作为原始—基础的本有是深—渊之基础，深—渊要“从本有而来”。《哲学论稿》中深—渊对本有的接纳至少在三个维度展开：（1）从深渊作为时间—空间来说，深—渊中发生的迷移（Berückung），构成了一种深渊之空间维度

---

① 倪梁康把书名 *Besinnung* 译为“思义”，*Besinnung* 的英译本与法译本均已出版，英译标题为 *Mindfulness*，法译标题为 *Méditation*。

② Heidegger，*Die Geschichte des Seyns*，Hrsg. Peter Trawny，Frankfurt a. M：Vittorio Klostermann，1998，S.5.

③ Heidegger，*Sein und Zeit*，Hrsg. F.-W. von Herrmann，Frankfurt a.M：Vittorio Klostermann，1977，S.202.参见张汝伦：《〈存在与时间〉释义》，上海，上海人民出版社，2012，第 501—502 页。

的发生，这种发生也是本有的设置空间，即本有在深渊中的发生；(2)从深渊的真理来说，“真理之本质乃是澄明着的遮蔽。这种遮蔽接受本有，并且在承荷本有之际让本有之颤动通过敞开者而耸立”(409)；(3)从不(Nicht)与无(Nichts)的角度看，深渊作为踌躇着的拒绝，这种拒绝本身便是一种说“不”，故而“更原始地来理解，在踌躇着的拒绝中当然有一种‘不’本质性地现身。不过，这乃是一种原始的‘不’，它属于存有本身，因而归属于本有”(415/388)。

深渊与本有的这种关联，在《沉思》中得到了保持，并得到更内在的揭示，通过“深渊的澄明”而形成一种“深—渊的本有”，后面这个提法可以视为对深渊与本有之内在关联的一种概括。

沉思作为一种过渡性的思想，既在存有历史之中，也在深渊之中。“基于一个开端与另一开端的这样一种相互指派的状态，也就已经规定了过渡中的有所运思的沉思(Besinnung)的方式。过渡性的思想，作为历史性的沉思，要完成对存有之真理的有所建基的开抛。”(5/5)历史性的沉思在对存有之真理的开抛中，自身也成为被抛的存在，在过渡时代，存有之真理建基为深渊，故而存有之思想也被抛于深渊之中。此外，沉思与存有之思想的关联也揭示出这一点。“历史性的沉思在存有历史的思想中有其可实行性的基础。”(176/170)而“由于存有之思想作为存有之思想被抛在深渊中”①，沉思也以此被抛于深渊中。

二、深渊的澄明

沉思通过对存有之真理的开抛而被抛于深渊中，这也影响到了哲学自身的沉思，这是沉思的第二种用法②，哲学也以此归属于深渊。在《哲学论稿》中，哲学的深渊特征也是通过其与存有的真理之关联而凸显，“只要——一旦——哲学找到了回到其原初本质的道路(在另一开端中)，有关存有之真理的问题成了有所建基的中心，则哲学的离基深渊特征就将自行显露出来”(46/41)。这里的“有所建基的中心”是存有之真理在过渡时代的发生，即作为时间—游戏—空间的深渊，也是作为存有之本现的本

① Heidegger, *Besinnung*, Hrsg. F.-W. von Herrmann, Frankfurt a.M: Vittorio Klostermann, 1997, S.52.

② Daniela Vallega-Neu 区分了海德格尔对沉思的两种提法，即“历史性的沉思”与“哲学的自身沉思”，后者关注思想如何归属于存有的真理，其作为本质性的知识，有丧失其本质的危险，沦为科学或诗。Daniela Vallega-Neu, *Heidegger's Poietic Writings: From Contributions to Philosophy to The Event*, Bloomington & Indianapolis: Indiana University Press, 2018, pp.65-66.

有之发生，而哲学归属于这一深渊，也以此自行显露其深渊特征。与《哲学论稿》中的描述不同，《沉思》提出了“深渊的澄明”①，而“哲学归属于深渊的澄明”②。

《沉思》对于“深渊的澄明”的描述，在用词上也与《哲学论稿》有细微区别。“存有历史性的思想首先将存有之（澄明的敞开状态）真理启思为时间—空间，作为那种‘时间’与‘空间’的统一性的基础，让两者在其共属状态中作为深渊之澄明的移离轨道与移离范围跃出。”③ 时间与空间的统一性的基础，在《哲学论稿》中便是时间—空间，或者时间—游戏—空间，亦即深渊。存有真理首先被启思为时间—空间的深渊，基于存有历史之过渡时代的现象学经验，是从深渊之“不”与“无”在过渡时代的展开而来的，即时间—空间被经验为踌躇着的拒绝，而拒绝又是时间维度上的移离（Entrückung）之发生，踌躇乃是空间上的迷移（Berückung）的发生。而在《沉思》的这句话中，“深渊的澄明”，其具体的澄明方式已改变为“移离轨道与移离范围”，延续了“移离”在时间上的指涉，但也做了相应的改动，变为移离轨道与移离范围（Entrückungs-bahnen und -weiten），突出了其空间性的内在关联，轨道与距离都可指向空间性。这种偏重空间性的倾向，也是向着本有靠拢，或者说，是本有之发生于深渊的一种描述。在《哲学论稿》中，迷移之被遮蔽者迷住，构成了一种空间的发生，这种发生也是本有的设置空间，即本有在深渊中的发生。这种空间维度的强调，突出了本有在深渊中的发生。

这种空间维度的突出，在“存在之深渊的澄明”提法中也得到体现。“存在之深渊的澄明”，思考的重心是对所有存在者的“在之间”④。“在之间”这个词本身就具有空间的内涵。“在之间”对存在者来说，亦是为存在者建基，是存在者的基础，在《哲学论稿》中，海德格尔用“庇护”一词来表示深渊中发生的真理与存在者的关联。存在者的基础，也指的是存

① Daniela Vallega-Neu 注意到了《沉思》中这个提法与《哲学论稿》的不同，但她强调“澄明”一词在《沉思》中作为世界、大地、诸神与人之四元展开的含义。本书论及了“深渊的澄明”其他更具体的差异。Daniela Vallega-Neu, *Heidegger's Poietic Writings: From Contributions to Philosophy to The Event*, Bloomington & Indianapolis: Indiana University Press, 2018, p.80.

② Heidegger, *Besinnung*, Hrsg. F.-W. von Herrmann, Frankfurt a. M: Vittorio Klostermann, 1997, S.52.

③ Heidegger, *Besinnung*, Hrsg. F.-W. von Herrmann, Frankfurt a. M: Vittorio Klostermann, 1997, S.300.

④ Heidegger, *Besinnung*, Hrsg. F.-W. von Herrmann, Frankfurt a. M: Vittorio Klostermann, 1997, S.145.

在者的存在，故而是“存在之深渊的澄明”。而其澄明（Lichtung），使存在者得以敞开，“存在者的可敞开状态仅仅作为存有之澄明。存有的澄明——深—渊的本—有”①。存有之澄明是其本现的发生，而存有之本现即本有，故而存有之澄明，也是本有之本现。这在《沉思》中也被等同于“深—渊的本有”，所以《沉思》中出现了这种等同的表达“存有的澄明——深—渊的本—有”。

三、深渊的本有

从深渊的澄明到深渊的本—有，可以说是存有之本现在深渊的澄明中的发生。在《哲学论稿》中，从“无”可以经验到深渊的发生及其对本有的归属性，《沉思》中更进一步，从“无”连带出了本有在深渊之澄明中的赠送。“无是存有的初次与最高的赠送，‘无’随其自身并作为自身把作为本有的存有赠送到作为深—渊的本源之澄明中。”② 这句话中出现了两个“作为”结构，作为深—渊的本源之澄明与作为本有的存有，如果将这两个作为都简化，即深渊的澄明与本有，相应地这句话可以简化为“无”把本有赠送到深—渊的澄明中。深—渊的澄明有了本有之赠来而生成为深渊的本有。

在《沉思》中，深—渊的本有具备存有历史的内涵。“那曾经是涌现和作为其没落的东西”，必然被经验为“深渊的本有”。③ 没落即是往深渊中的下行，是走向深渊之基，而在深渊中最终显现的原始—基础，即是本有。而涌现即为第一开端中的存在，没落或下行通向另一开端。由此，“深渊的本有”贯通了存有历史的第一开端与另一开端。这是海德格尔从深渊与本有的内在关联，在《沉思》中对存有历史做出的一种新的描述。从第一开端到另一开端也显示出了存有历史的整体领域，《沉思》的编者冯·海尔曼认为该书“以追问方式开启存在历史性的思想之完整领域”④。这实际上可以通过“深渊的本有”来展开。第一开端与另一开端之关联，海德格尔也以决断来切入，“在第一开端中（φύσις［涌现、自然］-αλήθεια

---

① Heidegger, *Besinnung*, Hrsg. F.-W. von Herrmann, Frankfurt a. M: Vittorio Klostermann, 1997, S.118.

② Heidegger, *Besinnung*, Hrsg. F.-W. von Herrmann, Frankfurt a. M: Vittorio Klostermann, 1997, S.295.

③ Heidegger, *Besinnung*, Hrsg. F.-W. von Herrmann, Frankfurt a. M: Vittorio Klostermann, 1997, S.96.

④ Heidegger, *Besinnung*, Hrsg. F.-W. von Herrmann, Frankfurt a. M: Vittorio Klostermann, 1997, S.434.

[无蔽、真理]）自身只是涌现并且作为一般存在者达到显现的东西，在另一开端中成为决断之深渊的本一有。”① 海德格尔关于“深渊的本有”所做的描述，涉及第一开端中的涌现，以及隐藏于涌现中的东西在另一开端的本现问题，而后者在过渡时代的深渊中才能得到经验，其真正完全的建基即是另一开端的发生，亦是本有在深渊中的发生。

深渊的本有作为决断之深渊的本有，也表明其还没有完全抵达另一开端，即作为原始—基础的本有而实现，其在存有历史中的定位在另一开端之前，海德格尔将这个历史位置名之为“另一开端的前史”。在另一开端的前史中被思，“存有是对峙之深渊的本有”，对峙指的是诸神的急需与人的守护之间的对峙。② 这里突出其是另一开端的前史，而不以第一开端的终结史之后的过渡时期来描述，应该说更偏重于与另一开端的接近，偏重于向本有的切近或本有之赠来。不过仍然没有真正进入另一开端，即还不是真正的另一开端中完全实现的作为原始—基础的本有，还只是“深渊的本有”。

尽管如此，《沉思》中也延续《哲学论稿》的思路，把本有作为世界、大地、诸神与人四元的分解（Austrag）来阐发，由此深渊的本有也要在分解中得到把握。

本有作为世界、大地、诸神与人这四元，在《哲学论稿》中首次以图标形式标明，并数次得到阐释。与本有在深—渊中显现相一致，构成本有的世界、大地、诸神、人这四元也在深—渊中展开。《哲学论稿》一方面引入了《艺术作品的本源》中世界与大地的争执关系，另一方面在第五、六两个接缝中阐释了诸神与人的对峙，由此基于深—渊形成（世界与大地的）争执与（神与人的）对峙之“分解”，这四元“都回到自身而本质性地现身”③。

在《沉思》中，作为本有的世界、大地、诸神与人这四元的分解依然得到了阐发，仍保持了作为四元的本有与深渊的关联，但在描述上已经有新的变化。“存有作为从对峙与争执而来的十字交叉路口（Kreuzung）的

---

① Heidegger, *Besinnung*, Hrsg. F.-W. von Herrmann, Frankfurt a. M: Vittorio Klostermann, 1997, S.112.

② Heidegger, *Besinnung*, Hrsg. F.-W. von Herrmann, Frankfurt a. M: Vittorio Klostermann, 1997, S.295.

③ 在《哲学论稿》中，世、地、神、人四元作为本有与深渊的关系，见[德]海德格尔:《哲学论稿（从本有而来）》，孙周兴译，北京，商务印书馆，2012，第501—504页。

具有深—渊特征的分解之本有”[①]，四元之分解的深渊特征仍然保留，但对峙与争执已经用十字交叉路口来形容。

另外，存有之本现的斗争与深渊的关系，在《沉思》中的阐释已与《哲学论稿》有所区别。后者把存有之本现的斗争视为“深渊的游戏”[②]，这种斗争在《沉思》中通过对峙与争执而展开。“在另一开端中：本—有，争执与对峙的斗争作为在之间的深渊的澄明。”[③] 这里提到的（神与人的）对峙与（世界与大地的）争执之间的斗争，已从对峙与争执的分解来展开了。

深渊的本有虽然在分解中展开，但仍然还是在另一开端的前史中，没有实现另一开端中本有的真正建基，本有作为原始—基础的建基未真正得到实行，但却赠送到了深渊中，这种本有在到来之中，故而，《沉思》中也把深渊视为“到来之本—有”。[④] 这也是“深渊的本有”的主要含义之一。此种深渊值得尊重，《沉思》也提出了“深渊的尊重”：“这种尊重只在有所敬重地转往遮蔽了的基础的真理之建基中得以持续。”[⑤] 这种遮蔽了的基础，即是深—渊中的基础，也是本有之原始—基础能得以本现的地方。在这种尊重态度的维持中，深渊转往本有，愈加切近本有，而本有也成为“到来之本—有”。这共同构成了“深渊的本有”。

从作为本有的存有在深渊中的赠送来说，深渊的本有亦是本有在深渊中的到来；而从本有作为原始—基础来说，深渊的本有即是从深渊走向作为原始—基础的本有了。尽管原始—基础的建基未真正实现，但这种“深渊的本有”，也成为“深渊的跃过”在克服形而上学时要跃向的地方。

---

① Heidegger, *Besinnung*, Hrsg. F.-W. von Herrmann, Frankfurt a. M: Vittorio Klostermann, 1997, S.93.

② “存有乃‘是’拒予和解除本身，必定作为这样一个东西而被保存在本有中，因而必定始终是困难的，必定成为一种斗争，一种在极端深处作为离基深渊的游戏而敞开自身的斗争。”(500/474)

③ Heidegger, *Besinnung*, Hrsg. F.-W. von Herrmann, Frankfurt a. M: Vittorio Klostermann, 1997, S.87.

④ Heidegger, *Besinnung*, Hrsg. F.-W. von Herrmann, Frankfurt a. M: Vittorio Klostermann, 1997, S.395.

⑤ Heidegger, *Besinnung*, Hrsg. F.-W. von Herrmann, Frankfurt a. M: Vittorio Klostermann, 1997, S.229. Würdigung(尊重)一词在德语中还有赞许、承认等含义，“深渊的尊重”也可译为“深渊的赞许”或“深渊的承认”。

第二节　《形而上学之克服》：深渊的跃过

完成于1938年到1939年的《形而上学之克服》，与《虚无主义的本质》（1946—1948）合在一起作为《海德格尔全集》第67卷《形而上学与虚无主义》出版。《形而上学之克服》被归入“秘密手稿”系列[①]，在《形而上学与虚无主义》中占了大半篇幅，可称为“半卷秘密手稿”，在这点上与其他六卷秘密手稿不同。

《形而上学之克服》在写作时间上紧接着《哲学论稿》，为了显示两者在探讨形而上学之克服这一论题上的异同，可以先对《哲学论稿》中克服形而上学的论述做一个总结性的把握，与形而上学的存在—神—自我—逻辑学机制相对应，《哲学论稿》中可以总结出克服形而上学的深渊—最后之神—自身—默密学，这也体现了深渊哲学对克服形而上学所做的“贡献”（Beiträge）[②]。《形而上学之克服》在较大程度上并没有突破《哲学论稿》的范围，更多的是对克服形而上学这个论题的一种回顾性思考，但在具体问题上也有所深化：一是对《论根据的本质》和《存在与时间》的重新阐释；二是在形而上学之克服上，依据词源学的关联描述了“形而上学之克服”的三个环节（剥夺、经受与克服），这也淡化了《哲学论稿》中的形而上学痕迹。《形而上学之克服》揭示了形而上学的丧失基础状态亦即在深渊面前的逃避，而克服也因此是对“深渊的跃过”，以思想方式发生的克服也成为对世界观而言的“深渊般的他者”。

一、“论稿”与形而上学之克服：深渊—最后之神—自身—默密学

形而上学之克服，针对的是形而上学。海德格尔对形而上学及其特征的揭示复杂多样，但其通过对黑格尔的阐释来刻画形而上学及其特征，却具有典型性。海德格尔从20世纪30年代初到50年代中后期，几次通过

---

① 海德格尔在《开端》中做相关回顾时，依次提出了“论稿”“沉思”“克服”“存在的历史”，分别对应于秘密手稿中的第65、66、67、69卷，这表明海德格尔是把《形而上学之克服》纳入秘密手稿系列的，参见 Heidegger，*Über den Anfang*，Hrsg. Paola-Ludovika Coriando，Frankfurt a.M：Vittorio Klostermann，S.99，104.此外，德文版《海德格尔全集》主编冯·海尔曼也明确提出，《形而上学之克服》属于秘密手稿。Heidegger，*Das Ereignis*，Hrsg. F.-W. von HerrmannVorworte，Frankfurt a.M：Vittorio Klostermann，2009，S.343.

② Beiträge 指“稿件，贡献”，取稿件义则标题为《哲学论稿》，取“贡献”义，则书名为《对哲学的贡献》。该书的主要贡献之一便是克服形而上学，尽管海德格尔后来在《全集》第71卷《本有》中承认，但《哲学论稿》仍然有形而上学的痕迹。

阐释黑格尔来描述形而上学的特质，得出的结论也有较大的一致性，即形而上学具有存在—神—逻辑学机制，并且这不单单是对黑格尔哲学而言的，对西方的形而上学史也同样有效。“关于ὄν（存在者）的问题，从古代开端时起就是存在—论的，同时就已经是存在—神—逻辑的，正如在柏拉图和亚里士多德那里所凸现的那样，尽管还没有相应地概念化地展开。问题的走向同样也自笛卡尔开始变成了自我—逻辑的，ego（自我）不仅对于逻各斯是核心，而且对于θεός（神）概念的展开同样是决定性的，另一方面，神的观念已经在基督教神学中准备好了。存在问题总的来说是存在—神—自我—逻辑的。”① 20 世纪 30 年代初提出的“存在—神—自我—逻辑”机制，在 20 世纪 40 年代初被描述为“存在—神—逻辑”，“形而上学在其本质中乃是存在—神—逻辑的”，不仅柏拉图、亚里士多德与基督教的形而上学是如此，“近代形而上学从笛卡尔到尼采也是存在—神—学（Ontotheologie）”。② 从柏拉图到尼采，这段话几乎简要涵括了海德格尔眼中的西方形而上学历史之起点与终点，“存在—神—逻辑”机制对形而上学哲学家差不多具有普适性。到 20 世纪 50 年代中后期，海德格尔更是直截了当地说，“形而上学是存在—神—逻辑学（Onto-Theo-Logie）”，“形而上学的基本特征被叫做存在—神—逻辑学”。③

在近 30 年的时间跨度中，尽管审视的思域有变化，但海德格尔对形而上学及其特征的描述相对稳定。在形而上学中，存在被把握为最普遍者，神被把握为最高者，两者作为形而上学中存在者的根据，对两者的论证也需要逻辑学。形而上学的这种“存在—神—逻辑”机制与特征，对于《哲学论稿》与《形而上学之克服》中要克服的形而上学无疑也是有效的。考虑到海德格尔在《哲学论稿》也着力于克服主体与自我，故而可以借用海德格尔 20 世纪 30 年代初提出的更全面地刻画形而上学的“存在—神—自我—逻辑”机制，有针对性地梳理《哲学论稿》如何在各个环节进行“克服”的。

就这套机制中的“存在”来说，形而上学将其把握为存在者的存在状态，对其追问也被把握为主导问题，在存有历史中，存在状态的形成基于λήθη（遗忘）—拒予（Verweigerung）—隐匿—存在之离弃状态的演变轨迹；为了更清晰地与形而上学中的存在相区别，海德格尔特意使用 Seyn

① ［德］海德格尔：《黑格尔的精神现象学》，赵卫国译，南京，南京大学出版社，2018，第 155 页。
② Heidegger，*Hegel*，Hrsg. lngrid Schüßler，Frankfurt a.M：Vittorio Klostermann，1993，S.81.
③ ［德］海德格尔：《同一与差异》，孙周兴、陈小文、余明锋译，北京，商务印书馆，2011，第 67、45 页。

（存有）的写法，对其追问也被命名为基础问题。存有既不是存在状态，也不是最普遍者，而是存有之本现，亦即本现为本有，是前面提到的λήθη（遗忘）—拒予等遮蔽维度在澄明中的发生，亦即存有的真理之发生，但在过渡时代，存有的真理发生并建基为深—渊。

就神来说，在形而上学中神被把握为最高存在者，持续在场的永恒者，基督教的上帝便如此。《哲学论稿》中的最后之神不同于形而上学式的神，尤其不同于基督教的上帝。最后之神不是永恒的在场者，而是在深渊中显现，在时机之所中掠过。

就自我来说，由于西方哲学中笛卡尔的“我思故我在”（cogito，ergo sum）之确立，主体与自我内在相关联，胡塞尔的原—自我（Ur-ich）现象学也可纳入这一脉络；《哲学论稿》通过此—在之建基实现对“自我”“人格”“主体”“理性的动物”的克服。海德格尔依据自身—自身性—本己之物—本有的脉络，将自身纳入本有的归属性之中。人通过入于此—在而告别主体色彩的自我。

就逻辑学来说，形而上学中的逻辑学既具有方法意义，也推动了体系的形成。存有的思想，借用形而上学中的“逻辑”一词，其逻辑为“默密学”（Sigetik），“只要哲学从基础问题的另一开端而来进行追问，那么，静默就是哲学的‘逻辑’”（86/78）。这种默密学也可以说是深渊哲学的“逻辑”，默密学源自静默，而静默的基本经验是“抑制之守持，针对的是在急难之真理（遮蔽之澄明）中有所踌躇的自行拒绝”（87/80）。有所踌躇的自行拒绝即深—渊之发生，故而静默也源自深—渊之寂静，以默密学为“逻辑”的哲学亦即深渊的哲学。针对形而上学中论证的严格性，《哲学论稿》提出了Fuge（裂隙、赋格）之接缝（Fügung）的严格性；对于形而上学的体系，海德格尔在《哲学论稿》中断言，体系的时代已经过去了，同时相应地提出了接缝整体的系统性，后来也名之为“框架”。

由此，《哲学论稿》对形而上学的克服可以总结为深渊—最后之神—自身—默密学的框架，这也可概括为深渊的哲学对形而上学的克服。[①]

二、对《论根据的本质》与《存在与时间》的回顾

《形而上学之克服》在对《论根据的本质》与《存在与时间》的重新阐发中，对“克服”这一主题，有所推进。

---

① 当然，《哲学论稿》中还有对形而上学之克服的其他阐释，在这里未论及，如存有之开裂对存在状态的样态之克服、美学之克服等，但实际上这些阐释也可以纳入深渊—最后之神—自身—默密学的框架之中。

《哲学论稿》已经从形而上学之克服来对《形而上学是什么》《存在与时间》《论根据的本质》进行了重新把握。“问题：什么是形而上学？是在向另一开端的过渡领域里被提出来的（参看与《存在与时间》和《论根据的本质》相联系的演讲），已经在一种首次获得向另一开端的过渡的前部地带意义上追问‘形而上学’的本质。换言之，这个问题已经从另一开端而来进行追问了。被它当作对‘形而上学’的规定来揭示的东西，已经不再是形而上学，而是形而上学的克服了。”（178/172）《形而上学之克服》也提到这三个文本①，并同样在“过渡”中来把握，这里可以看出其对《哲学论稿》的承续。

《形而上学之克服》重新对《论根据的本质》展开自我批判，对该文中从此在之存在理解抵达基础或根据的进路展开了批判，认为“基础之本质出自超越的本质”，而其超越仍然指向“形而上学式地——存在理解”。② 这承认了《论根据的本质》自身的形而上学特征。对于从存在理解通达的自由即深渊，在此也做了重新思考，“通向基础的自由从深渊中的被抛状态中本现”③。自由是通往基础的，这点仍然得到保持，但却是从被抛状态来本现，而被抛状态是在深渊中的。在这里，深渊的含义已经不同于《论根据的本质》，是从存有之本现或本有来把握的了，亦即《哲学论稿》与《沉思》提到的“在之间”，故而，既说被抛状态在深渊中，又说被抛状态在“在之间”中。“这种被抛状态乃是转本到‘在之间’中。”④ 深渊与“在之间”的关联，在探讨《沉思》中“‘在之间’的深渊的澄明”就已论及。在此基础上，形而上学历史也基于深渊的被抛状态而显示为从深渊到无基再到“基础之丧失”的过程。“深—渊作为基础因素的（本—有过程）的本质性拒予—无基—基础之丧失（Grund*lose*）”⑤。通过对根据的本质之分析，可以从作为深渊的基础来重新判定形而上学。

① 《形而上学之克服》开篇在作为前瞻的“导论”中列出了克服形而上学的相关文本，第一篇便是《形而上学是什么》。Heidegger，*Metaphysik und Nihilismus*，Hrsg. H.-J. Friedrich，Frankfurt a.M：Vittorio Klostermann，1999，S.5.

② Heidegger，*Metaphysik und Nihilismus*，Hrsg. H.-J. Friedrich，Frankfurt a.M：Vittorio Klostermann，1999，S.65.

③ Heidegger，*Metaphysik und Nihilismus*，Hrsg. H.-J. Friedrich，Frankfurt a.M：Vittorio Klostermann，1999，S.62.

④ Heidegger，*Metaphysik und Nihilismus*，Hrsg. H.-J. Friedrich，Frankfurt a.M：Vittorio Klostermann，1999，S.62.

⑤ Heidegger，*Metaphysik und Nihilismus*，Hrsg. H.-J. Friedrich，Frankfurt a.M：Vittorio Klostermann，1999，S.64.

“形而上学的基础之丧失状态是其在深渊面前本质性的因而一贯的回避”。[①]

如果说从克服形而上学的角度对《论根据的本质》的重释已经转变为“出自存在经验的深渊之探—基”[②]，与此一致，《存在与时间》中的“存在的意义”也从存在自身来重新阐发。《形而上学之克服》的第 125 节标题为“存在的意义”，以数字标明 6 点并相应地分成 6 段进行阐释，第 5 点提到了深渊，为了理清其阐释中的形而上学之克服与深渊的关系，这里列出前面五点：“（1）不是人——作为主体（尼采：查拉图斯特拉，前言）——之存在的意义。（2）而是存在本身的意义。（3）存在作为存在之本现的‘真理’，而不是存在者的真理。（4）真理作为澄明及其建基——从作为（本有）的存有本身出发而本现着。（5）深渊针对尼采与——整个形而上学本身。”[③] 对存在意义的重释，既有人与主体的区别，也有人的存在与存在本身的区别，还有存在真理与存在者真理的区别，在根本上是着眼于存在本身及其真理的，亦即是“从本有而来”的了。但这种阐释也可以分为两个方面：一方面是基于存有及其真理，另一方面也针对尼采，无论是尼采的主体性还是其形而上学。这两方面显示出深渊的距离。尼采在这里也是形而上学之终结的代表人物，或者存有历史第一开端的终结者，所以才可说“深渊针对尼采与——整个形而上学本身”。存在的意义在这种重释中与尼采所代表的形而上学之终结相距一个深渊。而同样，在《存在与时间》与存有真理的关联中，存在的意义也被纳入深渊的澄明中。“存有历史性的思想首先将存有之（澄明的敞开状态）真理启思为时间—空间，作为那种‘时间’与‘空间’的统一性的基础，让两者在其共属状态中作为深渊之澄明的移离轨道与移离范围跃出。”[④] 值得一提的是，这句话在《沉思》中也同样出现，这表明海德格尔对“深渊的澄明”这个新表述的重视。在“深渊的澄明”之移离统一性的经验中，可“尝试从时间

① Heidegger, *Metaphysik und Nihilismus*, Hrsg. H.-J. Friedrich, Frankfurt a.M: Vittorio Klostermann, 1999, S.16.

② Heidegger, *Metaphysik und Nihilismus*, Hrsg. H.-J. Friedrich, Frankfurt a.M: Vittorio Klostermann, 1999, S.65.

③ Heidegger, *Metaphysik und Nihilismus*, Hrsg. H.-J. Friedrich, Frankfurt a.M: Vittorio Klostermann, 1999, S.132.

④ Heidegger, *Besinnung*, Hrsg. F.-W. von Herrmann, Frankfurt a. M: Vittorio Klostermann, 1997, S. 300. Heidegger, *Metaphysik und Nihilismus*, Hrsg. H.-J. Friedrich, Frankfurt a.M: Vittorio Klostermann, 1999, S.135.

出发，使存有的真理（‘存在的意义’）成为思想性的（denklich）”①。在这里可以看出，深渊构成了对“存在的意义”在形而上学的终结形态与存有的真理这两个方面的贯通场所。而“存在的意义”的这两个方面也显示出了《存在与时间》在克服形而上学上的双重性。

三、深渊的跃过

《存在与时间》的这种双重性在《哲学论稿》中已经得到了揭示。“这样一种过渡性的双重性——它既更加原始地把握‘形而上学’因而同时也克服形而上学——完全是‘基本存在学’的标志，亦即《存在与时间》的标志。”（189/182）海德格尔把这种双重性解释为固守与克服，固守指向对存在者之存在的追问，克服指追问存有之真理，认为这种双重性“通向了对形而上学之终结的创造性克服的第一步”（189/182）。《形而上学之克服》对“存在的意义”两个方面的阐释，是与这种双重性一致的，并且拉开了其间的差距，使其扩展到形而上学的终结阶段的存在者存在与存有真理之间，或第一开端的终结与另一开端之间，这之间既是过渡，也是深渊。形而上学以此也具有过渡的双重性特征，其终结是第一开端的终结，其克服通向另一开端。

《形而上学之克服》在描述这种克服的过渡状态时，把其中的双重性之间的张力扩大：一方面是《哲学论稿》中所言的谋制“对可能的现实性的算计”与对“存在者之计划和安排”；另一方面则是对存有之真理的经验：“现实的可能性之预—感以及因此在由本现着的到来所感染中的抑制，存有自身作为到来乃在本源性的真理中。”② 这两个方面的关系也被描述为：“两者通过一个深渊分开，并且过渡是这种深渊的跃过。”③ 谋制在《哲学论稿》中被阐释为存在者的真理，因而与存有的真理可以构成存在者与存有的区分，在此意义上，可以说存有与存在者之间“以深—渊方式相区别”④，也就是“通过一个深渊分开”。另外，在存有历史的意义上，谋制是第一开端的终结或形而上学的完成阶段的现象，而存有的真理是另一开端中的存有

---

① Heidegger, *Metaphysik und Nihilismus*, Hrsg. H.-J. Friedrich, Frankfurt a.M: Vittorio Klostermann, 1999, S.135.

② Heidegger, *Metaphysik und Nihilismus*, Hrsg. H.-J. Friedrich, Frankfurt a.M: Vittorio Klostermann, 1999, S.86.

③ Heidegger, *Metaphysik und Nihilismus*, Hrsg. H.-J. Friedrich, Frankfurt a.M: Vittorio Klostermann, 1999, S.86.

④ Heidegger, *Metaphysik und Nihilismus*, Hrsg. H.-J. Friedrich, Frankfurt a.M: Vittorio Klostermann, 1999, S.78.

之本现，两者在存有历史中也通过“一个深渊分开”。而形而上学的这种存有历史性的过渡，也是第一开端向另一开端的过渡，在《哲学论稿》中也被描述为主导问题向基础问题的过渡：“历史性地来把握，这种过渡乃是对一切‘形而上学’的克服，而且是第一位的和首先可能的对一切‘形而上学’的克服。”（178/171）过渡中的“这种深渊的跃过”，也就是形而上学之克服的实行。

四、形而上学之克服的三环节：剥夺、经受与克服

《形而上学之克服》通过对“克服”相关的一组词的考察，在词源的关联中展开了对形而上学之克服的三个环节：剥夺（Entwindung）、经受（Verwindung）与克服（Überwindung）。在《本有》中，海德格尔对《哲学论稿》进行了反思，认为思想有着对“‘存在问题’内部的‘基础问题’与‘主导问题’之区别”的合理“借鉴”。而这种存在问题自身仍然是“在形而上学的风格中被把握的”。① 这也意味着，《哲学论稿》通过主导问题与基础问题相比较来展开对形而上学之克服的描述，仍然有形而上学痕迹，而《形而上学之克服》从语言自身的关联来获得一种克服的经验，淡化了这种痕迹。

剥夺（Entwindung）、经受（Verwindung）与克服（Überwindung）这三个词均是由 Windung（回旋）加不同前缀构成的，三者词源上的关联形成了克服形而上学的三环节，也大致上对应海德格尔的解构、还原与建构的现象学三环节。

剥夺指的是存有“挣脱（entwindet sich）存在者的优势地位”②。这种挣脱可以从两个方面展开，一方面，在存在者与存有的区别中，挣脱通过惊恐（entsetzen）和自行抛脱来实行，在惊恐中让人经验到在谋制的统治地位中得到加固的存在者的存在之离弃状态，在自行抛脱中经验到存有在存在者的存在之离弃状态中作为自行拒绝着的东西预告出来；惊恐与自行抛脱实际上指向了对存有之深渊的经验。另一方面，这种经验从存有历史来说，也显示出第一开端与形而上学之间的差距，“形而上学的克服并不是对传统哲学的排斥，而是跃入哲学的第一开端”；并“开启出第一开端与它的全部历史性后果之间的孤立和遥远”。（532-533/504）

---

① Heidegger, *Das Ereignis*, Hrsg. F.-W. von Herrmann, Frankfurt a.M: Vittorio Klostermann, 2009, S.4.

② Heidegger, *Metaphysik und Nihilismus*, Hrsg. H.-J. Friedrich, Frankfurt a.M: Vittorio Klostermann, 1999, S.8.

从挣脱的这两个方面而来，形而上学之经受一方面是对“过渡之未被建基的东西与非结构（Ungefüge）”[①] 的经受，另一方面是对存有历史的第一开端的“开端因素”之经验[②]。

形而上学的经受也要与其克服相适应。形而上学的“‘克服’（Überwindung）应该作为存有历史性的词语被道说，它把回旋（Windung）思为绞盘（Winde）的回旋。绞盘往上升——同时把自身撑在基础中。回旋作为到另一种（存有历史性的）本质中的上升同时乃基础之启—基”[③]。海德格尔在这里玩了文字游戏，克服（Überwindung）、回旋（Windung）与绞盘（Winde）是同词根的，克服（Überwindung）中的词根“回旋”作为绞盘在上升的同时也是扎根，即在上升与下行之间，而后者作为基础之启—基，实际上也是下行到深渊。这种空间维度中的上升与下行，也分别指向历史维度的曾在与将来，即第一开端与另一开端。“回旋是一种旋转与转变（Wendung）；只要绞盘被安置到形而上学自身的本质中——只要形而上学从其遮蔽的基础到来（存有），形而上学就被提升到存有之澄明中并（作为曾在者）被建基。”[④] 形而上学的遮蔽基础指向第一开端中的存在，也作为曾在者来经验，而存有之澄明指向了另一开端，形而上学作为曾在者被建基即被建基到另一开端，这也显示出形而上学之克服在存有历史中的过渡性。

在克服（Überwindung）一词的词根回旋（Windung）得到基本澄清后，可以将该词拆开来阐释，并阐明其前缀 Über-（越过）。“克—服说的是那种回旋，它转运（überführt）到不再是形而上学的东西之中：回旋作为存有之本现。”[⑤] 克—服（Über-windung）中的前缀 Über-（越过）指向“转运”，转运到不再是形而上学的东西中，也就是越过形而上学，从过渡时代来说，一方面要越过谋制中的存在者之优先地位，另一方面在

① Ungefüge 从 gefüge（构造、结构）来把握，海德格尔认为，Gefüge 乃是接缝（Fügung）之聚集，即接缝整体结构，是对存有之真理的自由接缝才能实现的，《哲学论稿》处于存有历史的过渡时代，并不能做到这一点，故而不是 Gefüge，而只是框架，在此意义上，过渡对应非结构，即这里所译的“过渡的非结构”。也可译为“粗笨结构”。Heidegger, *Metaphysik und Nihilismus*, Hrsg. H.-J. Friedrich, Frankfurt a.M: Vittorio Klostermann, 1999, S.6.

② Heidegger, *Metaphysik und Nihilismus*, Hrsg. H.-J. Friedrich, Frankfurt a.M: Vittorio Klostermann, 1999, S.35.

③ Heidegger, *Metaphysik und Nihilismus*, Hrsg. H.-J. Friedrich, Frankfurt a.M: Vittorio Klostermann, 1999, S.14.

④ Heidegger, *Metaphysik und Nihilismus*, Hrsg. H.-J. Friedrich, Frankfurt a.M: Vittorio Klostermann, 1999, SS.14-15.

⑤ Heidegger, *Metaphysik und Nihilismus*, Hrsg. H.-J. Friedrich, Frankfurt a.M: Vittorio Klostermann, 1999, S.15.

历史维度要越过形而上学历史从而返回第一开端，进入“作为存有之本现”的回旋（-windung）中。至此，形而上学之克服得以实现。

形而上学之克服作为深渊的跃过，在此也可以得到重审。“形而上学之克服是其本质之创立根据（*Begründung*），以至于存有之真理被经验与经受为深—渊。”[①] 这句话中被重点强调的三个词值得特别注意，对形而上学来说，本质与创立根据被强调了，而对存有之真理来说，深—渊被强调了。深—渊（Ab-grund）被用连字符分开，相当于把一个词分成了两部分，即 Ab-（离开）与-grund（基础），这两部分恰恰分别与前面的“本质”和“创立根据”形成对应。如前面已论及的，形而上学的本质被经验为从深渊到无基再到基础丧失状态的过程：“深—渊作为基础因素的（本—有过程）的本质性拒予—无基—基础之丧失（Grund*lose*）。”[②] 形而上学的这种本质经验是深—渊之离开（Ab-）的一种运作，而深—渊之基础对应于“创立根据”，即形而上学作为曾在者在存有之本现中建基，亦即形而上学的隐蔽基础作为曾在者在过渡时代重新建基为深—渊的基础。Begründung（创立根据）这个词及其动词形式（Begründen）“在古希腊以来的西方哲学中特别意味着‘给出根据（Grund）’”[③]。但海德格尔并非在形而上学的论证中运用这个词，而是基于存有之本现来把握这一“给出 Grund（根据/基础）”，即存有之真理在过渡时代的建基，亦即深—渊之基础。由此，形而上学之克服便是在深—渊自身的离开（Ab-）到其基础（-grund）中的跨越。在上文中，我们把形而上学之克服经验为“深渊的跃过”，而在克服的“三环节”中可以发现，深渊的跃过便是从深—渊自身的离开（Ab-）跃到其基础（-grund）中。

只是，形而上学之克服在其间跃过的这种深—渊到底有多深广？与《哲学论稿》和《沉思》一样，《形而上学之克服》中作为存有之本现或存有之真理的深—渊的深广度，也要从世界、大地、神、人这四元之分解中得到测度。“分解是在作为神与人、作为世界与大地的存在中。”[④]《形而上学之克服》对四元之分解的思考大致上并未比前面的秘密手稿走得更远，也延续了把分解思为“在之间的深渊”的表述。“分解自身作为存有

① Heidegger, *Metaphysik und Nihilismus*, Hrsg. H.-J. Friedrich, Frankfurt a.M: Vittorio Klostermann, 1999, S.16.

② Heidegger, *Metaphysik und Nihilismus*, Hrsg. H.-J. Friedrich, Frankfurt a.M: Vittorio Klostermann, 1999, S.64.

③ 倪梁康:《胡塞尔现象学概念通释》(修订版),北京,三联书店,2007,第 82 页。

④ Heidegger, *Metaphysik und Nihilismus*, Hrsg. H.-J. Friedrich, Frankfurt a.M: Vittorio Klostermann, 1999, S.77.

之本现是‘在之间’的深—渊。”[①] 在此意义上，形而上学之克服作为跃过也相应地在分解的“在之间的深渊”中进行。

《形而上学之克服》中克服的发生，是以思想的方式进行的，如同美学之克服是以艺术的方式进行的。对形而上学的世界观而言，存有历史性的思想不是世界观，也不是与世界观的对立，而是与世界观有着深渊般的区别，是“深渊般的他者”。[②] 而形而上学之克服的过渡性，在深渊的跃过中让形而上学的终结与另一开端得以贯通，从而使存有的历史性维度得以凸显，为下一卷秘密手稿《存有的历史》对这种历史维度进行整体把握提供可能。如果说形而上学之克服可以被描述为在深—渊中从深—渊的离开（Ab-）跳跃到其基础（-grund）中，即跳离形而上学的根据而跃入到作为存有之本现的基础中，那么《存有的历史》则重在从作为存有之本现的本有来揭示其自身历史的深渊因素，从而道说一种“历史的深渊”。

第三节　《存有的历史》：历史的深渊

《存有的历史》的写作时间是 1938 年到 1940 年，排在《形而上学之克服》后面，作为《全集》第 69 卷出版。对于“存有的历史”，《哲学论稿》中已经形成了框架，并从其自身在存有历史中的过渡位置出发揭示了存有历史的深渊特征。《存有的历史》在此基础上从存有历史的角度对《哲学论稿》的六个接缝进行了整体把握，在本有过程与深渊的内在关联中构建了一种“历史的深渊”。

一、历史与历史学之间的深渊

存有历史问题在《哲学论稿》中便已是主要问题之一。海德格尔在《哲学论稿》中把该书也描述为“过渡时代的思想作品”，对应于存有历史的过渡时代。而《哲学论稿》作为秘密手稿的“框架”，也勾勒出了存有历史的框架。这里的历史，并非形而上学领域中的历史学（Historie），而是作为存有之发生（Geschehen）的历史（Geschichte），历史是基于存有之本现来把握的。

---

① Heidegger, *Metaphysik und Nihilismus*, Hrsg. H.-J. Friedrich, Frankfurt a.M.: Vittorio Klostermann, 1999, S.78.

② Heidegger, *Metaphysik und Nihilismus*, Hrsg. H.-J. Friedrich, Frankfurt a.M.: Vittorio Klostermann, 1999, S.86.

海德格尔将存有及其历史问题回溯到了早期的《存在与时间》。“根据存有本身之本现来理解，通向历史之本质的道路已经在‘基本存在学意义上’得到了准备，其做法是把历史性建基于时间性。在唯一地引导着《存在与时间》的‘存在问题’意义上，这就意味着：作为时间—空间，时间把历史之本质回收到自身中；但只要时间—空间是基础的离基深渊，亦即存在之真理的离基深渊，则它的历史性解释就包含着向存在本身之本质现身的指引，而对存在之本质现身的追问乃是其中唯一的努力——它既非一种历史理论也非一种历史哲学。”（37/33）在《存在与时间》中，时间性是历史性的基础，可以从时间性进入历史性；而《哲学论稿》也延续了这种进路，只不过《存在与时间》中的时间已经深化为时间—空间，时间“把历史之本质回收到自身”指的是历史建基于时间—空间之上。时间—空间在《哲学论稿》中作为离基深渊，历史建基于时间—空间即是建基于离基深渊，而离基深渊作为存有之真理的离基深渊，是从存有之本现而来的。离基深渊与历史的这种关联，一方面是历史指向了存有之本现，另一方面也拉开了历史与通常意义上的历史理论和历史哲学的距离。在海德格尔看来，历史理论与历史哲学均归属于形而上学领域，致力于寻找历史的根据或历史的规律等，其理论架构仍然在形而上学的普遍性或因果性的机制之中，《哲学论稿》专门分析了历史学中的“说明”在存在者层次上的理论论证。可以说，历史理论与历史哲学显示了历史学的特征，形而上学的根据是它们的基础，而历史的基础却是深渊。两者的区别实际上只是形而上学与存有的思想之间的区别在具体领域的体现。《存有的历史》概述了这种区别：“存有的历史以深渊方式（abgründig）与存在者的所有历史学相区别，而同样也与在如此的历史学中通过对象化被达到的‘历史’相区别。”①

对于存有历史与深渊的具体关系，本书在对《哲学论稿》的深渊哲学的阐述中，已经从无基与原始基础之间所呈现的深—渊整体，来把握深—渊对于存有历史的一种贯通，但重在以传送与深渊的关联切入存有历史。在《存有的历史》中，存有历史自身形成了专题，《哲学论稿》的六个接缝也以此得到整体回顾与重审。

二、本有过程的深渊：对《哲学论稿》的回顾

《存有的历史》第114节专门对《哲学论稿》六个接缝的内容进行了

---

① Heidegger, *Die Geschichte des Seyns*, Hrsg. Peter Trawny, Frankfurt a. M: Vittorio Klostermann, 1998, S.28.

重新把握，可以视为海德格尔对《哲学论稿》中的存有历史问题的进一步理解。每个接缝可依次得到分析。这里先给出这一节的完整内容：

回响（属于本有过程，超过所有追随之物，调谐着它）。

传送（第一开端出自历史——作为在整体中的存在者本身之真理的本现）。形而上学作为西方历史的本质基础。开始（柏拉图—亚里士多德），转变（笛卡尔—莱布尼茨）与完成（黑格尔—尼采）。

跳跃（通过本有过程从此—在的［并非“人的”］被抛状态的回荡出发）。

建基（作为存有之真理的在之间的深—渊）。此—在居有于本—有中。

内立者（此—在的最初的看守者。仍然不是它的建基者）。

最后之神（开端性的神在存有之本现中，为了其本有过程，对人漠不关心）。一个神，想要把自己升格到存在之上，或者竟然已升格了，并成为了存在的（不单单存在者的）源头（原因），不“是”神，也不能是神。

比**每一个**神更具开端性的是存有。①

这里从存有历史出发对《哲学论稿》六个接缝的整体把握，一个突出特点便是用本有过程（Ereignung）来统摄。

回响作为《哲学论稿》的第一个接缝，这里将其理解为“属于本有过程，超过所有追溯之物，调谐着它”。这里的重点在于将回响归属于本有过程，回响作为存有之回响，是存有之本现，而后者即本有，在这个意义上，回响“属于本有过程”。这也传达了重释《哲学论稿》的接缝整体的用意。

传送作为《哲学论稿》的第二个接缝，也将该书其他五个接缝纳入其间，即传送是存有历史第一开端与另一开端之间的相互传送，在这个意义上，传送也是存有历史的一种表达。但海德格尔这里对传送的阐发偏重第一开端，并对第一开端进行了更源本的追溯。“第一开端出自历史——作为在整体中的存在者本身之真理的本现”，第一开端也是从存有历史而来的，从在整体中的存在者本身之真理，即古希腊的存在者之存在或在场者之在场的经验，亦即Φύσις（涌现、自然）的经验，而其真理即ἀλήθεια（无蔽、真理），但这里突出“真理的本现”，实际上已经是作为ἀλήθεια（无—蔽）的真理，即对真理中的λήθη（遗忘）有了经验，也就是经验到

① Heidegger，*Die Geschichte des Seyns*，Hrsg. Peter Trawny，Frankfurt a. M：Vittorio Klostermann，1998，S.131-132.

了真理之本现的“原始的深度和离基深渊状态”（352/332）。在这个维度才发生真正的历史，而第一开端是从这个历史中来的。第一开端的第一终结即形而上学的产生，形而上学的历史包含三个阶段：开始（柏拉图—亚里士多德），转变（笛卡尔—莱布尼茨）与完成（黑格尔—尼采）。这里也可以对海德格尔 20 世纪 30 年代初期到中期的讲座做一个简单的划分，随着海德格尔在 1932 年获得了以“从本有而来”为雏形的思想地形图的“基础特征”①，在这前后的讲座，已经可以归入存有历史之中了。

跳跃作为《哲学论稿》的第三个接缝，“跳跃（通过本有过程从此—在的［并非‘人的’］被抛状态的回荡出发）”②。思想的跳跃使深渊开裂，这里突出跳跃的被抛状态作为本有过程的发生。海德格尔在《哲学论稿》中所使用的开裂（Erklüftung）与该词在歌德那里的使用有关，指的是大理石的裂缝，而对其劈开要顺应大理石自身的裂缝。③ 这个裂缝用于存有即存有自身的裂隙，其显现乃是存有之本现，亦即本有过程，而跳跃是在顺应中打开这个裂隙，即从此被抛状态出发，归属于本有过程。

建基作为《哲学论稿》的第四个接缝，“建基（作为存有之真理的在之间的深—渊）。此—在居有于本—有中”④。建基作为“在之间的深—渊”，这个用法从《沉思》《形而上学之克服》一直到《存有的历史》中都得到了沿用。深—渊之建基是通过跳跃来实行的：“进入存有的跳跃。跳跃使开裂之离基深渊跳动起来，并且因而才有对从存有而来被指定的此—在的建基的必然性。对真理（作为存有之真理）的建基（此—在）。”（10/11）深渊与此—在均是从存有而来，故而在这里也强调此—在对于本—有的归属性，或者说，被本—有居有。

《哲学论稿》的第五个接缝是将来者，但在这里没有用将来者一词，而是用“内立者”，这是对六个接缝之回顾中唯一的例外。这一点颇让人费解，这里从其阐释力图贯通的本有过程出发尝试做出一种理解。“内立者（此—在的最初的看守者。仍然不是它的建基者）”，这个描述明确区分了内立者与建基者。但这种区分对于将来者是有矛盾的，因为《哲学论

① “从本有而来”即《哲学论稿》的副标题或实质性标题。Heidegger，*Besinnung*，Hrsg. F.-W. von Herrmann，Frankfurt a.M：Vittorio Klostermann，1997，S.424.

② Heidegger，*Die Geschichte des Seyns*，Hrsg. Peter Trawny，Frankfurt a. M：Vittorio Klostermann，1998，S.132.

③ Gunter Figal，Diego D'Angelo，Tobias Keiling and Guang Yang，*Paths in Heidegger's Later Thought*，Bloomington & Indianapolis：Indiana University Press，2020，p.280-294.

④ Heidegger，*Die Geschichte des Seyns*，Hrsg. Peter Trawny，Frankfurt a. M：Vittorio Klostermann，1998，S.132.

稿》中已把将来者描述为内立者，“将来者乃是以抑制心情内立于被建基的此—在中的那些人”（428/401），也把将来者视为建基者，“将来者：这种真理之本质现身的迟缓不决而长久倾听的建基者”（421/395）。海德格尔把内立者落实在看守者身上，区别于建基者，两者的职责侧重有一定的差异，“在这种决断状态中，对此—在的全部守护都必定已经扎下了根，只要人作为此—在的建基者，必定会成为最后之神的掠过之寂静的看守者”（26/23）。海德格尔强调看守者，突出与最后之神的关联，即在本有中发生看守者对最后之神的归本，亦即最后之神对人的转本，这也是神人对峙中的本有过程。

最后之神作为《哲学论稿》的第六个也是最后一个接缝。“最后之神（开端性的神在存有之本现中，为了其本有过程，对人漠不关心）。”在这里是从存有之本现来阐释最后之神，后者即在存有之本现中又是为了本有过程。同时也将最后之神与形而上学中作为最高存在者或首因的神相区别：“一个神，想要把自己升格到存在之上，或者竟然已升格了，并成为了存在的（不单单存在者的）源头（原因），不‘是’神，也不能是神。”尽管海德格尔多次将最后之神视为开端之神，但就开端性来说，最后之神仍然比不过存有或本有过程，“比每个神更具开端性的是存有”。

《存有的历史》对《哲学论稿》的六个接缝整体的回顾，基于存有之本现即本有过程来展开，从历史维度贯通了第一开端与另一开端，实际上构成了存有的历史。而本书在对《哲学论稿》的深渊哲学进行系统阐述时，已揭示出了六个接缝整体与深—渊的关联，故而，这里的本有过程与深渊必定也有一种内在的关系，《存有的历史》指出，“本—有过程在深—渊中”[1]。这种贯通存有历史而在深—渊中的本有过程，也使“历史的深渊”得以揭示。

三、历史的深渊

存有的历史即是存有发生的历史，存有在其真理中发生，而存有的真理又建基为深—渊。《存有的历史》直接提出了“历史的深渊”：“重新建立存有之本质的展览（作为历史的深渊）。”[2] 存有本质的展览，是存有之本现的一种表达，而展览是在某个地方的展览，要有展览之所。对于存有

---

① Heidegger, *Die Geschichte des Seyns*, Hrsg. Peter Trawny, Frankfurt a. M: Vittorio Klostermann, 1998, S.60.

② Heidegger, *Die Geschichte des Seyns*, Hrsg. Peter Trawny, Frankfurt a. M: Vittorio Klostermann, 1998, S.96.

来说，其展览之所是在其真理中，亦即在其深—渊中。“历史是存有的真理之本现，这种本现的深—渊重又并仅仅是存有自身。”① 被展览的深—渊即是存有。为何存有的历史要让深—渊来展示？一方面是存有的遮蔽性，不展览难以显示，当然这里的展览也不是日常意义上的对存在者之形象的表象意义上的显露与观看，因为存有是“无形象的”，故而存有本质的展览要“重新建立”。另一方面，在于深—渊与存有的关系，深渊作为存有真理之本现的深渊。此外，深—渊本身就作为场所，让存有能有“容身之所”，有展示的地方。而作为历史的深渊，深渊本身就有历史的内涵，所以能够说，“存有历史性的深—渊之所（Wo）”。②

而从历史自身的发生来说，也需要深渊。深—渊作为真理之本现，恰恰是历史的发生之所。因为“历史仅仅在真理的本质每次以开端方式被决定的地方存在。”③ 在秘密手稿中，深—渊之建基具有开端特征，这也使历史能得以开端。“历史要从建基中接受其开端”④。

如果说历史之发生或开端是其开始，那么，历史之未来也依托于深渊。“作为本有，存有也在其深渊中并且作为这种深渊承载本源上统一的时间—游戏—空间的一种转变了的本质，历史在其中接受它的未来。”⑤ 历史在深渊中获得的未来，是存有历史的另一开端。这里显示出了本有、深渊与历史的关联。

历史从存有的深渊中获得其开始，也接受其未来，在开始与未来之间，历史也显示出阶段性。“历史自身通过不同的阶段自行遮蔽在其本质中”，这些阶段根据不同的“本源如存有之真理建基与深渊般的建基”而各不相同。⑥ 存有的历史根本上源自存有的发生，其阶段也要根据存有之本现或真理来揭示。这里提到的存有之真理的“深渊般的建基”形成历史的过渡阶段，而存有真理的真正建基则是历史的另一开端之实现。但从现

---

① Heidegger, *Die Geschichte des Seyns*, Hrsg. Peter Trawny, Frankfurt a. M: Vittorio Klostermann, 1998, S.98.

② Heidegger, *Die Geschichte des Seyns*, Hrsg. Peter Trawny, Frankfurt a. M: Vittorio Klostermann, 1998, S.160.

③ Heidegger, *Die Geschichte des Seyns*, Hrsg. Peter Trawny, Frankfurt a. M: Vittorio Klostermann, 1998, S.96.

④ Heidegger, *Besinnung*, Hrsg. F.-W. von Herrmann, Frankfurt a. M: Vittorio Klostermann, 1997, S.247.

⑤ Heidegger, *Die Geschichte des Seyns*, Hrsg. Peter Trawny, Frankfurt a. M: Vittorio Klostermann, 1998, S.213.

⑥ Heidegger, *Die Geschichte des Seyns*, Hrsg. Peter Trawny, Frankfurt a. M: Vittorio Klostermann, 1998, S.118.

象学的经验来说，目前在过渡时代只能得到如《哲学论稿》所言的“初次本质性的”发生，可以把另一开端思为“本—有的深—渊”[1]。可是，另一开端的那个阶段还不能真正实现，其建基在过渡时代仍然在到来之中，而对这种到来的接纳也需要深渊，“到来之建基于深渊的承受中”[2]，而在深渊与真正实现的另一开端之间，有着“不断增长的离基深渊特性”（93/85），这完全不同于历史学上的变化，这种离基深渊特性恰恰使历史学丧失了依据，成为不可能。深渊特性对历史阶段的影响也同样体现在第一开端，但在其后被形而上学所掩盖，这也被海德格尔描述为无基对深渊的掩盖。此后，在形而上学中，深渊因素在被掩盖中遗忘，而在过渡时代又重新激活并在另一开端的传送中不断增加。通过深渊特性之增减，“历史的深渊”的不同阶段也得到了揭示。

海德格尔后来在《本有》中从两个开端来对比深渊的经验，可以视为对这里的“历史的深渊”在两个开端之间的总结。在第一开端中，“深渊没有作为深渊显现”，“而在另一开端中，在开端之原始开端到达其真理的地方，开端的深—渊自行敞开”。[3] 深渊与开端的这种关联，正是下一卷秘密手稿《论开端》要探讨的。

第四节　《论开端》：深渊的开端

《论开端》写于 1941 年，作为《海德格尔全集》第 70 卷出版。就开端与深渊来说，该书探讨“深渊的开端”，也论及“开端的深渊”，但前者是重点阐发的。开端根本上是存有之本现或本有的运作，而存有或本有以深渊方式发生，这构成了深渊的开端之论题。深渊的开端也在存有历史的第一开端、过渡时代与另一开端中以不同方式发端。

《论开端》在秘密手稿中排在《存有的历史》之后。这种时间上的承接也有内容上的关联。海德格尔存有历史性的思想本身就包含了历史与开端的内在关联，《哲学论稿》将其描述为存有历史的第一开端与另一开端，该书第二个接缝“传送”便是在存有历史的第一开端与另一开端之间交互

---

① 大地、世界、人、神，如何经验它们，“作为本—有的深—渊”。Heidegger, *Die Geschichte des Seyns*, Hrsg. Peter Trawny, Frankfurt a.M: Vittorio Klostermann, 1998, S.124.

② Heidegger, *Die Geschichte des Seyns*, Hrsg. Peter Trawny, Frankfurt a.M: Vittorio Klostermann, 1998, S.55.

③ Heidegger, *Das Ereignis*, Hrsg. F.-W. von Herrmann, Frankfurt a.M: Vittorio Klostermann, 2009, SS.238-239.

传送，并以此包含了其他五个接缝。在这种描述中可以看到，存有的历史以第一开端与另一开端及其过渡为标志，实际上，在《存有的历史》对历史不同阶段与深渊之关联的阐发中，已经未明言地指向了存有历史的第一开端、过渡时代与另一开端。反过来，开端又是在存有历史之中的。

存有的历史与开端是密不可分的，而在《存有的历史》中通过对“历史的深渊”之揭示，也显明了存有历史与深渊的关联，由此，开端与深渊之间也就存在特有的关联。对于这种关联，前述秘密手稿已有不同程度的论及。《哲学论稿》中已经点明，开端归属于深渊：“这种历史性的沉思作为对开端的传送——在自身中建基、向来各各不同地归属于离基深渊的开端——在过渡中起于另一开端”（176/169）。《沉思》也提到了深渊之建基与开端的关联。从作为时间—空间的深渊的建基中，“历史接受其开端”[①]。《形而上学之克服》中“深渊的跃过”也发生在第一开端的终结阶段与另一开端之间。

《论开端》中重点揭示了“深渊的开端”。开端是存有历史的开端，而存有历史作为存有之本现或本有之发生的历史，开端因此在根本上是“从本有而来”的。海德格尔直言：“存有是开端。”[②] 从一种现象学的经验来说，在过渡时代，存有及其真理在深渊中本现，那么，深渊也应是开端。海德格尔因此提出了“深渊的开端”或“深渊的开端性”的说法，一方面，具体揭示出从“存有是开端”到“深渊的开端”的进路；另一方面，也把“深渊的开端性”贯通到整个存有的历史之中，探讨了在存有历史的第一开端、过渡时代与另一开端中，深渊的开端之不同显现。

一、深渊的开端

从存有作为开端到深渊的开端，大致经过以下几个阶段：开端因素与深渊因素的关联，原始开端在深渊中的“自行抑制”，以及作为开端之实行方式的“开始—抓取”在深渊之虚无、遮蔽中的实行。

存有作为开端，通过开端性的本质而与深渊因素建立起关联。存有具有“开端性的本质”，而开端性的本质“向来只作为开端本现”，并非某一种上升的稳定性，而是“每次开端的唯一者之深渊因素”。[③] 开端的唯一

---

① Heidegger, *Besinnung*, Hrsg. F.-W. von Herrmann, Frankfurt a.M: Vittorio Klostermann, 1997, S.247.

② Heidegger, *Über den Anfang*, Hrsg. Paola-Ludovika Coriando, Frankfurt a.M: Vittorio Klostermann, 2005, S.16.

③ Heidegger, *Über den Anfang*, Hrsg. Paola-Ludovika Coriando, Frankfurt a.M: Vittorio Klostermann, 2005, S.56.

者即作为存有之本现的本有，而开端的本质现身是深渊因素，是从深渊中开端。

这种开端并不是发生了就完事，而是继续起作用，要得以维持。“原始开端（Anfängnis）是进入深渊中的保—存与自行抑制（An-sich-halten）”。[①] 原始开端在与深渊的关联中抑制自身。在这里，深渊既不是形而上学中作为最高存在者的根据，“开端之开端因素绝不是那或许能够在开端自身之外被找到的东西”[②]，也不是形而上学中作为普遍性并显示为规律的根据，“原始开端不是那运行‘在’开端‘之上’并且在开端之外的‘规则’与‘规律’”[③]。对原始开端与深渊之关联的分析，有两个方面值得注意：(1) 原始开端通过与深渊的内在关联揭示开端是从存有的深渊中发端的；(2) 强调原始开端的“自行抑制”，这种从其自身而来的发生方式本身也是深渊式的，无外物支撑的开端是在无支撑的虚无亦即深渊之中，这也显示了对形而上学的奠基方式的拒斥。

原始开端（Anfängnis）与深渊的实行方式也被海德格尔名之为An-fangen（开始—抓取），在作为遮蔽的虚无中开始—抓取。“作为遮蔽，无化是开端之开始—抓取的亲密性。”[④] 而作为遮蔽的虚无乃是深—渊的发生，故而开端是在深—渊中开始—抓取的，这种开始—抓取即开端的发生，通过对深—渊中作为遮蔽的无化的接住或抓住，使开端得以发生。这也是深渊的开端之具体展开方式，这种开端方式显示出“深—渊的开端性”[⑤]。

如果说在作为遮蔽的虚无中开端，是深渊的开端性的一种实行方式，那么，在遮蔽中的开端，更能显示深渊的开端性。“遮蔽是开端性的”，而且“开端着的，亦即庇护着在聚集的亲密性中”，这种聚集不以存在者为

---

① Heidegger, *Über den Anfang*, Hrsg. Paola-Ludovika Coriando, Frankfurt a.M: Vittorio Klostermann, 2005, S.16. An-sich-halten(自行抑制)，为了突出与以-halt-为词根的一组词[如 Umhalt(环绕支撑)]的关联，An-sich-halten 或许可译为“支撑—于—自身”。

② Heidegger, *Über den Anfang*, Hrsg. Paola-Ludovika Coriando, Frankfurt a.M: Vittorio Klostermann, 2005, S.199.

③ Heidegger, *Über den Anfang*, Hrsg. Paola-Ludovika Coriando, Frankfurt a.M: Vittorio Klostermann, 2005, S.199.

④ An-fangens 译为“开始—抓取”，是动词 anfangen 以间隔号分开写的形式，anfangen 指“开始，着手，开办”，与 Anfang(开端)是同词根的；另外，海德格尔也借用了 fangen(捉住、接住)的含义，考虑到 An-fangen 分别与 anfangen、Anfang(开端)和 fangen(捉住)的关联，从字面意思译为“开始—抓取”。Heidegger, *Über den Anfang*, Hrsg. Paola-Ludovika Coriando, Frankfurt a.M: Vittorio Klostermann, 2005, S.49.

⑤ Heidegger, *Über den Anfang*, Hrsg. Paola-Ludovika Coriando, Frankfurt a.M: Vittorio Klostermann, 2005, S.49.

支撑，也自行禁止任何一种根据；这种聚集是深—渊的聚集。[1] 遮蔽的开端性在深渊之聚集的亲密性中，这里已经更直接地表明深渊之基础的聚集作用，亦即在《哲学论稿》中被描述为深渊的环绕—支撑（Um-halt）或者本有的“设置空间”在开端中起聚集作用了。

而要进入本有的设置空间，对“深渊的开端”之知晓是必不可少的。“在这里是开端的返—行状态，深渊的开端在那种知晓——它不表—象，而是内立于本—有过程中——才是可知的。”[2] 深渊被形而上学的无基所掩盖而不能作为深渊本身被经验到，对深渊的知晓也成了问题，对“深渊的开端”之知晓也同样如此。在本有的设置空间中的内立，也是内立于本—有过程的一种方式，至此，深渊的开端才能得以知晓。

从遮蔽来揭示的深渊之开端性，指向了存有历史的另一开端。深渊的开端性也以此切入了存有历史之中。

二、深渊的开端与存有的历史

为了显明深渊的开端在存有历史中的运行，需要揭示其在存有历史不同阶段的不同显现。海德格尔对存有历史的描述大致分为第一开端、过渡时代与另一开端这三个阶段，对深渊的开端在存有历史中的显现也与三个阶段相对应。

从深渊与存有历史第一开端的关系而言，秘密手稿中的《哲学论稿》与《存有的历史》都从真理的本质揭示了存有历史的第一开端中的深渊经验，《沉思》也揭示了第一开端及其第一终结中发生的“本有的深渊”[3]。“开端之原始开端在于，已离—开而至形而上学中的第一开端（支配ἀρχή［开端、主宰］）被挡住在自身的现在才以深渊方式建基着的深渊上，并这样被挡住着撤回到没落之中。”[4] 海德格尔认为，在第一开端到形而上学之间有“离开”发生，这个离开即存有的遮蔽之离开，所以，“从离开而来”被解释为“存在的遮蔽作为存在者的释放；（区别）”[5]。存在遮

① Heidegger，*Über den Anfang*，Hrsg. Paola-Ludovika Coriando，Frankfurt a.M：Vittorio Klostermann，2005，SS.52-53.

② Heidegger，*Über den Anfang*，Hrsg. Paola-Ludovika Coriando，Frankfurt a.M：Vittorio Klostermann，2005，S.80.

③ Heidegger，*Besinnung*，Hrsg. F.-W. von Herrmann，Frankfurt a.M：Vittorio Klostermann，1997，S.349-350.

④ Heidegger，*Über den Anfang*，Hrsg. Paola-Ludovika Coriando，Frankfurt a.M：Vittorio Klostermann，2005，S.100.

⑤ Heidegger，*Über den Anfang*，Hrsg. Paola-Ludovika Coriando，Frankfurt a.M：Vittorio Klostermann，2005，S.98.

蔽，存在者释放出来，这里其实涉及存在与存在者的区别，但随着存在的遮蔽，这种区别也被遮蔽并被遗忘了。存在的深渊在第一开端中虽然被经验，但是并未建基，而是被阻挡住并撤回到没落中。这里是从存有或存在之遮蔽与深渊的关联而言的，如果按第一开端中真理的经验，则是ἀλήθεια（无—蔽、真—理）表示否定的前缀ἀ-对于λήθη［遗忘］的截断。故而《本有》中才可以说，在第一开端中，“深渊没有作为深渊显现”①。简言之，第一开端中的深渊经过了双重掩盖，一是第一开端中，ἀλήθεια（无—蔽、真—理）突出其ἀλήθεια（无蔽）之维而截断了作为其来源的遮蔽或遗忘，二是从第一开端离开到形而上学中，存在者凸显，ἀλήθεια（无蔽）又被存在者层次上的符合论真理所取代，造成了存在与存在者的区别之被遗忘，而区别基于区分，区分与遗忘的这种关联，海德格尔后来在《四个笔记本》中概括为“区分之被遗忘状态”②。

在《论开端》完成后一年开始的《巴门尼德》讲座中，海德格尔对“被开启的东西”与“开端着的东西”的相互关联也可以用来描述深渊在第一开端中的情况。“开端首先展示在被开启的东西中，即使在这里它首先也从不会作为开端展示。即使被开启的东西作为被开启的东西显示出了，开端着的东西亦即开端完整的‘本质’也可能仍然是完全被遮盖着的。”③ 这里所言的开端着的东西可以指使开端发生的东西，即第一开端中的存有之本现，而被开启的东西，可用于第一开端与形而上学中分别被开启的东西，而后两者则是能够以各自的方式遮掩开端着的东西。在“深渊的开端”中，开端着的东西即深渊，其被遮掩也就不难理解了。

第一开端中深渊被遮掩，而后在形而上学中愈加被遗忘，直到在形而上学之克服中才得以重新被经验。“形而上学之克服绝不是否定与扬弃；在形而上学之克服中，曾在者达到其本质并仍然保持为被追忆的东西。”④ 形而上学之克服发生的时机已处于存有历史的过渡时代中了，即第一开端向另一开端的过渡之中。

深渊的开端在过渡时代的体现被海德格尔描述为“一种过渡的开端”。

---

① Heidegger, *Das Ereignis*, Hrsg. F.-W. von Herrmann, Frankfurt a.M: Vittorio Klostermann, 2009, S.238.

② Heidegger, *Vier Hefte Ⅰ und Ⅱ*: (*Schwarze Hefte 1947-1950*), Frankfurt a.M: Vittorio Klostermann, 2019, S.39.

③ ［德］海德格尔:《巴门尼德》,朱清华译,北京,商务印书馆,2018,第 199 页。译文略异。Heidegger, *Parmenides*, Hrsg. M. S. Frings, Frankfurt a. M: Vittorio Klostermann, 1982, SS.201-202.

④ Heidegger, *Über den Anfang*, Hrsg. Paola-Ludovika Coriando, Frankfurt a.M: Vittorio Klostermann, 2005, S.193.

在深渊的开端之描述中，有一个问题一直未言明，即深渊如何能够开端？这个问题一方面可以从深渊作为存有及其真理的发生来理解，另一方面也在于深渊在建基方面的独特性，即“深渊的在—自身—中—建基”①。过渡时代的深渊通过“在—自身—中—建基”而能发生为一个开端。“一个开端，不是在本源中，而是首先使过渡得以开端”；而且，“一种过渡的开端”具有双重性：从“存在者的优先地位”到“存有的寂静之主宰”。②这种双重性也可以说是过渡时代的双重性。《论开端》中也把这种过渡的开端阐释为开端状态，“从第一开端到另一开端中的过渡作为开端状态：区别的离弃”③。

过渡之开端状态中提到的存有与存在者的区别之真正澄清，需要深渊的开端在另一开端中的显现。《哲学论稿》已经揭示，另一开端要在深—渊中发生。上文“存有的寂静之主宰”也是另一开端的描述。“另一开端：存有‘存在’，/亦即，存有本现成为本有的存在。/本—有：在之间的转本/曾在着且还本现着的东西（Gewesenden）之深渊式建基（Ab-gründung）。”④这句话中的Gewesenden被解释为“遮蔽本身”⑤，遮蔽本身在深渊中建基，不同于处于过渡时代中的深—渊之基础的踌躇，后者作为第一次本质性现身的样式，而遮蔽本身在深渊中得以建基，即另一开端中本有或原始—基础的发生。本有也在深渊的另一开端之实行中得以建基。

此外，《论开端》中“开端的深渊”的提法也值得注意。开端性的思想，“在开端的深—渊的亲密性中思，它唯一地思其唯一性，并因此同时思最后的下行”⑥。最后的下行也是深渊中发生的存有之遮蔽，“赠送过程是在下行的亲密性中的纯粹的遮蔽过程”⑦。如果说深渊的开端侧重从其作为被抛状态而发生出来，即作为开端着的东西在开端之开启中的发生，

---

① Heidegger, *Besinnung*, Hrsg. F.-W. von Herrmann, Frankfurt a.M: Vittorio Klostermann, 1997, S.254.

② Heidegger, *Besinnung*, Hrsg. F.-W. von Herrmann, Frankfurt a.M: Vittorio Klostermann, 1997, S.254.

③ Heidegger, *Über den Anfang*, Hrsg. Paola-Ludovika Coriando, Frankfurt a.M: Vittorio Klostermann, 2005, S.48.

④ Heidegger, *Über den Anfang*, Hrsg. Paola-Ludovika Coriando, Frankfurt a.M: Vittorio Klostermann, 2005, S.66.

⑤ Heidegger, *Über den Anfang*, Hrsg. Paola-Ludovika Coriando, Frankfurt a.M: Vittorio Klostermann, 2005, S.66.

⑥ Heidegger, *Über den Anfang*, Hrsg. Paola-Ludovika Coriando, Frankfurt a.M: Vittorio Klostermann, 2005, S.141.

⑦ Heidegger, *Über den Anfang*, Hrsg. Paola-Ludovika Coriando, Frankfurt a.M: Vittorio Klostermann, 2005, S.84.

那么，开端的深渊则重在开端之开启出来的东西中的深渊之显现。但在《论开端》中，对深渊的开端之阐发是主导性的。

而无论是“深渊的开端”还是“开端的深渊”，在最深处上都指向本有的运作，前者已有论述，而后者“在另一开端中，在开端之原始开端到达其真理的地方，开端的深—渊自行敞开”[①]。正因为在开端中揭示出的深渊与本有的关联，故而在紧接着《论开端》的秘密手稿《本有》中才阐述出一种“深渊的烦忧”。

第五节　《本有》：深渊的烦忧

《本有》写于 1941 年到 1942 年之间，作为《海德格尔全集》第 71 卷出版。从其在秘密手稿中的位置来说，《本有》与“开端”是内在相关的，它在《全集》第 70 卷《论开端》之后，发展了《论开端》中“开端的深渊”这一论题；又在秘密手稿的最后一卷亦即《全集》第 72 卷《开端的小路》[②] 之前。《本有》前后这两卷都是关于“开端”的，“本有”这个词就表示存有历史的另一开端。从标题来说，该书已经比《哲学论稿》的实质性标题“从本有而来”更进一步，直接用“本有”，并且也对《哲学论稿》进行了“本源性的自我批判”[③]。

《本有》中的深渊问题突出地表现在“深渊的烦忧”。这种烦忧可以回溯到《存在与时间》中此在的烦忧[④]，以及《哲学论稿》中存有的烦忧，深渊的烦忧在此基础上有所推进，乃是对区分之分解的烦忧。烦忧的背后有起调谐作用的情绪之运作，这种情绪在《存在与时间》中是畏，在《哲学论稿》中是抑制，在《本有》中则是作为惊恐与欣喜之统一的痛苦。“深渊的烦忧”在俄狄浦斯悲剧中得到呈现，并在海德格尔的阐释中显示出从区分之分解向天、地、神、人四元之分解过渡的新动向。

---

① Heidegger, *Das Ereignis*, Hrsg. F.-W. von Herrmann, Frankfurt a.M: Vittorio Klostermann, 2009, SS.238-239.

② 《开端的小路》作为《海德格尔全集》第 72 卷，目前还未出版。

③ 这里的自我批评不是通常意义上而言的，这种“本源性的自我批判”是一种“先行”。Martin Heidegger, *Vigiliae und Notturno*: (*Schwarze Hefte 1952/1953-1957*), Frankfurt a.M: Vittorio Klostermann, 2020, S.55.《本有》对《哲学论稿》的较为系统的批判，见 Heidegger, *Das Ereignis*, Hrsg. F.-W. von Herrmann, Frankfurt a.M: Vittorio Klostermann, 2009, SS.4-5.

④ 《存在与时间》中译本将 Sorge 译为“操心”，故而此处也是“此在之操心”。

一、深渊的烦忧

海德格尔在《本有》中提出的“深渊的烦忧”可以追溯到《存在与时间》中的此在之烦忧（Sorge），甚至更早，可以追溯到早期弗莱堡讲座中Bekümmerung（烦恼）[①] 一词，该词“出现于Sorge（烦忧）使用之前”，大概1925年，“‘烦忧’取代了‘烦恼’（Bekümmerung）”。[②] 在《存在与时间》中，“此在的存在说的是：先行于—自身—已经—在（世界）中—存在作为寓于（世内照面的存在者）。这种存在充实烦忧这个名称的含义”[③]。烦忧指此在的存在，让在世与寓于存在者相统一，建立起在世与存在者的关联，或者说，可以从世界与存在者两方面来展开，这样一个划分对《本有》中的“深渊的烦忧”也产生了影响。

从《存在与时间》的此在之烦忧到《本有》的深渊之烦忧，中间有一个关键的环节，就是《哲学论稿》中的存有之烦忧。《哲学论稿》从此—在而来，也提出此在的烦忧，“成为寻求者、保存者、守护者——此即作为此在之基本特征的烦忧（Sorge）的意思。在这些名称中聚集了人的规定性，只要人是从其基础中、亦即从此—在而来被把握的；这个此—在在转向中为作为存有之本质现身的本有所居有，而且唯有借助于这个作为时间—空间（时间状态）之建基的本源才能成为内立的，为的是把存在之离弃状态的急难转变为那种创造（作为存在者之带回）的必然性”（20/17-18）。这段话在前文中已经引用过，也阐明了“烦忧”一词在《哲学论稿》中与《存在与时间》中的差别。但这里基于“深渊的烦忧”来进行的梳理，呈现出一条新的脉络，即《存在与时间》中的烦忧所关联的在世与存在者两方面，在《哲学论稿》中也以新的形式得到了沿用。《哲学论稿》中的烦忧联合了存有与存在者两方面，关联到作为时间—空间的深渊与存在者之带回。这里还要注意的是，“从此—在而来被把握的”[④] 的烦忧与存在者之间的关联，是要把存在者带回，这是一种庇护的发生，即把存在者带向存在，从而区别于存在之离弃状态中的存在样式。

---

① Bekümmerung与Sorge的关系，也可以参见Heidegger, *Der Begriff der Zeit*, Frankfurt a.M: Vittorio Klostermann, 2004, S.60。

② David B. Griffiths, *The Keywords of Martin Heidegger: A Philosophical-lexical Analysis of Sein and Zeit*, The Edwin Mellens Press, 2006, p.252.

③ Heidegger, *Sein und Zeit*, Hrsg. F.-W. von Herrmann, Frankfurt a.M: Vittorio Klostermann, 1977, S.246.

④ 这点一再被海德格尔强调。“烦忧——从此—在来把握的人之存在。”Heidegger, *Zum Ereignis-Denken*, Frankfurt a.M: Vittorio Klostermann, 2013, S.475.

《哲学论稿》也直接点出这种烦忧是为存有烦忧，就其与存在者相关联的方面，也延续了前面提到的区别。“这种烦忧乃唯一地‘为存有的缘故’，并非只为人之存有，而是为存在者整体之存有。”（18/19）这在《存有的历史》中被更明确地表达出来，为存有的缘故而烦忧，也是为存有的真理而烦忧。“烦忧属于存有的真理。”[①] 这种烦忧也区别于主体意义上的苦恼，“如此的烦忧以深渊方式区别于每一种阴郁的—悲惨的苦恼（Bekümmernis）”[②]。这里的“苦恼”（Bekümmernis）一词与早期弗莱堡讲座中的“烦恼”（Bekümmerung）仅仅词尾不同，意思相近，这个词被海德格尔用来与“烦忧”一词做比较，两者有着深渊般的区别。主体意义上的苦恼，并非是从此在来把握的，而是在存在者层次上展开的，其与存在者的关联也是一种对象化的关系，可以纳入《哲学论稿》中的谋制与体验的共谋关系中。而属于存有真理的烦忧，能让“存有（作为本有）的存在者发现其本质”[③]。后一种烦忧，也处于存有之真理与存在者之本质这两方面的关联中。

在《哲学论稿》中，过渡时代的存有之真理建基为深—渊，在此意义上，为存有之真理而烦忧，也是为深—渊而烦忧，即深渊的烦忧。但《本有》中的深渊的烦忧，从本有自身而被经验为区分之分解，“区分的分解（Austrag）是深—渊的烦忧”[④]。其中，区分乃是存有与存在者的区分，是对前面作为在存有与存在者之间的烦忧的一种带有总结性的把握。从存有历史来把握，这种区分也是存有之无化的发生。存有之无化的区分如果未进入深渊，则被遗忘，从而转入形而上学中存在者的主导地位。这是从存有到存在者的沦落之路，进入区分之被遗忘状态中，也是深渊被无基掩盖的过程 ，深渊之惊恐可经验到这一发生。此外，告别的欣喜，是从经验到了区分而进入存有之路，亦即进入深渊之基础的过程。分解作为本有的发生指向开端。

这种深渊的烦忧，也是对深渊中本现的本有之烦忧，有着世界、大地、神与人四元的分解，其中有着神的运作。《本有》更进一步，将这种

---

① Heidegger，*Die Geschichte des Seyns*，Hrsg. Peter Trawny，Frankfurt a. M：Vittorio Klostermann，1998，S.123.

② Heidegger，*Die Geschichte des Seyns*，Hrsg. Peter Trawny，Frankfurt a. M：Vittorio Klostermann，1998，S.123.

③ Heidegger，*Die Geschichte des Seyns*，Hrsg. Peter Trawny，Frankfurt a. M：Vittorio Klostermann，1998，S.123.

④ Heidegger，*Das Ereignis*，Hrsg. F.-W. von Herrmann，Frankfurt a.M：Vittorio Klostermann，2009，S.255.

四元分解中的神性维度命名为神圣者，深—渊的烦忧作为区分的分解，也是对神圣—丧失的警觉状态。“深—渊的烦忧是对神圣—丧失的警觉状态，在其中（在其澄明中）神圣者与不—幸（das Heilige und das Un-heil）才得到决断，也才有命运。深—渊的烦忧是接缝的准备，命运从接缝中到来。”① 深—渊的烦忧用于神圣者，与荷尔德林那里出现的天、地、神、人四重整体的神圣者更为接近，也与海德格尔更晚时候作为天、地、神、人四重整体的世界的关联更密切了。

深—渊的烦忧也被海德格尔视为一种思想，受到情调的调谐。“区分的分解是思意的思想。分解是开端的经验。经验是告别的痛苦。思意的思想的经—验，更确切地说是本—有事件的被居—有的经验。”② 本—有事件对深—渊的烦忧之调谐，主要通过痛苦情调。烦忧与情调之间的关联，从此在的烦忧、存有的烦忧再到深—渊的烦忧，是一以贯之的。可以说，烦忧的分析也离不开对调谐着它的情调的分析。

二、“深渊的烦忧”与痛苦情调

《存在与时间》中此在的烦忧之本真经验，与畏的情调之调谐相关。《哲学论稿》中存有的烦忧，受到作为基本情调的抑制之调谐。“抑制乃是烦忧的基础。此—在之抑制首先为烦忧——作为经受着‘此’（das Da）的内立状态——建立基础。”（39/35）抑制作为烦忧的基础是抑制之调谐在起作用，在这个意义上，抑制也可以说是基础情调。由这种基础情调而来，烦忧能够在被调谐中具有抢先或先行的特性。“作为此—在之持存性，烦忧乃是对于存有之真理的抢先的决定状态，尤其是那种使被指派者得以实现地进入‘此’之中的扎根。此所谓‘尤其’，其基础乃是此在的抑制。抑制唯作为被居有的对于存在之真理的归属状态而起调谐作用。”（40/35）这种抢先通过抑制而与存有之真理建立起归属关系，存有之真理的调谐在过渡时代通过深—渊之基础而起作用，后者亦是抑制这一基础情调的基础。而这种基础在过渡时代也是一种到来，根本上是另一开端的本有之发生，故而这种到来具有将来性，而烦忧便在抢先中受到其调谐，发生为深—渊的烦忧。烦忧的这种抢先性在《本有》中主要体现为对作为区分之分解的深—渊之烦忧。

---

① Un-heil中的Heil指“幸运，幸福，解脱，拯救”，与heilige同词根。Heidegger，*Das Ereignis*，Hrsg. F.-W. von Herrmann，Frankfurt a.M：Vittorio Klostermann，2009，S.255.

② Heidegger，*Das Ereignis*，Hrsg. F.-W. von Herrmann，Frankfurt a.M：Vittorio Klostermann，2009，S.255.

《本有》中的深—渊之烦忧通过痛苦情调来调谐，本有通过痛苦起调谐作用，“痛苦是在本有过程的经验中的内立状态”①。而这种痛苦情调又由惊恐与欣喜共同构成，是两者的统一。“痛苦：深渊的惊恐与告别的欣喜。”②

深渊的惊恐，在“回响”一章对惊恐与Entsetzen（惊恐、开设）的阐释中已经做了揭示，经验到存在之离弃状态。《本有》中提到的深渊的惊恐，是对作为存有之本现的深渊的经验，也是对本有的经验。

欣喜是告别的欣喜。告别与“区分的分解”中的区分相关，通过告别也可以对区分做一种澄清。海德格尔把存有之无化视为一种区分，“在存有中无化着的东西是区—分”③。这种区分亦即是告别，“而只要虚无是存有，存有本质上是区分，这种区分作为开端方面被隐蔽的与被拒予的告—别”④。这是告别与区分相一致的地方，但两者又有不同。“仍然没有以告别方式被庇护到深渊中的区分，它仅仅涌现着的。”⑤ 而能够庇护到深渊中的区分即为本有的遮蔽，“本有把在告别中的遮蔽转向深渊”⑥。区分被庇护到深渊中，即存有的遮蔽成为深渊的基础；如果未被庇护到深渊中而被遗忘，则是区分之被遗忘状态，以此发生为第一开端中的涌现，这种涌现“仅仅”涌现着，进而在形而上学中被遗忘，涌现从之而来的遮蔽自然也被遗忘了。这也是区分之被遗忘状态的发生过程。

这是从存有之本现与存有历史来经验的告别，告别也发生在存有与存在者之间。“告别的本质关乎与存在者本身的告别，而那种告别是与存有之关联的充实过程。”⑦ 在对存在者的告别中，存有的发生得到经验，亦即与存有的关联得以建立并被充实。这也是一种家园生成的过程。“思想是在告别的地方中的家园—生成（Heimischwerden）。追问在这里是在深

① Heidegger, *Das Ereignis*, Hrsg. F.-W. von Herrmann, Frankfurt a.M: Vittorio Klostermann, 2009, S.234.

② Heidegger, *Das Ereignis*, Hrsg. F.-W. von Herrmann, Frankfurt a.M: Vittorio Klostermann, 2009, S.211.

③ Heidegger, *Anmerkungen Ⅰ-Ⅴ（Schwarze Hefte 1942-1948）*, Hrsg. Peter Trawny, Frankfurt a.M: Vittorio Klostermann, 2015, S.401.

④ Heidegger, *Das Ereignis*, Hrsg. F.-W. von Herrmann, Frankfurt a.M: Vittorio Klostermann, 2009, S.124.

⑤ Heidegger, *Das Ereignis*, Hrsg. F.-W. von Herrmann, Frankfurt a.M: Vittorio Klostermann, 2009, S.148.

⑥ Heidegger, *Das Ereignis*, Hrsg. F.-W. von Herrmann, Frankfurt a.M: Vittorio Klostermann, 2009, S.148.

⑦ Heidegger, *Das Ereignis*, Hrsg. F.-W. von Herrmann, Frankfurt a.M: Vittorio Klostermann, 2009, S.194.

—渊中的听从。”[①] 告别的地方也就是从告别方面来经验到的深—渊的“空间”或作为时机之所的场所，这个地方的家园之生成也就是存有的本现，也是深—渊的基础之建基为家园。这也是存有之遮蔽的基础通过下行或没落而庇护到深—渊中的过程。“遮蔽的‘基础’是下行（到爱—好告别中）的深—渊。”[②] 告别存在者而进入与存有的关联，也是归属于本有过程，这是一种欣喜。“在形而上学中，深渊的惊恐与本有过程的欣喜，这种双重的—统一的痛苦，即进入原始开端的告别之痛，是不可知的与不可通达的。”[③]

惊恐的深渊与告别的欣喜也在存有历史中获得一种统一性。“区分是经验的痛苦（惊恐与欣喜），这种经验在深渊中以拖—欠方式（ausständig）内立于原始开端（曾在者—到来者）中。”[④] 惊恐作为对存在之离弃状态的经验，指向曾在者的离弃，而欣喜是进入存有关联归属本有过程，指向另一开端的到来者，这里的区分也以此纳入存有历史中。从曾在者到将来者的转变，实际上也与海德格尔自述的转向有关，即从区分的被遗忘状态到被遗忘状态的区分的转向过程[⑤]。这个过程统一于开端，这也是从第一开端到另一开端的过程。在开端的意义上，惊恐与欣喜也都是开端性的。“在开端中的深渊之惊恐与在本—有过程中的告—别之欣喜是开端性的。”[⑥] 由此而来，作为惊恐与欣喜之统一的痛苦也是开端性的，俄狄浦斯的痛苦便体现了这种开端性。

三、俄狄浦斯与深渊的烦忧

海德格尔在《本有》中对古希腊著名的俄狄浦斯悲剧展开解读，这在秘密手稿中虽不寻常，但也有迹可循。在《哲学论稿》中，与《艺术作品的本源》和《形而上学导论》相一致，已经把古希腊悲剧与ἀλήθεια（无蔽、真理）相关联。“普遍地在思想与诗作中（悲剧和品达），ἀλήθεια［无蔽、

---

① Heidegger, *Das Ereignis*, Hrsg. F.-W. von Herrmann, Frankfurt a.M: Vittorio Klostermann, 2009, S.249.

② Heidegger, *Das Ereignis*, Hrsg. F.-W. von Herrmann, Frankfurt a.M: Vittorio Klostermann, 2009, S.304.

③ Heidegger, *Das Ereignis*, Hrsg. F.-W. von Herrmann, Frankfurt a.M: Vittorio Klostermann, 2009, S.235.

④ Heidegger, *Das Ereignis*, Hrsg. F.-W. von Herrmann, Frankfurt a.M: Vittorio Klostermann, 2009, S.246.

⑤ 关于从区分的被遗忘状态转向被遗忘状态的区分，参看第一部分的小结“深—渊与转向”。

⑥ Heidegger, *Das Ereignis*, Hrsg. F.-W. von Herrmann, Frankfurt a.M: Vittorio Klostermann, 2009, S.234.

真理］都是本质性的。”（384/360）这至少表明，俄狄浦斯的悲剧也有一种与无蔽的关联，但建立起这种关联而不够，因为《本有》中俄狄浦斯悲剧是与深渊的烦忧相关联的，而深—渊已经从开端意义上的本有来把握了，这需要探明古希腊悲剧与深渊的关系。《哲学论稿》以设问方式提到，对时间—空间亦即深—渊有所经验的开抛“是在对此—在的时机之所的原始的和历史性的进入过程中发生的。这样一回事情何以是在希腊悲剧中〈发生〉的呢?”（399/374）设问只是带入问题，问的是时机之所如何在希腊悲剧中发生，追问的已是发生的方式了，而不是发生与否。言下之意，海德格尔认可时机之所即深—渊在古希腊悲剧中的发生，但具体发生方式值得探讨。这直到《本有》才得以实行，但作为时机之所的深渊已有所深化，演变为作为区分之分解的深渊之烦忧。

从俄狄浦斯的痛苦可以揭示其深渊的烦忧。海德格尔把俄狄浦斯因眼瞎看不到存在者而理解为对存在者的告别。“他对存在者是看不见的。”[①]而俄狄浦斯对深渊中遮蔽状态的经验，也是在痛苦情调调建立起来的，俄狄浦斯能够遭受痛苦，这种痛苦与遮蔽状态及其离去维持着一种关联，“直至离去的完全遮蔽状态的痛苦”[②]。痛苦在亚里士多德的悲剧理论中被视为复杂情节的三要素之一。尼采在为《悲剧的诞生》写的“一种自我批评的尝试”中也强调痛苦与悲剧的内在关联，认为悲剧之起源关乎到“希腊人与痛苦的关系”这样“一个基本问题”。[③] 海德格尔把悲剧中的痛苦的遭遇置于存有之无化中，即对存有之遮蔽在深—渊中的下行及其分离的经验。“思想必须听从这种下行并这样经验深—渊。因此思想是开端之开端性的自由之冒险。存在的经验，这种存在在告别的区分中区别自身，乃是痛苦，这种痛苦经受这种分离。”[④] 俄狄浦斯的痛苦便是在这种遮蔽状态的离去之遭受中。俄狄浦斯由这种区分的痛苦遭遇而来，也经验到了深渊的烦忧，后者作为区分的分解，在俄狄浦斯那里也显示出来。

按照瓦莱加·诺伊的解读，俄狄浦斯悲剧中的区分之分解，已经隐含了天、地、神、人四元的新动向：宙斯的雷霆体现了天的维度，俄狄浦斯因眼瞎看不到存在者而跟随神圣的呼唤，独自而行，知晓其命运，并从大

① Heidegger, *Das Ereignis*, Hrsg. F.-W. von Herrmann, Frankfurt a.M: Vittorio Klostermann, 2009, S.3.

② Heidegger, *Das Ereignis*, Hrsg. F.-W. von Herrmann, Frankfurt a.M: Vittorio Klostermann, 2009, S.3.

③ ［德］尼采:《悲剧的诞生》,孙周兴译,北京,商务印书馆,2012,第 7 页。

④ Heidegger, *Das Ereignis*, Hrsg. F.-W. von Herrmann, Frankfurt a.M: Vittorio Klostermann, 2009, S.248.

地上消失，未留下痕迹。[1] 瓦莱加·诺伊这种解释虽然带有一定的发挥，把海德格尔的解读与悲剧文本相结合，但也未必不可行。并且，《本有》中对分解的把握也从神圣者的整体来勾勒，保持了从《论开端》中就已建立起的存有与神圣者之关联。

区分的分解在《本有》中作为深渊的烦忧显示出的新动向，仍然是在深—渊中发生的，“分解属于深—渊”[2]。这可以视为深渊哲学的一种拓展。海德格尔也把这种深渊的烦忧命名为深渊的关注。“区分之分解是对深渊的关注；这种注意在自身中是开端之真理的建基。”[3] 深渊的烦忧着眼于作为区分之分解的本有在另一开端的建基。

至此，秘密手稿中的深渊哲学到《本有》而告一段落，其后的《开端的小路》(1944) 作为秘密手稿最后一卷，要等出版后才能知道具体内容。而就《本有》揭示的区分之分解中隐含天、地、神、人四元的新动向来说，1944—1945 年的《乡间小路上的谈话》中则提及了天、地、神、人四元，尽管还未直接当四重整体来阐发，但也开启了向深渊与四重整体世界之关联的过渡。这是下一章要探讨的内容。

---

① Daniela Vallega-Neu, *Heidegger's Poietic Writings: From Contributions to Philosophy to The Event*, Bloomington & Indianapolis: Indiana University Press, 2018, p.175.

② Heidegger, *Das Ereignis*, Hrsg. F.-W. von Herrmann, Frankfurt a.M: Vittorio Klostermann, 2009, S.237.

③ Heidegger, *Das Ereignis*, Hrsg. F.-W. von Herrmann, Frankfurt a.M: Vittorio Klostermann, 2009, S.237.

第八章　二战后深渊哲学的拓展

海德格尔的深渊哲学在秘密手稿之后的拓展，体现在两个方面。第一个方面，最先在《哲学论稿》中提出的“世界、大地、神、人”四元与深—渊的关联，最终在二战后拓展到了天、地、神、人四重整体世界与深—渊的关联，这也是深渊的哲学之拓展的主要方面。第二个方面是20世纪50年代中后期的《根据律》讲座与《思想的基本原则》演讲中的深渊问题，尤其是后者揭示出作为语言本质的离基深渊，把深渊哲学拓展到了语言维度中。

第一节　深渊与四重整体世界的形成

如果说秘密手稿《本有》在对俄狄浦斯悲剧的释读中，已隐含了天、地、神、人四元与神圣者的关联，那么，在1944—1945年完成的《全集》第77卷《乡间路上的谈话》中，天、地、神、人四重整体思想就呼之欲出了。而后，海德格尔又在黑色笔记中提出了“天空、大地、自由域、节余[①]”四元，再到“天、地、人、节余”四元的过渡形态，最终在1949年公开演讲《物》中形成天、地、神、人四重整体世界的成熟表述，后者仍然是从深—渊拓展而来的四重整体。从深渊哲学可显明，这条道路主要是海德格尔自身思想的展开。

一、《乡间路上的谈话》：天、地、神、人四重整体的雏形

从世、地、神、人到天、地、神、人四元的过渡性作品，是在1944—1945年完成的《乡间小路上的谈话》。该书对壶与钟塔进行了阐发，未明言地形成了天、地、神、人的四重整体结构。海德格尔的秘密手稿极少用例

---

① Martin Heidegger, *Vier Hefte Ⅰ und Ⅱ*: (*Schwarze Hefte 1947-1950*), Frankfurt a.M: Vittorio Klostermann, 2019, S.31.

子，《本有》中的俄狄浦斯也算得上是人之存在的例子，可以归入存在者层次上。《哲学论稿》举了壶的例子，作为敞开者，以经验“此”的敞开状态，也为揭示深渊的形象提供了帮助。[①]《哲学论稿》中的“此”乃世界、大地、神与人构成，但却没有对壶与这四元的关系进行直接阐发。《乡间小路上的谈话》才真正展开对壶的分析，揭示出天、地、神、人四元在壶中的运作。这两次对壶的分析反映了从世、地、神、人到天、地、神、人四元的过渡。

《乡间路上的谈话》并没有完整地阐释天、地、神、人四元及其内在关系，在描述中有着分散性，较为突出的是通过聚饮揭示了天、地、人三元在壶中的逗留。“饮料逗留于聚饮中。聚饮指的是欢饮时提供饮料的可饮者与可饮的被饮者的共属一体。聚饮乃是饮料和欢饮。可饮的提供欢饮者包括美酒等。饮者是人。作为提供欢饮的东西，聚饮逗留于美酒中，美酒逗留于葡萄中，葡萄逗留于大地上，逗留于天空的赠礼中。”[②] 而对于神，通过庆典来带出，“我们或许可以大胆地说：提供欢饮者，或者更好地讲，接受欢饮者逗留于庆典中”[③]。尽管未明言，但将这些分散的论述做整体把握，还是能总结出壶的敞开地带中天、地、神、人四元的逗留。

值得注意的是，这仍然是从深渊中发生的。《乡间路上的谈话》从“无声的深渊中”出现一种天、地、神、人四重整体的思想，“这是通常被称为海德格尔地形学思想的开始”[④]。这里的地形学是从天、地、神、人的四重整体而言的。“在从壶之虚空中出现的敞开—地带中，大地、天空、人（与神圣者）逗留于节日中。”[⑤] 与《哲学论稿》中的深渊之虚空相比较，这里的壶的虚空作为敞开—地带来把握了，并非《哲学论稿》中作为敞开者的壶之“空洞中心”，但一致的地方是，仍然从虚空来把握，并且也保持了空间方面的内涵。这种作为敞开—地带的虚空可以视为深—渊中的虚空之拓展。此外，在基本情调方面也不同了，《哲学论稿》中的壶之分析，其所指向的“此”之敞开状态或深—渊，所对应的基本情调是抑制，而在《乡间路上的谈话》中，与虚空中的敞开—地带相关的基本情调已转变为泰然任之了。“这或许就是一种行为，它没有狂妄地把自己变成

① 可参第四章第四节中的“深—渊形象之可能”。

② [德]海德格尔：《乡间路上的谈话》，孙周兴译，北京，商务印书馆，2018，第 123 页。

③ [德]海德格尔：《乡间路上的谈话》，孙周兴译，北京，商务印书馆，2018，第 129 页。

④ Daniela Vallega-Neu, *Heidegger's Poietic Writings*: *From Contributions to Philosophy to The Event*, Bloomington & Indianapolis: Indiana University Press, 2018, p.178.

⑤ Daniela Vallega-Neu, *Heidegger's Poietic Writings*: *From Contributions to Philosophy to The Event*, Bloomington & Indianapolis: Indiana University Press, 2018, pp.178-179.

一种姿态，而是聚集于抑制状态中，后者始终是泰然任之的抑制状态。”①这里仍然承认抑制状态在泰然任之中的运作，壶之虚空的敞开—地带仍然是从深—渊中的基础拓展而来的，即拓展到了作为天、地、神、人四重整体逗留的敞开—地带中，尽管《乡间路上的谈话》还未正面从整体上直接阐述这种四重整体。

二、深渊之区分与四重整体世界的形成

《乡间路上的谈话》虽然蕴含了天、地、神、人四重整体的雏形，但到 1949 年《物》的演讲中公开提出天、地、神、人四重整体思想，仍然要经历一个过渡阶段，这个阶段也出现了四重整体表述的过渡形态。

通过对海德格尔写于 1946 年的“黑色笔记”内容的梳理，可以看出其天、地、神、人四重整体世界的形成过程。从秘密手稿中的世、地、神、人四元到天、地、神、人四重整体世界，一个重要的变化便是前面四元之中的世界，其位置在后面四重整体中被天空取代，而且世界又重新被当作天、地、神、人四重的整体。而前面四元的整体却是作为“此”或存有之本现即本有来把握的。海德格尔在写于 1946 年的秘密手稿中完成了这个转变。最迟在 1946 年 1 月，“此”与世界的世界化开始并列，“此—有（Da-seyn）作为存有是世界的世界化”②。此—有作为经受是对存有的经受，存有本现于此中，存有的本现被作为世界的世界化来描述，这里等于将存有的本现、此、与世界并列。这里的世界已经不是世、地、神、人四元中的世界了，而是后期四重整体的世界。这是世界从作为世、地、神、人四元之一到作为天、地、神、人四重整体之过渡的实现。在同一月，海德格尔也开始从与神圣者（Heilige）有词源关系的一组词 Heil（幸运）、Unheil（不幸）来把握世界③，表明世界已经与神或神圣相关联了。在同年 1 至 3 月间，该书中出现了世界化与天、地、神、人的论述，尽管还不是后来的典型表达，但可以视为这个转变的基本实现。④

在这种过渡中，壶之形象再次预示了分析的方向。在 1946 年，海德

---

① ［德］海德格尔：《乡间路上的谈话》，孙周兴译，北京，商务印书馆，2018，第 137 页。

② Heidegger, *Anmerkungen I-V (Schwarze Hefte 1942-1948)*, Hrsg. Peter Trawny, Frankfurt a.M.: Vittorio Klostermann, 2015, S.68.

③ Heidegger, *Anmerkungen I-V (Schwarze Hefte 1942-1948)*, Hrsg. Peter Trawny, Frankfurt a.M.: Vittorio Klostermann, 2015, S.74.

④ Heidegger, *Anmerkungen I-V (Schwarze Hefte 1942-1948)*, Hrsg. Peter Trawny, Frankfurt a.M.: Vittorio Klostermann, 2015, S.86.

格尔再次提及了壶，“壶的本质形象归属于区分”①。虽然海德格尔没有从区分具体展开，但根据《本有》中对区分之分解的论述，仍然可以判断，这里对壶从区分而来的理解，已经不同于《哲学论稿》中的敞开者的描述，而是从存有之无化与遮蔽的区分来展开了，即壶之空洞中心与内壁的构成要从作为存有之无化的虚空与作为存有之遮蔽的内壁来展开。“在存有中无化着的东西是区—分。”② 而存有之无化亦即深渊的发生，深渊在这里也从区分来展开。在《哲学论稿》中壶之形象与“此”之敞开状态有相似性，而“此”又是作为时间—空间的深—渊之发生，故而也与深—渊形象有相似性。在这里，壶的本质形象归属于区分，其与深渊之间仍然有一种相似性，海德格尔也把深渊视为区分，“‘深渊’在所有基础以离开方式保持的地方，是区分”③。深渊作为区分，要拓展到世界的维度，亦即作为区分的世界，而世界之区分仍然是在深渊的区分中发生，因为区分是对“所有基础以离开方式保持的地方”而言的，只要世界作为基础在区分中起作用，自然也是在“所有基础”的范围中。从区分能揭示出世界如同存有之本现一样，亦是在深渊中发生。

从深渊之区分到世界之区分，也是深—渊之基础的拓展过程。存有的区分显示在无化与遮蔽之间，后者在存有的深渊中即为深渊的基础或地方性，“存有的地方性乃区分”④。而在壶之形象中作为环绕虚空的存有之本现的内壁，也过渡到世界，“地方性作为世界”⑤。作为深—渊中的虚空之环绕支撑的内壁，即空间性或地方性，在这里已经重新被理解为世界。而“世界命名区分之被遮掩了的本质”⑥。作为区分的深渊也以此拓展到世界之区分中。区分之被掩盖了的本质即区分之被遗忘状态，这个在第一开端中的被遗忘状态，在这里已经从世界之区分来把握了。从深渊的形象来说，深渊中的虚空也已经从被存有之本现或本有的环绕支撑拓展到了世界

① Heidegger，*Anmerkungen I- V*（*Schwarze Hefte 1942-1948*），Hrsg. Peter Trawny，Frankfurt a.M：Vittorio Klostermann，2015，S.195.

② Heidegger，*Anmerkungen I- V*（*Schwarze Hefte 1942-1948*），Hrsg. Peter Trawny，Frankfurt a.M：Vittorio Klostermann，2015，S.401.

③ Heidegger，*Anmerkungen I- V*（*Schwarze Hefte 1942-1948*），Hrsg. Peter Trawny，Frankfurt a.M：Vittorio Klostermann，2015，S.418.

④ Heidegger，*Anmerkungen I- V*（*Schwarze Hefte 1942-1948*），Hrsg. Peter Trawny，Frankfurt a.M：Vittorio Klostermann，2015，S.202.

⑤ Heidegger，*Anmerkungen I- V*（*Schwarze Hefte 1942-1948*），Hrsg. Peter Trawny，Frankfurt a.M：Vittorio Klostermann，2015，S.336.

⑥ Heidegger，*Anmerkungen I- V*（*Schwarze Hefte 1942-1948*），Hrsg. Peter Trawny，Frankfurt a.M：Vittorio Klostermann，2015，S.418.

的地方性，即深渊的虚空是由作为地方性的世界来环绕支撑了。

从区分来把握深渊与世界，这是在1947年到1948年的黑色笔记中的论述，也是在这段时间，海德格尔的思想也转向到“区分之被遗忘状态中”①，并阐释了这一区分的转向问题。前文在“深—渊与转向”这一节中对区分之被遗忘状态向被遗忘状态之区分的转向做了阐发，并描述了从存在本身的被遗忘状态到四重整体世界的转向。在第一开端中发生的区分之被遗忘状态，转向到另一开端中被遗忘状态的区分，后者即存有之本现在深渊中真正建基。而当世界作为区分之“被掩盖了的本质”，被遗忘状态的区分也就是世界的区分，故从区分之被遗忘状态转向到被遗忘状态的区分，也相应地演化为转向到世界的区分中，而世界的区分是在作为区分的深渊中拓展出来的。作为区分的深渊更清晰地揭示出区分之被遗忘状态转向到被遗忘状态的区分何以发生在深渊之中。

而世界之区分的运作，也更新了本有中的四元。“本有之四化以世界化方式（Weltend）自行居有。”② 世界运行的重要方式也被海德格尔描述为镜映游戏，“本有之统一性：镜映之世界性的游戏”③。这里仍然有着作为区分的深渊的影响。深渊中区分的双方，实为深—渊之离开（Ab-）与其基础（-grund）之间的区分。不妨重温一下海德格尔对深渊之区分的定义：“‘深渊’在所有基础以离开方式保持的地方，是区分。”④ 基础是区分的一方，其离开是区分的另一方，此外，区分的双方之间要保持一种关联，这三个要素才构成区分。这实际上便是深—渊之离开与基础的区分了。从深渊作为时间—游戏—空间的经验来说，这种区分双方保持关联的方式即是游戏。从深—渊的形象来说，这也涉及深渊的虚空与其内壁和壁底之间的关联之维持，这种维持的方式也是游戏。

这样，从作为区分的深渊到世界之区分，20世纪40年代末的四重整体世界就基本形成了。值得注意的是，海德格尔在这一时期还提出了两种关于四重整体的新表述。第一种是1947年提出的天空、大地、自由域、节余（Sparnis）四元，这里的自由域关乎人的存在，而节余与神有关，

---

① Heidegger, *Anmerkungen I-V（Schwarze Hefte 1942-1948）*, Hrsg. Peter Trawny, Frankfurt a.M：Vittorio Klostermann，2015，S.387.

② Heidegger, *Anmerkungen I-V（Schwarze Hefte 1942-1948）*, Hrsg. Peter Trawny, Frankfurt a.M：Vittorio Klostermann，2015，S.385.

③ Heidegger, *Anmerkungen I-V（Schwarze Hefte 1942-1948）*, Hrsg. Peter Trawny, Frankfurt a.M：Vittorio Klostermann，2015，S.471.

④ Heidegger, *Anmerkungen I-V（Schwarze Hefte 1942-1948）*, Hrsg. Peter Trawny, Frankfurt a.M：Vittorio Klostermann，2015，S.418.

“在世界的四重整体中，节余（幸运与不幸［Heil und Unheil］之区别中的本现者）自行居有”①。节余作为幸运与不幸之区别中的本现者，而幸运与不幸涉及神圣者的显现与否，故而节余作为本现者涉及神之离弃状态中的本现。此外，海德格尔这里也直接把四元描述为“世界的四重整体”或“世界—四重整体”② 了。其后又提出了第二种表述：天空、大地、有死者、节余。在后面这种表述中，有死者或终有一死者替代了前一种表述中的自由域。

海德格尔的这种努力也表明，其通达晚年的天、地、神、人四重整体思想并非简单地受到荷尔德林的影响，而是其在自身思想道路的努力探寻中所经验到的，以至于这一思想出现如此多的形态，在思想道路上呈现出多样的风景。四重整体之思历经其他表述形式，最终在 1949 年又回到了《乡间路上的谈话》中的壶之形象所揭示的天、地、神、人四元。而黑色笔记中的上述过渡，尤其是通过作为区分的深渊向世界的区分之拓展，使海德格尔终于能够直接在《物》的演讲中宣告天、地、神、人四重整体的世界及其内在关联了。

在《物》的演讲中，壶的虚空之聚集已经从四重整体的栖留来经验，“赠品聚集那属于馈赠的东西：双重的容纳、容纳者、虚空和作为捐赠的倾倒。在赠品中被聚集起来的东西集自身于这样一回事，即在有所居有之际让四重整体栖留。这种多样化的质朴聚集乃是壶的本质因素”③。这四重整体也就是天、地、神、人，“在倾注之赠品中，各各不同地逗留着终有一死的人和诸神。在倾注之赠品中逗留着大地和天空。在倾注之赠品中，逗留着大地与天空、诸神与终有一死者。这四方（Vier）是共属一体的，本就是统一的。它们先于一切在场者而出现，已经被卷入一个惟一的四重整体（Geviert）中了”④。四重整体的世界在壶的虚空之聚集中逗留，这点已经是《乡间路上的谈话》虚空与敞开—地带之关联的拓展，也仍然具有深渊的形象特征。可以说，这里对壶之形象的分析，仍然与深渊有着相似性。

---

① Heidegger, *Vier Hefte Ⅰ und Ⅱ*:(*Schwarze Hefte 1947-1950*), Frankfurt a.M: Vittorio Klostermann, 2019, S.116.

② Heidegger, *Vier Hefte Ⅰ und Ⅱ*:(*Schwarze Hefte 1947-1950*), Frankfurt a.M: Vittorio Klostermann, 2019, S.116.

③ ［德］海德格尔：《演讲与论文集》，孙周兴译，北京，商务印书馆，2018，第 187 页。

④ ［德］海德格尔：《演讲与论文集》，孙周兴译，北京，商务印书馆，2018，第 186 页。《物》之演讲的最早版本在《全集》第 79 卷《不莱梅和弗莱堡演讲》中，这里采用了《演讲与论文集》中《物》之演讲的论述。

在作为区分的深渊中，其虚空之环绕支撑已拓展为作为地方性的世界所环绕，而在四重整体的成熟表达中，世界作为四重整体恰恰也起着环绕作用。“四化作为纯一地相互信赖者的有所居有的映射游戏而成其本质。四化作为世界之世界化而成其本质。世界的映射游戏乃是居有之圆舞(der Reigen des Ereignens)。因此，这种圆舞也并不只是像一个环那样包括着四方。这种圆舞乃是起环绕作用的圆环（Ring)，在嵌合之际起支配作用，因为它作为映射而游戏。它在居有之际照亮四方，并使四方进入它们的纯一性的光芒之中。这个圆环在闪烁之际使四方处处敞开而归本于它们的本质之谜。世界的如此这般环绕着的映射游戏的被聚集起来的本质乃是环化（das Gering)。在映射着游戏着的环化中，四方依偎在一起，得以进入它们统一的、但又向来属己的本质之中。如此柔和地，它们顺从地世界化时嵌合世界。”① 就深渊的形象来说，这里已经是在与壶的相似性中进行第四次阐释，在《哲学论稿》中，深渊的虚空由作为内壁的本有之颤动所环绕支撑；《乡间路上的谈话》从深渊中展开了壶之虚空与敞开地带的逗留；在《注解 I-V（黑色笔记 1942—1948）》之中，壶之形象归属于区分，而作为区分的深渊拓展到了世界的区分，它仍然在深渊的虚空与地方性的关联之中；而在成熟的四重整体世界的表述中，《哲学论稿》中环绕深渊虚空的本有之颤动，拓展为“居有之圆舞”，而圆舞是“起环绕作用的圆环”，世界作为一种“环化”，更能显示出深渊的形象性。对壶之形象的四次阐释，除了以其相似性而敞开深渊的形象之外，也见证了四重整体世界在深渊中的形成过程，反过来，也是深渊在四重整体世界的形成中得以拓展的过程。故而在 20 世纪 50 年代，海德格尔仍然以图标标示出居有（Ereignen）与四重整体乃是“在离—基深渊（Ab-Grund）中”。②

三、深—渊与道说

海德格尔四重整体思想的成熟也显示为对其言说方式的自觉，形成了一套具有深渊特征的表述方式。“天、地、神、人之纯一性的居有着的映射游戏，我们称之为世界（Welt)。世界通过世界化而成其本质。这就是说：世界之世界化（das Welten von Welt）既不能通过某个它者来说明，也不能根据某个它者来论证。之所以不能说明和论证，并不是由于我们人类的思想无能于这样一种说明和论证。而不如说，世界之世界化之所以不可说明和论证，是因为诸如原因和根据之类的东西是与世界之世界化格格

① [德]海德格尔:《演讲与论文集》,孙周兴译,北京,商务印书馆,2018,第 195 页。

② [德]海德格尔:《同一与差异》,孙周兴、陈小文、余明锋译,北京,商务印书馆,2011,第 86 页。

不入的。一旦人类的认识在这里要求一种说明，它就没有超越世界之本质，而是落到世界之本质下面了。人类的说明愿望根本就达不到世界化之纯一性的质朴要素中。当人们把统一的四方仅仅表象为个别的现实之物，即可以相互论证和说明的现实之物，这时候，统一的四方在它们的本质中早已被扼杀了。”① 海德格尔对世界之世界化的表述与形而上学上的根据、论证以及说明相区别。这意味着，“深渊”（Abgrund）一词，不仅仅是对形而上学之根据（Grund）的克服，而且就形而上学基于根据或原因的论证与说明而言，深渊的言说方式也是深渊性的。世界之世界化这类同义反复在四重整体的描述中被大量使用。这种道说的方式也是深渊式的，体现了深渊之从自身而来、不依托它物的特征。海德格尔在20世纪50年代初就认为“语言言说”这类同义反复指向了深渊：“语言是：语言。语言说话，如若我们一任自己沉入这个命题所指示的深渊中，那我们就没有沦于空洞。”②

这种深渊式的道说，是从自身而来的言说，亦是现象学式的言说。从深渊中的世、地、神、人四元拓展到天、地、神、人四重整体，其道说也是深渊式的。其道说的过程也显示了海德格尔思想之言说的困境。在1956年为《艺术作品的本源》所写的“附录”的结尾，海德格尔提到了读者阅读《艺术作品的本源》的困境，也提到了作者言说的困难。“对于作者本人来说，深感迫切困难的是，要在道路的不同阶段上始终以恰到好处的语言来说话。”③ 这个自述固然是针对《艺术作品的本源》而言的，但考虑到《艺术作品的本源》的初稿作于1931年，第二稿形成于1935年，而被《林中路》采用的第三稿确定于1936年，“附录”写于1956年，如果再加上《海德格尔全集》第82卷中为《艺术作品的本源》写的长篇“提示”，可以看到，《艺术作品的本源》所展示的“道路的不同阶段”从20世纪30年代初贯通到50年代中期，这也可以适用于这个时间段中的海德格尔思想道路，而这个时间段中表述的主要变化之一，便是天、地、神、人四重整体形成过程中的多样化言说：从《艺术作品的本源》中尽管未整体描述但已经实际上分别以组对方式——神与人一对，世界与大地一对——来展开的世界、大地、诸神、人四元，到《哲学论稿》中形成世、地、神、人的四元整体，而后到《本有》对俄狄浦斯悲剧的阐述中隐含的天、地、神、人四元的新动向，再到《乡间路上的谈话》中的天、地、神、

① ［德］海德格尔：《演讲与论文集》，孙周兴译，北京，商务印书馆，2018，第194页。
② ［德］海德格尔：《在通向语言的途中》，孙周兴译，北京，商务印书馆，2004，第4页。
③ ［德］海德格尔：《林中路》，孙周兴译，上海，上海译文出版社，2004，第76页。

人四重整体的雏形，经由《四个笔记本Ⅰ与Ⅱ：（黑色笔记 1947—1950）》中先后出现的天、地、自由域、节余与天、地、人、节余四重整体，最终到达 20 世纪 40 年代末开始阐发的成熟形态中的天、地、神、人四重整体世界。

所以，海德格尔言说的困难，即如何“以始终恰到好处的语言”来言说，在四重整体的言说中表现得十分突出。而且，在这条思想道路上不同阶段的言说，也并不意味着新的表述出现后，旧的表述就都被抛弃与替代了，而是有并存的情况。就天、地、神、人四重整体来说，在 20 世纪 40 年代末 50 年代初形成其成熟的表达形式之后，海德格尔却于 50 年代中期仍然在黑色笔记中写道：“最后之神首先是开端之神”。① 秘密手稿中的最后之神并没有随着天、地、神、人四重整体的新表述样式而被替代，反而被继续探讨。

这也增加了把握海德格尔天、地、神、人四重整体思想的困难。故而，海德格尔在自述其言说之困难的那句话之前，也提到了读者阅读的困境。“这仍然是一个不可避免的困境：一个自然地从外部与文本不期而遇的读者，首先与长此以往地并非出自有待思想者的缄默无声的源泉领域来表象和解说实事。”② 读者的困境在于，要跨越形而上学的思维方式与存有的深渊之间的距离。这句话虽然是针对《艺术作品的本源》而言的，但由于《艺术作品的本源》的正文、后记与附录从 20 世纪 30 年代贯通到了 50 年代，这种阅读的困难对于海德格尔这段时期的作品也同样有效。面对这种困难，读者需要学会去阅读。“学会阅读思想家的道说，乃是学会思，学会经验从存有中来、到存有中去的道路。”③ 阅读海德格尔的深渊哲学，正是对这条道路的经验：对于《哲学论稿》而言，是从存有之回响出发而到存有之真理的建基中去④，亦即从深—渊中的“离开”之经验出

① Heidegger, *Vigiliae und Notturno*:(*Schwarze Hefte 1952/53-1957*), Frankfurt a.M: Vittorio Klostermann, 2020, S.119.

② [德]海德格尔:《林中路》,孙周兴译,上海,上海译文出版社,2004,第 65 页。译文略异。Heidegger, *Holzwege*, Hrsg. F.-W. von Herrmann.Frankfurt a.M: Vittorio Klostermann, 2003, S.74.

③ Heidegger, *Anmerkungen I-V*(*Schwarze Hefte 1942-1946*), Hrsg. Peter Trawny, Frankfurt a.M: Vittorio Klostermann, 2015, S.72.

④ 作为本书对《哲学论稿》进行阐述的基本路径的长句,包含了从……出发(aus)到……中去(zu)的结构。在这里,再次列出这个为了与原文整体性保持一致而翻译得拗口的长句:“所道说者,乃是在第一开端与另一开端的相互‘传送’中——出自(aus)存在离弃状态之急难中的存有之‘回响’为了‘跳跃’到存有之中以通向(zu)存有之真理的‘建基’而作为一种对‘最后之神’的‘将来者’的准备——被追问的与被思想的。”(8/9)译文有改动。

发而到其基础中去的道路；对于《哲学论稿》之后的深渊哲学之拓展而言，这条道路是从深—渊中出发，最终到作为其原始基础的四重整体世界中去。本成果大致按时间顺序描述了这条道路，差不多也是与海德格尔这条思想道路相伴而行，因为“只有那相伴而行的人才知道，它是一条道路”①。

海德格尔在1956年提起自己言说的困难与读者阅读的困境，差不多同一时期，海德格尔在1955—1956年冬季学期讲座《根据律》中，与1957年的演讲《思想的基本原则》中，一再探讨深渊问题。这在一定程度也是要让听众直面困境，把他们带入深渊，带上从存有中来、到存有中去的道路。正是从这条路而来，方可聆听《根据律》中的复调，以及“思想的基本原则”之道说。

第二节　《根据律》与深渊

海德格尔在1955—1956年冬季学期讲座《根据律》中，围绕莱布尼茨所提出的根据律“Nihil est sine ratione（没有什么是没有根据的）”进行阐发。在海德格尔思想中，隐含了一条从过渡问题到根据律的道路。表面上看来，过渡问题追问的是“为什么竟是存在者存在而无倒不存在”，而根据律说的是“没有什么是没有根据的”，两者之间似乎关联不大。但实际上，在海德格尔的阐释中，两者无论在历史定位、基本结构以及阐释方式上都有一致性。就海德格尔的存有历史而言，两者都具有过渡的双重性；两者在自身中都包含了一种内在的裂隙与跳跃，过渡问题体现在“为什么竟是存在者存在”与“而无倒不存在”之间，而根据律则是在“没有什么是没有根据的”与加重音的另一种音调“没有什么东西是没有根据的”之间。② 如果说过渡问题中前后两部分通过“而”之转折可谓泾渭分明的话，那么，根据律则是在交错搭配中显示出两种不同的音调，以此彰显其自身内在的分裂与跳跃的空间性。

而且，海德格尔早在1935年《形而上学导论》中对过渡问题的阐发，就有意突出这一问题中包含的Grund（根据/基础）内涵，并且点出了Grund（根据/基础）的三种样式：Ungrund（无基）、离基深渊（Abgrund）与Urgrund（原始基础）。这三种样式也共同构成Grund（根据/基础）问题

---

① Gadamer, *Heideggers Wege*, Tubingen: Mohr, 1983, S.100.

② ［德］海德格尔：《根据律》，张柯译，北京，商务印书馆，2016，第93页。

的可能边界[①]；这与根据律追问 Grund（根据/基础）的落脚点也是一致的。在过渡问题通向“根据律”的途中，《哲学论稿》对过渡问题的简要分析构成了这条道路中的重要一环，并且在较大程度上规定了根据律的阐释视野与范围。

一、从过渡问题到根据律

“为什么竟是存在者存在而无倒不存在”这个过渡问题，在《哲学论稿》之前，被海德格尔命名为形而上学的基本问题。在 1929 年的教授就职演讲《形而上学是什么?》中，海德格尔便以该问题来结尾，把听者带到了这一问题面前。而在 1935 年的《形而上学导论》课程中，海德格尔较为详细地探讨了这个问题。海德格尔在课程之开始便点明，这一问题是“首要”的问题，并且具体展开为“最广泛的”“最深邃的”“最源初的”问题。[②] 这个问题也被分解为“为什么竟是存在者存在”与“而无倒不存在”两个部分，并对两者之间的关联做了两种理解，一是在流俗意义上把后面这个部分视为“附加部分”，二是在本真意义上，“而无倒不存在”蕴含了整个问句的“本质成分”，说出了与“为什么存在者存在”截然不同的“另一个问题”，并指向了存在。[③] 由此，过渡问题从其前面部分的存在者之追问跳跃到了其后半部分作为存在之本现的无之经验。《形而上学导论》由此转向了对存在及其词源的探讨，并没有围绕过渡问题本身进一步展开其自身两部分之间的关联，但在《形而上学导论》后一年开始写作的《哲学论稿》中，海德格尔继续探讨了这一问题。

《哲学论稿》对这个问题的探讨既具有过渡性，也从整体上对过渡问题进行了框定。在《哲学论稿》中，这个问题被命名为“过渡问题”。《哲学论稿》并未详细地探讨“过渡问题”，仅仅在以“过渡问题”为题的第 280 节做了言简意赅的描述。《哲学论稿》第 280 节分为四段，具体如下。

第一段：“过渡问题（为什么竟是存在者存在而无倒不存在？参看 1935 夏季学期讲座）的追问存在者，因而首先唯一地〈是〉有待展开的，

---

① 参见[德]海德格尔：《形而上学导论（新译本）》，王庆节译，北京，商务印书馆，2015，第 3—4 页。在《哲学论稿》中，Ungrund（无基）、离基深渊（Abgrund）与 Urgrund（原始基础）实际上已经是从存有历史来对 Grund（根据/基础）进行把握，并且 Ungrund（无基）与 Urgrund（原始基础）也构成了离基深渊（Abgrund）的整体与界限。由于 Grund 兼具“根据”与“基础”的含义，本书有时也使用“根据/基础”的表述。后文不再注明。

② [德]海德格尔：《形而上学导论（新译本）》，王庆节译，北京，商务印书馆，2015，第 1—2 页。

③ 这个问题自身两部分之间的关联参见[德]海德格尔：《形而上学导论（新译本）》，王庆节译，北京，商务印书馆，2015，第 26、33 页。

为的是在不知不觉中置身于某个本质性的步骤面前——存有之飘荡。”（538/509）这里一方面直接指出了与《形而上学导论》的关联，并且也把“为什么竟是存在者存在而无倒不存在”的问题命名为过渡问题；另一方面，也点明《形而上学导论》对这个问题之阐述的用意，是为了置身于存有之飘荡中。在《形而上学导论》中，发问的此在已经经验到了一种“飘荡”——此在通过对“为什么竟是存在者存在而无倒不存在”的追问，尤其是对这个问题后半部分“而无倒不存在”的实质性经验，使发问自身失去立身的基石，把发问的此在带入一种飘荡中，“就连我们这个发问着的此在，也来到飘荡之中，并正是在此飘荡中自己变成其为自身”①。此在所经验到的这种飘荡，在《哲学论稿》中从存有立场被把握为存有之飘荡，实质上也是存有之无化的显示，而存有之无化发生为深渊，过渡问题已探入深渊领域中。

第二段：“正如对此问题的形而上学追问，由于被带入极端之境（与中世纪和莱布尼茨、谢林的差异），已经把它置入存有之‘空间’中了，为进入存有的跳跃而做的助跑亦然。”（538-539/509）上一段经验到的存有之飘荡是存有之本现的发生，从空间维度来把握，也是进入存有之空间，过渡问题从形而上学这一端的极端经验来说，是从“为什么存在者存在”向“而无倒不存在”的跳跃，是跃入存有之“空间”中。在《哲学论稿》中，深渊作为时间—游戏—空间，存有之空间也与深渊的领域有一致性。

第三段：“该问题的形而上学形态：最高原因，ens entium［一切存在者之存在者］！不是答案，因为没有追问过。”（539/509）过渡问题的形而上学形态指的是其对存在者追问的这个向度，它指向最高存在者，以之作为第一因或首因的存在者，亦是最高原因。这种形而上学形态对应于根据律所蕴含的第一个音调或形而上学的音调，但这不是答案，答案指向存有之无化与深渊，即需要如《根据律》那样，聆听过渡问题的另一种音调即“而无倒不存在”。而“没有追问过”，指的是基础问题未被追问，从存有如何本现的基础问题而来，存在者才能得到真正建基。

故而在第四段补出作为“答案”的存有之思想：“那么虚无呢？它的持存？以及这个为何之故？它的基础？还有这个问题本身？作为存有‘之’思想。”（539/509）这一段中的五个设问，以虚无之问开始，实为过

① ［德］海德格尔：《形而上学导论（新译本）》，王庆节译，北京，商务印书馆，2015，第 33 页。为了行文一致，中译文的“亲在”，改为“此在”。Heidegger，*Einführung in die Metaphysik*，Hrsg. P. Jaeger，Frankfurt a.M：Vittorio Klostermann，1983，S.32.

渡问题中的“而无倒不存在”之发问。虚无之持存的问题，涉及存有之遮蔽、拒予与隐匿的运作，也可以说是“曾在着的且一直在的东西”（das Gewesende）[①]；而为何之故及其基础，则指向形而上学之无基；这些发问以及过渡问题本身，均要从存有之本现来把握。而追问作为思想发生的一种方式，从存有而来的追问，也就“作为存有‘之’思想”。

与《形而上学导论》相比较，“为什么竟是存在者存在而无倒不存在”的过渡问题所包含的两部分内容，在《哲学论稿》中已明确以形而上学为一端、以存有为另一端来把握了，这两个端点构成了过渡问题的整体界限。《哲学论稿》也分别以不同的问题来命名这两个端点，前者为主导问题，后者为基础问题。过渡问题处于主导问题与基础问题之间，实际上也构成了主导问题向基础问题的过渡，其中主导问题追问“存在者是什么”，而基础问题追问“存有如何本现”。由此看来，过渡问题恰恰是在主导问题与基础问题之间获得其界限，并得以定位。而主导问题、过渡问题与基础问题这三者之间的划分，恰恰也显示出海德格尔把存有及其历史以问题来描述与展示的用意。《哲学论稿》所释的在存有历史过渡时代的传送（Zuspiel）中主导问题向基础问题的跳跃，从整体上规定了过渡问题的边界。

“为什么竟是存在者存在而无倒不存在”的过渡问题能够充当主导问题向基础问题的过渡纽带，主要在于过渡问题自身包含了跳跃性。《哲学论稿》中已经指出，在主导问题与基础问题之间有着鸿沟与深渊，而没有直接通达的道路，只能以跳跃的方式来跳达，是“向基础问题的跳跃的过渡”（244/233）。过渡问题以其自身所具有的跳跃性来实现这种跳跃之过渡，在《形而上学导论》中已经揭示出了过渡问题前半部分“为什么竟是存在者存在”与后半部分“而无倒不存在”之间的差异与距离。而《哲学论稿》中的阐发也并未具体而又明确地展示其自身的跨度与跳跃特征，在前面提到的《哲学论稿》对该问题阐释的四个段落中，其简要的描述实际上有意地分别指向了过渡问题中的这两个部分，一方面论及存有之飘荡、存有之空间等存有之维，着眼于存有之本现，指向了基础问题的领域；另一方面从形而上学的追问及其形态来展开，着眼于存在者及其根据，指向了主导问题的领域；而第四段中前面的四个问句可以说是这两个方面的汇合，“那么虚无呢？它的持存？以及这个为何之故？它的基础？还有这个问题本身？作为存有‘之’思想”（539/509）。“虚无”及其“持存”指向

① 对 Gewesende 一词的解释参本书第二章第二节中的“二、‘在传送中’的三重含义”。

了存有之本现，对应于过渡问题中的后半部分“而无倒不存在”，而“为何之故”及其“基础/根据”（Grund）指向过渡问题的前半部分“为什么竟是存在者存在”。过渡问题中的这两部分分别切近基础问题与主导问题，并以此获得其自身的过渡性，故而才引出第5个追问“还有这个问题本身?”。过渡问题本身即是从主导问题与基础问题之间的裂隙与深渊中得到规定的，并且，《哲学论稿》已经把主导问题与基础问题纳入存有历史中，主导问题基于存有历史第一开端中的存在之离弃状态而发生，而基础问题要在存有历史的另一开端中得到完全实现。由此，过渡问题本身便是从存有之思想来把握的，在根本上是存有之思。

二、《根据律》与深渊

过渡问题所处的存在者之根据与存有之建基的两端之间，实为《哲学论稿》中的深渊领域，这构成了理解《根据律》的隐蔽视界与框架，也从整体上规定了《根据律》的范围：在这两端之间跳跃，跳入到离基深渊之中。这也表明，作为秘密手稿之“框架”的《哲学论稿》，较大程度上对海德格尔晚年的思想也具有框架的意义。尽管《根据律》是面向公众的讲座，仍然用公众熟悉的术语“存在”，而非用“秘密手稿”中的“存有”一词，但表达的含义大同小异。

《哲学论稿（从本有而来）》是从存有之本现而来的，故而存有之“虚无”及其“持存”具有建基意义，放在前面追问，而“为何之故”及其“基础”在根本上基于存有之本现来把握。而《根据律》，由于面向听众，仍然从形而上学的存在者追问入手，从其形而上学形态中的为何之故及其根据来展开，以跳跃方式过渡到虚无及其持存，两者之间的跳跃显示出根据律内在结构中蕴含的一种复调。这仍然保留了《哲学论稿》中对存有之音的聆听方式，以及存有之回响（Anklang）的复调特征。海德格尔在《根据律》讲座中把听课者带入了存在之音的聆听中。

海德格尔通过对根据律的聆听而运思于一条通往Grund（根据/基础）的道路上。整体来说，这条道路也包含了一种跳跃，在根据律自身蕴含的两种声调之间跳跃。一种声调是从“没有什么是没有根据的”听出其肯定的意味即所有存在者都是有根据的；另一种音调是存在与基础（Grund）之间的和谐共奏，即存在作为离基深渊。两者之间的跳跃使根据一律（Grund-satz）最终成为向“深渊—跳跃”（Abgrund-satz）。

在对存在者之根据的探寻路向上，近代思想在一种对象性的关系中把存在者建立在其可归置性上，并形成了根据律的一种新形式，即追问存在者的为何之故。“根据律的严格表达‘没有什么是没有应被归置之根据的’（Nichts ist ohne den zuzustellenden Grund）因而就可以被带到这样一个形式中去：没有什么是没有为何的（Nichts ist ohne Warum）。”[①] 即“根据律一方面叫做：没有什么是没有根据的。它也叫做：没有什么是没有为何的”[②]。在这里也能看出其与过渡问题前半部分的“为什么（Warum）存在者存在”之间的关联，也是对《哲学论稿》中论及过渡问题时提到的“这个为何之故”及其“基础”的思考之延续。“为何之故”追问的是原因，在这个问题的处理上，海德格尔借助诗的经验实现了一种跳跃，也以此使根据—律（Grund-satz）中的Satz所具有的“规律”与“跳跃”这两个含义都得到揭示。如同在《形而上学导论》中，海德格尔借助诗人克鲁特·哈姆逊的《岁月如烟》来开启关于“无”的经验；在《根据律》中海德格尔也借助诗人安格鲁斯·西里修斯描述玫瑰的诗句来打破根据之限制。

西里修斯的诗中写道：“玫瑰是没有为何的；它绽放，因为它绽放。”[③] 相较于莱布尼茨的“没有什么是没有为何的”，西里修斯提供了截然不同的诗意经验——玫瑰是“没有为何的”，根据律在此失效了。海德格尔在讲座中一再重释西里修斯的这句诗，并且区分了“为何”（Warum）与“因为”（Weil）。“‘为何’和‘因为’意指不同的东西。‘为何’这个词效力于对根据的发问。‘因为’这个词则包含着对根据的回复性的提示。‘为何’在寻求根据、‘因为’则带来根据。”[④] 诗句中的“因为”虽然指向与“为何”不同的东西，但并非完全否定根据/基础，反而是肯定根据/基础的存在，但与“为何”所关涉的并非同一种根据。

要理解“因为”肯定何种根据/基础，需要回到诗句里的“因为”与“绽放”之关联中。“这种绽放之所以对玫瑰发生，乃是通过下述方式：玫瑰开显于（aufgeht）这种绽放中而且并不关注那种东西，那种作为别的东西亦即作为绽放之原因和条件才能够导致这一绽放的东西。玫瑰之绽放的根据并不需要首先和特意地被归置给玫瑰。”[⑤] 这里既与为何之故的可归置性相区别，也指出玫瑰的绽放不同于形而上学中的原因与条件，亦即处在形而上学中的基于存在者层次的因果关系之外。玫瑰的绽放乃是作为

① ［德］海德格尔：《根据律》，张柯译，北京，商务印书馆，2016，第 75 页。
② ［德］海德格尔：《根据律》，张柯译，北京，商务印书馆，2016，第 75 页。
③ ［德］海德格尔：《根据律》，张柯译，北京，商务印书馆，2016，第 75 页。
④ ［德］海德格尔：《根据律》，张柯译，北京，商务印书馆，2016，第 79 页。
⑤ ［德］海德格尔：《根据律》，张柯译，北京，商务印书馆，2016，第 80—81 页。

一种 aufgehen（开显、涌现）。“玫瑰绽放，因为它绽放。它的绽放乃是单纯的从自身而来的开显（aus-sich-Aufgehen）。”① 绽放作为从自身而来的 Aufgehen（开显、涌现），从海德格尔的存有历史来说，也是第一开端中的φύσις（自然）之经验，无论是在《形而上学导论》还是在《艺术作品的本源》中，φύσις（自然）都被海德格尔理解为“涌现”。在此意义上，《根据律》中玫瑰之绽放作为涌现，实为φύσις（自然）的发生。无独有偶，在《形而上学导论》中，海德格尔也论及φύσις（自然）与玫瑰的关联，“φύσις［自然］说的是什么呢？说的是从自身而来涌现着的东西（例如，玫瑰花的涌现）”②。《根据律》是从玫瑰之绽放中经验到φύσις（自然）之涌现，而《形而上学导论》则反过来，从φύσις（自然）之涌现出发，把玫瑰花作为涌现的例子，两者可以相互印证。

西里修斯的玫瑰诗句也揭示了φύσις（自然、涌现）作为 Grund（根据/基础）所具有的离—基深渊特征。西里修斯的这首箴言诗，“意指了更加隐蔽的东西。那些根据，那些把人本质性地定—调（be-stimmen）为天命性东西（geschicklichen）的根据，源出于根据之本质。因此这些根据乃是离—基深渊般的（ab-gründig）（参见后文对根据律的另一种声调所说的东西）。”③ 从前面对《哲学论稿》的深渊哲学之描述来看，φύσις（自然、涌现）所展示的深渊特征至少可以体现于以下两个方面：一是φύσις（自然、涌现）作为古希腊的存在者之存在或在场者之在场，不是形而上学中的原因与条件，也不像“为何”那样依托某个存在者作为根据，在此意义上，是一种深渊的经验；另一方面，“φύσις［自然］乃是ἀλήθεια［真理］，即解蔽，因而 κρύπτεσθαι φιλεῖ［喜欢遮蔽］”④，就自然与真理和遮蔽的关联而言，φύσις（自然、涌现）喜欢遮蔽自身，而其作为ἀλήθεια（真理），也源于ἀλήθεια（真理）中的Λήθη（遮蔽、遗忘）之运作，《哲学论稿》已经指明了Λήθη（遮蔽、遗忘）与存有之遮蔽在第一开端及其形而上学中的运作，以及形而上学中作为“为何之故”的根据恰恰只是这种

① ［德］海德格尔：《根据律》，张柯译，北京，商务印书馆，2016，第 82 页。

② Heidegger, *Einführung in die Metaphysik*, Hrsg. P. Jaeger, Frankfurt a.M: Vittorio Klostermann, 1983, S.16.

③ ［德］海德格尔：《根据律》，张柯译，北京，商务印书馆，2016，第 80 页。译文略异，Heidegger, *Der Satz vom Grund*, Hrsg. P. Jaeger, Frankfurt a.M: Vittorio Klostermann, 1997, S.56.

④ ［德］海德格尔：《路标》，孙周兴译，北京，商务印书馆，2001，第 351 页。Heidegger, *Wegmarken*, Hrsg. F.-W. von Herrmann, Frankfurt a.M: Vittorio Klostermann, 1976, S.301.

遮蔽维度之隐匿或回隐中的“增补”[1]。

海德格尔在指出玫瑰诗句所揭示的深渊特征时，也预先点出，这已关涉根据律的“另一种声调”，实际上指的是从根据律中聆听出存在本身或存有的音调，这也与《哲学论稿》中聆听存有之回响（Anklang）的做法一脉相承。而通过《哲学论稿》补充出这种深渊特征与存有之遮蔽的关联，也照应了《哲学论稿》中对过渡问题本身所指明的“无”及其“持存”的向度。根据律的另一种音调也可以看做是对前面提及的“无”及其“持存”问题的一种回应。

与过渡问题被分解为两部分并展示出两者之间的差距与裂隙的做法相一致，海德格尔也揭示出根据律自身中所蕴含的裂隙与异质的东西，后者主要通过聆听重读音调来实现。第二种声调也“始终是决定性的声调：Nihil *est* sine *ratione*。Nichts *ist* ohne *Grund* ［没有什么东西是没有根据的］”[2]。这实际上是对作为根据/基础的存在之倾听。“这种重读使我们听到了‘是’（ist，est）和‘根据’（Grund，ratio）间的一种和谐共奏。我们甚至早就听到过这种和谐共奏，在我们查明根据律是对存在者的断言并且是断言‘存在者有根据’之前，我们就已经听到了它。”[3] 玫瑰诗句对φύσις（自然、涌现）的经验便已经是一种存在之经验，海德格尔认为亚里士多德的《物理学》已揭示出“存在是φύσις［自然、涌现］”[4]；而在秘密手稿《沉思》中，海德格尔已点明，φύσις（自然、涌现）乃是存有在第一开端中的体现。这表明，存在之音在玫瑰诗句中已得以听闻。

第二种声调中的存在/是与根据/基础的和谐共奏意味着，存在即是基

---

① 海德格尔在《哲学论稿》中把形而上学的首因或先天性视为存有之离弃状态造成的增补，并数次论及这一问题：“存有已然离弃存在者，而ἀλήθεια［无蔽、真理］变成自行隐匿的存在者之基本特征，因而为关于作为ἰδέα［相、理念］的存在状态的规定做了准备。现在，存在者只把存在状态承认为一种增补（Nachtrag），而在以存在者之为存在者为定向的层面上，这种增补必定会成为 πρότερον［第一性］和 a priori［先天性］。”增补成为“πρότερον［第一性］和 a priori［先天性］”，也就成为存在者的根据、原因或条件。“存在之离弃状态乃是存有的第一次破晓，作为从形而上学之黑夜而来的自行遮蔽；而通过形而上学，存在者突现入显现之中，因而突现入对象性之中，存有成了以先天性为形态的增补。”（［德］海德格尔：《哲学论稿（从本有而来）》，孙周兴译，北京，商务印书馆，2012，第 118、308—309 页）而根据律中的“为何之故”便是在这种对象性的关系之中，“‘为何’和‘因为’说的是在我们表象活动与根据之间的两种不同的关系”。参见［德］海德格尔：《哲学论稿（从本有而来）》，孙周兴译，北京，商务印书馆，2012，第 87 页。“为何”所揭示的表象活动便是一种对象性的关系，在此意义上，“为何”所显示的根据便也只是一种“增补”而已。

② ［德］海德格尔：《根据律》，张柯译，北京，商务印书馆，2016，第 93 页。

③ ［德］海德格尔：《根据律》，张柯译，北京，商务印书馆，2016，第 99 页。

④ ［德］海德格尔：《根据律》，张柯译，北京，商务印书馆，2016，第 145 页。

础，或者存在作为基础。“当我们跟随着第二种声调时，我们就不再是从存在者而来思考存在了，反倒是，我们把存在思为存在，亦即将其思为根据”。① 存在作为基础/根据不同于存在者之根据，而是显示为离基深渊。“在对根据律的第二种声调的第一种阐释中，曾有这样一句话：存在与根据：同一者（Sein und Grund：das Selbe）。同时也有这样一句话：存在：离—基深渊（Ab-Grund）。”② 至此，海德格尔对根据律的聆听跃入了离基深渊之中，也聆听出了 Satz（规律）一词的另一种含义：跳跃。

对“存在：离—基深渊”的理解仍能从前述φύσις（自然、涌现）之深渊特征的两个方面来展开。

就根据/基础不依托其他存在者而基于自身这方面而言，存在之离—基深渊亦如是。“每一种论证和每一种可论证性的外在印象都必然先就把存在贬置为某种存在者了。存在作为存在始终是无—根据的（grund-los）。根据——作为一种恰恰论证着存在的根据——始终远离于存在。存在：离—基深渊。”③ 存在作为基础不再是以某个存在者为根据，否则便是把存在贬置为存在者了，也不同于存在者层次上的根据之可论证性。海德格尔更进一步指出：“只要存在与根据：同一者，存在就‘是’离—基深渊。只要并且仅仅只要存在‘是’建基（gründen），存在就没有任何根据。”④ 存在作为基础/根据，其自身便是建基着的东西，而不是被建基的，故而没有也不需要其他根据，在此意义上，存在作为基础即是离—基深渊。

而就φύσις（自然、涌现）之喜欢遮蔽以及ἀλήθεια（真理）中的Λήθη（遮蔽、遗忘）与深渊的关联来说，根据律的第二种声调中的“存在：离—基深渊”也是对存在之自行遮蔽与由之而来的隐匿之经验。“存在作为这种自行置送是在这样一种方式中持续着的，即存在在其本质显现中同时自行隐匿。这种隐匿（Entzug）是在曾被阐明的那种意义上的天命置送的

---

① ［德］海德格尔：《根据律》，张柯译，北京，商务印书馆，2016，第 237 页。

② ［德］海德格尔：《根据律》，张柯译，北京，商务印书馆，2016，第 237 页。Ab-Grund 中译本为“离开—根据”，本书统一改译为“离—基深渊”。Heidegger, *Der Satz vom Grund*, Hrsg. P. Jaeger, Frankfurt a.M.: Vittorio Klostermann, 1997, S.165.

③ ［德］海德格尔：《根据律》，张柯译，北京，商务印书馆，2016，第 238 页。译文略异。Heidegger, *Der Satz vom Grund*, Hrsg. P. Jaeger, Frankfurt a. M.: Vittorio Klostermann, 1997, S.166.

④ Heidegger, *Der Satz vom Grund*, Hrsg. P. Jaeger, Frankfurt a. M.: Vittorio Klostermann, 1997, S.166.

一种基础特性（Grundzug）。”[①] 隐匿作为存在之基础特征，指的是存在作为基础在其运作方式中便具有隐匿特征，基础之隐匿也显示为离—基深渊；深渊的一个特征便是其基底未显现出来，处在遮蔽之中。而存在之隐匿从存有历史来说，又源自存有之遮蔽，就存有之真理来说，则源自ἀλήθεια（真理）中的Λήθη（遮蔽、遗忘）之运作。

由于《根据律》作为课程讲义具有公开性，而不同于《哲学论稿》作为秘密手稿所具有的隐蔽性，海德格尔在《根据律》中没有区分存有（Seyn）与存在（Sein），但其对存在之本现的描述与《哲学论稿》中对存有之本现的描述有一致性。海德格尔把隐匿作为“存在如何本现的方式”，“存在在自行解蔽中保持着它的本己性的东西，只要它本身同时也自行隐蔽着。自行隐蔽，回隐，是一种方式，在这种方式中，存在作为存在而持续着，自行置送着，也就是说，自行给予着”[②]。存在如何本现也就是存在作为基础而显现的问题，隐匿或回隐是其本现，而后者源自存有之自行遮蔽，这种从存在自身的遮蔽到隐匿的关联，在《哲学论稿》中已得到揭示。

而存在的这种隐匿便构成存在之无化的本源，并且这种隐匿“不在这种隐蔽中耗尽自身”[③]，也就是说，存在之隐匿不是一次性的，而是持续着的，具有持存特性，这也构成了“无”之“持存”。由此，《哲学论稿》中对过渡问题中的“无”及其“持存”的追问，在根据律的第二种声调中得到了回应与解答。这也能见证过渡问题对根据律的阐发所具有的框架意义。

在根据律的第二种声调得到澄清后，海德格尔也进一步阐明根据律中两种声调即存在者之根据与“存在：离—基深渊”的内在关联，简言之，后者是前者得以确立的隐匿基础。“通过隐蔽其本质，存在让别的东西显露出来，也就是说，让根据（Grund）”[④] 以形而上学的形态得以呈现。而就海德格尔“秘密手稿”中的经验来说，存有历史第一开端中，随着存有之自行遮蔽以及ἀ-λήθεια（真—理）中的Λήθη（遮蔽、遗忘）之发生，形成了存在者之存在或在场者之在场的经验，并在φύσις（自然、涌现）与ἀλήθεια（无蔽、真理）的经验中得到体现。而随着φύσις（自然、涌现）

---

① ［德］海德格尔：《根据律》，张柯译，北京，商务印书馆，2016，第 144 页。译文略异。Heidegger, *Der Satz vom Grund*, Hrsg. P. Jaeger, Frankfurt a. M: Vittorio Klostermann, 1997, S.101.

② ［德］海德格尔：《根据律》，张柯译，北京，商务印书馆，2016，第 148 页。

③ ［德］海德格尔：《根据律》，张柯译，北京，商务印书馆，2016，第 236 页。

④ ［德］海德格尔：《根据律》，张柯译，北京，商务印书馆，2016，第 236 页。

的被废黜以及ἀλήθεια（无蔽、真理）的崩塌，形而上学得以发生与确立，《哲学论稿》中所述的“增补”得以成为根据。这个过程，前文在阐述“区分之被遗忘状态”时也有涉及。而用《根据律》中的话来说，随着存在之隐匿的运作，根据律以形而上学的形态出现。

在这里，可以看到《根据律》的阐释也切入存有历史的传送之中。“没有什么是没有根据的。存在与根据：同一者。作为建立着根据的东西，存在没有任何根据，存在作为‘离—基深渊’而游戏着那种游戏，这种涌现作为天命向我们传送（zuspielt）存在与基础/根据（Grund）。”① 经验到根据律中第二种声调作为第一种声调的隐匿基础，也便经受到存在之隐匿作为基础亦即离基深渊在存有历史中的传送。这种传送显示出存在之建基的时代特征，用《哲学论稿》中的话来说，即是存有在过渡时代建基为离基深渊。由此，《根据律》也被归入存有历史的过渡时代之中，这恰恰与过渡问题的时代性是一致的。而根据律中被聆听到的第二种声调既是存在本身在过渡时代所发出的音调，也是存有在过渡时代的回响。存在作为离—基深渊在游戏中传送，也是《哲学论稿》中作为时间—游戏—空间的离—基深渊的一种发生，后者成为《根据律》中的离—基深渊之经验的框架与隐蔽视野。

由此，根据—律（Grund-satz）在实质上成为向离基深渊的跳跃（Abgrund-satz），这也是海德格尔《思想的基本原则》要更彻底更深入地实行的跳跃。

第三节　《思想的基本原则》与深渊

在《根据律》完成后的第二年亦即1957年夏季学期，海德格尔在弗莱堡大学以《思想的基本原则》为题做了系列演讲。思想的基本原则也包含了对根据律的分析，故而，《思想的基本原则》与《根据律》无论是在时间上，还是在内容上，都有着延续与发展的关系，前者比后者更为彻底也更深广地论述了深渊问题。

思想的“基本原则”（Grund-satz）被海德格尔从根本上阐释为向深渊的跳跃（Abgrund-satz）。《思想的基本原则》所包含的五个演讲，未明

① ［德］海德格尔：《根据律》，张柯译，北京，商务印书馆，2016，第243—244页。译文略异。Heidegger, *Der Satz vom Grund*, Hrsg. P. Jaeger, Frankfurt a. M: Vittorio Klostermann, 1997, S.169.

言地以离—基深渊为枢纽而建立起整体关联，也是海德格尔深渊哲学或深渊思想首次得以相对完整地向公众公开。《思想的基本原则》揭示出了离基深渊的五个向度：离弃形而上学中存在者层次上的根据、向深渊的跳跃、作为本有的深渊、传统哲学的可论证性与逻辑学等方面的无基或深渊特征、作为语言之本质的离—基深渊。尤其是语言本质与深渊之关联的阐发，既体现了海德格尔晚年语言思想的影响，也在一定程度上拓展了《哲学论稿》中深渊哲学的语言之维。

一、思想的深渊

“思想的基本原则”是在一条通向思想之基本原则的来源处的道路上。其中的第一讲主要以同一律为例进行了解题，把听者带向了思想基本原则之来源的遮蔽处。就“思想的基本原则”的内在结构而言，在德语中，“思想的”作为第二格修饰“基本原则”。海德格尔仍然按其一贯的思路，把第二格分为宾词第二格与主词第二格，从宾词第二格来说，“思想的基本原则”指思想为基本原则所制约，是这些原则的客体；从主词第二格来说，基本原则是思想所设定的客体，思想成为基本原则的主体，并且从笛卡尔到康德那里，思想成为“我思”，故而“我思”相应地成为设定原则的主体。① 无论是宾词第二格还是主词第二格，这两种含义的出现本身就意味着某种不确定，是或者这样或者那样，是在相互规定中摇摆。思想与基本原则互相不能成为对方的来源，其自身的来源处依然有待进一步追问。

这也给人带来某种不安，让人不得不面对思想的基本原则之来源处的隐蔽不明。“让我们心平气和地承认：这些思想的基本原则的起源，设定这些定律的思想的所在，这里所谓所在和地方的本质，所有这一切对我们来说都还笼罩在一片幽暗之中。”② 海德格尔对思想之基本原则的分析，其用意在通向其起源之处、地方或地方性，这与《哲学论稿》有着一致性，《哲学论稿》便诞生于“地方性（Ortschaft）的明晰的经验”③。这种地方性的经验，也使海德格尔的思想从其自述的第二个阶段“存在的真

---

① 对“思想的基本原则”之宾词第二格与主词第二格两种含义的解释，参见［德］海德格尔：《不莱梅和弗莱堡演讲》，孙周兴、张灯译，北京，商务印书馆，2018，第109—110页。

② ［德］海德格尔：《不莱梅和弗莱堡演讲》，孙周兴、张灯译，北京，商务印书馆，2018，第112页。

③ Heidegger，*Anmerkungen I-V*（*Schwarze Hefte 1942-1948*），Hrsg. Peter Trawny，Frankfurt a.M：Vittorio Klostermann，2015，S.191.这里的《论稿》指《哲学论稿（从本有而来）》。

理”过渡到第三个阶段“存有的地方性”或存有的地形学”[①]。这个过渡也是通过离—基深渊来实现的，一方面，存在之真理在《哲学论稿》中被描述为存有之真理，虽然有着表述上的差异，但都是对敞开状态的经验，而存有之真理在过渡时代建基为离—基深渊；另一方面，离—基深渊作为时机之所也是存有的地方性。

在对地方性拥有明晰的经验二十多年之后，海德格尔对“思想的基本原则”的分析仍然着眼于地方性，在《思想的基本原则》第一讲中初步展示出作为思想之基本原则的来源处的幽暗与隐蔽。在这一道路面向幽暗不明处，海德格尔又按其通常做法，借助诗的经验来迈过去或跳过去，海德格尔在这里以荷尔德林的诗来开路。“但是，愿有人为我端上/芳香郁郁的酒杯一盏，/盛满幽幽的光芒。”[②] 荷尔德林的诗作为幽暗与光明之关系的一种见证，区别于形而上学中作为光之反面与缺失的幽暗，“但幽暗却是光明之奥秘。幽暗保存着光明。光明属于幽暗。因此，幽暗具有它本己的纯正性”[③]。荷尔德林对“幽暗”的诗意经验揭示出了思想的基本原则来源之处的隐蔽性。基本原则（Grundsatz）自身并不能作为Grund（基础/根据），而是有着隐蔽更深的基础。在此意义上，基本原则自身不能成为基础，也就显示为一种无基样式，如同前文把形而上学中的根据揭示为无基一样。而就其真正的基础处于隐蔽或幽暗之中而言，这种隐蔽的基础便显示为深渊。

借助于荷尔德林的诗之经验，思想之基本原则的隐蔽根基得以揭示，但思想之基本原则如何通达其隐蔽根基，则需要跳跃。海德格尔在第二讲中实现了向作为隐蔽基础的深渊的跳跃。

第二讲通过对基本原则（Grundsatz）中的Satz（原则）的词源学考察开启了通向隐蔽基础的道路。Satz在古德语中表示“复合、组合”，并可追溯到古希腊语词σύνθεσις（复合、组合）和θέσις（设置），而在古希腊语中，设置又与位置（Lage）——呈放者——意思相近。[④] 由此，Satz便指向了“基础、位置与呈放者”，指向了思想的基本原则所要抵达的位置与地方性，基本原则（Grundsatz）也就是基础—原则（Grund-satz）。

海德格尔以同一律为例，进一步揭示出同一律这个原则的真正基础恰

---

① 海德格尔晚年把其思想自述为三个阶段，参见 Heidegger, *Seminare*, Hrsg. C. Ochwadt, Frankfurt a.M.: Vittorio Klostermann, 2005, S.335。

② ［德］海德格尔：《不莱梅和弗莱堡演讲》，孙周兴、张灯译，北京，商务印书馆，2018，第112页。

③ ［德］海德格尔：《不莱梅和弗莱堡演讲》，孙周兴、张灯译，北京，商务印书馆，2018，第112页。

④ 对Satz词源的分析参见［德］海德格尔：《不莱梅和弗莱堡演讲》，孙周兴、张灯译，北京，商务印书馆，2018，第130—131页。

恰是深渊。“同一性本身并不是什么呈放者，但它却一道构成呈放之为呈放。看起来为‘A 是 A’这个原则奠基的东西，即这个命题所阐明的这样一个基础，也就是某物与它自身的自身同一性，却并不是什么呈放者，并不是什么作为基底的东西，在此意义上，它就不再是基础。而因为它不再是基础，所以我们就在严格的和严肃的意义上谈论‘离—基深渊’。那些在一种别具一格的意义上被叫做思想的基本原则的命题——如果我们对它做了充分思考——把我们引向离—基深渊。”[1] 这里就呈放者与呈放之差异来揭示出深渊，实际上也是通过存在论差异来过渡到深渊。思想之基本原则的真正基础乃是深渊，也使得前面从词源学上得到描述的 Satz（原则、原理）的其他含义得以呈现。“只有当思想废除了自己的一切基础，而在废除的过程中设定（Setzen）与命题（Satz）的方式已经发生了转变，这时候思想才能达致其离—基深渊。现在定律不再意味着θέσις［设、置］，而是意味着 saltus［突变、跳越］。定律变成了跳跃（Sprung）。基础—原则就成为废除任何基础，并且跃入思想之离—基深渊之中的跳跃。在现在解释的‘基础—原则’一词中必然地显示某种悖谬的东西。基础—原则亦即进入思想之离—基深渊中的跳跃。”[2] 至此，通过对 Satz 新的含义即“跳越”与“跳跃”的揭示，对思想之基本原则的还原，达到了与根据律的还原相一致的地方，并且均是进入离—基深渊中的跳跃。由此，这种转变了的思想“就在此离—基深渊中找到一个与自己相应的领域”[3]，这个领域也就是作为思想之基本原则的来源处的地方。通过对 Satz 的词源及其多种含义的揭示，思想之基本原则的发源地得以通达。

思想的基本原则之向离基深渊的跳跃及其本源之处的抵达，实际上也是《哲学论稿》中第三个接缝“跳跃”所实行了的，两者也有着相似的机制。在《哲学论稿》中，跳跃是向存有之本现的跳跃，通过跳入离基深渊之中并以之为自己的领域而让存有得以建基为离基深渊，成为真正的基础。同样，在《哲学论稿》中，存有历史之过渡时代的跳跃，要从形而上学终结阶段跳离。《思想的基本原则》中对跳跃及其要跳离的东西之解释，也与之一致：“跳跃指的是一种思想的转变，这种思想世界历史性地规定着我们的时代。如若这样一种转变向来竟得以发生，那么，为此就需要一

---

① ［德］海德格尔：《不莱梅和弗莱堡演讲》，孙周兴、张灯译，北京，商务印书馆，2018，第 133—134 页。中译本把 Ab-grund 译为“离基—深渊”，本书统一改为“离—基深渊”。

② ［德］海德格尔：《不莱梅和弗莱堡演讲》，孙周兴、张灯译，北京，商务印书馆，2018，第 134 页。

③ ［德］海德格尔：《不莱梅和弗莱堡演讲》，孙周兴、张灯译，北京，商务印书馆，2018，第 136 页。

种起跳（Absprung），就是跳离那种已经变成计算的思想。”[①] 这里提到的思想之转变即是从以计算、论证等为特征的形而上学思想，转变到进入离基深渊的思想，亦即另一种思想，而从历史性来把握这种思想，实际上便是存有历史性的思想，它规定我们的时代，我们的时代便是《哲学论稿》中所言的过渡时代。因此，跳跃所要跳离的便是形而上学思想。

海德格尔在揭示出思想向离基深渊的跳跃以及找到自己的领域之后，紧接着便谈死亡与离基深渊的紧密关联，以之为《思想的基本原则》第二讲收尾。海德格尔以荷尔德林的诗“正是终有一死者更早达乎深渊……”来见证这一点，并在结尾写道：“但现在，思想的离—基深渊不同于诗人所命名的深渊”[②]。相对于荷尔德林的诗意经验，思想的基本原则对离基深渊的经验是一种思想上的或思意的经验，两者有着区别。而就死亡与深渊之关联的思意经验来说，《哲学论稿》早已提到，死亡作为思想之极端的开抛，能使作为“此”的离基深渊得到极端的显现。[③] 通过《哲学论稿》的相关论述，思想的离基深渊与诗人所命名的深渊更清晰地得到区分。所以，海德格尔在第二讲结尾突然由深渊话题引出死亡，给人突兀之感，但考虑到《哲学论稿》中死亡与深渊之间的思意经验，也就不难理解了。而海德格尔特意点出从诗与思来把握深渊的区别，在一定程度上也与《哲学论稿》中思意的深渊经验相呼应。

在第二讲中，思想的基本原则被阐释为思想向离基深渊的跳跃，离基深渊也在跳跃之实行中得到更为清晰的经验。而在第三讲中，海德格尔仍然以同一性为例展开论述，既延续了第二讲结尾谈论到的人之赴死与深渊的关联，也进一步探入离基深渊的深处，并将离基深渊描述为本有。

海德格尔回溯了巴门尼德所说的思想与存在之同一性，并把思想与存在的同一性解释为两者的“共属性”，而到这种共属性之中需要一种跳跃。这实际上也是人与存在的关联，算得上是第二讲结尾时提到的死亡与深渊之关联的延续。人与深渊的关联可以从两个方面来展开。一方面是人跳入深渊，人与深渊的关联被纳入人之顺应与存在之要求的现象学关联中。“人为存在所呼求而应合于存在。人就是（*ist*）这种应合关联，并且只是这种应合之关联。在人那里有一种向存在的归属在支配着，这种归属倾听

① ［德］海德格尔：《不莱梅和弗莱堡演讲》，孙周兴、张灯译，北京，商务印书馆，2018，第 135 页。

② ［德］海德格尔：《不莱梅和弗莱堡演讲》，孙周兴、张灯译，北京，商务印书馆，2018，第 137 页。

③ 《哲学论稿》中跳跃与死亡的关联可参本书第三章第三节中的“存有”。

着存在，因为它被转本给存在了。”① 人顺应存在之要求的方式在这里具体化为倾听，德语中的“倾听”（hören）与“归属”（Gehören）具有词源上的关联，并共同归属于本有的发生事件。而“转本”也意味着是从失本回归本有。这种失却本有的状态也涉及人为了跳跃到存在之深渊中而需要跳离的东西，这也是人与深渊之关联的另一方面，即人跳入深渊也需要跳离流俗意义上的人之规定。“这种自行脱离乃是一种跳跃（Sprung）意义上的定律（Satz）。它跳离，也就是说从把人作为 animal rationale［理性动物］和对客体而言的主体的流俗观念中跳出来，同时也是从作为存在者之基础的存在那里跳出来。”② 人要从 animal rationale（理性动物）与主体那里跳离，也意味着人的本质的一种转变。

人的这种跳离可以从形而上学意义上与非形而上学意义上做出不同的理解，相应地也涉及深渊的不同含义。“如果跳离（Absprung）是从基础中跳出来，那么它跳到什么地方去呢？难道是跳入一种离基深渊中么？只消我们还在形而上学思维的眼界中来表象这种跳跃，那么回答就是肯定的。只要我们跳跃，并且释放自己，那么回答就是否定的。跳往何处？跳到我们已经被允许进入的地方，即：跳到对存在的归属之中。”③ 在形而上学的表象意义上跳离其根据，以跳离方式从根据（Grund）离开（Ab-），是离—基深渊（Ab-grund）发生的方式之一，跳离也就是跳到了无根据或失去形而上学之根据的深渊之中；而在非形而上学的意义上，跳离了形而上学的根据/基础，并非就落入到完全无基础状态中，而是跳到了新的地方，亦是第二讲中通过跳跃想要通达的作为“思想的基本原则”之来源处的地方，即作为存在之本现的深渊，也就是跳到对存在的归属之中。在非形而上学意义上的跳离之离开（Ab-）反而成为这一地方的揭蔽与敞开的样式，相当于《哲学论稿》中作为澄明（Lichtung）或虚空的离开（Ab-）之发生，由此而来，离—基深渊也就成为存在的本现。

这里明确从存在来解释深渊或离基深渊，对存在的归属也意味着存在即是深渊的地方性，并且，这种地方在第三讲中最终也被揭示为“本有地带”。这种关联在《哲学论稿》的视野下，能得到较为清晰的呈现。在《哲学论稿》中，存有本现为本有，而离基深渊也发生为本有之设置空间，抛开公开演讲中使用的“存在”与《哲学论稿》中的“存有”之差异不

---

① ［德］海德格尔：《不莱梅和弗莱堡演讲》，孙周兴、张灯译，北京，商务印书馆，2018，第 145—146 页。

② ［德］海德格尔：《不莱梅和弗莱堡演讲》，孙周兴、张灯译，北京，商务印书馆，2018，第 147 页。

③ ［德］海德格尔：《不莱梅和弗莱堡演讲》，孙周兴、张灯译，北京，商务印书馆，2018，第 147 页。

论，本有发生为离基深渊在《哲学论稿》中已先得到了描述。

在第三讲中，离基深渊被经验为本有仍然通过同一律的分析来显明。“同一律最初表现为一个原则，后者说同一性乃是存在的一个特征，也即存在者之基础的一个特征。这一在陈述意义上的命题中途变成了一个具有跳越特征的定律；这种跳越摆脱了作为存在者之基础的存在，并因而跳入离基深渊（Abgrund）之中。但是，这个离基深渊既不是空洞的虚无，也不是幽暗的迷乱，而是：本—有。在本—有中回荡着那个作为语言而言说的东西的本质；而语言之本质一度被我命名为存在之家。”① 离基深渊并非空洞的虚无，照应了《哲学论稿》中对离基深渊的分析，在基础之缺席中，“离—基深渊乃是作为‘空虚’的敞开者的首次澄明”（406/380）。而澄明作为存有之本现，也是本—有的发生，故而可以说离基深渊乃是本—有。海德格尔并未言尽于此，反而点出了本有与语言之本质的关联。语言作为“存在之家”，那么，思想与存在的同一性问题也转化为思想与语言的同一性问题。

海德格尔在第四讲中便着手解决思想与语言的问题。总的来说，海德格尔在亚里士多德那里发现了λόγος（逻各斯、语言）与思想的本源性经验，而通常的思想原则如论证、辩证法与逻辑学、根据律等，均是基于λόγος与思想之本源关系的丧失。亚里士多德把λόγος称作为λόγος ἀποφαντικός［显示的逻各斯/显示的语言］，即把思想的这种基本形式命名为显示，“思想即让显现”，而“随着λόγος［逻各斯、语言］的ἀποφαντικός［显示］特征毫不显眼地退隐和消失，某种可怕的事情发生了。发生了什么事情呢？是思想作为计算、论证和推理的展开过程的轨道得以开放了”②。λόγος的显示特征之隐退与消失，使存在无法通过它得到揭示，这也可以视为存在之被遗忘状态在形而上学式的思想之基本原则中发生的样式。由此，作为计算、论证与推理的思想丧失了其自身真正的根基，辩证法与根据律亦如是：“这两者，计算性思维与辩证法思维，根本上是同一个，因为两者都来自那个基础，即根据律所命名的、但又没有思考其本质的那个基础。”③ 从上一节内容可知，根据律的基础实际上就是作为存在的离—基深渊。而形而上学中的逻辑学与反思原则也是离—基深渊之源初经验的脱离。

由此，在ἀποφαντικός（显示）的或作为让存在者存在的λόγος意义上，

① ［德］海德格尔：《不莱梅和弗莱堡演讲》，孙周兴、张灯译，北京，商务印书馆，2018，第154页。

② ［德］海德格尔：《不莱梅和弗莱堡演讲》，孙周兴、张灯译，北京，商务印书馆，2018，第172—173页。

③ ［德］海德格尔：《不莱梅和弗莱堡演讲》，孙周兴、张灯译，北京，商务印书馆，2018，第160页。

海德格尔以此获得了“思想的基本原则”的本源性经验：“对于现在所谓的原则、基础和思想，我们要有不同的经验：作为跳跃的原则，作为深渊的基础，也即思想之深渊，这种思想根据它要跃向的地方而获得不同的规定。”① “思想的基础原则”在这里被拆分为三个关键词，顺序颠倒为原则、基础与思想，并在本源意义上相应地作为跳跃的原则，作为深渊的基础，也即思想之深渊。三者都指向并统一于离基深渊，原则作为跳跃的原则是跳入离基深渊，基础自身即是离基深渊，并在思想的跳跃中发生为思想的深渊，思想也根据其跃向的地方获得规定。

从思想之基本原则作为向离基深渊的跳跃而来，海德格尔提出：“决定性的问题是必须寻求解蔽与遮蔽的源始统一性。”② 解蔽与遮蔽的源始统一，在《哲学论稿》中显示为澄明与自行遮蔽的统一，这种统一构成存有之真理，而就存有之真理在过渡时代建基为离—基深渊而言，这种源始的统一也就是离—基深渊之源始的内在统一性。就此而言，决定性的问题便是寻求离—基深渊。

海德格尔在第四讲结尾的总结证明了这一点。“但在今天存在与思想的情势中，凡是需要一种跳离的地方，都决不能否定传统。这种跳离甚至以自己的方式使传统更开放，并且因此使传统更有言说能力，回归到其渊源之中。这一点向我们昭示出来，因为思想之跳跃所达到的那个领域，虽然从它所跳离的传统来看乃是思想的离—基深渊，但它本身却是西方命运之最早开端本身所指示的东西——假如我们有幸更原初地经验这些最早开端的话。”③ 这是把离—基深渊置于西方历史来理解，被把握为离—基深渊的那个领域，其在西方命运的第一开端中被更原初地经验。从《哲学论稿》的内容来说，这意味着第一开端中φύσις（自然、涌现）之遮蔽与ἀλήθεια（真理）中的Λήθη（遮蔽、遗忘）得到了经验，亦是第一开端中的离—基深渊的发生，只是后者并未在第一开端中得到建基，而是在存有历史的过渡时代建基为离—基深渊。故而，思想要跳入离—基深渊之中。

二、作为语言本质的离—基深渊

第四讲通过亚里士多德那里的语言与思想之间的本源性经验，揭示出形而上学思想中的计算、论证、反思、逻辑学等脱离了其作为真正基础的离—基深渊。在第五讲中，海德格尔更本源地切入到思想的离—基深渊与

① ［德］海德格尔：《不莱梅和弗莱堡演讲》，孙周兴、张灯译，北京，商务印书馆，2018，第 180 页。

② ［德］海德格尔：《不莱梅和弗莱堡演讲》，孙周兴、张灯译，北京，商务印书馆，2018，第 166 页。

③ ［德］海德格尔：《不莱梅和弗莱堡演讲》，孙周兴、张灯译，北京，商务印书馆，2018，第 182 页。

语言自身的关联之中。正是在此种关联中，显示出20世纪50年代中后期海德格尔的深渊哲学在语言维度中的一种拓展，语言本身也成为思想的基本原则所通达的地方，亦即其来源之处。尽管第三讲中论及的集—置（Ge-stell）与本有之共属性在一定程度上也拓展了《哲学论稿》中的谋制（Machenschaft）与本有的关联，但从《思想的基本原则》整体来看，最突出的还是深渊哲学在语言之维中得到了进一步揭示，并且，这也与海德格尔晚年的语言思想内在相关。故而，这里主要阐述第五讲中作为语言本质的离—基深渊。

海德格尔通过形而上学思想的论证特征来展开思想的离基深渊与λόγος之间的关联。“有关这种思想是什么，自古以来都是通过λόγος［逻各斯］来规定的。如此这般被规定的思想如何具有一种与离—基深渊（Ab-Grund）的本质联系呢？答案是：因为思想具有论证之特征。这个答案听起来是荒谬的。”① 海德格尔在《根据律》中已经简略地揭示了思想的论证特征与离—基深渊的格格不入：“每一种论证和每一种可论证性的外在印象都必然先就把存在贬置为某种存在者了。存在作为存在始终是无—根据的（grund-los）。根据——作为一种恰恰论证着存在的根据——始终远离于存在。存在：离—基深渊。”② 而在《思想的基本原则》第五讲中，海德格尔对此阐述得更详细，并返回到古希腊经验中的论证方式，后者意味着给出λόγος与Grund（根据/基础），但“如果思想要思考与基础/根据的关联以及基础/根据本身，那么思想就不能又坚守于某个基础/根据，进而思想就不能要求成为一种论证。所以，思想必须特别地进入离—基深渊之中，才可能把基础/根据的本质领域以及与基础/根据的关系释放出来”③。在这种并非以形而上学方式而是以希腊方式来思考的论证特征中，思想之跃入离—基深渊得到了揭示。

而从前面揭示的离—基深渊的历史性来说，思想之离基深渊也具有历史性。“在离—基深渊那里，思想再也找不到任何基础。思想跌入再也没有任何承荷者的无根基之物中。……思想从来就是指向有待思想者的，是

① ［德］海德格尔：《不莱梅和弗莱堡演讲》，孙周兴、张灯译，北京，商务印书馆，2018，第183页。

② ［德］海德格尔，《根据律》，张柯译，北京，商务印书馆，2016，第238页。译文略异。Heidegger, *Der Satz vom Grund*, Hrsg. P. Jaeger, Frankfurt a. M: Vittorio Klostermann, 1997, S.166.

③ 对思想的论证特征与离—基深渊之关联的探讨，参见［德］海德格尔：《不莱梅和弗莱堡演讲》，孙周兴、张灯译，北京，商务印书馆，2018，第184页。

被有待思想者所召唤的。”[1] 思想跌入无根基之物中对应的是离—基深渊（Ab-grund）之从基础中离开（Ab-）的维度，而其指向有待思想者则意指离—基深渊中的隐蔽基础（-grund），这一基础在存有历史另一开端中才能得到完全建基，故而具有将来性。按照在《哲学论稿》中被称为最具将来性的诗人荷尔德林的诗意经验，这种有待思想者通过思与诗的同一而在其诗性语言中得到了聚集着地显现。这也表明，有待思想者可以在语言维度中显现。

而在第三讲临近尾声时，海德格尔便点出了本有与语言之本质的关联，并引入其晚年著名的语言作为“存在之家”的说法。就作为本有的深渊来说，这也是深渊与语言本质之关联；而就存在之家而言，语言是存在的处所，故而，这个说法也意味着“思想的基本原则”的所在之处既是作为存在之本现的离基深渊，也是作为存在之家的语言本身。

海德格尔由此把思想与存在所共属的领域解释为语言本身，并直接把深渊解释为语言之本质。“思想跃入其中的那个离基深渊就是语言的本质。这个本质隐藏在道说之本质中。”[2] 在这里，深渊作为语言呈现出来，可以说，深渊被语言化了。思想跃入深渊也就是进入语言的本质之中。海德格尔更进一步，基于语言的本质重新解释了思想、存在与语言之间的关联。“语言显示为基础/根据，思想与存在显示为基础/根据的显现。思想与存在建基于语言中。语言赋予这种关系以依靠（Halt）。”[3] 这句话几乎可以视为海德格尔晚年语言观的核心表述。语言作为思想与存在建基于其中的处所，也成为后两者之关系的依靠或支撑，即成为它们的基础/根据。这样，语言的本质也就成为“思想的基本原则”所要通达的地方。“现在必需的探讨于自身中包含着思想向其离基深渊的跳跃——跃入语言之本质中”，跃入深渊之中也就是跃入语言之本质中，“本质乃是允诺意义上的持续，而这种允诺就是一种居有。作为道说的语言的本质现身（das Wesende）乃是领—域”。[4] 这里的本质如同作为存有之本现的本质，在其本现之持续中形成领—域。而语言之言说便是这一领域的抵达或端呈。“唯在这个领域中也有不可达到的东西（das Unerreichbare）”，而“道说乃是领—

① ［德］海德格尔：《不莱梅和弗莱堡演讲》，孙周兴、张灯译，北京，商务印书馆，2018，第184—185页。

② ［德］海德格尔：《不莱梅和弗莱堡演讲》，孙周兴、张灯译，北京，商务印书馆，2018，第195页。

③ ［德］海德格尔：《不莱梅和弗莱堡演讲》，孙周兴、张灯译，北京，商务印书馆，2018，第198页。Heidegger, *Bremer und Freiburger Vorträge*, Hrsg. P. Jaeger, Frankfurt a.M: Vittorio Klostermann, 1994, S.166.

④ ［德］海德格尔：《不莱梅和弗莱堡演讲》，孙周兴、张灯译，北京，商务印书馆，2018，第200页。

域（Be-reich）意义上的端呈（Reichen）。指出这一点，只能让我们远远地猜度作为道说的语言之本质。领域乃是思想与存在共属的地方（Ortschaft）”。[①] 不可达到的东西在领域之端呈中保持遮蔽，实际上是作为语言之本质的离—基深渊中自行遮蔽的基础，这也表明，语言的本质即离—基深渊。

语言之本质的深渊特征也体现在语言之言说的方式中，海德格尔的《在通向语言的途中》指出了语言之言说或道说的深渊性。“语言是：语言。语言说话，如若我们一任自己沉入这个命题所指示的深渊中，那我们就没有沦于空洞。”[②]语言自身说话，或语言言说，这意味着是从语言自身而来的，并没有依托外物或由其他的东西来言说，在这种无所支撑的意义上，语言言说的这种方式便是深渊式的。

离—基深渊作为语言之本质，既是《哲学论稿》中的深渊哲学在语言维度的拓展，也使海德格尔思想第三个阶段的存有之地方性在语言维度得以呈现。在海德格尔看来，以思想方式通达语言的地方与领域，也是一切艺术的活动领域。“一切艺术（不只是诗歌）都活动于一个领域中，这个领域作为语言而说话，它所要求的不同于对对象的反思和对对象的表象。”[③] 这意味着，倾听语言之言说在艺术中具有一种优先性，所有的艺术都基于对语言本身之言说的倾听，有一种允诺与倾听的优先关联。而在艺术领域中，作为思想第三个阶段的“存有的地形学”便通过运思着的诗得以实现。“而运思着的诗/是在真理中的存有之地形学。/存有的地形学，就存有来道说其本现的地方。”[④] 从 Topologie（地形学）一词的古希腊词源来说，是由τόπος（空间、地方）与λόγος构成的[⑤]，如前所述，λόγος在本源意义上作为显示，故而τόπος（空间、地方）与λόγος的组合便表示地方或空间在语言中得以显示。而语言之显示也是在聚集中的让显现，故而，也可以说，“地形学指的是向着一个地方（τόπος）聚集（λόγος）”[⑥]，存有的地形学意味着向存有之地方的聚集。而这种聚集在运思着的诗中发

---

① [德]海德格尔：《不莱梅和弗莱堡演讲》，孙周兴、张灯译，北京，商务印书馆，2018，第 201 页。

② [德]海德格尔：《在通向语言的途中》，孙周兴译，北京，商务印书馆，2004，第 4 页。

③ [德]海德格尔：《不莱梅和弗莱堡演讲》，孙周兴、张灯译，北京，商务印书馆，2018，第 167 页。

④ Heidegger, *Aus der Erfahrung des Denkens*, Hrsg. H. Heidegger, Frankfurt a.M: Vittorio Klostermann, 2002, S.84. Topologie 也可译为拓扑学。

⑤ Philippe Arjakovsky, François Fédier, Hadrien France-Lanord, *Le Dictionnaire Martin Heidegger*, Paris: Cerf, 2013, p.1313.

⑥ Dieter Thomä, *Heidegger-Handbuch: Leben-Werk-Wirkung*, Stuttgart: J.B. Metzler, 2013, S.354.

生，也表明了思与诗的关联，即深渊之思为诗敞开了游戏空间。“或许，思想将来必须对作诗活动敞开时间—游戏—空间，通过作诗的话语重又形成一个话语的世界。”① 思想为作诗而敞开的时间—游戏—空间，也就是离—基深渊，故而离—基深渊便成为诗意世界中的地方性，在语言的本质中得到显现。离—基深渊以此成为语言的本质。

由此，作为语言本质的离基深渊从存有的地方性通向了存有的地形学，也使海德格尔自述的思想道路第三个阶段得到完整呈现。

至此，也可以说，海德格尔的深渊哲学贯通于其自述的思想道路三个阶段之始终，是其思想的整体表达。

① ［德］海德格尔：《形而上学的基本概念》，赵卫国译，北京，商务印书馆，2017，第12页。

下编小结 海德格尔的深渊哲学与其思想的整体性

海德格尔的深渊哲学贯通于其自述的思想三阶段，这意味着，深渊哲学可以作为其思想的整体表达。谈论海德格尔的思想或哲学的整体性，面临两个困难：一方面是要介入海德格尔晚年对思想与哲学之区分，另一方面是海德格尔自己所坦言的“在道路的不同阶段上始终以恰到好处的语言来说话”[①] 的困难。

一、海德格尔晚年的哲思之争与深渊哲学的边界

海德格尔的深渊哲学能够作为其思想整体，意味着哲学与思想是可以互通的。但这恰恰成了海德格尔研究中的一个问题。二战之后，被海德格尔视为知音的法国学者让·波弗勒的看法较有代表性：“不存在海德格尔的（heideggerienne）哲学，因为海德格尔向来不是一个哲学家。恰恰相反，所有他的思想在于一种出自哲学而进入存在之思想的返回步伐的尝试。”[②] 阿伦特也倾向于这个说法。[③] 而实际上，让·波弗勒的这种看法或许是受到与其关系密切的两个海德格尔文本的影响：一个是海德格尔1946年写给让·波弗勒的《关于人道主义的书信》（收录于《路标》），另一个文本是初次出版即与让·波弗勒及其弟子弗朗索瓦·费迪耶的法译文一起出版的《哲学的终结与思想的任务》（收录于《面向思的事情》）。这两个文本都强调思想与哲学的区分，是在狭义上对哲学与思想所做的理解。从广义上来说，让·波弗勒的看法与“深渊的哲学”并不矛盾。海德格尔在《哲学论稿》中也把哲学视为存有之思想，亦即《哲学论稿》的哲学与思想是可以互通的。这也显示出海德格尔作品中哲学与思想之关系的复杂性。

---

① ［德］海德格尔：《林中路》，孙周兴译，上海，上海译文出版社，2004，第76页。

② Jean Beaufret, *De l'existentialisme à Heidegger*, Paris: Vrin, 2000, p.101.

③ ［德］贡特·奈斯克等编著：《回答——马丁·海德格尔说话了》，陈春文译，南京，江苏教育出版社，2005，第200页。

厘清哲学与思想之间的问题，要考虑到海德格尔在其道路不同阶段的言说之困难。海德格尔的哲学与思想这两个概念在其道路不同阶段也有不同的表达与含义。大致说来，从广义上而言，哲学与思想大部分情况下是相通的，均可指形而上学层次或存在维度，而海德格尔晚年在狭义上区分哲学与思想，前者指向形而上学及其极端状态，后者指向存在本身，两者也构成了《哲学论稿》中所揭示的离—基深渊的两个边界（无基与原始基础），在此意义上，狭义上的哲学与思想恰恰构成了深渊哲学的边界，是深渊哲学整体性的一种揭示。

哲学与思想在广义上的相通性，可从以下几个方面来把握。就形而上学来说，哲学在传统意义上指形而上学或是形而上学式的，而海德格尔也在形而上学意义上把握思想，“以形而上学的方式来理解，思想乃是对那个使存在者向来成为存在者的东西的知觉性表象”[①]。而就哲学和思想与存有的关联来说，也是相通的，“这种对哲学之本质的历史性刻画把哲学把握为存有之思想”（445/422）。就思与诗的近邻关系来说，“哲学现在首先是要为哲学〈本身〉做准备工作，其方式是建造最切近之前庭，在此前庭的空间结构中，荷尔德林的诗句变得可听了，通过此—在而得到了解答，并且在这样一种解答中获得建基而成为将来人的语言”（445/421-422）。建造能听闻荷尔德林诗句的“最切近之前庭”，实际上也就是一种近邻的关系，而就荷尔德林诗歌的未来性而言，这里的哲学也在近邻中具有未来性，这也与存在之思的未来性是相通的。就思想之道路特征来说，海德格尔也指出，哲学乃是“一条道路”[②]。哲学与思想在广义上还有其他相通之处，兹不一一列举。

尽管如此，海德格尔晚年对哲学与思想之区分也不能忽视，这主要体现在《哲学的终结与思想的任务》中。海德格尔把哲学从狭义上理解为形而上学及其极端状态，由此谈论哲学之终结的问题。“终结作为完成乃是聚集到最极端的可能性中去。”[③]“哲学在现时代正在走向终结。它已经在社会地行动着的人类的科学方式中找到了位置。而这种科学方式的基本特征是它的控制论的亦即技术的特性。追问现代技术的需要大概正在渐渐地熄灭，与之同步的是，技术更加明确地铸造和操纵着世界整体的现象和人

---

① [德]海德格尔:《尼采》下卷，孙周兴译，北京，商务印书馆，2003，第984页。

② Heidegger, *Anmerkungen I-V (Schwarze Hefte 1942-1948)*, Hrsg. Peter Trawny, Frankfurt a.M.: Vittorio Klostermann, 2015, S.162.

③ [德]海德格尔:《面向思的事情》，陈小文、孙周兴译，北京，商务印书馆，1999，第70页。

在其中的地位。”[①] 哲学在科学中得到完成，这里不妨回顾海德格尔早期弗莱堡讲座《论哲学的规定》中把哲学视为原始科学，一开始便区别于科学，以及海德格尔20世纪20年代末期对运行于深渊中的哲学与胡塞尔作为严格科学的哲学之区别，这都是把自己的哲学与科学相区分，即其深渊哲学是不同于科学的。而走向终结与完成的哲学却是与科学内在相关的，并在科学中完成。“哲学在其历史进程中试图在某些地方（甚至在那里也只是不充分地）表示出来的东西，也即关于存在者之不同区域（自然、历史、法、艺术等）的存在论，现在被诸科学当作自己的任务接管过去了。”[②] 这样的哲学指的是作为形而上学的哲学，是深渊哲学所要经受并克服的。在上述情况中，海德格尔虽然都用“哲学”一词，但含义却大相径庭甚至截然相反。作为形而上学的哲学是深渊哲学要克服的。

哲学的终结意味着其形而上学的极端可能性，但这种终结并未穷尽其所有可能性，反而留下了另一可能性及其任务，这种任务是形而上学式的哲学无法承担的，在哲学与思想相区分的意义上，能承担这种任务的是思想。“如若情形真是这样，那么在哲学从开端到终结的历史上，想必还有一项任务隐而不显地留给了思想，这一任务既不是作为形而上学的哲学能够达到的，更不是起源于哲学的诸科学可以通达的。”[③] 这里明确提到所谓要终结的哲学乃是作为形而上学的哲学。这种哲学留下的任务也是形而上学留下的任务，这一任务指在形而上学中“Ἀλήθεια［无蔽］本身之所是却未被经验也未被思”，而其“发生是因为自身遮蔽和遮蔽状态，即Λήθη［遮蔽、遗忘］，本来就属于Ἀ-λήθεια（无—蔽）”，并且“作为Ἀλήθεια［无蔽］的心脏而属于无蔽”。[④] 而思想的任务是，要“以一种希腊方式把Ἀλήθεια［无蔽、真理］经验为无蔽，然后超出并越过希腊方式而把Ἀ-λήθεια［真—理、无—蔽］思为自行遮蔽之澄明”。[⑤] 越过希腊方式指的是比希腊方式更本源地来思无蔽，亦即思入无蔽本身，要触及无蔽中发生的自行遮蔽，也就是作为Ἀλήθεια（无蔽）由之而来的Λήθη（遮蔽、遗忘）。而就建基来说，Ἀ-λήθεια（真—理、无—蔽）中的Λήθη（遮蔽、遗忘）在离—基深渊中作为其基础而发生。由此，“思想的任务就应该是：放弃以往的思想，而去规定思想的事情”[⑥]。以往的思想也就是形而上学

① ［德］海德格尔：《面向思的事情》，陈小文、孙周兴译，北京，商务印书馆，1999，第71页。
② ［德］海德格尔：《面向思的事情》，陈小文、孙周兴译，北京，商务印书馆，1999，第71—72页。
③ ［德］海德格尔：《面向思的事情》，陈小文、孙周兴译，北京，商务印书馆，1999，第72页。
④ ［德］海德格尔：《面向思的事情》，陈小文、孙周兴译，北京，商务印书馆，2014，第102页。
⑤ ［德］海德格尔：《面向思的事情》，陈小文、孙周兴译，北京，商务印书馆，2014，第103页。
⑥ ［德］海德格尔：《面向思的事情》，陈小文、孙周兴译，北京，商务印书馆，2014，第105页。

的思想，是要放弃的，而要由无蔽本身中的Λήθη（遮蔽、遗忘）或离—基深渊中的基础来规定思想的事情。就这一基础在过渡时代建基为离—基深渊而言，思想的任务仍然在《哲学论稿》中从形而上学之无基到离—基深渊的领域范围内；而就这一隐蔽的基础在存有历史的另一开端具有真正得到建基的可能性而言，思想的任务最终指向了离—基深渊中的原始—基础，在此意义上，思想也仍然如同《哲学论稿》那样在无基与原始基础两者的界限之间构形出离—基深渊的整体。

由此可知，《哲学的终结与思想的任务》对形而上学哲学与存在思想的区分，一方面构成了深渊哲学的整体边界，另一方面也在深渊哲学的整体中。也正是基于哲学与思想的这种狭义区分，让·波弗勒和阿伦特等与海德格尔交往密切的学者强调思想并否定有一种海德格尔哲学。

而海德格尔晚年对哲学与思想的这种区分，实际上在其秘密手稿与黑色笔记中便已经有类似的描述。在《哲学论稿》中，海德格尔便提出了形而上学的终结，可以视为《哲学的终结与思想的任务》中作为形而上学的哲学之终结的先声。“关于形而上学的终结的说法不可误导人们，以为哲学与‘形而上学’一道完蛋了，相反：在其本质之不可能性中，形而上学必定现在才被传送给哲学，而哲学本身必定现在才被传入它的另一开端之中。”（180/173）形而上学终结了，但哲学并未终结，而是其本身传入其另一开端之中，这种哲学在形而上学之终结与另一开端之间传送，实际上是过渡时代的深渊哲学，贯通于形而上学之无基与另一开端的原始基础之间。

这两者之间也相距一个深渊，这个深渊不仅是在形而上学的存在者层次与存有维度之间，也在形而上学的终结与另一开端之间，如海德格尔在尼采与荷尔德林之间所见证到的。尼采代表的是形而上学之完成，而荷尔德林作为最具将来性的诗人则创建另一开端，“他们通过时代的一个深渊而分开”①。

由此，狭义上的哲学与思想之区分并未能否定海德格尔深渊哲学的说法，反而在澄清各自的内涵后，使海德格尔的深渊哲学也在狭义上的哲学与思想之关联中得到重新认识。哲学的终结与思想的事情这两者之间的“张力”，也使海德格尔哲学的基本特征成为可认识的。② 深渊哲学将两者

---

① Heidegger, *Überlegungen XII-XV* (*Schwarze Hefte 1939-1941*), Hrsg. Peter Trawny, Frankfurt a.M: Vittorio Klostermann, 2014, S.199.

② Harald Seubert, *Heidegger-Ende der Philosophie oder Anfang des Denkens*, Verlag Karl Alber, 2019, S.17-18.

之间的张力汇聚成为其自身整体的边界，就此而言，海德格尔哲学的基本特征便是深渊的哲学。深渊哲学在这种汇聚中也以此成为海德格尔思想整体的表达。在哲学之广义的用法中，深渊哲学包含了狭义上的哲学与思想，也可以名之为“哲思”，深渊哲学即深渊的哲思。

二、深渊哲学与海德格尔思想的整体性

就深渊哲学把狭义上的哲学与思想汇聚成为自身整体的边界而言，深渊哲学在海德格尔作品整体中也具有框架意义。从《海德格尔全集》目前的出版情况来看，基本上可以断定①，对海德格尔自述的“深渊的哲学”进行集中阐发的只有《哲学论稿》。《哲学论稿》又作为写于1936—1944年的六卷半“秘密手稿”的“框架”②，实际上对海德格尔思想整体也具有“框架”意义。从《哲学论稿》作为海德格尔深渊哲学集中而又系统的阐发来说，深渊哲学对海德格尔思想整体也具有框架的意义，它是其思想整体的一种表达。本书在前面的内容中也数次论及海德格尔的深渊哲学与其思想整体的关联。在这里做一个较为系统的总结，既有对前述内容的回顾，也有在前述基础上的新补充。为此，这部分的内容首先从海德格尔思想通常划分的前后期以及海德格尔自述的思想发展三个阶段来粗线条地勾勒出《哲学论稿》对其思想整体的框架意义，其后，可以进一步从两个方面来展开深渊哲学与海德格尔思想整体之关联：深渊哲学如何贯通于《海德格尔全集》的五大板块，以及在深—渊之历史维度为海德格尔所论述的其他理论家、艺术家与诗人等进行历史定位从而将他们也纳入自身范围。

（一）《哲学论稿》及其深渊哲学作为海德格尔思想整体的框架

《哲学论稿》对海德格尔思想整体的框架意义，体现在其与海德格尔思想前后两个时期和海德格尔自述的思想三个阶段之关联上。对海德格尔思想前后期的划分较具代表性的是理查德所区分的海德格尔Ⅰ与海德格尔Ⅱ，并得到海德格尔本人的认同：“我们始终要注意：首先只有从海德格尔Ⅰ名下所思的东西出发，才能通达在海德格尔Ⅱ名下要思的东西。但海

① 从《海德格尔全集》出版的预告来看，到目前为止只有《全集》第72卷《开端的小路》与作为书信选集的第92—93卷没有出版，多达102卷的《海德格尔全集》除了这三卷，其他皆已出版。而这三卷可以从标题或内容预告来初步判断，基本上难以有对深渊哲学进行集中阐释的内容，书信选集可以排除，只剩下《开端的小路》一书了。退一步讲，即使作为秘密手稿最后一卷的《开端的小路》中有对深渊哲学的相关论述，也在作为秘密手稿系列整体之框架的《哲学论稿》的范围中。

② Heidegger, *Die Geschichte des Seyns*, Hrsg. Peter Trawny, Frankfurt a. M: Vittorio Klostermann, 1998, S.5.

德格尔Ⅰ又只有当它包含在海德格尔Ⅱ之中时才是可能的。”[①] 海德格尔提醒在突出海德格尔Ⅰ与海德格尔Ⅱ之区别时也要注重两者的统一，而实际上，两者之区分与统一乃是深—渊自身的运作。更进一步，海德格尔前后期思想之转向的三种提法也是在深—渊中发生的，是从深—渊中的“离开”之维到其“基础”之建基。[②]

而从海德格尔晚年对其思想三个阶段的自我总结来说，其深渊哲学也具有框架意义。海德格尔自述的三个阶段为：“存在之意义”、“存在之真理”、“存在的地方性”或“存有的地形学”。[③] 海德格尔深渊哲学之形成、成熟与拓展的三个阶段，可与其自述的思想三阶段大致对应。

其一，作为海德格尔前期代表作的《存在与时间》中的“存在的意义”之集中阐发，揭示了“存在的意义”自身的深渊性，即存在之意义不再以其他东西为根据，这种无根据或离开根据的样式形成了意义自身的深渊性[④]。而“存在的意义”作为存在之深渊的揭示也归属于海德格尔深渊哲学的形成阶段，与其自述的思想第一个阶段相对应。当然，如本书“导言”部分对海德格尔深渊哲学形成的三条路径所揭示的，《存在与时间》作为未竟之作，重在对“此在的深渊状态”[⑤] 的揭示。但“存在的意义”也是通向深渊的一条路径，实际上，在意义这种呈现样式的深渊性之外，存在的意义在常人及其沉沦样式中作为存在之被遗忘状态的发生，也可以回溯到《哲学论稿》中所揭示的作为存在之被遗忘状态之来源的存在之离弃状态，而后者在《哲学论稿》的第一个接缝中实际上已进入存有之深—渊的领域了。在此也可以重审海德格尔对《哲学论稿》之诞生的回顾：“在 1936 年夏天，我获得了地方性的明晰的经验，我的思想必须保持立身于地方性之中。这种地方性是在《存在与时间》中已经预感到的被寻求者。因此在这个夏天，《论稿》诞生了。”[⑥] 从深—渊所具有的空间性或地方之含义来说，《存在与时间》中“已经预感到的被寻求者”可以认为是存在之深渊。虽然海德格尔在《存在与时间》中极少用深渊一词，但就对

---

① [德]海德格尔:《同一与差异》，孙周兴、陈小文、余明锋译，北京，商务印书馆，2011，第 147 页。

② 海德格尔的深—渊与其思想前后期关系和思想之转向的关联，参本书上编小结中的“作为时间—空间的深—渊与转向”的相关论述。

③ Heidegger, *Seminare*, Hrsg. C. Ochwadt, Frankfurt a.M: Vittorio Klostermann, 2005, S.335.

④ 对“存在的意义”之深渊性的揭示，可参见本书导言“通向深渊之路”中的“(三)通向存在之深渊的道路”。

⑤ [德]海德格尔:《路标》，孙周兴译，北京，商务印书馆，2001，第 203 页。

⑥ Heidegger, *Anmerkungen I-V* (*Schwarze Hefte* 1942-1948), Hrsg. Peter Trawny, Frankfurt a.M: Vittorio Klostermann, 2015, S.191.这里的《论稿》指《哲学论稿(从本有而来)》。

一部著作的把握来说，作者所写所说的总是难以实现其全部构思，如海德格尔所言："每个思想家比起他所说的，知道得更多。"① 所以，海德格尔在《存在与时间》写作阶段的这种预感指向了作为存在之地方性的深渊。这显示出《存在与时间》也是归属于深渊哲学的。

此外，还可以提供三个佐证。一是海德格尔在其"道路回顾"中指出，在作为《哲学论稿》副标题的"从本有而来"这个题纲的哲思领域，也包含了同《存在与时间》的"争执"；而"与《存在与时间》的自我争执"也被海德格尔纳入对"著作"《哲学论稿》的"准备工作"中②，《存在与时间》中的"世界乃是根据真理和'此'的本质现身〈而得到经验的〉"(311/295)。真理的本质与"此"均是深—渊之发生，故而《存在与时间》中的世界也是从深—渊来把握的。二是海德格尔对理查德的回信中所强调的，"海德格尔Ⅰ又只有当它包含在海德格尔Ⅱ之中时才是可能的"③。如果说"海德格尔Ⅰ"与"海德格尔Ⅱ"分别以《存在与时间》与《哲学论稿》为代表的话，那么，《存在与时间》也应包含在《哲学论稿》中。三是冯·海尔曼在对《哲学论稿》的阐释中引入了 Entwurf（开抛）与 Zuwurf（抛投）的基本结构④，前者指此—在维度，后者指存有维度的运作；这也为打通《哲学论稿》中的存在之离弃状态与《存在与时间》中的存在之被遗忘状态提供了一种思路。对于海德格尔而言，其在《存在与时间》中所预感到的地方可以归入抛投（Zuwurf）的维度，后者通向存有之深渊，只是囿于《存在与时间》以此在为定向的阐释路径而难以在现象学上清晰地揭示出后者，故而只是"预感到"了后者。但这种预感也显示出《存在与时间》所归属的地方，而且这个地方又成为其思想的路标与指引，以至于放弃了《存在与时间》后续的写作，目的便是另辟新路通达这个地方，这也导致了其思想的转向，从存在及其真理出发直接进入那个具有深渊性的地方。在此意义上，深渊哲学在根基上显示出对"存在的意义"阶段的隐蔽统摄力。

其二，海德格尔的"存在之真理"固然与其 20 世纪 30 年代初的真理之转向相关，也以此走出《存在与时间》中此在之路径带来的限制。"蒙

---

① Martin Heidegger, *Zu eigenen Veröffentlichungen*, Frankfurt a. M: Vittorio Klostermann, 2017, S.10.

② [德]海德格尔：《海德格尔自述》，李乾坤译，方向红校，南京，南京大学出版社，2015，第 114—116 页。

③ [德]海德格尔：《同一与差异》，孙周兴、陈小文、余明锋译，北京，商务印书馆，2011，第 147 页。

④ Friedrich-Wilhelm von Herrmann, *Wege ins Ereignis. Zu Heideggers „Beiträgen zur Philosophie"*, Frankfurt a.M: Vittorio Klostermann, 1994, S.18.

蔽于在其转向（Kehre）中的存有（Seyn）之真理而去思此—在”是一种“徒劳的尝试”。[①] 这也是《哲学论稿》的任务：“无人能理解‘我’在这里思的东西，那就是：从存有之真理而来（而且也即从真理之本现而来）让此—在得以跃出。”[②]（9/8）这实际上也是作为“此”的深—渊的发生，是存在真理或存有真理在过渡时代建基而成的深—渊，由此，无论是从存在真理之建基的立场来看，还是从其在存有历史的过渡时代的现象学经验来说，其成熟的样式显示为《哲学论稿》中的深—渊。

其三，深渊无论是作为时间—游戏—空间还是作为时机之所，都具有空间性或地方性的含义，在此意义上，也对应于海德格尔思想第三个阶段的“存在的地方性”或“存有的地形学”。而在《哲学论稿》中，深—渊的这种空间性或地方性实际上也是本有的空间，并发生为世界、大地、神与人这四元的聚集，这也是深—渊的原始基础之显现。而深—渊的原始基础在海德格尔之后的思想中拓展为天、地、神、人四重整体世界，并在语言之本质或诗意语言的道说中发生出来，也以此过渡到“存有的地形学”。[③]

通过以上三点可以发现，海德格尔的深渊哲学贯通其自述的思想发展的三个阶段，而这三个阶段也是其思想整体的一种表述，在此意义上，深渊哲学构成了海德格尔思想整体的框架。

（二）深渊哲学与《海德格尔全集》中的五大板块

深渊哲学对海德格尔思想前后两个时期以及其思想发展三个阶段的涵盖，只是对深渊哲学作为其思想整体框架的一种粗略勾勒。深渊哲学与其思想整体的关联还需要更具体的分析，以切入作为其思想整体之载体的《海德格尔全集》中。《海德格尔全集》出版编排分为四个部分[④]：第一部分为生前出版著作（第1—16卷），第二部分为讲座（第17—63卷），第三部分为未出版的论文、演讲和思想笔记（Gedachtes）（第64—81卷），第四部分为提示与记录（第82—102卷）。但考虑到本书所论的海德格尔深渊哲学以秘密手稿为重点展开，由此，可以从海德格尔作品的不同系列所形成的板块出发，按照时间顺序，梳理出《海德格尔全集》中的不同板块，以此来做进一步的分析。海德格尔作品可以分为五大板块：早期弗莱

① ［德］海德格尔：《路标》，孙周兴译，北京，商务印书馆，2001，第203页。

② 译文略异。

③ 深渊与语言和地形学的关联，可参本书下编第八章第三节中的“作为语言本质的离—基深渊”。

④ 对《海德格尔全集》编排的分类与划分，也可参看 Friedrich-Wilhelm von Herrmann und Paola-Ludovica Coriando, *Heidegger Studien*, Berlin: Verlagsbuchhandlung Duncker & Humblot GmbH, 2017, S.349-354。

堡讲座、马堡讲座、后期弗莱堡讲座、秘密手稿、黑色笔记。这五大板块可以使海德格尔思想脉络的整体性更清晰地呈现，虽然不足以涵括《海德格尔全集》，但能覆盖其中的大部分作品。而由于海德格尔生前出版著作中相关深渊问题在本书前面已有所述，与每个具体板块同时期完成的生前出版物仅在能更充分地揭示出与深渊的进一步关联时才论及，其他则不再赘述。通过对海德格尔的深渊哲学与其全集中的这五大板块之关联的分析，可以发现，深渊哲学贯通于这五大板块之中，这也使深渊哲学与其思想整体的关系得到一种更为具体的揭示。但在这里预先要强调的一点是，着眼于深渊哲学与作品整体之关联来对五大板块中的作品进行描述，只能以论其一点不计其余的方式进行，每个具体作品内容的丰富性不可避免地被简化甚至单薄化了。

海德格尔早期弗莱堡讲座（1919—1923 年）包含了《全集》第 56—63 卷，是对于实际生命经验与此在之实际性的探究，其主题是实际性的解释学。早期弗莱堡讲座在此在之实际性的分析中揭示出了此在的深渊性，这可以视为海德格尔深渊哲学之形成的第一条路径①，也是海德格尔深渊哲学的起点。

海德格尔马堡讲座（1923—1928 年）包含《全集》第 17—26 卷。写作于 1926 年的《存在与时间》尽管不属于马堡讲座，但作为马堡时期的成果，也是其前期代表作，可以与马堡讲座作为一个整体来把握，并对整个马堡讲座具有较强的辐射力。在马堡时期，海德格尔深渊哲学之形成的三条路径齐头并进②：此在的深渊状态在《存在与时间》中虽未明言但却得到了较为集中的探讨，海德格尔在 1928 年夏季学期的《从莱布尼茨出发的逻辑学的形而上学始基》中直接点明了深渊与此在的相互关联；存在之深渊的经验也在《存在与时间》中得到了表达；深渊与哲学的内在关系也得到了洞察，在 1927—1928 年冬季学期讲座《康德〈纯粹理性批判〉的现象学阐释》中，海德格尔认识到“每一种真正的哲学必定持续不断地活动于深渊的边缘”③。

海德格尔后期弗莱堡讲座（1929—1944 年）包含《全集》第 29—55 卷，其深渊哲学成熟于这一时期，作为海德格尔深渊哲学之成熟表达的秘

① 早期弗莱堡讲座与此在的深渊性之关联，可参见本书导言“通向深渊之路”中的“（二）通向此在的深渊之路”。

② 马堡讲座中的此在的深渊性与存在的深渊性的相关论述，可参见本书导言“通向深渊之路”中的“（三）通向存在之深渊的道路”。

③ Heidegger, *Phänomenologische Interpretation von Kants Kritik der reinen Vernunft*, Frankfurt a.M: Vittorio Klostermann, 1977, S.279.

密手稿（1936—1944）也完成于这个时期。可以说，从20世纪30年代中后期开始写作的秘密手稿构成了后期弗莱堡讲座更源始的隐蔽基础与阐释框架。而在后期弗莱堡讲座开始至秘密手稿写作之前的这个阶段，可以从海德格尔深渊哲学之形成的三条路径看到其不断趋于成熟[①]。就深渊与哲学之关联来说，在后期弗莱堡的第一个讲座亦即1928—1929年冬季学期讲座《哲学导论》中，海德格尔对深渊哲学已有高度自觉："只有当我们做哲学时，这种深渊才自行张开"。[②] 就此在的深渊性来说，海德格尔已能自觉地从深渊出发对前期作品进行重审，在1929年的《根据的本质》中指明，《存在与时间》揭示出了此在之"深渊状态"[③]；尽管《根据的本质》脱胎于最后的马堡讲座《从莱布尼茨出发的逻辑学的形而上学始基》，但就《根据的本质》的成稿时间来说属于后期弗莱堡时期了。而就存在之深渊来说，在20世纪30年代初经历所谓的思想转向之后，海德格尔不但从存在真理以及φύσις（涌现、自然）来揭示深渊问题，而且拓展到存在之历史的维度。"从1930年起，总共29个弗莱堡讲座立于新打开的存在历史性思想之视野中。"[④]

海德格尔在20世纪30年代前期初步形成了存在历史的整体轮廓，从1930年到《哲学论稿》开始写作的前一年即1935年之间的讲座（《全集》第32—40卷）[⑤] 展示出了存有历史的整体性：存有历史的第一开端、第一开端的第一终结与形而上学之发生阶段、形而上学之完成阶段、存有历

---

① 相关论述亦可参本书导言"通向深渊之路"中的"（四）存在的深渊：在转向和存在历史中的展开"与"（五）深渊哲学的自觉与明朗化：根据问题与基本情调"。

② Heidegger, *Einleitung in die Philosophie*, Frankfurt a.M: Vittorio Klostermann, 2001, SS.50-51.

③ ［德］海德格尔：《路标》，孙周兴译，北京，商务印书馆，2001，第203页。

④ Friedrich-Wilhelm von Herrmann und Francesco Alfieri, *Martin Heidegger: Die Wahrheit über die Schwarzen Hefte*, Berlin: Duncker & Humblot, 2017, S.46.

⑤ 对《海德格尔全集》第32—40卷与存在历史之关联的揭示，可参本书导言"通向深渊之路"中的"（四）存在的深渊：在转向和存在历史中的展开"。

史的另一开端。而其后的马堡讲座①，如果可以借用纵向与横向的说法的话，从纵向上亦即存在历史维度来看，这些讲座仍然在存在历史的领域内，其中六个关于尼采的讲座指向了形而上学之终结阶段，两个荷尔德林的讲座指向存有历史的另一开端，最后两个分别关于巴门尼德与赫拉克利特的讲座指向存有历史的第一开端，而一个关于康德的讲座与两个关于谢林的讲座则是以存在历史的眼光来对其在形而上学中的位置与作用进行重释。这实际上涉及海德格尔对历史上的哲学家在深—渊的历史维度进行定位的问题，这点后文再述。从横向上来看，这个时期没有以哲学家或诗人名字命名的讲座也切入了存有之深渊的维度，分别有第 45 卷《哲学的基本问题——“逻辑学”的“问题”选讲》与第 51 卷《基础概念》，前者从基础问题通达了深渊中的存有之真理，后者则揭示了基础之隐退的深渊经验。

后期弗莱堡讲座呈现出鲜明的存在历史观。根据海德格尔在《哲学论稿》中“传送”这一接缝里的说法：“全部关于‘哲学’历史的讲座〈皆属于此〉。”（175/169）全部哲学历史讲座属于“传送”，而在前面对“传送”这个接缝的具体阐释中，已经揭示出传送即是在深—渊之离开（Ab-）到其基础（-grund）与原始基础之间的传送，由此，这里所提的全部哲学历史讲座可以归入深—渊的范围内。深渊哲学也以此能涵括后期弗莱堡讲座。而对后期弗莱堡讲座的存在历史面貌以及存有历史第一开端与另一开端交互“传送”的揭示，也指向了《哲学论稿》及其后续秘密手稿对深渊问题的更深入更系统的展开。

海德格尔秘密手稿（1936—1944 年）包含《全集》第 65—66 卷、第 67 卷的大半部分、第 69—72 卷。对秘密手稿中的深渊哲学的阐述构成了本书的主体部分。海德格尔深渊哲学在其后期代表作《哲学论稿》得到成熟的表达，构成该书主体的六个接缝展示了深—渊的多种显现样式及其边

① 第 40 卷之后的弗莱堡讲座有：第 41 卷《物的追问——康德关于先验原理的学说》（1935—1936 年冬季学期）、第 42 卷《谢林：关于人的自由的本质（1809 年）》（1936 年夏季学期）、第 43 卷《尼采：作为艺术的权力意志》（1936—1937 年冬季学期）、第 44 卷《尼采在西方思想中的形而上学基本立场》（1937 年夏季学期）、第 45 卷《哲学的基本问题——“逻辑学”的“问题”选讲》（1937—1938 年冬季学期）、第 46 卷《对尼采第二篇不合时宜的沉思之解释》（1938—1939 年冬季学期）、第 47 卷《尼采关于作为认识的权力意志的学说》（1939 年夏季学期）、第 48 卷《尼采：欧洲虚无主义》（1940 年）、第 49 卷《德国观念论的形而上学（谢林）》（1941 年）、第 50 卷《尼采的形而上学　哲学导论》（1941—1942/1945—1946 年冬季学期）、第 51 卷《基础概念》（1941 年夏季学期）、第 52 卷《荷尔德林的赞美诗〈追忆〉》（1941—1942 年冬季学期）、第 53 卷《荷尔德林的赞美诗〈伊斯特河〉》（1942 年夏季学期）、第 54 卷《巴门尼德》（1942—1943 年冬季学期）与第 55 卷《赫拉克利特》（1943、1944 年夏季学期）。

界：从深—渊之无基到作为离—基深渊之最深呈现的原始基础，显示出深—渊自身的整体轮廓。《哲学论稿》作为海德格尔秘密手稿系列中的第一部，也是秘密手稿的框架。其对深渊哲学的系统揭示，在其后已出版的各卷秘密手稿（《全集》第66、67、69、70、71卷）[①] 中，从两个方向得到了拓展：一是揭示出后续各卷在深渊问题上的独特之处[②]，其中《沉思》对于深渊的本有、《形而上学之克服》对于深渊的跃过、《存有的历史》对于历史的深渊、《论开端》对于深渊的开端、《本有》对于深渊的烦忧均有拓展性的阐释；二是作为深—渊之原始基础的本有从世、地、神、人四元之分解（Austrag）向天、地、神、人四重整体世界及其分解的拓展与过渡。这也表明，深渊哲学是可以涵括秘密手稿整体的，能够作为秘密手稿中的思想整体之显现的一种样式。

海德格尔黑色笔记（1931年到20世纪70年代初）包含《全集》第94—102卷。作为《海德格尔全集》的最后一个系列，黑色笔记已于2021年全部出齐。黑色笔记实际上构成了本书写作的重要参考，海德格尔在黑色笔记中将其哲学总结为“深渊的哲学”[③]，本书的书名就取自于此。在“道路回顾”中，海德格尔提到了黑色笔记第94卷与第101卷的相关内容：“在这些笔记本，首先是在第Ⅱ、Ⅳ和Ⅴ本中记录下来的，一部分也始终是问题的基本情调并指向思想探索的最远处的视野。它们明显出现一些瞬间，包括了寻求唯一问题的不竭努力的征程。”[④] 黑色笔记与基本情调或基础情调相关，而基础情调实质上受到存有之深—渊的基础的调谐。此外，这里突出的“瞬间”或“时机”，也与海德格尔所言的自1936年开始的本有道路及其道说中的时机相关。“这里所说的东西不只是在记录成文字时才臆想出来的，而是基于一条道路的行进，这条道路在1936年就开始了，那是在一种尝试的‘时机’中去质朴地道说存在之真理。”[⑤] 而就本有的经验来说，其时机在根本上构成了作为时机之所的深—渊的时间一维。黑色笔记与深

---

① 《海德格尔全集》第67卷只有半部属于秘密手稿。整个秘密手稿系列目前只有《全集》第72卷还未出版。

② 《哲学论稿》之后的秘密手稿每一卷对深渊问题的具体阐述，可参见本书下编第七章“后续‘秘密手稿’中的深渊哲学”。

③ Heidegger, *Anmerkungen I-V (Schwarze Hefte 1942-1948)*, Hrsg. Peter Trawny, Frankfurt a.M: Vittorio Klostermann, 2015, S.156.

④ [德]海德格尔：《海德格尔自述》，李乾坤译，方向红校，南京，南京大学出版社，2015，第117—118页。

⑤ [德]海德格尔：《路标》，孙周兴译，北京，商务印书馆，2001，第366页。译文有改动 Heidegger, *Wegmarken*, Hrsg. F.-W. von Herrmann, Frankfurt a.M: Vittorio Klostermann, 1976, S.313.

渊哲学的关联不仅仅如此，事实上，黑色笔记的每一卷中都有对深渊问题的直接论述，但与秘密手稿相比，虽然都是“海德格尔的纯粹之思”[1]，但仍有其自身特点。一方面，延续到20世纪70年代初的黑色笔记比结束于1944年的秘密手稿探讨深渊问题更为持久，海德格尔在阐述中更直接地把其切身经历[2]与现实事件相结合，揭示出其所生活的时代与现实在存有历史中的无基特质，这也引发了以反犹问题为焦点的论争。另一方面，与前一个方面相关，无基作为深—渊之边界的一个方面，而作为深—渊之边界的另一个方面的原始基础在黑色笔记中得到了相应的拓展与深化，如作为黑色笔记最后一卷亦是《海德格尔全集》最后一卷的第102卷，仍然把把深—渊（Ab-Grund）与“本有之澄明”结合起来阐发[3]，而且《在通向语言的途中》作为关—系的本有也被描述为“不—可显现者”（Un-scheinbare），“关—系保持为不—可显现者”[4]，并以此阐发出一种“Unscheinbaren（不可显现者/不显眼者）的现象学”[5]。这两个方面的特点在根本上相关于深—渊的边界，也显示出深—渊问题的新动向，深渊哲学在此意义上也是可以贯通于黑色笔记之中的。

（三）深渊哲学的历史之维与海德格尔的思想整体：以观念论批判为例

通过对深渊哲学与《海德格尔全集》中五大板块之关联的发掘，可以揭示出深渊哲学对《海德格尔全集》的贯通与辐射力。而且在阐释深渊哲学的历史维度时，也形成了对哲学家或诗人进行历史定位的把握方式。这种方式也可以用于海德格尔深渊哲学与其思想整体之关联的问题域中，通过对不同理论家或艺术家在深—渊的历史之维中的定位，海德格尔对他们的阐发从这个角度呈现出整体面貌，进而也使海德格尔思想整体相应地以此样式显现，从而进一步显露深渊哲学与其思想整体之内在关联。一方面，通过对具体哲学家、艺术家或诗人的历史定位，这种关联得以更具体地显现；另一方面，也能补齐前面五大板块未涵盖的文本，基本上做到对《海德格尔全集》的覆盖。

---

① Friedrich-Wilhelm von Herrmann und Francesco Alfieri, *Martin Heidegger: Die Wahrheit über die Schwarzen Hefte*, Berlin: Duncker & Humblot, 2017, S.46.

② 也可以说是海德格尔“私人的”视角。Heidegger, *Anmerkungen I-V* (*Schwarze Hefte 1942-1948*), Hrsg. Peter Trawny, Frankfurt a.M: Vittorio Klostermann, 2015, S.27.

③ Heidegger, *Vorläufiges I-IV* (*Schwarze Hefte 1963-1970*), Frankfurt a.M: Vittorio Klostermann, 2021, S.232.

④ Heidegger, *Vorläufiges I-IV* (*Schwarze Hefte 1963-1970*), Frankfurt a.M: Vittorio Klostermann, 2021, S.324.

⑤ Heidegger, *Vorläufiges I-IV* (*Schwarze Hefte 1963-1970*), Frankfurt a.M: Vittorio Klostermann, 2021, S.328, 351.

五大板块加上海德格尔生前出版物，虽然足以代表海德格尔主要思想及其重要作品，但还是遗漏了目前已出版的《全集》中的其他作品，主要是《海德格尔全集》第 74—91 卷。这部分作品，除了本书在与深渊哲学的关联中已有论述的《全集》第 74 卷《论语言的本质》、第 75 卷《通向荷尔德林—希腊之旅》、第 77 卷《乡间路上的谈话》、第 79 卷《不莱梅和弗莱堡演讲》、第 80 卷《演讲》、第 82 卷《论自己的问世之作》、第 85 卷《从语言的本质而来》与第 91 卷《增补与断想》等，其他诸卷尽管与已论及的著作都可纳入存有的历史性领域，但仍然需要进一步揭示其与深渊哲学的关联。实际上，其他诸卷基本上可以归入海德格尔的存有历史中。按照海德格尔在《哲学论稿》中的注释，第 87 卷《尼采：讨论班 1937 与 1944》可归入《哲学论稿》中的“传送”范围。① 而根据《全集》第 66 卷《沉思》中的“道路回顾”，《全集》第 84 卷《讨论班：莱布尼茨—康德—席勒》与第 86 卷《讨论班：黑格尔—谢林》属于通向《哲学论稿》的文本，也可归入存有历史的“传送”中。② 此外，《全集》第 76 卷《走

① 参[德]海德格尔：《哲学论稿（从本有而来）》，孙周兴译，北京，商务印书馆，2012，第 175 页。“可参看 1937 年夏季学期练习课《尼采形而上学的基本立场。存在与假象》以及 1937/1938 年冬季学期练习课《西方思想的形而上学基本立场（形而上学）》以及全部历史讲座。”

② “3.关于练习的札记，特别是：

关于康德的先验辩证法和关于实践理性批判（《全集》第 84 卷《讨论班：莱布尼茨—康德》）

关于黑格尔的精神现象学（《全集》第 86 卷《讨论班：黑格尔—谢林》）

关于莱布尼茨的单子论（《全集》第 84 卷第 1 册《讨论班：莱布尼茨—康德—席勒》）

关于康德的审美判断力批判（《全集》第 84 卷第 2 册《讨论班：莱布尼茨—康德—席勒》）

关于席勒的美育书简（《全集》第 84 卷第 2 册《讨论班：莱布尼茨—康德—席勒》）

关于尼采的专题讲座（《全集》第 87 卷《尼采：讨论班 1937 与 1944》）”

根据海德格尔“道路回顾”中的描述，这些 30 年代前中期的讲座可以归入《哲学论稿》之形成的过程中。参见[德]海德格尔：《海德格尔自述》，李乾坤译，方向红校，南京，南京大学出版社，2015，第 117—118 页。译文有改动，括号里的内容为笔者所加。Heidegger, *Besinnung*, Hrsg. F.-W. von Herrmann, Frankfurt a.M: Vittorio Klostermann, 1997, S. 423.这里根据《海德格尔全集》实际的出版情况，对德文本中的注释也做了相应的调整，如德文本注释中把《全集》第 84 卷的题目定为 Seminare: Leibniz-Kant. 但在实际出版时全集第 84 卷的题目中加了席勒的名字，为：*Seminare: Kant-Leibniz-Schiller*，并分为二册。这几卷的德文本如下：

GA84. 1. Heidegger, *Seminare: Kant-Leibniz-Schiller*, Frankfurt a. M: Vittorio Klostermann, 2013.

GA84. 2. Heidegger, *Seminare: Kant-Leibniz-Schiller*, Frankfurt a. M: Vittorio Klostermann, 2022.

GA86. Heidegger, *Hegel-Schelling*, Frankfurt a.M: Vittorio Klostermann, 2011.

GA87. Heidegger, *Nietzsche: Seminare 1937 und 1944*, Frankfurt a. M: Vittorio Klostermann, 2004.

向形而上学—新时代的科学—技术》大致对应于形而上学之形成与终结阶段，第 78 卷《阿那克西曼德的箴言》（1946 年）对应于存有历史的第一开端；《全集》第 83—84 卷与第 86—88 卷均为讨论班，第 83 卷《讨论班：柏拉图—亚里士多德—奥古斯丁》、第 84 卷《讨论班：康德—莱布尼茨—席勒》、第 86 卷《讨论班：黑格尔—谢林》、第 87 卷《尼采：讨论班 1937 与 1944》、第 88 卷《讨论班（练习课）1937/1938 与 1941/1942》，这些讨论班在整体上也属于存有历史第一开端到另一开端的“传送”中，亦即在深—渊的历史之维中。在这里，既可以把海德格尔在《哲学论稿》中将“全部关于‘哲学’历史的讲座”均属于“传送”① 的说法做一个拓展性的运用，把这些关于哲学历史的讨论班也纳入“传送”中；与之相应，也可以通过对海德格尔所阐释的哲学家或艺术家在存有历史的维度中进行定位，从而把以某个哲学家、艺术家或诗人为主题的卷册归入存有历史之中。而通过这种关联，也可以从深渊哲学的独特立场出发，澄清海德格尔对广义上的德国观念论（Idealismus）② 的批判，并作为其“形而上学之克服”③ 一个补充。

随着海德格尔从 1928 年起的存在者整体之追问，“德国观念论哲学受到重视”④。从广义上的德国观念论出发，能为莱布尼茨、康德、费希特、谢林、黑格尔与尼采等哲学家在存有历史的“传送”中进行定位。可以说，海德格尔与观念论进行了一种历史性的争辩。“历史性的争辩（参看本书‘传送’部分）恰恰是一种做法，这种做法不仅把早先的历史回置入它隐蔽的伟大性之中，同样地，同时并且只是如此地，并不是为了比较把它与另一种追问对立起来，而是把它当做对那种伟大性及其必然性的顺从而带向实行。”（266/253）历史之伟大性及其顺从在存有历史的第一开端与另一开端中都得到不同程度的显现。在海德格尔的阐释中，第一开端中的巴门尼德所言的思想与存在之同一性体现了这种顺应：“存在与思想的同一性在于，思想从存在中受取其本质。”⑤ 受取或接收的行为包含了顺

① “全部关于‘哲学’历史的讲座〈皆属于此〉。”这里的“此”指的“传送”这一赋格。参［德］海德格尔：《哲学论稿（从本有而来）》，孙周兴译，北京，商务印书馆，2012，第 175 页。

② 在“深渊哲学与海德格尔思想的整体性”这部分内容中，论及海德格尔对 Idealismus 的批判时，对 Idealismus 的译名统一采用“观念论”。下文不再注明。

③ 对海德格尔的“形而上学之克服”的论述，可参见本书下编第七章第二节中的“形而上学之克服的三环节：挣脱、经受与克服”。

④ Dieter Thomä，*Heidegger-Handbuch*：*Leben-Werk-Wirkung*，Stuttgart：J.B. Metzler，2013，S.169.

⑤ Dieter Thomä，*Heidegger-Handbuch*：*Leben-Werk-Wirkung*，Stuttgart：J.B. Metzler，2013，S.136.

应。而位列另一开端的荷尔德林，其诗歌创作作为听写（dictare），也是一种顺应。存有历史两个开端中的顺应姿态与观念论中以主体、意识等为主导的立场大相径庭。这也使得存有历史第一开端与另一开端之间的传送要克服或穿越观念论才能实现。

而存有历史中的传送也是深—渊自身中从离开之维到其基础与原始基础的传送，这种传送也显示出了深—渊的历史之维。这也意味着，可以把海德格尔所论述的哲学家与艺术家（包括诗人）等纳入深—渊的历史之维中，从而对其进行定位，使他们通过这种历史定位而在存有历史中获得一种整体的面貌，以此也构成海德格尔思想整体性的一种呈示。

总的说来，海德格尔对广义上的观念论之批判既与形而上学之克服相关联，同时也显示了其深渊哲学的立场。"存有之本现需要真理之建基，这种建基必须作为此—在来实行，而这样一来，全部观念论都得到了克服，以及与之相随的迄今为止的形而上学和一般形而上学得到了克服，成为一种对第一开端的必然展开——这第一开端如此这般才重新进入黑暗之中，为的是让它自身仅仅从另一开端而来得到把握。"① （183/176）海德格尔对观念论的克服也使"与之相随"的形而上学能得到克服，并且构成了形而上学之克服的补充与细化。而克服观念论的着眼点与紧迫性在于真理之建基及其作为此—在来实行，这种存有之本现所需要的真理之建基实际上就是建基为深—渊，由此，也形成了观念论之克服与深渊哲学之间的内在关联。这种关联也体现在存有的有限性中。"'存有是有限的'这个命题指向对任何种类的'观念论'的过渡性防御。""如若存有被设定为有限的，那么，它的深—渊状态（Ab-gründigkeit）就得到了肯定。"② （283/268-269）由于"有限性，在《哲学论稿》中作为离—基深渊状态"③，存有的有限性也就是其深渊性，故而能说存有的有限性使其深—渊状态得到了肯定。而从存有的有限性是对任何种类的观念论之过渡性防御来说，实际上也是指其深—渊状态对任何观念论的抵抗与防御。

在此，也显示出深—渊与观念论之间的差异以及深—渊对观念论的抵抗与拒绝。海德格尔对观念论的批判也可以从深—渊来重审，观念论成为对深—渊及其问题的否定、排斥与掩盖。海德格尔在《哲学论稿》中至少描述了观念论对深渊进行掩盖的四种样式：观念论对真理本质或存有真理

---

① 译文略异。

② 译文略异。

③ Christian Müller, *Der Tod als Wandlungsmitte. Zur Frage nach Entscheidung, Tod und letztem Gott in Heideggers „Beiträgen zur Philosophie"*, Berlin: Duncker & Humblot, 1999.

的掩盖，观念论中的存在者优势地位对存在及其深渊的掩盖，莱布尼茨与康德的时间、空间观对时间—空间（即深渊）的掩盖，观念论对此—在的掩盖。

其一，对真理本质或存有真理的回避。《哲学论稿》中作为存在者真理的谋制与德国观念论形成了合谋，形成了对真理之本质的掩盖，也回避了存有的真理。“作为存在状态的基本特征，谋制挪移入主体—客体—辩证法的形态中，这种辩证法作为绝对的辩证法充分发挥一切熟悉的存在者领域的全部可能性，并且把它们安排在一起。在这里再一次做出了针对一切不安全性的连续保障，那种在绝对确信的正确性中的最后扎根，无意中对存有之真理的回避。由此没有一座桥梁通向另一开端。但我们恰恰必须知道这种德国观念论的思想，因为它把存在状态的谋制权力带入极端的、无条件的展开过程中（把 ego cogito［我思］的无条件性提升为无条件者）并且为终结做好准备。”（213/203）这也导致了在观念论中存有之真理问题的悬缺，这种悬缺反而推动着形而上学的发展与完成。存有真理问题的悬缺“对于形而上学的基本立场来说乃是一种持续的推动力，后者本身对于这种历史来说不仅是晦暗不明的，而且甚至于一直是离失的，因此，绝对观念论的形而上学才可能在它本己的发展史中，并且作为形而上学的完成而构造自身”（473/449）。存有之真理问题的悬缺直到形而上学的完成阶段，作为形而上学之完成者的尼采也没有发出对存有真理与真理本质的追问。“甚至在尼采作为过渡性的思想家终于退出了柏拉图主义及其颠倒之际，也没有出现一种对存有之真理和真理之本质的具有克服作用的原始追问。”（230/218-219）

无论是就存有之真理在过渡时代建基为深—渊，还是就真理之本质作为深渊来说，观念论对存有真理的拒斥，或存有真理问题在观念论中的悬缺，也使深—渊无法得到经验，造成了对深渊及其问题的一种掩盖。而在真理意义上的深渊之经验的缺失，也形成了存有或存在本身之遮盖与遗忘，并成就了存在者的优先地位。

其二，观念论中的存在者优势地位对存在及其深渊的掩盖。德国观念论由于活动于存在者层次上而无法提出存在问题。“德国观念论，它由莱布尼茨先行勾勒，基于康德的先验步骤而超越了笛卡尔，试图绝对地思考先验统觉的 ego cogito［我思］”，从而陷入了“德国观念论的迷途”，“没有越出‘存在者’之外提出存在问题”。（211/202-203）并且，德国观念论中存在者相对于存在而处于优势地位，这与形而上学中存在者的优势地位一脉相承。就观念论中存在者之本质从存在状态来把握而言，这种存在状态作为某种普遍性似乎已在存在者层次之外，但海德格尔进一步指出，存在状态在观念论中根本上是由主体及其自我意识来决定的，仍然是由存在者来主导的。康德的纯粹理性批判，一方面完成了古希腊以来的一个本质性步骤，另一方面“很快就进展到绝对知识了（德国观念论）。因为在这里精神变成绝对的了，所以它必定隐蔽地包含着对存在者的摧毁以及对存有之唯一性和诧异性的完全排挤”（333/315）。而至绝对观念论阶段，存在者便形成了一种对存在状态的提高了的优先地位。“通过向绝对知识的扬弃，对象性似乎消失了，但其实，它只是被扩展到自身意识和理性的对象性之中了。而正是这一点，即存在状态本身奠基于绝对主体性之中，表达了以下事实：这个存在者，即主体（Subjektum），作为一切于自身面前的摆置的关联中心（Bezugsmitte），决定了存在状态及其可能包含的东西，决定了被表象状态的本质形式和层次。因此，区别于希腊人，绝对观念论甚至显示出存在者相对于存在状态的一种提高了的优先地位，只要存有是从主体（Subjekt）而来、同时亦即从客体而来得到规定的。在存在历史性的意义上，这样一种规定只不过是把持久的在场状态变换为主体的于自身面前的被摆置状态（Vor-sich-Gestelltheit）。所以，在似乎把一切都消解掉而使之归于存在的绝对观念论中得到贯彻的，乃是对存在的权力褫夺，为的是使存在者获得一种无可争议的和无限制的优势地位。”（450-451/427）由于主体仍然是存在者层次上的，故而由主体决定的存在状态实际上也处于存在者层次上，仍然是由存在者来主导的，这是存在者的一种提升了的优先性。

存在者的优先地位从海德格尔划分的主导问题、过渡问题与基础问题来把握，对应于主导问题。“不论康德的步骤是多么伟大，也不论后康德哲学的绝对观念论与康德的区别是多么巨大，更不论一切都多么混乱地沉入有关先天性的‘逻辑的’和‘生物学的’解说的半拉子和无根性之中，并且以此为形态又一次在尼采那里重现，所有这些区别都不能掩盖这种对存在的追问（对存在状态的追问，以‘存在者是什么’为问题形态）的整个历史的简单统一性。这种关于存在的问题的历史乃是形而上学的历史，乃是那种从存在者而来，并且向存在者而去把存在思考为存在者之存在的思想的历史。”（449/425-426）海德格尔从观念论的历史脉络中来把握康德，康德哲学及后康德哲学的绝对观念论均是运行于主导问题的领域，融入形而上学的历史中，均遗忘了存在问题。

观念论中存在者的优先地位及其主导问题的追问方式，使其掩盖存在问题，自然也使其难以经验到作为存有之本现的深渊。深渊有多种显现方式，不但可以在真理的本质、基础问题等样式中呈现，也可以作为时间—空间、时间—游戏—空间或时机之所而显现，而观念论对时间与空间的流俗理解也掩盖了时间—空间的源初经验。

其三，观念论对时间—空间之源初经验的掩盖。时间与空间均是海德格尔思考的核心内容之一，也在不同的作品中对西方的时间思想做了梳理与揭示。而在考察观念论脉络中的时间观与空间观时，海德格尔突出了对莱布尼茨与康德的时间、空间观念的批判。海德格尔直言莱布尼茨与康德对时间—空间“一无所知”，“在莱布尼茨那里，空间与时间的歧义性，它们的起源模糊不清；在康德那里，〈时间与空间〉干脆被判给人类主体了！”（398/373）根本原因在于，两者都陷入了对时间与空间的形而上学解说之中，从而阻挡了通向时间—空间的道路。尽管海德格尔承认康德在时间、空间探讨上的努力。“如果说康德把空间和时间标识为‘直观’，那么，在这种历史范围内，这只不过是一种从根本上挽救空间和时间的固有本质的微弱努力。但康德并没有找到进入空间和时间之本质现身的通道。以‘自我’和‘意识’和表—象为定向，这总归阻挡了所有的路径。”（77/70-71）在观念论中大行其道的自我、意识及其表象不但阻碍了对时间、空间之本现的经验，而且也同时间与空间之分裂相契合。“在莱布尼茨那里，最后是在康德那里，空间和时间之本质的分裂，以及与‘自我’和与‘意识’的关联的分裂，是怎样被看作牢固的和概念上确定的；这种分裂本身已然就像早先对于作为οὐσία［在场］的存在者的解释了。”（218/208）时间与空间的分裂也使两者的原初统一性难以得到经验，为此，海德格尔提出要“回到空间和时间（位置与现在）的起源（归属于ἀλήθεια［无蔽、真理］）来思考两者”（218/207）的问题。

《哲学论稿》在比无蔽之真理更本源的意义上，揭示出时间、空间的内在统一，将其把握为时间—游戏—空间或时机之所，亦即深—渊，也以此方式证实了观念论对作为时间—空间的深渊之掩盖。时间—空间也是此的发生，对时间—空间的掩盖也是对“此”与此—在的掩盖。

其四，对“此”与此—在之掩盖。海德格尔认为，从笛卡尔的我思（ego cogito）到莱布尼茨与德国观念论所涉及的双重表象，即“我表象某物——此—有”与“我表象某物——是某物；‘此—在’”，虽然都含有“此”，但“这个‘此’（Da）每每恰如原初的ἀλήθεια［无蔽、真理］一样未经追问”。（323-324/306）观念论不但没有追问“此”，而且也遮掩了此—在。观念论中的表象之正确性的支配地位以及人作为意识者从而与被意识者的对立，“蕴含着此—在的被掩蔽状态和被伪装状态的最深刻原因”

(378/355)。这实际上也遮掩了作为“此”的深—渊以及在此—在中得到实行的存在者之庇护，而庇护乃是让存在者复归[1]（wiederbringen）于深—渊中。反过来，“此”与此—在的经验也蕴含了对观念论的克服。“如果我们把存有与存在者的区分思考为此—在之本有过程和存在者之庇护，并且注意到在这里一切都是完完全全历史性的，一种柏拉图主义—观念论的体系因为不充分而已经变得不可能了。”(290/274)

上述四个方面体现了海德格尔所刻画的观念论与深—渊之关联，主要是观念论对深渊之不同显现样式的回避、拒斥或掩盖。但深渊与观念论这一关联本身也意味着海德格尔对观念论的把握并非完全单一的，实际上，可以入其法眼的广义上的观念论哲学家，也以不同的方式触及了深渊的边缘。由此，海德格尔对观念论的阐释便带有双重性，一方面揭示出观念论对深渊问题的回避或掩盖，另一方面也揭示出了其向深渊的某种临近。这种双重性，从深渊哲学自身来描述，前一方面作为对深渊的回避与掩盖可以归入一种无基的经验，而后一方面对深渊之临近意味着其从无基向深渊的过渡，并且从深渊来把握的无基也构成深—渊的一种边界。

这四个方面也显示了海德格尔阐释观念论的深渊立场，在此意义上，与其像舒尔茨（Schulz）那样把海德格尔称为“后观念论时代的思想者”[2]，还不如命名为深渊哲学家。海德格尔对观念论既有整体上的把握，更与具体的观念论哲学家展开了历史性的争辩。在这里，以海德格尔重点阐释的六位广义上的观念论哲学家为对象，从作为德国观念论先行勾勒者的莱布尼茨到作为观念论最极端余脉的尼采，中间包含康德、费希特、谢林与黑格尔，揭示他们以不同方式在不同程度上临近深渊的边缘，并在深渊哲学的历史维度中获得其历史定位。同时，这也能以海德格尔对观念论的批判为例而对其深渊哲学与思想整体之关联进行一种揭示，呈现出其思想的整体面貌。为此，这里依次展开海德格尔所释并在深—渊的历史之维中进行整体定位的六位哲学家：莱布尼茨、康德、费希特、谢林、黑格尔、尼采。

就莱布尼茨而言，《海德格尔全集》中有两部作品的标题包含莱布尼茨之名：《全集》第 26 卷《从莱布尼茨出发的逻辑学的形而上学始基》（1928 年夏季学期）与《全集》第 84 卷《讨论班：康德—莱布尼茨—席勒》。此外，在其他作品中关于莱布尼茨也有不少论述。而就莱布尼茨与

---

① 对存在者之“复归”的论述，可参看本书的结语“一种深渊哲学之可能”。

② ［德］瓦尔特·舒尔茨：《德国观念论的终结——谢林晚期哲学研究》，韩隽译，北京，中国人民大学出版社，2019，第 388 页。

德国观念论的关系而言，海德格尔认为莱布尼茨先行勾勒出了德国观念论。莱布尼茨那里出现的知觉与欲望相统一的表象，也是使柏拉图的理念主体化的一个转折环节。而且，如前所述，莱布尼茨的双重表象掩盖了“此”（Da）的本源性经验。这是莱布尼茨在观念论历史上的定位。但从存有历史来把握，莱布尼茨的过渡问题“为什么竟是存在者存在而无倒不存在?”却通向了“存有之飘荡”（538/509）。“存有之飘荡”实际上是存有之无化的深渊经验，这也使莱布尼茨的过渡问题可以通达海德格尔晚年的《根据律》讲座中的存在之深渊。①

由此，先行勾勒出德国观念论的莱布尼茨在海德格尔深渊立场的阐释中所呈现的既掩盖深渊又临近深渊的双重性，也可以说是“先行勾勒”出了其他观念论哲学家在海德格尔阐释中的双重身影。

就康德在深—渊的历史之维中的定位而言，同样显示出双重性。康德是海德格尔重点阐释的少数几个哲学家之一。海德格尔专门或重点阐释康德的作品有6卷：第23卷《哲学史：从托马斯·阿奎那到康德》、第24卷《现象学的基本问题》、第25卷《康德〈纯粹理性批判〉的现象学阐释》、第3卷《康德和形而上学疑难》、第41卷《物的追问——康德关于先验原理的学说》、第84卷《讨论班：康德—莱布尼茨—席勒》。此外，还有收入其他作品中的康德阐释，如《路标》中的演讲“康德的存在论题”，这些不一一列出。

海德格尔对康德的双重性描述体现在，一方面批评康德把时间与空间这两者主体化从而遮掩了作为时间—空间的深渊，另一方面却也在康德思想中揭示出一条通达时间性进而通向深渊的道路。康德的“先天综合认识基于纯粹的、生产性的想象力那源始综合的统一性，即基于时间性而是可能的。但时间性是人的此在的基本情状”②。此在的时间性实际上也是此在的深渊状态的体现，具有深渊特征。康德的时间图形也显示了时间的深渊特征，“康德在这里实际上看见了一个深渊”③。由此，海德格尔便把康德哲学带向了深渊的边缘。“对康德思想的解释就可能经历一种本质性的澄清，并且可能导致如下洞见，即：即使在这种主体的地位上，哲学思考

---

① 莱布尼茨的过渡问题与“根据律”之关联，可参见本书第八章第二节中的“从过渡问题到根据律”。

② ［德］海德格尔：《康德〈纯粹理性批判〉的现象学阐释》，溥林译，北京，商务印书馆，2021，第502—503页。译文有改动。Heidegger，*Phänomenologische Interpretation von Kants Kritik der reinen Vernunft*，Frankfurt a.M：Vittorio Klostermann，1977，S.425.

③ Heidegger，*Logik：Die frage nach der Wahrheit*，Frankfurt a.M：Vittorio Klostermann，1976，S.378.

也绕不开离基深渊（Abgründen）（图形和先验想象力）。然而，为了不只把这样一种康德观看做一种过度的奇怪事物，而是要严肃地实行对离基深渊的提示。”（472/448）由观念论来揭示的康德哲学之无基，以及这里提到的图形和先验想象力对深渊的触及，形成了海德格尔的康德阐释的框架，也使康德哲学在存有历史第一开端向另一开端的“传送”亦即深—渊的历史之维中得到整体定位。海德格尔对康德的讲座、讨论班与演讲等都可以纳入这种整体定位的范围内。

就费希特而言，海德格尔对他的阐述不如其他三位德国古典哲学的代表人物那么多。费希特的名字出现于书名的仅有《海德格尔全集》第28卷《德国观念论（费希特、黑格尔、谢林）与当前哲学的困境》，但在其他相关文本中涉及费希特的论述也不少。总的来说，费希特哲学可以归入深渊立场所揭示的无基样式中。海德格尔对费希特的阐释突出其同《存在与时间》的对立关系。海德格尔在20世纪40年代初回应了人们把《存在与时间》和费希特相比较的说法，认为如果费希特同《存在与时间》有比较之可能的话，那是“极端的对立”，但又指出这种对立是不确切的，因为《存在与时间》绝不只是在与费希特的无条件的“以自我为中心的”观念论之区别中以实在论方式来思。[①] 这实际上可以视为对以观念论的倾向来理解《存在与时间》的一种回应。“如果人们没有首先去倾听《存在与时间》关于存在理解所讲的话，而是径直把理解看做‘主体’内在‘体验’的一种有所断定的认识，相应地又把理解者看做自我—主体，那么，对我所讲的存在理解的意思的任何把握都将是无望的。这时就会不可回避地产生极其粗暴的误解，比如说，人们以为，通过存在理解，存有（这里所指的仍然是存在者）就将‘依赖’于主体，一切都将导致一种‘观念论’——，其概念依然晦暗不明的‘观念论’。”（272/259）在此意义上，可以理解海德格尔何以看到在费希特同《存在与时间》之间存在一种“极端的对立”，这种对立并不是实在论与费希特的以自我为中心的观念论之对立，也不是此在—非此在与费希特的自我—非我之间表面上的对立。从深渊哲学的立场来说，费希特的观念论把“存在理解”主体化或自我中心化了，而存在理解作为存在意义的展开，存在意义自身乃是一个深渊，故而，存在理解也是一种深渊的经验；在此意义上，这种极端的对立也可以说是以自我为中心的观念论之无基与存在理解之深渊性的对立。这也意味着，费希特观念论的无基也仍然是在深渊哲学的视角中呈现的。

---

① Heidegger, *Die Metaphysik des deutschen Idealismus* (*Schelling*), Frankfurt a. M: Vittorio Klostermann, 1991, SS.160-161.

就谢林而言，海德格尔以谢林为专题或重要论题而形成的作品有《海德格尔全集》第 28 卷《德国观念论（费希特、黑格尔、谢林）与当前哲学的困境》、第 42 卷《谢林：论人的自由的本质（1809 年）》、第 49 卷《德国观念论的形而上学（谢林）》、第 86 卷《讨论班：黑格尔—谢林》。谢林的观念论在海德格尔的阐释中也呈现出双重性。一方面，海德格尔把谢林的《对人类自由的本质及与之相关对象的哲学探究》视为“形而上学的顶点”[①]；另一方面，不仅海德格尔《存在与时间》中此在在畏中经验到的虚无“就对应着谢林所说的那种纯粹的 Dass”[②]，而且谢林自由理论阐释的关键句“自由并非人类的属性，相反：人类是自由的所有物”[③]，也能通过自由与深渊的关联而揭示出人对深渊的归属关系，在此意义上，谢林也触及了深渊问题。

就海德格尔的黑格尔阐释而言[④]，《海德格尔全集》中以黑格尔为专题或重点阐述对象的文本有：第 28 卷《德国观念论（费希特、黑格尔、谢林）与当前哲学的困境》、第 32 卷《黑格尔的精神现象学》、第 68 卷《黑格尔》、第 86 卷：《讨论班：黑格尔—谢林》；此外还有收录于第 5 卷《林中路》中的“黑格尔的经验概念”，以及收录于第 9 卷《路标》中的演讲“黑格尔与希腊人”。在第 68 卷《黑格尔》中，海德格尔在与黑格尔关于“否定性”的争辩中，揭示了本书前面已澄清的否定—无—深渊—存有这一真正的溯源路径。海德格尔认为，黑格尔“把‘虚无’贬低为关于存在者之规定性和中介作用的单纯否定”（510/483），从否定性出发而错失了本质性的东西，“黑格尔实际上已经——只是更本质性地，但又是不同地——经验到了本质性的东西，却在绝对知识中把它扬弃了；否定性只是为了让它消失，并且使扬弃运动保持运行”（278/264）。由此，黑格尔的否定性思想使其往深渊靠近，但最终还是错失了存有之深渊及其无化的真正经验。而黑格尔从绝对知识的立场出发，也形成了绝对观念论，并与其逻辑学相统一。海德格尔在对黑格尔与费希特的比较中指出了这一点：“对于费希特来说，‘知识学’＝形而上学，同样，对于黑格尔来说，形而

---

① Heidegger, *Die Metaphysik des deutschen Idealismus* (*Schelling*), Frankfurt a.M: Vittorio Klostermann, 1991, S.1.

② ［德］瓦尔特・舒尔茨：《德国观念论的终结——谢林晚期哲学研究》，韩隽译，北京，中国人民大学出版社，2019，第 385 页。

③ ［德］海德格尔：《谢林：论人类自由的本质》，王丁、李阳译，北京，商务印书馆，2018，第 16 页。

④ 本书在前面曾以海德格尔所刻画的黑格尔哲学中的“存在—神—自我—逻辑”机制作为形而上学的典型形态，以此为参照，揭示出《哲学论稿》中深渊哲学的机制：深渊—最后之神—自身—默密学。参本书下编第七章第二节中的“‘论稿’与形而上学之克服：深渊—最后之神—自身—默密学”。

上学＝‘逻辑科学’。”（209/200）海德格尔把这种哲学逻辑视为对存有真理的最粗暴的误解。“‘逻辑’在黑格尔的形而上学中达到了它的最高形态；‘逻辑’本身的本质只有从存有之思想的另一开端而来才能得到把握。但是，这种思想的深渊状态也使所谓逻辑敏锐的严格性（作为真理之追寻的形式，不只是所追寻之物的表达的形式）显现为一种不能控制自身的小把戏。”[①]（486/461）合乎存有之深渊的“逻辑”乃是默密学，黑格尔的观念论的逻辑在面对存有思想的深渊性时失效而沦为小把戏，也由此显示出了黑格尔观念论的无基特征。黑格尔观念论在无基与深渊之间的定位也意味着，海德格尔阐释黑格尔的几个文本均可纳入深—渊的历史之维中。

在海德格尔所阐释的哲学家中，对尼采的阐释所形成的文本是最多的，具体有第 6 卷《尼采》（二册）、第 43 卷《尼采：作为艺术的权力意志》、第 44 卷《尼采在西方思想中的形而上学基本立场》、第 46 卷《对尼采第二篇不合时宜的沉思之解释》、第 47 卷《尼采关于作为认识的权力意志的学说》、第 48 卷《尼采：欧洲虚无主义》、第 50 卷《1. 尼采的形而上学/2. 哲学导论》与第 87 卷《尼采：讨论班 1937 与 1944》。此外还有收录于《林中路》的演讲“尼采的话‘上帝死了’”，以及收录于《演讲与论文集》中的“谁是尼采的查拉图斯特拉”。

在海德格尔对广义上的德国观念论及其历史的论述中，尼采也可以归入其间。海德格尔把尼采哲学视为“生物学上的—视角主义的观念论”[②]。尼采的观念论显示了观念论的极端的余脉：“‘观念论’的极端的、同时也最棘手的余脉，显示在那个地方，即观念论表面上被放弃了甚至被制服了的地方（例如当人们否定德国观念论具有接近生命的真实性的时候）。这种观念论具有生物主义的形态，后者就其本质来看必然是意义模糊的，而且是蓄意要成为模糊的。”（233/221）这种具有生物主义形态的观念论，以生命及其意义和价值为基本机制，在海德格尔看来，恰恰也是“最高的观念论”[③]，并延续了形而上学对存有及其真理的排斥。海德格尔对尼采的阐释在整体上仍然具有双重性：一方面，尼采哲学作为形而上学之完成，虽然号称是对柏拉图主义的颠倒，但仍然在形而上学的主导问题领域中；另一方面，尼采的虚无主义从存有历史来把握，可以追溯到存在之被

---

① 译文略异。

② Heidegger, *Nietzsche: Seminare 1937 und 1944*, Frankfurt a.M: Vittorio Klostermann, 2004, S.148.

③ Heidegger, *Beiträge zur Philosophie (Vom Ereignis)*, Hrsg. F.-W. von Herrmann, Frankfurt a.M: Vittorio Klostermann, 1989, S.222.

遗忘状态进而深入到存在之离弃状态中，而后者乃是深—渊之无化的运作。由此，尼采也可纳入深—渊哲学的历史维度中，作为“过渡性的思想家”（230/219）。

这里就海德格尔对广义上的德国观念论之批判所做的探讨，其目的仍然着眼于海德格尔深渊哲学与其思想整体性的关联，从这种关联出发，其观念论之批判也可以作为实例，揭示出上述六个哲学家在存有历史之“传送”中的定位。而就传送乃是深—渊自身的传送而言，海德格尔对这六个哲学家的整体把握以及形成的相关文本均可纳入深—渊哲学的历史维度中。故而，这种把握方式也是揭示出海德格尔深渊哲学与其思想整体之关联的一种方式，以此可以拓展到对其他理论家、艺术家或诗人的把握之中，其中最重要的一个便是荷尔德林。

海德格尔对荷尔德林的阐释使其存有历史思想获得一种完整性，荷尔德林在存有历史中代表了另一开端，由此，形成了阿拉克西曼德、巴门尼德与赫拉克利特所代表的存有历史第一开端，柏拉图与亚里士多德确立的形而上学及第一开端的第一终结，尼采所代表的形而上学之终结，在形而上学之终结至荷尔德林所代表的另一开端之间是存有历史的过渡时代。

在这里也简要补充出荷尔德林在深—渊历史之维中的位置——深渊之原始基础的诗意道说者。海德格尔对荷尔德林的阐释形成了五个文本：除了生前出版著作集中的第 4 卷《荷尔德林诗的阐释》之外，还有第 39 卷《荷尔德林的赞美诗〈日耳曼尼亚〉和〈莱茵河〉》、第 52 卷《荷尔德林的赞美诗〈追忆〉》、第 53 卷《荷尔德林的赞美诗〈伊斯特河〉》以及第 75 卷《通向荷尔德林——希腊之旅》。总的说来，海德格尔把荷尔德林描述为最具将来性的诗人或诗人之诗人，是缘于荷尔德林在诗歌中创建作为深渊之基础的持存者，并以诗来道说作为深—渊之原始基础的天、地、神、人四重整体世界，由此，在荷尔德林的诗意道说中，存有历史的另一开端得以建基。

荷尔德林不仅使海德格尔存有历史思想的整体得以呈现，而且，荷尔德林作为最具将来性的诗人，也显明了本真的历史与时间之经验。这里的历史与时间均不是流俗意义上的历史学与线性时间，而是就深—渊的原始基础之显现与建基而言的，荷尔德林的诗意经验带来并创建了这种在将来与另一开端中才能真正建基的原始基础，故而是最具将来性的诗人，比起在线性时间上在其身后的诗人也更具将来性。由此，深—渊的历史之维也是由深—渊之无基、基础与原始基础的显现以及建基来规定的。而海德格尔所释的哲学家、理论家、艺术家以及诗人等均在深—渊的历史之维中获得其身位。

以此也可对海德格尔已有所述但本书还未进行定位的其他艺术家或理论家做补充性的阐发，这里补充出画家凡·高与诗人史蒂夫特尔在深渊的历史之维中的身位。凡·高以其油画《农鞋》中的世界与大地之争执重演了古希腊的φύσις（涌现、自然）之经验而触及了深渊，并且具有通过世地争执而通达澄明与遮蔽之原始争执的可能，后者则是对深渊之原始基础的经验。诗人史蒂夫特尔的《冰雪故事》在对自然与物的经验中揭示出"某种寂静而又温柔地起主宰作用的不显眼者"①，但这一不显眼者的起作用之温柔不如作为深渊之原始基础的本有那般温柔。"本有便是一切法则中最质朴和最温柔的法则，比阿达尔贝特·史蒂夫特尔所看到的'温柔的法则'还要温柔。"② 由此可以断定，史蒂夫特尔在深渊的历史维度中大致处在深渊之基础与原始基础之间。限于篇幅，其他不再一一赘述。

从深—渊的历史之维来对海德格尔所释理论家、艺术家与诗人等进行定位，使他们在海德格尔那里呈现出的身影获得一种整体的面貌，这本身也是海德格尔思想整体的显形，也以此建立其思想整体与深—渊的内在关联。值得再次重审的是，以此方式对海德格尔思想整体的勾勒是粗线条的，是只论一点不计其余的。本书就海德格尔深渊哲学及其思想整体之关联的探讨也只是从深渊立场出发，极力呈现出其思想整体轮廓的某些面相，记下其思想整体面貌的某些剪影，揭示出这些面相在深—渊中的汇聚，从而显示出深—渊与其思想整体的内在关联，显明深渊哲学在此意义上可以作为海德格尔思想整体的一种表达。这也为进一步探讨一种一般意义上的深渊哲学提供了可能。

---

① Heidegger, *Aus der Erfahrung des Denkens*, Frankfurt a. M: Vittorio Klostermann, 2002, S.196.

② [德]海德格尔:《在通向语言的途中》,孙周兴译,北京,商务印书馆,2004,第 260 页。译文有改动。Heidegger, *Unterwegs zur Sprache*, Hrsg. F.-W. von Herrmann, Frankfurt a. M: Vittorio Klostermann, 1985, S.248.

结语　一种深渊哲学之可能

要探讨一种一般意义上的深渊哲学之可能，既要在一定程度上超出海德格尔的深渊哲学，也要借助其他在思想上具有深渊性的思想家来进行比较。为此，在本书的最后，补充出对老子思想的深渊性之阐发。老子的道的深渊性之揭示，满足上面提到的两个条件：一，如果海德格尔的哲学是深渊哲学，基于海德格尔与老子思想的某种亲缘性，老子思想也可能具有深渊特征，由此，可以从海德格尔深渊哲学的立场对老子思想进行一种重释，以显明后者的深渊性；这也意味着海德格尔深渊哲学走出其自身的西方传统而抵达东方思想中。二，老子思想之深渊性的揭示也能为更清晰地呈现出海德格尔深渊哲学的基本要素及其构成提供可能。这两个条件的实现也意味着，可以通过海德格尔与老子各自思想的深渊性之比较探讨一种一般意义上的深渊哲学之可能，并尝试揭示出后者的基本要素与构成。为此，本书的总结部分包含三个方面的内容，也可以分为三步：（1）老子的道的深渊性；（2）海德格尔深渊哲学的基本构成；（3）一种深渊哲学之可能。

一、老子的道的深渊性

海德格尔与道家的关系是一个不断引发学界关注的话题。汉语学界对这个论题的研究也比较多，张祥龙、王庆节以及赖贤宗等学者均对这一论题进行深入探讨。这里并不是想就海德格尔与道家之关系做一个全面的比较研究，故而对海德格尔也论及的庄子略而不论，而是主要阐发海德格尔重点关注的老子的“道”，是基于深渊问题来对海德格尔与老子进行比较的一种新的尝试。更确切地说，是从海德格尔的深渊哲学的视角出发，在两者之亲缘性的基础上展示出老子思想的深渊特征，并最终在两者之深渊的相通性中探讨一种一般意义上的深渊哲学之可能。

海德格尔在其著作中也为这种探讨与比较留下了直接的依据。海德格尔不止一次把作为其后期思想主导词的本有与古希腊的λόγος和中国的道相提并论。"'本有'就像希腊的λόγος［逻各斯］和中文的'道'一样几不可译。"① 海德格尔强调这三个核心词都是不可翻译的。通过前文的分析已经揭示出本有与深渊之内在关联，而古希腊λόγος［逻各斯］的本源经验在前面也作为《思想的基本原则》中深渊问题的五个向度之一而得到了阐发。由此，海德格尔提到的本有与古希腊的λόγος［逻各斯］均具有深渊性，而对于"道"的深渊性之探讨的一个合适的出发点恰恰也是《思想的基本原则》。

如果说《思想的基本原则》作为海德格尔晚年深渊哲学的首次系统的公开表达，那么，其系统性也显示为对深渊问题的全面把握，在一定程度上也能涵括海德格尔通过深渊视角对老子的"道"的深渊性之洞察。并且，《思想的基本原则》也留下了直接把两者关联起来的线索。在前文对《思想的基本原则》中深渊问题的"五个向度"② 的系统揭示中，第一个、第三个与第五个向度，亦即作为"思想的基本原则"之来源处的深渊、作为深渊首次本现的踌躇着的拒绝、作为语言之本质的深渊，便与老子思想的深渊性有着大致的对应，并较大程度地勾勒出了后者的轮廓。这里便以该文为切入点来展开这一论题。

从《思想的基本原则》中深渊问题的第一个向度来说，一方面作为形而上学之根据的离开，另一方面也借助荷尔德林的诗意经验与老子的"知其白，守其黑"来通向"思想的基本原则"之来源处，作为离开形而上学之根据而要通达的地方，这个来源处以其自身的遮蔽性而显示为深渊。由此，在海德格尔对老子思想的理解中，"知其白，守其黑"便大致对应于《思想的基本原则》中深渊的第一个向度。

在《思想的基本原则》中，海德格尔展示了一条通向基本原则之来源处的道路，而这个来源处作为一种地方，具有遮蔽性，其遮蔽着的基础实

① 为了更好地理解这句话，这里补出其前后文："从我们所指出的实事来思，'本有'一词现在应作为为思想服务的主导词语来说话。作为如此这般被思考的主导词语，'本有'就像希腊的λόγος和中文的'道'一样几不可译。'本有'一词在这里的意思不再是我们通常所谓的某个事情、某个事件。这个词现在被用作单数。它所命名的东西只在单数中发生——不，甚至不再在单个数中发生，而是独一无二的。"（［德］海德格尔：《同一与差异》，孙周兴、陈小文、余明锋译，北京，商务印书馆，2011，第 48 页）类似的话在《不莱梅和弗莱堡演讲》中也出现过："现在，更源始地来思，'本—有'一词应作为为一种思想服务的主导词语来说话，这种思想尝试把巴门尼德的那个晦暗词语 τὸ αὐτό，即同一者——思想与存在是同一的——保持在记忆中。'本有'一词就像希腊的主导词语λόγος和中文的'道'（Tao）一样几不可译。'本—有'一词在这里的意思不再是我们通常所谓的某个事情、某个事件。"（［德］海德格尔：《不莱梅和弗莱堡演讲》，孙周兴、张灯译，北京，商务印书馆，2018，第 151 页）

② 参见本书下编第八章第三节"《思想的基本原则》与深渊"。

际上便是深渊[①]。要抵达这个幽暗不明的地方需要借助对幽暗的源初经验。海德格尔在切近这一地方时借助于荷尔德林与老子的经验，分别以荷尔德林的诗意经验与老子《道德经》中的“知其白，守其黑”来见证。“但幽暗却是光明之奥秘。幽暗保存着光明。光明属于幽暗。因此，幽暗具有它本己的纯正性。真正知道古代智慧的荷尔德林在他的《追忆》一诗第三节中说：‘但是，愿有人为我端上/芳香郁郁的酒杯一盏，/盛满幽幽的光芒。’”[②] 这个遮蔽性的地方在荷尔德林那里得到了经验，荷尔德林的诗揭示了幽暗与光芒的一体关系，“幽幽的光芒”显示出光芒来自幽暗并在显示幽暗时也维持着幽暗之幽幽的状态。荷尔德林的这首诗见证了海德格尔前面一句对光芒与幽暗之关系的阐发：“但幽暗却是光明之奥秘。幽暗保存着光明。光明属于幽暗。因此，幽暗具有它本己的纯正性”。[③]

这种幽暗的纯正性在老子思想中也得到了重视。“困难的是，保持黑暗的纯正性，也就是说，避免对不得体的光明的混合，去发现仅仅与黑暗相合的光明。老子说（第十八章；V. V. 施特劳斯译）：‘知其白，守其黑。’关于这一点，我们还要加上一个尽人皆知却又少有人能做到的真理：终有一死的人的思想必须落入井泉深处的黑暗中，才能在白天看到星辰。更难的事情是，保持黑暗的纯正性，也即造成一种只求作为本身闪现出来的光明。”[④] 海德格尔对老子的引用着眼于其独特的真理观，即在无蔽与遮蔽之关联中的真理。无论是海德格尔在《存在与时间》中突出无蔽维度的真理，还是其20世纪30年代从《真理的本质》到《哲学论稿》中强调遮蔽维度的非—真理，其真理观均可在一种显—隐二重性的结构中来把握，只不过其非—真理与显—隐结构更契合。这种显与隐的关联在老子的“知其白，守其黑”中得到了见证。实际上，海德格尔在《真理的本质》中就已经引用了老子的“知其白，守其黑”这句话：“那知其光亮者，将自身隐藏于黑暗之中。（老子）”[⑤] 只不过在生前正式出版的修订稿中删

---

① 参见本书下编第八章第三节“思想的深渊”。

② ［德］海德格尔：《不莱梅和弗莱堡演讲》，孙周兴、张灯译，北京，商务印书馆，2018，第112页。

③ ［德］海德格尔：《不莱梅和弗莱堡演讲》，孙周兴、张灯译，北京，商务印书馆，2018，第112页。

④ ［德］海德格尔：《不莱梅和弗莱堡演讲》，孙周兴、张灯译，北京，商务印书馆，2018，第113页。“知其白，守其黑”应该属于《道德经》第二十八章，而不是海德格尔所说的第十八章。中译本也指出了海德格尔引用的失误。也可参见［德］海德格尔：《同一与差异》，孙周兴、陈小文、余明锋译，北京，商务印书馆，2011，第132页。“老子说：‘知其白，守其黑。’关于这一点，我们还要加上一个尽人皆知却又少有人能做到的真理：终有一死的人的思想必须落入井泉深处的黑暗中，才能在白天看到星辰。更难的事情是，保持黑暗的纯正性，也即造成一种只求作为本身闪现出来的光明。”

⑤ 转引自张祥龙：《海德格尔传》，北京，商务印书馆，2017，第217页。

掉了对老子这句话的引用。[①] 问题在于，从隐显结构来看，“知其白，守其黑”确实与海德格尔作为无—蔽的非—真理有着相似性，但这种真理上的关联是如何向《思想的基本原则》的深渊问题过渡的？

这里过渡的一个中介便是自由问题。由于收录《真理的本质》几个不同版本的《海德格尔全集》第80卷《演讲》第1册已于2016年出版，这种过渡可以更清楚地得到揭示。一方面，海德格尔在这个演讲中提到“自由作为真理的本质”[②]；另一方面，海德格尔在1929年演讲《根据的本质》中便揭示出自由的深渊特征，“自由是此在的深—渊”[③]。自由使真理与深渊相贯通。由此，通过自由，“知其白，守其黑”中的“黑”之维度作为“思想的基本原则”的来源之处，既可对应于作为海德格尔无—蔽之真理中的遮蔽之维，也对应于深渊的基础。因为这种遮蔽状态是归属于深渊的，“遮蔽状态归属于此—在而恰恰于此（Da）存在”[④]。而在《哲学论稿》中，深—渊作为此而发生，由此，这里的遮蔽状态归属于此—在而在“此”存在即是在深—渊中存在。

从这里可以看出“知其白，守其黑”在《真理的本质》与《思想的基本原则》中被引用的侧重点不同，海德格尔在《真理的本质》中突出这句话与真理之本质的关联，而在《思想的基本原则》中则突出与深渊的关联。这种区别实际上也涉及对真理把握的角度之变化，前者是从隐显二重性来展开的，后者从Grund（根据、基础）来阐发。由此，在《思想的基本原则》中，“知其白，守其黑”与深渊之关联便被直接挑明了，“守其黑”意指“思想的基本原则”之具有遮蔽性的来源处，是一个隐蔽的基础，亦即深渊。

当《道德经》中“守其黑”被海德格尔从深渊之基础来把握时，老子的这句话便显示出深渊特征。尽管《道德经》中的“守其黑”被有些学者

---

① 参见张祥龙：《海德格尔传》，北京，商务印书馆，2017，第217页。

② Heidegger, *Vorträge: Teil 1: 1915 bis 1932*, Frankfurt a. M: Vittorio Klostermann, 2016, S.396.

③ Heidegger, *Wegmarken*, Hrsg. F.-W. von Herrmann, Frankfurt a.M: Vittorio Klostermann, 1976, S.174.

④ Heidegger, *Vorträge: Teil 1: 1915 bis 1932*, Frankfurt a. M: Vittorio Klostermann, 2016, S.370.

认为是后世添加的文字，其原初的语句应该是“知其白，守其辱”。[①] 但就“辱”具有“黑”的含义而言，“知其白，守其辱”与“知其白，守其黑”的意思基本相同，在此意义上，海德格尔所引用的“知其白，守其黑”应该也能归入老子的思想之中。这也是海德格尔阐释老子思想的独特立场之一，也可视为其对理解《道德经》所做的贡献。以此为出发点，也能对《道德经》的深渊性做出一种探讨。

随着“知其白，守其黑”作为一种对深渊的描述得以澄清，《道德经》中直接论述深渊的语句“渊兮似万物之宗”，便可视为深渊问题的一种推进，大致接近于《哲学论稿》中深渊作为虚空的首次澄明，亦即相近于《思想的基本原则》中深渊的第三个向度。老子的“渊兮”与海德格尔的深渊之关联，张汝伦在论述《存在与时间》中存在意义之深渊特征时已准确地指出：“‘深渊’是海德格尔的一个非常重要但常常被人忽视的概念，深渊似有若无，除了‘深不可测’外，没有什么实在的规定。海德格尔用它来指存在，存在不是存在者，它没有任何存在者那种实在的规定。但它不是无，像深渊一样，它就在那里，一切存在者由于它而存在和显现。‘渊兮似万物之宗’，《道德经》里的这句话是它最好的写照。”[②] 《存在与时间》作为海德格尔早期代表作，对这个阶段的存在意义与深渊之关联的揭示可以归入海德格尔深渊哲学的形成阶段，但在海德格尔深渊哲学的成熟及拓展阶段，其与老子思想在深渊问题上的关联需要进一步探讨。老子的“渊兮，似万物之宗”[③] 也要从海德格尔中后期的深渊哲学中得到重审。从前面对《思想的基本原则》中深渊的五个向度之揭示可知，海德格尔的深渊问题具有多层次性与复杂性，以其为参照，也呈现出老子的道的

---

① 这句话在文献上是有争议的。这句话所在的段落为：“知其白，[守其黑，为天下式。为天下式，常德不忒，复归于无极。知其荣，]守其辱，为天下谷。为天下谷，常德乃足，复归于朴。”易顺鼎、高亨等人从《庄子》或《淮南子》对《道德经》的引用等方面来推断出括号中的“守其黑”等语句为后世添加，故而原文应为：“知其白，守其辱，为天下谷。为天下谷，常德乃足，复归于朴。”参陈鼓应译注：《老子今译今注》，北京，商务印书馆，2016，第 183—186 页。

② 张汝伦：《〈存在与时间〉释义》，上海，上海人民出版社，2012，第 501—502 页。关于“渊兮”与存在意义之深渊的关联可参本书导言中的“：(一) Abgrund（深渊）的词源学考察及其翻译问题”与“(三)通向存在之深渊的道路”。

③ 值得注意的是，“渊兮，似万物之宗”这句话与“知其白，守其黑”一样，也存在文献上的争议。如这句话也有“深乎！万物宗”的版本，参见朱谦之撰，《老子校释》，北京，中华书局，1984，第 19 页。而就算接受“渊兮，似万物之宗”的内容，也存在断句的差异。如张汝伦先生与陈鼓应先生对《道德经》的这句话断句不同，前者为“渊兮似万物之宗”，后者为“渊兮，似万物之宗”。前者与王弼的校注一致，参见（三国魏）王弼著，楼宇烈校释：《老子道德经校释》，北京，中华书局，2008，第 10 页。后者与高明的校注一致，参见高明撰：《老子校注》，北京，中华书局，1996，第 239 页。本书采用了陈鼓应《老子今译今注》中的断句形式。

深渊特征的层次性。故而需要进一步探讨两者在不同层次上对接的可能。

在《道德经》中，“渊兮”与“湛兮”均是对道的描述。“道冲而用之或不盈。渊兮，似万物之宗。”“湛兮，似或存。吾不知谁之子，象帝之先。”① 其中的“道冲而用之或不盈”“道体为虚而用之无穷”，道体之虚如同作为“盅”的虚器。“‘冲’，古字为‘盅’，训虚。‘冲’傅奕本作‘盅’。《说文》：‘盅，虚器也’。”② 道体之虚与《哲学论稿》中对深渊之初次本质性显现的虚空（Leere）的描述十分接近，“离—基深渊乃是作为‘虚空’的敞开者的首次澄明”③（406/380）。而老子那里的作为虚器的道冲或道盅，则相当于海德格尔为形象地描述这一虚空（Leere）而采用的壶之例子，两者均是一种形象性的描述④，而且盅与壶在形状上大同小异，在虚空之用的意义上则是一致的。如果说，盅可以视为道之“虚器”，那么在海德格尔那里，壶则相应地视为深—渊之“虚器”。

并且更进一步，“道冲”或道之虚器从“渊兮”与“湛兮”两方面来展开，分别为“渊兮，似万物之宗”与“湛兮，似或存”。一方面，道体之虚所显示的“渊兮”亦即深渊⑤，作为“万物之宗”，乃“是万物的根源”⑥，对万物具有根基（Grund）意义。另一方面，“湛兮”也是道的显现：“湛：沉、深，形容‘道’的隐而未形。”⑦ 道在“渊兮”与“湛兮”这两方面的展开，与海德格尔的深—渊作为踌躇着的拒绝来展开，有相通性。在《哲学论稿》中，深—渊作为虚空的发生，也是以踌躇着的拒绝而发生出来的。深—渊的基础虽然“植根于离基深渊，但并非真正地植根于离基深渊，就此而言，基础处于踌躇中”（405/380）。基础之踌躇在海德格尔的运用中表示基础在虚空或澄明中本现但同时又隐退了，后者也显示为拒绝。由此，踌躇的运作所意指的深—渊之基大致对应于老子的“渊兮”，而作为隐退的拒绝大致对应于“隐而未形”的“湛兮”。

由此，老子《道德经》第四章中的道之深渊与海德格尔的深—渊之初次本现之间的相通性得以揭示。老子那里的深渊是道之显现，在海德格尔

---

① 陈鼓应译注：《老子今译今注》，北京，商务印书馆，2016，第 90 页。

② 陈鼓应译注：《老子今译今注》，北京，商务印书馆，2016，第 90 页。

③ 译文略异。

④ 与《道德经》中道体之虚盅的形象描述相一致，海德格尔在《哲学论稿》中也有对深—渊与壶之关联的形象描述，参本书上编第四章第四节中的“深—渊形象之可能”。

⑤ “渊兮”被解释为“渊深”。参见陈鼓应译注：《老子今译今注》，北京，商务印书馆，2016，第 91 页。

⑥ 陈鼓应译注：《老子今译今注》，北京，商务印书馆，2016，第 92 页。

⑦ 陈鼓应译注：《老子今译今注》，北京，商务印书馆，2016，第 91 页。

那里，其深渊是本有之显现。是“作为本—有的深—渊”[①]。而道之深渊的最深处或原始基础要在与海德格尔深—渊的原始基础即本有的比较中才能得以显明，后者乃是《思想的基本原则》中深渊的第五个向度。

深渊般的虚空成为老子的道与海德格尔的本有之共同的显现方式。在海德格尔那里，深—渊之虚空“既不是空洞的虚无，也不是幽暗的迷乱，而是：本—有。在本—有中回荡着那个作为语言而言说的东西的本质；而语言之本质一度被我命名为存在之家”[②]。海德格尔对深渊与本有之关联的揭示并未言尽于此，反而进一步从本有与语言之本质的关联来呈现作为语言之本质的深—渊，这对应于《思想的基本原则》中深渊问题的第五个向度。同样，海德格尔对老子思想之深渊性的揭示也没有止步于此，否则其对老子的描述就显得过于单薄，而是也相应地揭示出作为语言本质的道，亦即开辟道路的道路。如果说，在海德格尔那里，作为语言本质的深渊构成了深—渊的原始基础，并且，海德格尔在语言之思中把老子的道理解为 Verhältnis（关系），那么，作为“关系”的道也可以视为老子思想之深渊的原始基础的一种显现样式。老子的道作为开辟道路的道路与海德格尔的道说四重整体世界亦即深渊之原始基础的语言相通；更进一步，老子的“道法自然”与海德格尔“本有居有”也有一致性，而海德格尔那里，无论是本有还是四重整体世界均是深—渊之原始基础的显现，在此意义上，作为开辟道路的道路与“法自然”的道均是思想之深渊的原始基础之显现。老子思想的深渊性也以此在第三个维度亦即最深的层次得到揭示。

在《思想的基本原则》对深渊的分析中，海德格尔探讨了语言作为“存在之家”这个命题，这与其《在通向语言的途中》的语言之思相呼应。正是通过后者，方可澄清老子的道与作为语言本质的深渊之关联。语言作为存在之家有多重含义，海德格尔在不同场合也多次阐发。这个说法从根本上来说，在于本真的语言作为“一切关系的关系”：“作为世界四重整体之道说，语言不再仅仅是我们说话的人与之有某种关系的东西了——这种关系是在人与语言之间存在的联系意义上讲的。作为为世界开辟道路的道说，语言乃是一切关系的关系。”[③] 世界之四重整体的另一种表述即是作为四重整体的世界，这是从世界、大地、神与人四元整体发展而来的，前文已通过从《哲学论稿》到《本有》再到《乡间路上的谈话》来梳理出其

① Heidegger, *Die Geschichte des Seyns*, Hrsg. Peter Trawny, Frankfurt a. M: Vittorio Klostermann, 1998, S.124.

② [德]海德格尔:《不莱梅和弗莱堡演讲》,孙周兴、张灯译,北京,商务印书馆,2018,第154页。

③ [德]海德格尔:《在通向语言的途中》,孙周兴译,北京,商务印书馆,2004,第211页。

发展轨迹。四重整体世界也是《哲学论稿》中作为深渊之原始基础的本有在海德格尔晚年思想中的拓展。把《在通向语言的途中》的这句话与《思想的基本原则》中深渊的第五个向度结合起来，便可发现，在《思想的基本原则》中作为语言之本质的深渊，其原始基础拓展为四重整体世界，而后者又在语言之道说中本现，本真的语言为四重整体世界开辟道路，即是为深渊之原始基础开辟道路，使其本现出来，这种语言成为“一切关系的关系”。

作为“一切关系的关系”之语言一方面与深渊相关联，另一方面与老子的道可以对接，由此，也建立起深渊与老子之道的相关性，也为“道法自然”与“本有居有”之相通做了准备。

作为“关系”的语言与深渊之间的关联体现在以下三点：

首先，海德格尔这里所言的语言与“关系”具有独特内涵。“我们在语言中，因而通过倾听和感知语言的本己要素（das Eigene）来了解语言的本质，思考语言之为语言吗?”[①] 海德格尔以设问的方式表示要从“本己要素”来把握语言的本质，并特意为“本己要素”做了注释：“语言的本己要素?语言在本己（Eignis）中就是这种关—系（Ver-Hältnis）——作为寂静之音的关—系。”[②] “本己”作为关—系，而这种关系又具体化为“寂静之音”的关—系。《在通向语言的途中》把寂静之音视为天、地、神、人四重整体世界在声音维度的显现，是《哲学论稿》中存有之沉默的拓展。这句话中的本己（Eignis）与本有（Ereignis）在词根上的关联也显明了这一点，寂静之音也就是在海德格尔晚年深化为四重整体世界的本有在声音与语言中的发生。

其次，语言之本质从四重整体世界形成的“关—系”得到澄清后，也要注意到海德格尔特意把“关系”以连字符分开写成关—系（Ver-Hältnis）。通过与作为深—渊含义之一的离开形而上学的根据而变得无支撑、无依靠或无所依托相比照，进而与其建基亦即在《哲学论稿》中深—渊之环形—支撑（Um-halt）相关联，可以发现，海德格尔所言的四重整体之显现的寂静之音的“关—系”（Ver-Hältnis），实为在深—渊中重建基础，重新以作为四重整体世界之显现的寂静之音为具有基础作用的支撑，这也是《哲学论稿》中深—渊之环形—支撑的进一步深化与拓展，是其在另一开端的建基，是原始基础的一种显现方式。由此，也就能理解海

① ［德］海德格尔：《在通向语言的途中》，孙周兴译，北京，商务印书馆，2015，第238页。

② ［德］海德格尔：《在通向语言的途中》，孙周兴译，北京，商务印书馆，2015，第238页“作者边注”。

德格尔为何又把深—渊描述为“持续于关—系中的深—渊”[1]。这是在作为关—系的语言之维中的深—渊。

最后，在作为关—系的语言与深渊之关联得以建立之后，要探讨老子的道与深渊之关联。这种关联的桥梁仍然是语言。上文提到，语言作为关—系，在于其为四重整体世界开辟道路。正是在开辟道路的作用中，可与老子之道相贯通。“也许‘道路’一词是语言的原始词语，它向沉思的人允诺自身。老子的诗意运思的引导词语叫做‘道’（Tao），‘根本上’就意味着道路。”[2] 海德格尔独辟蹊径地把老子的道理解为道路，如其作为关—系的道说一样，是开辟道路的道路。“‘道’或许就是为一切开辟道路的道路，由之而来，我们才能去思理性、精神、意义、逻各斯等根本上也即凭它们的本质所要道说的东西。也许在‘道路’、‘道’这个词中隐藏着运思之道说的一切神秘的神秘，如果我们让这一名称回复到它的未被说出状态之中而且能够这样做的话。”[3] 由此，可以重审前面引用的《在通向语言的途中》的这句话：“作为为世界开辟道路的道说，语言乃是一切关系的关系。”[4] 海德格尔所指的四重整体世界之道说能开辟道路，从而成为一切关系的关系，亦即在深—渊中生成关—系，那么，老子的道不但同样能开辟道路，而且该词在汉语中也有道说的含义，故而道也可以成为一切关系的关系，在“知其白，守其黑”与“渊兮”的深渊性维度中成为根基性的“关—系”。或者化用海德格尔“持续于关—系中的深—渊”[5] 之表述，“知其白，守其黑”与“渊兮”的深渊之维在根本上持续于作为一切关系之关系的道之中，道亦是深渊中的深不可见的原始基础。

海德格尔的道说与老子的道这两者的深渊性及其揭示的原始基础，在海德格尔对本有与道的进一步对比中得到某些见证。海德格尔实际上未明言地把本有发生的规则与“道法自然”进行了贯通。

就语言与本有的关联来说。语言作为关—系而能在深渊中生成，根本上在于语言归属于本有，如同其“本己要素”或“本己”（Eignis）与本有（Ereignis）的同词根关联一样。“语言是存在之家，因为作为道说的语

① Heidegger，*Ergänzungen und Denksplitter*，Frankfurt a.M：Vittorio Klostermann，2022，S.606.

② ［德］海德格尔：《在通向语言的途中》，孙周兴译，北京，商务印书馆，2015，第 191 页。

③ ［德］海德格尔：《在通向语言的途中》，孙周兴译，北京，商务印书馆，2015，第 191 页。

④ ［德］海德格尔：《在通向语言的途中》，孙周兴译，北京，商务印书馆，2015，第 211 页。

⑤ Heidegger，*Ergänzungen und Denksplitter*，Frankfurt a.M：Vittorio Klostermann，2022，S.606.

言乃是 Ereignis（本有/大道）之方式。”[①] 海德格尔更明确地把语言与本有的关联解释为“归属于 Ereignis；因此语言既不是第一性的也不是最终的东西”[②]。道说的语言并非形而上学中作为第一性或最终者的根据，而是具有深渊性，其根源在于归属于本有。从这种对本有的归属性而来，语言之作为关—系也归属于本有之关—系。“因为 Ereignis（本有/大道），即居有着—保持着—抑制着的大道，乃是一切关系的关系。”[③] 而作为关—系的本有，从本有自身而发生。“大道即是它自身，自然而然（自然），‘除此之外无他’[④]，道就是道。”[⑤] Ereignis（本有/大道）从其自身而来的发生，这与老子的“道法自然”有一致之处。道法自然中的“‘自然’并不是指具体存在的东西，而是形容‘自己如此’的一种状态”[⑥]。

莱因哈德·梅依比较了《道德经》第二十五章与海德格尔在这里的描述，认为海德格尔的本有对老子的“人法地，地法天，天法道，道法自然”有着“措辞转换”与“准确无误的响应”。[⑦] 海德格尔是否真如莱因哈德·梅依所描述的受到老子思想如此大的影响，是可以进一步探讨的问题。但就莱因哈德·梅依对两者之相似性的比较来说，至少可以认为，老子的“道法自然”与海德格尔的本有居有是可以相通的。这种相通性显示在“除此之外无他”的说法中，亦即，对道而言，道就是道，即道法自然；对本有而言，本有就是其自身的发生，如海德格尔在不同文本中多次用到的表达式“本有居有”（Das Ereignis ereignet）（371/349）。此外无他，归于自身，这对于西方形而上学以他者为根据的做法来说，也是一种深渊性的表现。《在通向语言的途中》把“语言言说”这类从其自身来说

---

① ［德］海德格尔：《在通向语言的途中》，孙周兴译，北京，商务印书馆，2015，第 269 页。孙周兴先生在中译本中为显明 Ereignis 与道之间的关联，把《在通向语言的途中》中的 Ereignis 译为大道，但 Ereignis 在海德格尔其他文本中则采用“本有”的译法。这里补出原文，以加括号形式注明两种译法，即写成“Ereignis（本有/大道）”的样式。后文不再注明。

② ［德］海德格尔：《在通向语言的途中》，孙周兴译，北京，商务印书馆，2015，第 269 页。

③ ［德］海德格尔：《在通向语言的途中》，孙周兴译，北京，商务印书馆，2015，第 269 页。

④ Heidegger, *Unterwegs zur Sprache*, Hrsg. F,-W.vonHerrmann, Frankfurt a.M: Vittorio Klostermann, 1985, S.247. Das Ereignende ist das Ereignis selbst - und nichts außerdem. 中译：“成道者乃大道本身——此外无他。”（［德］海德格尔：《在通向语言的途中》，孙周兴译，北京，商务印书馆，2015，第 258 页）

⑤ ［德］莱因哈德·梅依：《海德格尔与东亚思想》，张志强译，北京，中国社会科学出版社，2003，第 80 页。这句话中“一切法则中的法则”实为前文中的“一切关系的关系（Verhältnis）”，中译本把 Verhältnis 译为“法则”，以彰显与“道法自然”之“法”和本有之 Gesetz（法则）的关联。

⑥ 陈鼓应译注：《老子今译今注》，北京，商务印书馆，2016，第 49 页。

⑦ ［德］莱因哈德·梅依：《海德格尔与东亚思想》，张志强译，北京，中国社会科学出版社，2003，第 77—80 页。

的言说与表达方式视为深渊，“语言是：语言。语言说话”，这个命题所指示的乃是“深渊”。[①] 这也意味着，道法自然或本有居有不仅意指以“关—系”为原始基础的深渊，而且，这类表达方式也是深渊式的。

“道法自然”与“本有居有”之相通性也体现在两者起作用的 sanft（温柔的、柔和的）方式中。这种温柔的作用方式至少可以追溯到《哲学论稿》中深—渊的基础与原始基础之起作用的温柔特征上。“时机之所、唯一性和最明亮之移离的爆发——即从自行拒绝着的—踌躇着的温柔之迷离而来的暗示之领域的最明亮移离的爆发——，在决断方面的近和远，存在历史的‘何处’和‘何时’，〈都是〉从抑制之基本情调的本有过程而来自行澄明着的—遮蔽着的。这种抑制和‘此’之基本经验，因而〈也是〉时间—空间的基本经验。”[②]（399-400/375）《哲学论稿》中作为基本情调的抑制之发生的温柔性，在于“抑制服从——沉默着——温柔的尺度”（76/69），而赋予温柔尺度的，乃是深—渊之基础与原始基础的运作。前一句话点明了这种温柔方式乃是抑制、“此”以及时间—空间的基本经验，在《哲学论稿》中，“此”与时间—空间均可视为深—渊的一种发生，从深渊之基来说，这种 Grunderfahrung（基本经验）也可以从字面意思上翻译为“基础经验”，亦即是深—渊（Ab-grund）之基础（-grund）在抑制情调中起作用的经验。海德格尔在上一句话中特意用连字符写成了两个独特的表述，一是“自行拒绝着的—踌躇着的温柔之迷离”，这实际上指的是深—渊之首次本质性的显现，即深—渊之基础作为踌躇而本现，也相当于“迷离”的运作，这迷离是温柔之迷离；二是用了从“本有过程而来自行澄明着的—遮蔽着的”，这实际上是深—渊之原始基础作为本有而发生为“自行澄明着的—遮蔽着的”，即深—渊之原始基础的温柔尺度的运作。

深—渊之基础与原始基础各自起作用的温柔程度也是有差异的，作为本有的原始基础之温柔在 20 世纪 50 年代被海德格尔描述为最温柔的：“如果我们把‘法则’理解为对那种让一切在其本己中在场并且归于其范围的东西的聚集，那么，Ereignis（本有/大道）便是一切法则中最质朴和最温柔的法则。”[③] 本有通过法则而起作用，本有之法则又是一切法则中

① ［德］海德格尔：《在通向语言的途中》，孙周兴译，北京，商务印书馆，2004，第 4 页。

② 译文略异。

③ ［德］海德格尔：《在通向语言的途中》，孙周兴译，北京，商务印书馆，2015，第 260 页。Heidegger，*Unterwegs zur Sprache*，Hrsg. F.-W. von Herrmann，Frankfurt a.M：Vittorio Klostermann，1985，S.248.

最温柔的法则。

本有之起作用的温柔性也与老子思想中的道之发生有相通性。柔弱也是《道德经》中的道之运作的特征，“弱者道之用”，即“道的作用是柔弱的”。[①] 在2020年出版的海德格尔写于20世纪50年代末的《全集》第101卷《暗示Ⅰ与Ⅱ》中，海德格尔直接引用了《道德经》第四十三章的内容：“天下之至柔，驰骋天下之至坚。”[②] 海德格尔引用的德文以“最温柔的”（sanftestes）来译“至柔”，而以Erde（大地、地面、人世间）来译“天下”。这里抛开海德格尔的理解是否到位的问题，天下之至柔的发生，在海德格尔看来，与本有之“最温柔”有一致之处。其中的中介便是以Erde（大地、地面、人世间）来译“天下”，海德格尔所理解的大地一方面是深—渊的承载者：“大地，承载深—渊——大地是承载者。”[③] 另一方面，深—渊作为大地形成的特有褶皱，也是本有之开裂的展示：“纯朴化着的深—渊：开—皱着的本有（Der einfaltende Ab-Grund：das ent-faltende Ereignis）。”[④] 道之运作的至柔与本有之法则的至柔或最温柔便相通了[⑤]。

由此，道之运作与本有之法则共同的温柔方式也表明，道法自然与本

---

① 陈鼓应译注：《老子今译今注》，北京，商务印书馆，2016，第226—228页。对于《道德经》中的道与柔弱之关联的集中论述也可参该书第59—62页。

② 陈鼓应译注：《老子今译今注》，北京，商务印书馆，2016，第239页。海德格尔的引文为：“Der Erde sanftestes verwindet der Erde Starrstes.” Martin Heidegger，*Winke Ⅰ und Ⅱ*（*Schwarze Hefte 1957-1959*），Frankfurt a.M：Vittorio Klostermann，2020，S.3.

③ Martin Heidegger，*Winke Ⅰ und Ⅱ*（*Schwarze Hefte 1957-1959*），Frankfurt a. M：Vittorio Klostermann，2020，S.26.

④ Heidegger，*Winke Ⅰ und Ⅱ*（*Schwarze Hefte 1957-1959*），Frankfurt a.M：Vittorio Klostermann，2020，S.26.海德格尔的这个表述包含了文字游戏。其中einfaltende与ent-faltende共有一个词根falten（折叠，皱，合拢，地质上指“使形成褶皱”），深渊在地质上可以说是地表之形成深层的褶皱或特殊的褶皱。einfalten这个动词从字面意思来说，可以指进入褶皱中；而ent-faltende是把entfalten用连字符隔开，动词entfalten指展开、显示、阐明等，其连字符形式的字面意思ent-faltende可试译为“开—皱着的”，指本有（Ereignis）在开裂中展开，在展开中形成褶皱，这个过程也指本有开裂并展开为深—渊。

⑤ “道”与“本有”的这种相通性，除了本书基于深—渊立场所做的上述揭示之外，当然还可以在其他方面展开论述，如国内学者张祥龙先生基于“终极视域”来对两者进行了富有启发的深入探讨。参见张祥龙：《海德格尔思想与中国天道：终极视域的开启与交融》，北京，中国人民大学出版社，2010，第282、295页。但这种着眼于视域的比较在涉及与存在者的关联时，也应当注意海德格尔在《哲学论稿》中提到的存有与存在者的“同时性”，以此打破了《存在与时间》中的视域之优先性。按冯·海尔曼的描述，随着《存在与时间》向《哲学论稿》的过渡，《存在与时间》中的存在之开抛作为超越被放弃了，与之一道，“视域也被放弃了”。Friedrich-Wilhelm von Herrmann，*Transzendenz und Ereignis：Heideggers „Beiträge zur Philosophie (Vom Ereignis)“：Ein Kommentar*，Würzburg：Königshausen & Neumann，2019，S.82.

有居有这两者在深—渊的原始基础处是相通的。而在海德格尔的存有历史中，深—渊的原始基础在另一开端才真正建基，从而具有未来性；与之相应，其所发掘的老子之道在深—渊之原始基础运作的这个维度，也应具有未来性。故而在2022年新出的《海德格尔全集》第91卷《增补与断想》中，海德格尔留下高度评价中国思想的只言片语："中国来临——作为唯一的世界—民族（China kommt — als einziges Welt-Volk）。"[1] 这里的"世界—民族"中的世界应大致相当于海德格尔晚年所理解的四重整体世界，就后者作为本有之拓展与作为关—系而言，亦与作为关—系的道在深—渊之原始基础处相通，而以"法自然"之道来建基的中国，也具有未来性，作为唯一的世界—民族而在其通向自身的真正建基中到来。

老子的道与海德格尔的本有各自之起作用最终也要指向存在者的层次。在与存在者的关联中，可以见出两者在两个方面的相通性：一是老子的"无""之用"与海德格尔的存在论区分，二是老子的"复归其根"与海德格尔的存在者之Wiederbringung[2]（复归、带回）。这两方面也显示了老子的道的深渊性之运作。

海德格尔在1943年专门对《道德经》第十一章中的"无"之"用"进行了探讨。海德格尔对深渊之无或虚空（Leere）的理解不同于佛教中的空，在《哲学论稿》中特意强调了这一点："人越是具有非存在特性，人越少固执于他发现自己所是的存在者，人就越能切近于存在（不是佛教！而是反面）。"（177/170-171）与佛教之空无观的根本区别在于海德格尔的空无揭示的是存在之本现。[3] 此外，海德格尔对无的把握也涉及存在论区分，在1943年，海德格尔对存在论差异的把握已经深化为存在论区分，并在对《道德经》第十一章的阐释中体现出来。"三十辐，共一毂，当其无，有车之用。埏埴以为器，当其无，有器之用。凿户牖以为室，当其无，有室之用。故有之以为利，无之以为用。"[4]

莱因哈德·梅依通过比较卫礼贤的译文而认为《道德经》中的这一章影响了海德格尔对壶（Krug）的阐释，并且认定，在《艺术作品的本源》中出现了对《道德经》第十一章的"重组释义"："容器的物性不管怎样都

---

① Heidegger, *Ergänzungen und Denksplitter*, Frankfurt a.M: Vittorio Klostermann, 2022, S.667.

② Wiederbringung 的动词形式 wiederbringen 指"带回、归还、送回"。该词在词义与老子的"复归"近义，故而也可以译为"复归"。

③ 对这一比较的分析也可参 Christian Müller, *Der Tod als Wandlungsmitte. Zur Frage nach Entscheidung, Tod und letztem Gott in Heideggers „Beiträgen zur Philosophie"*, Berlin: Duncker & Humblot, 1999, SS.357-358.

④ 陈鼓应译注：《老子今译今注》，北京，商务印书馆，2016，第115页。

并不在于制作它的材料，而在于它所包含（fasst）的空（Leere）之中。"[①] 张祥龙先生也指出了海德格尔的《物》受到了这段内容的"直接影响"[②]。但这里与深渊问题更密切的是海德格尔在对"无之以为用"的理解中引入了存在论区分，"我们从思想的古老习惯出发在与存在者的区分（Unterschied）中命名存在"，"老子在其《道德经》第十一章里，在这种区分中的存在被命名"。[③] 在海德格尔的解读中，《道德经》第十一章中包含了存在论的区分，而不是存在论差异。在引用这一章内容三年之后的 1946 年海德格尔也明确地从区分来把握壶："壶的本质形象归属于区分。"[④] 而存在论的区分包含了对深渊的经验。"'深渊'在所有基础以离开方式保持的地方，是区分"[⑤]。由此，壶之空无以及归属于区分的经验也可以切入到深—渊之"区分"中，并且在海德格尔对《道德经》第十一章的阐释中也暗含了向存在之深渊的过渡。

海德格尔从其特有的存在论区分[⑥]出发，可使道之有无与用具之有无得以贯通，在对其阐释中引入了无之存在及其深渊的经验。

一方面，海德格尔选择了乌拉的译本，把"用"译为"存在"。另一方面，海德格尔也改造了乌拉的译文，出现了乌拉译文中没有的"之间"

① [德]莱因哈德·梅依：《海德格尔与东亚思想》，张志强译，北京，中国社会科学出版社，2003，第 57 页。

② 张祥龙：《海德格尔论老子与荷尔德林的思想独特性——对一份新发表文献的分析》，《中国社会科学》2005 年第 2 期。

③ Heidegger, *Zu Hölderlin - Griechenlandreisen*, Hrsg. Friedrich-Wilhelm von Herrmann, Frankfurt a.M: Vittorio Klostermann, 2000, S.43.

④ Heidegger, *Anmerkungen I-V (Schwarze Hefte 1942-1948)*, Hrsg. Peter Trawny, Frankfurt a.M: Vittorio Klostermann, 2015, S.195.

⑤ Heidegger, *Anmerkungen I-V (Schwarze Hefte 1942-1948)*, Hrsg. Peter Trawny, Frankfurt a.M: Vittorio Klostermann, 2015, S.418.

⑥ 海德格尔的存在论区分不同于带有西方形而上学色彩的现象界与超现象界之区分，这两种不同的"区分"也在《道德经》第十一章中的"有""无"问题上体现出来。"十一章所说的'有''无'（'有之以为利，无之以为用'）和二章所说的'有''无'（'有无相生'），是指现象界中的'有''无'，是通常意义的'有''无'，这和第一章'无名天地之始，有名万物之母'的'有''无'，以及四十章'天下万物生于有，有生于无'中的'有''无'不同，第一章和四十章上的'有''无'是超现象界中的'有''无'，这是'道'的别名。许多谈《老》学的人，忽略了这种区别，混为一谈。"（陈鼓应译注：《老子今译今注》，北京，商务印书馆，2016，第 69 页）实际上，海德格尔对老子思想的兴趣之一，在于其非形而上学特征。而从海德格尔的现象学经验来说，道之有与无也是可以察觉或观入（Einblick）的。海德格尔的存在论区分克服了形而上学中基于存在状态的超现象/现象或者超感性/感性之区分。

（Zwischen）这个词。[①] 而选取了以“存在”来翻译“用”的译本，表示海德格尔对此翻译的认同。老子的“无之以为用”便被译成“非—存在者给予存在”[②]。这也与海德格尔从存在者之无通向存在的思路相通。这种存在者之无的经验可从存在者整体的无化中得到明见。在畏之情调中生发出存在者之无化，在此无化中人们从存在者那里脱落而陷入飘荡状态。“我们‘飘荡’（schweben）在畏中。更明确地讲，畏使我们飘荡，因为畏使存在者整体脱落了。这也意味着，我们本身——这些存在着的人——在存在者中间一道脱落了。”[③] 由此，也形成了对无之场所的经验，人因之成为“无的场地守护者（Platzhalter）”[④]。从深渊作为无化的来源以及所具有的空间性来说，深渊也显示为无之场地。实际上，海德格尔对老子这一章的阐释便从“无”过渡到了作为无之场所的深渊。

海德格尔对《道德经》第十一章译文的改造隐含了这种过渡，如张祥龙先生所言，海德格尔在译文中补出“之间”（Zwischen），显示了海德格尔理解老子思想的“倾向”。这个倾向实际上指向了作为无之场所的深渊。海德格尔在对“之间”进行阐释时将其明确为“在之间”（Inzwischen），并进而将后者分为空间上的“在其中”与时间上的“在此期间”。由此，“在之间”自身包含了时间与空间的维度，乃是时间—空间的整体。这实际上接近于《哲学论稿》中作为时间—空间或时间—游戏—空间的深渊了。

海德格尔的进一步解释更能显明这一点。“在其中（Inmitten）是在位置与空间中自行会聚并伸展开的聚集，在此期间（Indessen）是在时机

---

① 对海德格尔翻译《道德经》第十一章中的译本选择与改造的具体分析，参见张祥龙：《海德格尔论老子与荷尔德林的思想独特性——对一份新发表文献的分析》，《中国社会科学》2005年第2期。“对比海德格尔提供的译文与《老子》第十一章的原文，最大的不同是：（1）海德格尔将这一章中出现四次的‘用’字译为‘存在’（Sein），而其他的德文译本，除了乌拉的，都没有这么译。比如：斯特劳斯本译为‘Gebrauch’（使用），威廉本译作‘Werk’（运作）。乌拉译为‘Wesen’（本性），与‘存在’的过去分词‘gewesen’有呼应。（2）海德格尔追随乌拉，将‘无’译为‘Leere’（空处）。其他译本都只译为‘Nichts’（无）或‘Nichtsein’（非存在）。（3）海德格尔的译文中出现了乌拉译本中也没有的‘在……之间’（zwischen）这个介词。由此既能看出海德格尔依据乌拉译本的理由，也能感到他理解老子的某种特别倾向。这些倾向表现在他接下来的解释中，也表现在他后期的术语与思路之中。”

② Heidegger, *Zu Hölderlin - Griechenlandreisen*, Hrsg. Friedrich-Wilhelm von Herrmann, Frankfurt a.M: Vittorio Klostermann, 2000, S.43.

③ [德]海德格尔：《路标》，孙周兴译，北京，商务印书馆，2001，第129页。Schweben 中译本为“漂浮”，这里根据孙周兴在《哲学论稿》中的译法改为“飘荡”。Heidegger, *Wegmarken*, Hrsg. F.-W. von Herrmann, Frankfurt a.M: Vittorio Klostermann, 1976, S.112.

④ [德]海德格尔：《路标》，孙周兴译，北京，商务印书馆，2001，第137页。

与时间中自行会聚并伸展开的聚集。"[①] "在其中"与"在此期间"都是一种聚集，两者可聚集为一体成为时间—空间的整体，而两者中都有着会聚与伸展的发生，这意味着，两者所共构的作为时间—空间整体的"在之间"自身运行了会聚与伸展，这与《哲学论稿》中构成深渊的迷移与移离大致相接近，迷移中产生聚集，而移离是一种伸展。海德格尔从人与"在之间"的关联中显明了后者的深渊性："人居住在这种'在之间'中，如果人的居住是追忆的话，这种追忆留存于持存者中"[②]。在追忆中的持存者指向了存在历史维度中的深渊之基础，"在之间"也便可以从"存在之深渊的澄明"[③] 来把握。"在之间"作为迷移与移离之统一的发生，实际上也是存有之真理的发生。海德格尔在《论自己的问世之作》中指出，存有之真理以"在之间"的方式在存在者之间发生，也就是作为深—渊而发生："这种'在之间'作为存有之本现——作为深—渊。"[④] 由此，无之存在便抵达了作为其来源的深—渊，"无"也以此方式成为存在者之基础："无（Nichts）作为在深渊意义上的存在者之基础。"[⑤]

相应地，《道德经》中的器具身上所发生的无之深渊，也与老子那里作为"万物之宗"的深渊相关联，物从道之"渊兮"中获得其规定，也是"复归其根"。在海德格尔《哲学论稿》中，也提出了存在者之复归的任务："任务依然是：从存有之真理而来的存在者之复归。"[⑥] 而由于存有之真理在过渡时代建基为深—渊，这种存在者的复归也是建基于存有的深—渊中。"不时地，离基深渊的那些建基者必定在被保存者的火焰中被耗尽，方使得此—在对人而言成为可能的，因而在存在者中间的持存状态得以被挽救，方使得存在者本身在大地与世界的争执的敞开域中得以 Wiederbringung（复归/重新带来）。"[⑦]（7/7）而在海德格尔晚年著名演讲《物》中，壶形象地揭示出物物化与四重整体世界的世界化之二重性，这也是在

① Heidegger, *Zu Hölderlin - Griechenlandreisen*, Hrsg. Friedrich-Wilhelm von Herrmann, Frankfurt a.M: Vittorio Klostermann, 2000, S.43.

② Heidegger, *Zu Hölderlin - Griechenlandreisen*, Hrsg. Friedrich-Wilhelm von Herrmann, Frankfurt a.M: Vittorio Klostermann, 2000, S.43.

③ Heidegger, *Besinnung*, Hrsg. F.-W. von Herrmann, Frankfurt a.M: Vittorio Klostermann, 1997, S.145.

④ Heidegger, *Zu eigenen Veröffentlichungen*, Frankfurt a.M: Vittorio Klostermann, 2017, S.447.

⑤ Heidegger, *Zu eigenen Veröffentlichungen*, Frankfurt a.M: Vittorio Klostermann, 2017, S.438.

⑥ Heidegger, *Beiträge zur Philosophie (Vom Ereignis)*, Hrsg. F.-W. von Herrmann, Frankfurt a.M: Vittorio Klostermann, 1989, S.11.

⑦ 译文略异。

存在论区分的基础上的发展，从存在论区分演化为物与世界之分解（Austrag）。而从作为四重整体世界的本有亦是深—渊之原始基础而言，物与世界的分解即是物建基于深—渊的原始基础之上，是“持续于关—系中的深—渊”[①] 的原始基础以作为关—系的世界而呈现。依照《在通向语言的途中》的表述，四重整体世界作为关—系，并与老子的道是相通的，或者如前所述，依据“道法自然”与“本有居有”之相通性，物之建基于深—渊的原始基础，在海德格尔的理解中，这种原始基础也相当于老子那里作为开辟道路的“道”，故而，老子的复归其根最终也从开辟道路之“道”那里获得其根基。由此，老子的道之深渊性也体现为物或存在者在道之深渊的基础与原始基础上“复归其根”。

老子的道的深渊性与海德格尔的深渊哲学的相通性，也体现于各自的思想面对深渊之基础与原始基础时的态度或姿态上，在根本上都有着对深渊及其基础的顺应。在海德格尔那里，这种态度也通过思想的基本情调来显现，同样，老子也提出顺应自然的“无为”观。既然“道法自然”，顺应于道也就要顺应自然，做到自然无为。“‘自然无为’是老子哲学最重要的一个观念”，“‘无为’乃是一种处事的态度与方法”。[②] 国内外的一些学者也看到了老子的无为与海德格尔的“泰然让之”（Gelassenheit）的相通性。如莱因哈德·梅依指出，《艺术作品的本源》的“附录”中补充解释的“让真理的发生到来”的 Lassen（让），不是“某种被动性”，而是“像道家中的‘无为’一样”。[③] “泰然让之”相通于老子的“无为而无不为”。[④] 就老子思想的深渊性来说，“道法自然”中的自然作为道之深渊的原始基础，顺应自然的无为态度也成为从其深渊性而来的一种基本姿态，也可以视为老子之道的深渊性的一个基本要素。

而在海德格尔那里，深渊哲学的作品形式也受到深渊的规定而显示出独特性，从道的深渊性与物有着内在关联而言，作品或文本也是一种物，哪怕是以当下流行的物质与精神二分法来看，是一个包含了精神内容的纸质物[⑤]。但道的深渊性与作为物的作品《道德经》的关联比物质附加精神的形式更本源。深渊与不同于形而上学的根据，相应地深渊哲学的作品形

---

① Heidegger, *Ergänzungen und Denksplitter*, Frankfurt a.M: Vittorio Klostermann, 2022, S.606.

② 陈鼓应译注:《老子今译今注》,北京,商务印书馆,2016,第 48、53 页。

③ [德]莱因哈德·梅依:《海德格尔与东亚思想》,张志强译,北京,中国社会科学出版社,2003,第 169 页。

④ 赖贤宗:《海德格尔与禅道的跨文化沟通》,北京,宗教文化出版社,2007,第 268 页。

⑤ 海德格尔在《艺术作品的本源》中对物因素加“别的东西”的作品构成论进行了批判,参[德]海德格尔:《林中路》,孙周兴译,北京,商务印书馆,2015,第 4—5 页。

态也不具有形而上学式的体系性，而是非体系的。海德格尔把老子的思想视为非形而上学的思想，老子的《道德经》的箴言式的写作样式是非体系的，文本章节结构之间是断裂的，具有跳跃性；并且在语言上也具有韵文特征，富有诗意性。这种诗意的语言不同于日常语言，《道德经》的开篇便是“道可道，非常道；名可名，非常名”①。这句话显示了道之“可道”对日常语言的拒绝，也可以说是日常语言在对于道的表述中 versagen（失灵、不起作用），这与海德格尔相接近，海德格尔的深渊之道说也拒绝日常语言并排斥日常理性②。这种在语言上的拒绝可以纳入深渊作为“踌躇着的拒绝（Versagung）”的显现方式中。在此也显示出老子的道在道说上的深渊特征。

由此，从海德格尔深渊哲学的视角审视老子思想的深渊性，可以看到，老子的道至少在“守其黑”“渊兮”“道法自然”这三个层次上显示出了深渊性，也使存在者层次上的物在其深渊之基础与原始基础中“复归其根”，以至于作为物的作品《道德经》在言语表达与结构上具有诗性与非体系的特征，道的深渊性也规定了顺应自然的无为态度。由这些基本要素构成的老子思想也可以视为一种深渊之思。

二、海德格尔深渊哲学的基本要素

从海德格尔深渊哲学出发对老子的道的深渊性的考察与比较，在一定程度上也可以反观海德格尔的深渊哲学，从而使后者的基本要素得以更清晰的呈现。而在本书下编的小结中已经对海德格尔深渊哲学与其思想的整体性做了澄清，这里试图进一步总结出其深渊哲学的基本要素及其内在构成。这至少可以从四个方面来展开，一是对深渊自身内在机制的揭示，二是深渊与存在者之关联，三是深渊与基本情调的关系，四是深渊对哲学作品及其形式的规定。

所谓的基本要素应该具有基本性，这或许可以借用海德格尔对 Grundstimmung（基本情调）的发生机制之描述：基本情调是从 Grund（基础）而来的调谐，确切地说，这个基础便是存有之运作，所以存有也被其称为规定者。由此，对其深渊哲学的基本要素的分析要切入深渊的基础之中。

首先，就深渊或深—渊自身的内在机制来说，最简洁的表述便是 Ab-

① 陈鼓应译注:《老子今译今注》,北京,商务印书馆,2016,第 73 页。

② Mark A. Wrathall, *The Cambridge Heidegger Lexicon*, Cambridge: Cambridge University Press, 2021, pp.9-10.

grund（深—渊）一词的 Ab-（深、离开）与-grund（基础）这两个最基本要素的双向运作与互动，其运作范围形成了深渊哲学的边界，也使深渊得到了不同程度的显现，从而有着显现的差异性。《哲学论稿》中六个接缝便是其显现之差异性的突出体现。海德格尔的深渊哲学，在横向上可以通过无基与原始基础来刻画其边界，在纵向上也能从西方存在历史第一开端中的φύσις［自然］的深渊性以及在其后诞生的形而上学之无基与在存在历史另一开端中得以真正建基的本有（作为原始基础）来描画其整体性。这种描述也显示出深渊哲学的现象学经验。从横向来说，是从存在之日常显现的方式出发并进行解构，揭示出其无基，在惊恐的基调中通往深渊，并最终通向原始基础，其中的出发（Ausgang）、通往（Durchgang）与通向（Zugang）构成了海德格尔现象学的三环节。而从纵向上来说，是从存在历史的过渡时代之当下出发，揭示出谋制与体验的无基状态，并返溯到存在历史第一开端中的φύσις（自然）之深渊特征以及从其脱落中起源的形而上学之无基，从而通往历史性维度中的深渊之隐蔽基础，并通向在另一开端中才得以真正建基的作为原始基础的本有。深渊哲学也是对存有在其过渡时代的一种现象学经验。

深渊在这种哲思中显示为一种带有纵深性的隐蔽基础，如同对深渊的探险，在不断通往深处的过程中使其所通达处得以敞开为深空，但其根底却仍然在遮蔽之中，既深不可测，显示为《哲学论稿》中所言的“超越—度量”（Über-maß），又深不见底，哪怕是作为原始基础的本有，也仍然带有遮蔽性。但这种深渊却没有陷入不可知论，深渊作为存有之本现，以海德格尔特有的方式是可以洞见的，如同在现实中，人们通过往深渊扔石头听回音来猜度深渊之深。在对老子的道与作为关—系的语言进行比较时，已经揭示了这种关—系即是“寂静之音”或“宁静的排钟”。从《哲学论稿》的存有之回响到《在通向语言的途中》所描述的寂静之音，均可视为深渊之基础在声音维度的发生。从深渊在声音维度的显现来说，通向深渊之路也是一条聆听深渊之音的道路。而声音的“寂静”也意味着其作为深—渊之原始基础在其不断深化的显现中仍然保有其遮蔽性。

其次，深渊与存在者。此在的筹划使非此在式的存在者得以开显，而《存在与时间》中的此在具有深渊性，存在的意义也具有深渊性，故而从深渊哲学来回顾的话，《存在与时间》中的非此在式的存在者之开显仍然是基于深渊之中的，只不过主要依托于此在的深渊性。而随着海德格尔20世纪30年代思想的转向，无论是通常意义上以《真理的本质》为标志的转向，还是菲加尔所描述的向φύσις（自然）的转向，如前文所阐明的，在海德格尔那里的真理之本质或φύσις（自然）之经验都具有深渊特征，并且也相应地从《存在与时间》中以此在的深渊性来揭示其他存在者通向了从存在自身或存有来开显存在者之存在，在《哲学论稿》中从世、地、神、人共构的“此”之深渊让存在者复归，也在最后之神的最后之庇护中把存在者带到深渊之原始基础上。而海德格尔晚年通过对壶中深渊之区分的揭示，在作为深渊之原始基础的天、地、神、人四重整体世界与物之分解或二重性中，把存在者的存在作为物之物化展示出来。这均显示出了存在者存在与深渊之基础或原始基础的内在关联，存在者在深渊中获得其存在的基础，也是深渊哲学的基本要素之一。

再次，深渊哲学中的哲学与深渊之关联，显示为哲学从深渊中获得规定，而深渊也通过哲学得以开显。这种相互关联也体现在深渊哲学的基本情调中，即深渊之基础通过基础情调或基本情调而调谐着哲学，亦即对哲学进行定调，反过来，哲学也在基本情调中顺应或应合深渊之基础，基本情调显示了哲思的姿态，也成为深渊哲学的基本要素之一。深渊之不同程度显现的差异性与多样性，也使其在哲学中生发出的基本情调具有多样性。海德格尔在不同时期对基础情调有不同的表述，如在生前出版的著作中论及了作为基本情调的畏①与泰然让之②，在讲座中对深度无聊的分析，在秘密手稿中对惊恐、抑制、畏怯等基本情调的阐发，在黑色笔记中对痛苦之基调的论述等。当然，这种简单化的举例没有顾及其中发生的相互穿插的情况，如同一种情绪在不同类型的文本系列中可能都有论述。基本情调使深渊哲学具有自身独特的面向深渊的姿态或态度，与深渊之不同面向以及不同程度的显现相契合。这也影响到了深渊哲学的作品样式。

最后，深渊哲学包含了深渊与存在者的内在关系，存在者要在深渊之基础或原始基础中获得其存在的根基。而深渊哲学之作品或著作本身也是一种存在者，在此意义上也蕴含了与深渊的内在关联，亦即，深渊哲学的作品作为存在者也要从深渊中获得其自身的规定。这也是海德格尔深渊哲学的基本要素之一，即深渊作为基础对哲学作品之影响。深渊哲学的作品之样式与言述方式均受到作为其基础的深渊之规定，再加上深渊哲学的基本情调也对作品产生作用，形成了作品的独特性：与艺术相近的诗意性，言述方式上的深渊性，文本形态上非体系性，文本内部结构上的断裂性

① 海德格尔在《〈形而上学是什么?〉后记》中也把 Angst（畏）称为“基本情调”。Heidegger，*Wegmarken*，Hrsg. F.-W. von Herrmann，Frankfurt a.M：Vittorio Klostermann，1976，S.305.

② 海德格尔也把“泰然让之”视为一种基本情调。Heidegger，*Vorträge*：*Teil 1*：*1915 bis 1932*，Frankfurt a.M：Vittorio Klostermann，2016，S.342.

等。以作为海德格尔深渊哲学的成熟形态的《哲学论稿》为例，这部“过渡时代的思想作品”，其主体部分是由赋格之六个接缝构成的，具有赋格曲的音乐性；其表述方式是从存有之本现来道说存有，这种不假外物式的表述具有深渊性，这点在前面已有论述；其内容是从“基本情调中被雕刻出来”（23/21）；这部作品的形式是非体系的，但有其自身的系统性，不同于形而上学体系之论证的逻辑学，而是从存有之静默而来形成了作品自身的“默密学”（86/79）。海德格尔在《哲学论稿》后写作的其他“秘密手稿”以及作为其《全集》最后一个系列的“黑色笔记”，也大多带有深渊哲学作品的独特性。而其大量对诗进行阐释的作品也加深了与诗为邻的关联，如前面在与老子之道相比较时重点论述的《在通向语言的途中》。此外，海德格尔写下了大量的思想之诗，更是其深渊哲学直接的诗化表达。如果说海德格尔的秘密手稿、黑色笔记、释诗文本与思想诗，构成了深渊哲学之作品的典型形态，那其他的讲座与演讲，则要顾及公众的接受能力而没有前面四类文本表达得那么彻底，如《思想的基本原则》作为其深渊哲学的首次系统的公开表达，虽然包含了深渊问题的五个向度，但也未挑明。

简言之，深渊哲学的作品并非体系性作品的密不透风甚至铁板一块，海德格尔甚至断言，体系性的“‘作品’的时代终结了”①。而深渊哲学之作品中的断裂、裂隙、跳跃以及由深渊之牵引而生发的基调，与诗中的情绪之激发，诗语及其结构上的断裂、跳跃，有着相似性。这也是深渊哲学的作品之诗性特征的体现，也能在文本形式上带给读者如临深渊之感。

从这几个基本要素也能显示海德格尔深渊哲学的基本构成。海德格尔深渊哲学的基本要素也可以简述为：对存有之深—渊的多样性及其边界的呈现，对存在者与深渊之内在机制的揭示，从深渊中获得其规定并得以定调，从深渊来形成其本文形式等。深渊哲学的文本也可以视为存在者，并且，深渊哲学也是思想着的此在在深渊边缘或跃入深渊之中而“听写”②出的哲思，在此意义上，深渊哲学也隐含了存在者之维度。由此，存在者、深渊哲学、深渊哲学的文本可以在存在者层次上与深—渊构成一种基本的结构，即深—渊与存在者之间的基本结构。而深渊哲学也包含了存有之本现的维度，也可以处在存在者存在与存有之本现的“之间”，也以

---

① Martin Heidegger, *Winke I und II*(*Schwarze Hefte 1957-1959*), Frankfurt a.M.: Vittorio Klostermann, 2020, S.150.

② “思想？——将存有之 Diktat（听写）写进语言中。”Heidegger, *Anmerkungen I-V*（*Schwarze Hefte 1942-1948*）, Hrsg. Peter Trawny, Frankfurt a.M.: Vittorio Klostermann, 2015, S.86.

“此”形成其自身的基本领域。

三、一种深渊哲学之可能

从海德格尔的深渊哲学与老子的深渊之思这两者共通的深渊要素出发，可以探讨一种一般意义上的深渊哲学之可能。但这种通常的总结方式，通过比较寻找共同之处，通过提炼基本要素进而形成基本结构等做法，不可避免地带有形而上学色彩。无论是海德格尔的深渊哲学还是老子之道的深渊内涵，两者均具有非形而上学特征。考虑到这点，海德格尔与老子在深渊之思上的共同之处，与其说共构了一种带有形而上学色彩的共性意义上的深渊哲学，不如说展现了在维特根斯坦所言的家族相似性的意义上的深渊哲学。

维特根斯坦描述了不同种类的游戏之“共同具有的东西”①，将其相似性刻画为家族相似性。“我们不能以比通过使用‘家族相似性’这个词的方式更好的方式来刻画这些相似性；因为存在于一个家族的诸成员之间的那些不同的相似性就是以这样的方式交叠和交叉在一起的：身材、面部特征、眼睛的颜色、步态、气质等等，等等。——而且我将说：诸‘游戏’构成了一个家族。”② 按照这种家族相似性，可以对海德格尔与老子各自深渊之思的相似性做一种初步描述。两者“共同具有的东西”所体现的深渊哲学在如下四个方面具有相似性，如同家族相似性中的身材、面部特征、步态、气质等方面的相似一样。

其一，深渊哲学在根本上是以深渊为根基，并与不同样式的深渊之基有多种关联，可能会与深渊形成遗忘、偏离、掩盖或本源等相关联的方式，但本真意义上的深渊哲学要通向并最终建基于深—渊之最深根基亦即原始基础之上，而原始基础的遮蔽性也可能使深渊哲学带有一定的神秘色彩。

其二，存在者与深渊之关联，以深渊为基，复归于深渊之基上以获得自身存在。

其三，深渊哲学有着顺应深—渊的情调或态度。

其四，深渊哲学的文本也从深渊中获得其自身的规定，具有非体系性，也体现出一定的诗性特征。

这四个基本要素可以纳入存在者与深—渊之间的基本结构中，而深渊哲学便是开启、维持、守护并不断深化与拓展这一“之间”，也在此“之间”获得自身的规定。

---

① ［英］维特根斯坦：《哲学研究》，韩林合编译，北京，商务印书馆，2019，第58页。

② ［英］维特根斯坦：《哲学研究》，韩林合编译，北京，商务印书馆，2019，第59页。

海德格尔与老子的深渊之思在这四个方面的相似性或许可以视为深渊哲学的典型特征。如同一个家族中，有在面部特征、步态、气质等方面全部相似的典型情况，也有只在某个方面或某两三个方面相似的情况。因此，不能同时具有这四个方面而只拥有某个或两三个方面的哲学理论，可以视为非典型意义上的深渊哲学，也能归入广义上的深渊哲学家族之中。

深渊哲学的这种家族相似性也缘于其自身的特性。或许像家族中的已离世而隐蔽的共同祖先作为家族相似性的隐蔽根基一样，深—渊自身具有本源意义上的遮蔽性，这种隐蔽的根基在不同深渊哲学家的具体理论形态中也必将呈现出多样性与难以穷尽的丰富性。这形成了深渊哲学自身的开放性，也使得深渊哲学呈现出家族相似性的特征。海德格尔的深渊哲学与老子的深渊之思可以使这两位思想家作为深渊哲学大家庭的代表性成员。而或多或少具有深渊哲学之基本要素的其他哲学家，也可以归入深渊哲学的大家庭中，彼此以深渊为邻，临渊而望，也以此开启并共建一种具有家族相似性的深渊哲学之可能。

参考文献

一、德文文献

[1] GA1. Heidegger, *Frühe Schriften*, Hrsg. F. -W. von Herrmann, Frankfurt a. M: Vittorio Klostermann, 1978.

[2] GA2. Heidegger, *Sein und Zeit*, Hrsg. F. -W. von Herrmann, Frankfurt a. M: Vittorio Klostermann, 1977 .

[3] GA4. Heidegger, *Erläuterungen zu Hölderlins Dichtung*, Hrsg. F. W. von Herrmann, Frankfurt a. M: Vittorio Klostermann, 1996.

[4] GA5. Heidegger, *Holzwege*, Hrsg. F. -W. von Herrmann, Frankfurt a. M: Vittorio Klostermann, 2003.

[5] GA6 (1). Heidegger, *Nietzsche Ⅰ*, Hrsg. B. Schillbach, Frankfurt a. M: Vittorio Klostermann, 1996.

[6] GA6 (2). Heidegger, *Nietzsche Ⅱ*, Hrsg. B. Schillbach, Frankfurt a. M: Vittorio Klostermann, 1997.

[7] GA7. Heidegger, *Vorträge und Aufsätze*, Hrsg. F. -W. von Herrmann, Frankfurt a. M: Vittorio Klostermann, 2000.

[8] GA8. Heidegger, *Was heißt Denken?*, Hrsg. P. -L. Coriando, Frankfurt a. M: Vittorio Klostermann, 2002.

[9] GA9. Heidegger, *Wegmarken*, Hrsg. F. -W. von Herrmann, Frankfurt a. M: Vittorio Klostermann, 1976.

[10] GA10. Heidegger, *Der Satz vom Grund*, Hrsg. P. Jaeger, Frankfurt a. M: Vittorio Klostermann, 1997.

[11] GA11. Heidegger, *Identität und Differenz*, Hrsg. F. -W. von Herrmann, 2. Auflage Frankfurt a. M: Vittorio Klostermann, 2006.

[12] GA12. Heidegger, *Unterwegs zur Sprache*, Hrsg. F. -W. von Herrmann, Frankfurt a. M: Vittorio Klostermann, 1985.

［13］GA13. Heidegger，*Aus der Erfahrung des Denkens*，Hrsg. H. Heidegger，Frankfurt a. M：Vittorio Klostermann，2002.

［14］GA14. Heidegger，*Zur Sache des Denkens*，Hrsg. von F. -W. von Herrmann，Frankfurt a. M：Vittorio Klostermann，2007.

［15］GA15. Heidegger，*Seminare*，Hrsg. C. Ochwadt，Frankfurt a. M：Vittorio Klostermann，2005.

［16］GA16. Heidegger，*Reden und andere Zeugnisse eines Lebensweges*，Hrsg. H. Heidegger，Frankfurt a. M：Vittorio Klostermann，2000.

［17］GA21. Heidegger，*Logik. Die Frage nach der Wahrheit*，Hrsg. W. Biemel，Frankfurt a. M：Vittorio Klostermann，1995.

［18］GA24. Heidegger，*Die Grundprobleme der Phänomenologie*，Hrsg. F. -W. von Herrmann，1975，Frankfurt a. M：Vittorio Klostermann，1997.

［19］GA25. Heidegger，*Phänomenologische Interpretation von Kants Kritik der reinen Vernunft*，Frankfurt a. M：Vittorio Klostermann，1977.

［20］GA26. Heidegger，*Metaphysische Anfangsgründe der Logik im Ausgang von Leibniz*，Hrsg. K. Held，Frankfurt a. M：Vittorio Klostermann，1978.

［21］GA27. Heidegger，*Einleitung in die Philosophie*，Frankfurt a. M：Vittorio Klostermann，2001.

［22］GA29/30. Heidegger，*Die Grundbegriffe der Metaphysik. Welt -Endlichkeit -Einsamkeit*，Hrsg. F. -W. von Herrmann，1983.

［23］GA31. Heidegger，*Vom Wesen der menschlichen Freiheit. Einleitung in die Philosophie*，Frankfurt a. M：Vittorio Klostermann，1982.

［24］GA32. Heidegger，*Hegels Phänomenologie des Geistes*，Frankfurt a. M：Vittorio Klostermann，1980.

［25］GA34. Heidegger，*Vom Wesen der Wahrheit. Zu Platons Höhlengleichnis und Theätet*，Hrsg. H. Mörchen，Frankfurt a. M：Vittorio Klostermann，1988.

［26］GA35. Heidegger，*Der Anfang der abendländischen Philosophie (Anaximander und Parmenides)*，Hrsg. P Trawny，Frankfurt a. M：Vittorio Klostermann，2012.

［27］GA36/37. Heidegger，*Sein und Wahrheit*，Hrsg. H. Tietjen，Frankfurt a. M：Vittorio Klostermann，2001.

[28] GA39. Heidegger, *Hölderlins Hymnen "Germanien" und "Der Rhein"*, Hrsg. S. Ziegler, Frankfurt a. M: Vittorio Klostermann, 1999.

[29] GA40. Heidegger, *Einführung in die Metaphysik*, Hrsg. P. Jaeger, Frankfurt a. M: Vittorio Klostermann, 1983.

[30] GA42. Heidegger, *Schelling: Vom Wesen der menschlichen Freiheit* (1809), Frankfurt a. M: Vittorio Klostermann, 1988.

[31] GA43. Heidegger, *Nietzsche: Der Wille zur Macht als Kunst*, Frankfurt a. M: Vittorio Klostermann, 1985.

[32] GA44. Heidegger, *Nietzsches Metaphysische Grundstellung im abendländischen Denken: Die ewige Wiederkehr des Gleichen*, Frankfurt a. M: Vittorio Klostermann, 1986.

[33] GA45. Heidegger, *Grundfragen der Philosophie. Ausgewählte "Probleme" der "Logik"*, Hrsg. F. -W. von Herrmann, Frankfurt a. M: Vittorio Klostermann, 1984.

[34] GA46. Heidegger, *Nietzsches II. Unzeitgemässe Betrachtung*, Frankfurt a. M: Vittorio Klostermann, 2003.

[35] GA47. Heidegger, *Nietzsches Lehre vom Willen zur Macht als Erkenntnis*, Frankfurt a. M: Vittorio Klostermann, 1989.

[36] GA48. Heidegger, *Nietzsche: Der europäische Nihilismus*, Frankfurt a. M: Vittorio Klostermann, 1986.

[37] GA49. Heidegger, *Die Metaphysik des deutschen Idealismus (Schelling)*, Frankfurt a. M: Vittorio Klostermann, 1991.

[38] GA50. Heidegger, 1. *Nietzsches Metaphysik* . 2. *Einleitung in die Philosopie*, Frankfurt a. M: Vittorio Klostermann, 1990.

[39] GA51. Heidegger, *Grundbegriffe*, Frankfurt a. M: Vittorio Klostermann, 1981.

[40] GA52. Heidegger, *Hölderlins Hymne "Andenken"*, Frankfurt a. M: Vittorio Klostermann, 1982.

[41] GA53. Heidegger, *Hölderlins Hymne "Der Ister"*, Frankfurt a. M: Vittorio Klostermann, 1993.

[42] GA54. Heidegger, *Parmenides*, Hrsg. M. S. Frings, Frankfurt a. M: Vittorio Klostermann, 1982.

[43] GA55. Heidegger, *Heraklit*, Hrsg. M. S. Frings, Frankfurt a. M: Vittorio Klostermann, 1979.

[44] GA58. Heidegger, *Grundprobleme der Phänomenologie*, Frankfurt a. M: Vittorio Klostermann, 1993.

[45] GA59. Heidegger, *Phänomenologie der Anschauung und des Ausdrucks*, Frankfurt a. M: Vittorio Klostermann, 2007.

[46] GA60. Heidegger, *Phänomenologie des religiösen Lebens*, Frankfurt a. M: Vittorio Klostermann, 1995.

[47] GA64. Heidegger, *Der Begriff der Zeit*, Frankfurt a. M: Vittorio Klostermann, 2004.

[48] GA65. Heidegger, *Beiträge zur Philosophie (Vom Ereignis)*, Hrsg. F. -W. von Herrmann, Frankfurt a. M: Vittorio Klostermann, 1989.

[49] GA66. Heidegger, *Besinnung*, Hrsg. F. -W. von Herrmann, Frankfurt a. M: Vittorio Klostermann, 1997.

[50] GA67. Heidegger, *Metaphysik und Nihilismus*, Hrsg. H. -J. Friedrich, Frankfurt a. M: Vittorio Klostermann, 1999.

[51] GA68. Heidegger, *Hegel*, Hrsg. lngrid Schüßler, Frankfurt a. M: Vittorio Klostermann, 1993.

[52] GA69. Heidegger, *Die Geschichte des Seyns*, Hrsg. Peter Trawny, Frankfurt a. M: Vittorio Klostermann, 1998.

[53] GA70. Heidegger, *Über den Anfang*, Hrsg. Paola-Ludovika Coriando, Frankfurt a. M: Vittorio Klostermann, 2005.

[54] GA71. Heidegger, *Das Ereignis*, Hrsg. F. -W. von Herrmann, Frankfurt a. M: Vittorio Klostermann, 2009.

[55] GA73. Heidegger, *Zum Ereignis-Denken*, Frankfurt a. M: Vittorio Klostermann, 2013.

[56] GA74. Heidegger, *Zum Wesen der Sprache*, Hrsg. T. Regehly, Frankfurt a. M: Vittorio Klostermann, 2010.

[57] GA75. Heidegger, *Zu Hölderlin-Griechenlandreisen*, Hrsg. Friedrich-Wilhelm von Herrmann, Frankfurt a. M: Vittorio Klostermann, 2000.

[58] GA76. Heidegger, *Leitgedanken zur Entstehung der Metaphysik, der neuzeitlichen Wissenschaft und der modernen Technik*, Frankfurt a. M: Vittorio Klostermann, 2009.

[59] GA79. Heidegger, *Bremer und Freiburger Vorträge*, Hrsg. P. Jaeger, Frankfurt a. M: Vittorio Klostermann, 1994.

[60] GA80. Heidegger, *Vorträge: Teil 1: 1915 bis 1932*, Frankfurt a.

M：Vittorio Klostermann，2016.

［61］GA81. Heidegger，*Gedachtes*，Hrsg. Paola-Ludovika Coriando，Frankfurt a. M：Vittorio Klostermann，2007.

［62］GA82. Martin Heidegger，*Zu eigenen Veröffentlichungen*，Frankfurt a. M：Vittorio Klostermann，2017.

［63］GA84. 1. Heidegger，*Seminare：Kant-Leibniz-Schiller*，Frankfurt a. M：Vittorio Klostermann，2013.

［64］GA85. Heidegger，*Vom Wesen der Sprache*，Hrsg. I. Schüssler，Frankfurt a. M：Vittorio Klostermann，1999.

［65］GA86. Heidegger，*Hegel-Schelling*，Frankfurt a. M：Vittorio Klostermann，2011.

［66］GA87. Heidegger，*Nietzsche：Seminare 1937 und 1944*，Frankfurt a. M：Vittorio Klostermann，2004.

［67］GA88. Heidegger，*Seminare（Übungen）1937/38 und 1941/42*，Frankfurt a. M：Vittorio Klostermann，2008.

［68］GA91. Heidegger，*Ergänzungen und Denksplitter*，Frankfurt a. M：Vittorio Klostermann，2022.

［69］GA94. Heidegger，*Überlegungen Ⅰ-Ⅵ（Schwarze Hefte 1931-1938）*，Hrsg. Peter Trawny，Frankfurt a. M：Vittorio Klostermann，2014.

［70］GA95. Heidegger. *Überlegungen Ⅶ-Ⅺ（Schwarze Hefte 1938/39）*. Hrsg. Peter Trawny，Frankfurt a. M：Vittorio Klostermann，2014.

［71］GA96. Heidegger. *Überlegungen Ⅻ-XV（Schwarze Hefte 1939-1941）*. Hrsg. Peter Trawny，Frankfurt a. M：Vittorio Klostermann，2014.

［72］GA97. Heidegger. *Anmerkungen Ⅰ-Ⅴ（Schwarze Hefte 1942-1948）*. Hrsg. Peter Trawny，Frankfurt a. M：Vittorio Klostermann，2015.

［73］GA98. Martin Heidegger，*Anmerkungen Ⅵ-Ⅸ：（"Schwarze Hefte" 1948/49-1951）*，Frankfurt a. M：Vittorio Klostermann，2018.

［74］GA99. Martin Heidegger，*Vier Hefte Ⅰ und Ⅱ：（Schwarze Hefte 1947-1950）*，Frankfurt a. M：Vittorio Klostermann，2019.

［75］GA100. Martin Heidegger，*Vigiliae und Notturno：（Schwarze Hefte 1952/53-1957）*，Frankfurt a. M：Vittorio Klostermann，2020.

［76］GA101. Martin Heidegger，*Winke Ⅰ und Ⅱ（Schwarze Hefte 1957-1959）*，Frankfurt a. M：Vittorio Klostermann，2020.

［77］GA102. Martin Heidegger，*Vorläufiges Ⅰ-Ⅳ（Schwarze Hefte 1963-*

1970), Frankfurt a. M: Vittorio Klostermann, 2021.

[78] Martin Heidegger, *Zollikoner Seminare*, Hrsg. Medard Boss, Frankfurt a. M: Vittorio Klostermann, 1994.

[79] Otto Pöggeler, *Der Denkweg Martin Heideggers*, Neske, 1963.

[80] Gadamer, *Heideggers Wege*, Tubingen: Mohr, 1983.

[81] Friedrich-Wilhelm von Herrmann, "Besinnung als seinsgeschichtliches Denken", *Heidegger Studien*, vol. 16, 2000.

[82] Otto Pöggeler, *Neue Wege mit Heidegger*, Verlag Karl Alber Freiburg/München, 1992.

[83] Sang-Hie Shin, *Wahrheitsfrage und Kehre bei Martin Heidegger*, Würtzburg: Königshausen & Neumann, 1993.

[84] Paolo-Ludovica Coriando, "*Die formale Anzeige und das Ereignis*", *Heidegger Studien*, 1998.

[85] Ino Augsberg, "*Wiederbringung des Seienden*". *Zur ontologogischen Differenz im seingeschichtlichen Denken Martin Heideggers*, München, 2003.

[86] Rüdiger H. Rimpler, *Prozessualität und Performativität in Herdeggers "Beiträge zur Philosophie"*, Würzburg, 2008.

[87] Gerhard Löwe (Hrsg.), *Schüler-Duden. Lateinisch-Deutsch*, Dudenverlag, 1986.

[88] Dudenredaktion, *Duden-Das große Wörterbuch der deutschen Sprache in 10 Bänden*, Dudenverlag, 1999.

[89] Dudenredaktion, *Duden-Das Herkunftswörterbuch. Etymologe der deutschen Sprache*, Bd. 7, Berlin • Mannheim • Zürich: Dudenverlag, 2014.

[90] Holger Granz, *Die Metapher des Daseins-Das Dasein der Metapher*, Frankfurt a. M: Vittorio Klostermann, 2007.

[91] Frank Schlegel, *Phänomenologie des Zwischen. Die Beziehung im Denken Martin Heideggers*, Frankfurt a. M: Vittorio Klostermann, 2011.

[92] Karl Löwith, *Heidegger - Denker In dürftigen Zeit. Zur Stellung der Philologie im 20. Jahrhundert*, J. B. Metzlersche Verlagsbuchhandlung Stuttgart, 1984.

[93] Friedrich-Wilhelm von Herrmann, *Hermeneutische Phänomenogie des Daseins. Ein Kommentar zu „Sein und Zeit“*, Band 3, Frankfurt a. M: Vittorio Klostermann, 2008.

[94] Friedrich-Wilhelm von Herrmann, *Wege ins Ereignis. Zu Heideggers "Beiträgen zur Philosophie"*, Frankfurt a. M: Vittorio Klostermann, 1994.

[95] Friedrich-Wilhelm von Herrmann, *Weg und Methode. Zur hermeneutischen Phänomenologie des seinsgechichtlichen Denkens*, Frankfurt a. M: Vittorio Klostermann, 1990.

[96] Friedrich-Wilhelm von Herrmann, *Heideggers „Grundprobleme der Phänomenologie": Zur „zweiten Hälfte" von „Sein und Zeit"*, Frankfurt a. M: Vittorio Klostermann, 1991.

[97] Friedrich-Wilhelm von Herrmann, *Wahrheit - Freiheit - Geschichte: Eine systematische Untersuchung zu Heideggers Schrift "Vom Wesen der Wahrheit"*, Frankfurt a. M: Vittorio Klostermann, 2002.

[98] Friedrich-Wilhelm von Herrmann, *Heideggers Philosophie der Kunst. Eine systematische Interpretation der Holzwege-Abhandlung "Der Ursprung des Kunstwerkes"*, Frankfurt a. M: Vittorio Klostermann, 1994.

[99] Christoph Jamme und Karsten Harries (Hrsg.), *Martin Heidegger. Kunst-Politk-Technik*, München: Wilhelm Fink Verlag, 1992.

[100] Paolo -Ludovica Coriando, *Der letzte Gott als Anfang. Zur ab-gründigen Zeit-Räumlichkeit des Übergangs in Heideggers „Beiträgen zur Philosophie (Vom Ereignis)"*, München: W. Fink Verlag, 1998.

[101] Christian Müller, *Der Tod als Wandlungsmitte. Zur Frage nach Entscheidung, Tod und letztem Gott in Heideggers „Beiträgen zur Philosophie"*, Berlin: Duncker & Humblot, 1999.

[102] Daniela Neu, *Die Notwendigkeit der Gründung im Zeitalter der Dekonstruktiong. zur Gründung in Heideggers „Beiträgen zur Philosophie" unter Hinzuziehung der Derridaschen Dekonstruktion*, Berlin: Duncker & Humblot, 1997.

[103] Eunhae Cheong, *Die Geschichtlichheit des Mensch und die Geschichte des Seins*, Berlin: Duncker & Humblot, 2000.

[104] Friedrich Nietzsche, *Also sprach Zarathustra*, Hrsg. Giorgio Colli und Mazzino Montinari, Deutscher Taschenbuch Verlag de Gruyter, 1988.

[105] Hannah Arendt, Martin Herdegger, *Briefe 1925 bis 1975*,

Frankfurt a. M：Vittorio Klostermann，1998.

［106］ Herrmann Heidegger，*Ansprache anlässlich des Internationalen Kolloquiums an der Universität Lausanne. Heideggers Beiträge zur Philosophie*，Édité par Emmanuel Mejía et Ingeborg Schüßler，Frankfurt a. M：Vittorio Klostermann，2009.

［107］ Rainer Thurnher，"Zeit und Sein im Licht der Beiträge zur Philosophie"，*Heidegger Studien*，Vol. 25，2009.

［108］ Ricardo Baeza，*Die Topologie des Ursprungs：Der Begriff der Gelassenheit bei Eckhart und Heidegger und seine Entfaltung in der abendländischen Mystik und im zeitgenössischen Denken*，LIT Verlag，2009.

［109］ Jaison D. Vallooran，*Heidegger - Unterwegs zum anderen Anfang des Seinsdenkens：Das Denken Heideggers als die Wiederbejahung der antiken Herrschaft der Seinsfrage（Beiträge zur Philosophie）*，München：Akademische Verlagsgemeinschaft，2011.

［110］ Dieter Thomä，*Heidegger-Handbuch：Leben-Werk-Wirkung*，J. B. Metzler，2013.

［111］ Francesco Lanzi，*Das Sein in Heideggers Beiträgen zur Philosophie（Vom Ereignis）*，Verlag Traugott Bautz GmbH，2014.

［112］ Rico Gutschmidt，*Sein ohne Grund：Die post-theistische Religiosität im Spätwerk Martin Heideggers*，Verlag Karl Alber，2016.

［113］ Patrick Unruh，*Register zur Martin Heidegger Gesamtausgabe*，Frankfurt a. M：Vittorio Klostermann，2017.

［114］ Peter Trawny，*Martin Heidegger：Eine kritische Einführung*，Frankfurt a. M：Vittorio Klostermann，2016.

［115］ Damir Barbaric，*Zum anderen Anfang：Studien zum Spätdenken Heideggers*，Verlag Karl Alber，2016.

［116］ Friedrich-Wilhelm von Herrmann，"Die Reinheit des seinsgeschichtlichen Denkens"，*Heidegger Studien*，Vol. 33，2017.

［117］ Sandro Gorgone，"Das Ereignis des Menschen und die Aufgabe des Daseins：Inständigkeit，Sterblichkeit，Weite"，*Heidegger Studien*，Vol. 33，2017.

［118］ Klaus Neugebauer，"Heidegger liest Adalbert Stifter. Ereignet sich ein sanftes Gesetz?"，*Heidegger Studien*，Vol. 34，2018.

［119］ Friedrich-Wilhelm von Herrmann，*Transzendenz und Ereignis：Heideggers „Beiträge zur Philosophie（Vom Ereignis）" Ein Kommentar*，

Königshausen & Neumann, 2019.

[120] Harald Seubert, *Heidegger-Ende der Philosophie oder Anfang des Denkens*, Verlag Karl Alber, 2019.

二、英文文献

[121] Heidegger, *Comtributions to Philosophy* (*From Enowning*), Translated by Parvis Emad and Kenneth Maly, Indiana University Press, 1999.

[122] Heidegger, *Comtributions to Philosophy* (*of the Event*), translated by Richard Rojcewicz and Daniela Vallega-Neu, Indiana University Press, 2012.

[123] Parvis Emad, *On the Way to Heidegger's Contributions to Philosophy*, The University of Wisconsin Press, 2007.

[124] Jason Powell, *Heidegger's Contributions to Philosophy*: *Life and the Last God*, Continuum, 2007.

[125] Daniela Vallega-Neu, *Heidegger's Contributions to Philosophy*, *An Introdution*, Indiana University Press, 2003.

[126] Rechard Polt, *The Emergency of Being*: *On Heidegger's Contributions to Philosophy*, Cornell University Press, 2006.

[127] Charles E. Scott etc, *Companion to Heidegger's Contributions to Philosophy*, Indiana University Press, 2001.

[128] Kenneth Maly, *Heideggers Possibility*: *Language*, *Emergency-Saying Be-ing*, University of Toronto Press, 2008.

[129] David B. Griffiths, *The Keywords of Martin Heidegger*: *a Philosophical-lexical Analysis of Sein and Zeit*, The Edwin Mellens Press, 2006.

[130] Karsten Harries, *Art Matters-A Critical Commentary on Heidegger's "The Origin of the Work of Art"*, Springer, 2009.

[131] George Kovacs, *Thinking and be-Ing in Heidegger's Beitrage Zur Philosophie* (*Vom Ereignis*), Zeta Books, 2015.

[132] Peter S. Dillard, *Non-Metaphysical Theology After Heidegger*, Palgrave Macmillan, 2016.

[133] Daniela Vallega-Neu, *Heidegger's Poietic Writings*: *From Contributions to Philosophy to The Event*, Indiana University Press, 2018.

［134］ Martin Travers, *The Writing of Aletheia: Martin Heidegger in Language by Heidegger*, Peter Lang Ltd, International Academic Publishers, 2019.

［135］ Gunter Figal, Diego D'Angelo, Tobias Keiling and Guang Yang, *Paths in Heidegger's Later Thought*, Indiana University Press, 2020.

［136］ Kenneth Maly, *Five Ground-Breaking Moments in Heidegger's Thinking*, University of Toronto Press, 2020.

三、法文文献

［137］ Heidegger, *Apports à la philosophie. De l'avenance*, Traduit par François Fédier, Gallimard, 2013.

［138］ François Fédier, *Entendre Heidegger. et autres exercices d'écoute*, Paris: éditions Pocket, 2013.

［139］ Philippe Arjakovsky, François Fédier, Hadrien France-Lanord, *Le Dictionnaire Martin Heidegger*, Paris: Cerf, 2013.

［140］ Maurice Merleau-Ponty, *Notes des cours au Collège de France*: (1958-1959 *et* 1960-1961), Gallimard, 1996.

［141］ Jean Beaufret, *De l'existentialisme à Heidegger*, Paris: Vrin, 2000.

［142］ Ingeborg Schüßler, *La question de la vérité. Thomas d'Aquin-Nietzsche-Kant-Aristote-Heidegger*, Nadir s. a: Editions Payot Lausanne, 2001.

［143］ Ingeborg Schüßler, *Le système et la fugue : deux modes de penser. Les Apports à la Philosophie de Heidegger*, Édité par Emmanuel Mejía et Ingeborg Schüßler, Frankfurt a. M: Vittorio Klostermann, 2009.

［144］ Ingeborg Schüßler, "Le 'dernier dieu' et le délaissement de l'être selon les Apports à la philosophie de M. Heidegger (Première partie)", *Etudes Heideggeriennes*, Berlin: Duncker & Humblot, 2009.

［145］ Ingeborg Schüßler, "Le 'dernier dieu' et le délaissement de l'être selon les Apports à la philosophie de M. Heidegger (Secondre partie), *Etudes Heideggeriennes*, Berlin: Duncker & Humblot, 2010.

［146］ Franz-Emmanuel Chürch, *Le Savoir en Appel. Heidegger et le tournant dans la vérité*, Zeta Books, 2009.

［147］ François Dastur, *Heidegger et la pensée à venir*, Paris: Vrin, 2011.

［148］ Cristian Ciocan, *Heidegger et le problème de la mort*, *existentialité*, *authenticité*, *temporalité*, Springer, 2014.

[149] François Fédier, *L'humanisme en question : Pour aborder la lecture de la Lettre sur l'humanisme de Martin Heidegger*, La nuit surveillée, 2012.

[150] Alexander Schnell, *Lire les Beiträge de Heidegger*, Hermann Éditeur, 2017.

[151] Serge Druon, *La Philosophie après Heidegger: Apports complémentaires à la philosophie* - (*De l'événement*), Editions Edilivre, 2017.

四、中文文献

[152]［德］海德格尔：《哲学论稿（从本有而来）》，孙周兴译，北京，商务印书馆，2012。

[153]［德］海德格尔：《路标》，孙周兴译，北京，商务印书馆，2001。

[154]［德］海德格尔：《同一与差异》，孙周兴、陈小文、余明锋译，北京，商务印书馆，2011。

[155]［德］海德格尔：《从莱布尼茨出发的逻辑学的形而上学始基》，赵卫国译，西安，西北大学出版社，2015。

[156] 孙周兴编译：《形式显示的现象学：海德格尔早期弗莱堡文选》，上海，同济大学出版社，2004。

[157]［德］海德格尔：《存在与时间》，陈嘉映、王庆节译，北京，三联书店，1999。

[158]［德］海德格尔：《形而上学导论》，熊伟、王庆节译，北京，商务印书馆，1996。

[159]［德］海德格尔：《形而上学导论》，王庆节译，北京，商务印书馆，2015。

[160]［德］海德格尔：《荷尔德林诗的阐释》，孙周兴译，北京，商务印书馆，2002。

[161]［德］海德格尔：《时间概念史导论》，欧东明译，北京，商务印书馆，2009。

[162]［德］海德格尔：《演讲与论文集》，孙周兴译，北京，三联书店，2011。

[163]［德］海德格尔：《演讲与论文集》，孙周兴译，北京，商务印书馆，2018。

[164]［德］海德格尔：《在通向语言的途中》，孙周兴译，北京，商

务印书馆，2004。

[165] [德] 海德格尔：《面向思的事情》，陈小文、孙周兴译，北京，商务印书馆，1999。

[166] [德] 海德格尔：《面向思的事情》，陈小文、孙周兴译，北京，商务印书馆，2015。

[167] [德] 海德格尔：《尼采》上卷，孙周兴译，北京，商务印书馆，2003。

[168] [德] 海德格尔：《尼采》下卷，孙周兴译，北京，商务印书馆，2015。

[169] [德] 海德格尔：《现象学之基本问题》，丁耘译，上海，上海译文出版社，2008。

[170] [德] 海德格尔：《存在论（实际性的解释学）》，何卫平译，北京，商务印书馆，2016。

[171] [德] 海德格尔：《尼采》下卷，孙周兴译，北京，商务印书馆，2003。

[172] [德] 海德格尔：《林中路》，孙周兴译，上海，上海译文出版社，2004。

[173] [德] 海德格尔：《林中路》，孙周兴译，北京，商务印书馆，2015。

[174] [德] 海德格尔：《根据律》，张柯译，北京，商务印书馆，2016。

[175] [德] 海德格尔：《柏拉图的〈智者〉》，熊林译，北京，商务印书馆，2015。

[176] [德] 海德格尔：《亚里士多德哲学的基本概念》，黄瑞成译，北京，华夏出版社，2014。

[177] [德] 海德格尔：《德国观念论与当前哲学的困境》，庄振华、李华译，西安，西北大学出版社，2016。

[178] [德] 海德格尔：《形而上学的基本概念》，赵卫国译，北京，商务印书馆，2017。

[179] [德] 海德格尔：《黑格尔的精神现象学》，赵卫国译，南京，南京大学出版社，2018。

[180] [德] 海德格尔：《乡间路上的谈话》，孙周兴译，北京，商务印书馆，2018。

[181] [德] 海德格尔：《巴门尼德》，朱清华译，北京，商务印书馆，2018。

［182］［德］海德格尔：《讨论班》，王志宏、石磊译，孙周兴、杨光校译，北京，商务印书馆，2018。

［183］［德］海德格尔：《康德与形而上学疑难》，王庆节译，北京，商务印书馆，2018。

［184］［德］海德格尔：《荷尔德林的颂歌〈日耳曼尼亚〉与〈莱茵河〉》，张振华译，北京，商务印书馆，2018。

［185］［德］海德格尔：《什么叫思想?》，孙周兴译，北京，商务印书馆，2017。

［186］［德］海德格尔：《不莱梅和弗莱堡演讲》，孙周兴、张灯译，北京，商务印书馆，2018。

［187］［德］海德格尔：《康德〈纯粹理性批判〉的现象学阐释》，溥林译，北京，商务印书馆，2021。

［188］［德］海德格尔：《谢林：论人类自由的本质》，王丁、李阳译，北京，商务印书馆，2018。

［189］［德］瓦尔特·舒尔茨：《德国观念论的终结——谢林晚期哲学研究》，韩隽译，北京，中国人民大学出版社，2019。

［190］［美］波尔特：《存在的急迫——论海德格尔的〈对哲学的献文〉》，张志和译，上海，上海书店出版社，2009。

［191］［美］瓦莱加-诺伊：《海德格尔〈哲学献文〉导论》，李强译，上海，华东师范大学出版社，2010。

［192］孙周兴：《说不可说之神秘》，上海，上海三联书店，1991。

［193］彭富春：《无之无化》，上海，三联书店，2000。

［194］倪梁康：《胡塞尔现象学概念通释》（修订版），北京，三联书店，2007。

［195］张汝伦：《〈存在与时间〉释义》，上海，上海人民出版社，2012。

［196］［德］彼特·特拉夫尼：《海德格尔导论》，张振华、杨小刚译，上海，同济大学出版社，2012。

［197］［苏联］巴赫金：《巴赫金全集》（第四卷），白春仁等译，石家庄，河北教育出版社，1998。

［198］［古希腊］亚里士多德：《诗学》，陈中梅译注，北京，商务印书馆，2002。

［199］［德］尼采：《悲剧的诞生》，孙周兴译，北京，商务印书馆，2012。

［200］赵登荣、周祖生主编：《杜登德汉大词典》，北京，北京大学出版社，2013。

［201］谢大任主编：《拉丁语汉语词典》，北京，商务印书馆，1988。

［202］［德］吕迪格尔·萨弗兰斯基：《来自德国的大师——海德格尔和他的时代》，靳希平译，北京，商务印书馆，2007。

［203］罗念生、水建馥编：《古希腊语汉语词典》，北京，商务印书馆，2005。

［204］［德］贡特·奈斯克等编著：《回答——马丁·海德格尔说话了》，陈春文译，南京，江苏教育出版社，2005。

［205］［德］克劳斯·黑尔德著，孙周兴编：《世界现象学》，倪梁康等译，北京，三联书店，2003。

［206］［德］奥托·伯格勒：《海德格尔的思想之路》，宋祖良译，新竹，仰哲出版社，1994。

［207］张志扬：《海德格尔〈哲学论稿〉"最后之神"的校、释、译》，《现象学与神学》（《中国现象学与哲学评论》第十三辑），上海，上海译文出版社，2014。

［208］姚亚平：《复调的产生》，北京，中央音乐学院出版社，2009。

［209］张祥龙：《海德格尔思想与中国天道：终极视域的开启与交融》（修订第3版），北京，中国人民大学出版社，2011。

［210］张祥龙：《海德格尔传》，北京，商务印书馆，2017。

［211］赖贤宗：《海德格尔与禅道的跨文化沟通》，北京，宗教文化出版社，2007。

［212］王庆节：《解释学、海德格尔与儒道今释》，北京，中国人民大学出版社，2009。

［213］［德］莱因哈德·梅依：《海德格尔与东亚思想》，张志强译，北京，中国社会科学出版社，2003。

［214］［德］约阿希姆·W. 斯托克编：《海德格尔与布洛赫曼通信集》，李乾坤、李逸超译，周芝雨校译，南京，南京大学出版社，2017。

［215］陈鼓应译注：《老子今译今注》，北京，商务印书馆，2016。

［216］高明撰：《老子校注》，北京，中华书局，1996。

［217］朱谦之撰：《老子校释》，北京，中华书局，1984。

［218］（三国魏）王弼注，楼宇烈校释：《老子道德经注校释》，北京，中华书局，2008。

［219］张祥龙：《海德格尔论老子与荷尔德林的思想独特性——对一份新发表文献的分析》，《中国社会科学》2005年第2期。

［220］王庆节：《也谈海德格尔"Ereignis"的中文翻译与理解》，《世

界哲学》2003 年第 4 期。

［221］张汝伦：《论〈哲学贡献〉在海德格尔哲学中的地位》，《复旦学报（社会科学版）》2006 年第 6 期。

［222］邓晓芒：《论作为“成己”的 Ereignis》，《世界哲学》2008 年第 3 期。

［223］张祥龙：《海德格尔后期著作中的“Ereignis”的含义》，《世界哲学》2008 年第 3 期。

［224］王均江：《论海德格尔思想主导词 Ereigins》，《世界哲学》2008 年第 4 期。

［225］柯小刚：《从〈存在与时间〉到〈哲学论稿〉：海德格尔前后期思想关系疏解》，《同济大学学报》（哲学社会科学版）2011 年第 1 期。

［226］柯小刚：《理性与沉思：海德格尔——〈哲学论稿〉中关于科学的反思》，《古典文教的现代新命》，上海，上海人民出版社，2012 年。

［227］张一兵：《走向本有之思的道路——海德格尔的秘密自我思想总结》，《学术月刊》2011 年第 10 期。

［228］张一兵：《海德格尔思想发展的总体线索》，《南京社会科学》2011 年第 8 期。

［229］张一兵：《回到海德格尔》，《学术月刊》2012 年第 5 期。

［230］孙周兴：《为什么我们需要一种低沉的情绪？——海德格尔对哲学基本情绪的存在历史分析》，《江苏社会科学》2004 年第 6 期。

［231］孙周兴：《海德格尔〈哲学论稿〉的几组重要译名讨论》，《世界哲学》2009 年第 4 期。

［232］孙周兴：《后神学的神思——海德格尔〈哲学论稿〉中的上帝问题》，《世界哲学》2010 年第 3 期。

［233］孙周兴：《非推论的思想还能叫哲学吗？——海德格尔与后哲学的思想前景》，《社会科学战线》2010 年第 9 期。

［234］孙周兴：《天与地，以及诗人的位置》，《同济大学学报》2012 年第 4 期。

［235］倪梁康：《海德格尔中期哲学的本体论与方法论——关于〈哲学论稿〉核心概念的中译及其思考》，《南京大学学报》2014 年第 3 期。

［236］林子淳：《“最后之神”即海德格尔的基督？》，《世界哲学》2015 年第 1 期。

［237］尹兆坤：《时—空（Zeit- Raum）与本原（ἀρχη）——对海德格尔时—空问题的现象学研究》，《自然辩证法研究》2016 年第 7 期。

[238] 张柯：《论海德格尔“四重一体”思想的起源——基于《黑皮笔记》（GA97）的文本分析》，《社会科学》2017 年第 6 期。

[239] 张振华：《“精神修炼”视角下的海德格尔后期哲学》，《哲学研究》2017 年第 9 期。

[240] 朱清华：《最后的神的面目》，《现代哲学》2018 年第 1 期。

[241] 杨栋：《论海德格尔的转向问题》，《学术月刊》2017 年第 9 期。

[242] 缪羽龙：《海德格尔时间思想中的时序性概念考察》，《同济大学学报》（社会科学版）2018 年第 3 期。

[243] 李章印：《一再被误解的海德格尔死亡概念》，《南京社会科学》2018 年第 4 期。

[244] 张柯：《形而上学之极限与另一开端之预示——论海德格尔对谢林〈自由论文〉的定位与根据》，《清华大学学报》（社会科学版）2018 年第 5 期。

[245] 杨宝富：《Ereignis 在海德格尔之思想道路上的位置》，《云南大学学报》（社会科学版）2012 年第 6 期。

后　记

本书是在我博士论文的基础上扩充而成的。从选择以海德格尔后期代表作《哲学论稿（从本有而来）》为题进行博士论文的写作，到2016年在同济大学完成答辩，再到本书的出版，前后跨越十二个年头。

尽管如此，本书却也不敢说是一部成熟的研究著作，海德格尔将《哲学论稿》视为思想的一种尝试，本书也只能说是一次阐释《哲学论稿》的尝试。主要原因在于海德格尔的这部作品太难了，孙周兴老师称其为“20世纪最神秘的哲学书”。在2012年准备以《哲学论稿》为题做博士论文时，曾写邮件征求孙周兴老师的意见，孙老师在回复中提到“难度极大”。时至今日，在对该书做了一种解读之后，虽已不像最初阅读时那般茫然，却反而能更清晰地觉察到该书中具体而微的难度——费解之处仍不少。

理解该书是一难，如何以学位论文的形式来系统地阐述这部反体系的作品是另一难。为此，先后放弃了两个写作提纲。第二个提纲构思出来时曾翻译成法文发邮件给海德格尔这部后期代表作的法译者弗朗索瓦·费迪耶（François Fédier）教授，得到他的认可后开始写作，大致按照提纲积累了10余万字的草稿后却感到写不下去，写作热情也慢慢丧失。直到在当时新出版的《海德格尔全集》第97卷中看到海德格尔自我总结的“深渊的哲学”，这个表述触动了我，思路似乎一下打开了，写作冲动也重新激发起来，于是以此重构出第三个亦即本书的提纲。

本书的完成与出版要感谢以下老师与专家的帮助。

感谢我的导师万书元教授在论文选题上给了我充分的自由与信任，以及在论文写作上的鼓励、支持与指导。

感谢我的老师孙周兴教授的指点。孙老师将海德格尔这部作品译成中文，也为用中文进行研究与写作打下了基础。

感谢法国已故的弗朗索瓦·费迪耶教授。费迪耶先生是海德格尔晚年“四个讨论班”的主要成员之一，也是海德格尔生前指定的法文版《海德格尔全集》的负责人①。费迪耶先生生前曾多次通过书信与邮件回答了我的提问，与其译本一道为我理解该书提供了重要帮助。

感谢以庞学铨教授为主席的答辩委员会的诸位老师，使论文顺利通过答辩。

本书获得国家社科后期资助项目的立项并顺利结项，要感谢项目的匿名评审专家与结项鉴定专家，谢谢他们的认可、批评与修改建议。

罗益民

2024 年 10 月 30 日

① ［德］冯·海尔曼、［意］弗朗西斯科·阿费利：《论海德格尔》，严登庸、车浩驰译，上海，华东师范大学出版社，2023，第 464 页。中译本把海德格尔指派的法文版《海德格尔全集》负责人弗朗索瓦·费迪耶误译为"让·博弗雷特[jean Beaufret]"（jean Beaufret 在汉语世界通常译为"让·波弗勒"）。此外，中译本对人名 François Fédier（弗朗索瓦·费迪耶）的翻译也不一致，如第 463—464 页误译为"弗朗西斯·费迪耶"，而第 427 页则正确译为"弗朗索瓦·费迪耶"。原文分别见 Friedrich-Wilhelm von Herrmann，Francesco Alfieri，*Martin Heidegger. Die Wahrheit über die Schwarzen Hefte*，Berlin：Duncker & Humblot，2017，S.246，245，228。